汉语语文辞书发展史

徐时仪 著

上海辞书出版社

本书由上海文化发展基金会图书出版专项基金资助出版；本书为国家社会科学基金项目“古白话词汇研究”（13BYY107）、上海高校高峰学科建设计划资助“中国语言文学”阶段性成果。

出版说明

20世纪80年代,《辞书研究》创刊不久,便推出了“辞书研究丛书”,旨在“为辞书的理论建设和有关材料的收集,从而为辞书事业的兴旺发展”多贡献一份力量。近三十年来,该丛书陆续出版了二十来种辞书学专著,其他兄弟出版社也陆续推出了各具特色的辞书学理论专著。这些著作构成了蔚为大观的辞书学园地。

辞书学研究推动了辞书编纂出版事业的发展,辞书编纂出版事业的发展又不断丰富辞书学研究的内容。作为一门新兴的应用学科,辞书学研究成果本身也有一个逐步累积、稳定、成熟、系统,并进而与时更新的问题。正基于此,我们策划了这套涵盖辞书学主要方面和基本问题的“辞书研究文库”。“文库”中的选题,有的是经作者作了或多或少的修改甚至近乎重写的修订本,有的是作者的新著。文库中各书的内容,有的偏于传统,有的则关乎计算词典学、学习词典学、交际词典学等新起的学科。

“文库”的选题是开放的,我们期待有更多的力作来充实“文库”。

上海辞书出版社

辞书研究文库编委会

2011年7月

“辞书研究文库”总序

曹先擢

2009 年 10 月在杭州开会，庆贺《辞书研究》创刊 30 周年，大家热情肯定《辞书研究》的成绩，希望在新的起跑线上向前，向前，再向前。现在看到他们新推出的“辞书研究文库”，想起那次会，我对他们更充满敬佩之情。

辞书史告诉我们，理论很重要，还告诉我们辞书理论的研究是发展的。这种研究在古代是编书者自己来做的，所以当时的字书、训诂书、音韵书等大都有“序”（也作“叙”）。洪诚先生的《中国历代语言文字学文选》，其中有《说文解字叙上》《切韵序》《中原音韵自序》等。20 世纪有了现代辞书和辞书理论，在字典、词典里我们读到以“序”的形式讲述有关理论问题的佳品，如《辞海》（1936 年）有黎锦熙的序；朱起凤的《辞通》，其排在最后的是自序，前面分别是章太炎、胡适、钱玄同、刘大白、林语堂等人的序，篇篇珠玑，是缩微型的论文，我最喜欢读。《新华字典》（初版）、《现代汉语词典》的“凡例”学术含量很高，可以学到许多语言学和辞书学的知识。王力的《同源字典》序是“同源字论”；《王力古汉语字典》有王力的序，其中讲到词义的概括性问题，词义的时代性问题，同义词问题等，都是辞书编纂中的理论问题。

辞书理论研究的进步集中反映在诸多理论专著的出版，1990 年以后似乎进入了一个丰收期，真是百花盛开，各展芳姿。现在推出“辞书研究文库”是一个及时之举，可以展示辞书理论的成就，推动辞书的发展，推动辞书理论的发展。

这套文库有特色，所涵盖的门类比较多，有通论方面的，专论方面的，有学习词典的，有辞书史的，对我来说有较为熟悉的选题，也有我陌生或很陌生的选题，它们对我都有吸引力。

文库准入门槛不低，严把质量关。有许多著作出版有年，有口碑，这次选入文库，仍作了修订，难能可贵。还有的书是这次新出版的，我注意到有些选题其研究的内容，不少曾写过单篇文章，有学术积累。总之，这套文库精品意识强，是一个特点。

这套文库比较集中地展示了近些年来辞书理论的成就，无疑将会推动辞书事业的发展，推动辞书理论的发展。

2011 年 5 月 19 日于北京方庄补拙斋

序

语文辞书是学习语言的工具书。它产生于文明社会。由于文献的积累,为了解读文献的需要,出现了注释,把注释汇集起来加以编排,就成了辞书。

我国辞书的编纂有悠久历史。它的产生,说保守一点,也可以推到春秋战国时期。据史料载,春秋时期的文献里就已经可以看到对前代典籍的解释。《国语·周语下》记载,周灵王二十二年(公元前550年),晋国大夫叔向朝聘于周,单靖公接见他,他看见单靖公的一举一动都合乎礼的规范。在叔向离周回晋的送别宴会上,单靖公向叔向谈到他特别喜欢《昊天有成命》这篇诗。单靖公的家臣去送行,叔向盛赞单靖公的为人,并且向家臣讲解了这篇诗。值得注意的是,叔向解释《诗》的单词基本上和《诗经》毛传一致,这说明当时这些诗歌已经有了成熟的训诂。《尔雅》这样的综合词典,产生于战国后期,它对这些词的解释也一致,更说明了这一点。

汉字有悠久的历史,春秋战国时期对汉字的分析已经出现。“止戈为武”,“反正为乏”,“皿虫为蛊”,“自环谓之私,背私谓之公”,这些话语,日益发展,逐渐增多,出现了一些违反汉字造字规律任意猜测的倾向。如:“马头人为长”,“人持十为斗”,“虫者屈中也”。东汉许慎的《说文解字》就是为了纠正时弊而出现的。《说文解字》是按字形结构编排的字典。它在我国辞书编纂史上有重要的地位。

东汉末年,出现了反切这种表音方式,取代了以前的读若。随后魏晋时期出现了按音序编排的字典韵书。最早的韵书李登《声类》、吕静《韵集》现在已经看不见了，隋朝陆法言的《切韵》，“因论南北是非，古今通塞”，对后世韵书编纂影响不小。

群雅、字典、韵书，各种类型的辞书这个时代都已经齐备了，我国的辞书编写进入了一个新的历史时期。从此以后，三分法的辞书编纂格局，一直支配我国的辞书编写，其间有继承，也有创新。到了今天，由于多少代学人的努力，我国已经成了一个辞书大国，出版各种辞书数量极大。

有了众多的辞书，但是辞书编纂的理论却相对滞后。辞书编纂理论的探讨，辞书史的研究，都显得贫乏。前代学者在这方面不是没有留意。古代很多辞书的序就是很好的学术论文。如许慎的《说文解字叙》对汉字的起源、发展、结构分析、字典的编纂，都有精辟的论述。江式的《上古今文字表》谈到辞书的历史，特别是有关他《古今文字》编写的工作程序：查阅资料人员和缮写人员的配备，以及工作检查，稿件审读等，都有明确的阐述。陆法言的《切韵序》对论证方俗读音的差异，正音规范的确定，都有精当的论述。类似的例子还很多，值得认真总结。

徐时仪教授长期从事辞书编纂工作，勤学好问，研精覃思。近年编成《汉语语文辞书发展史》，全书分导论、传统辞书、新式辞书三编，洋洋洒洒三十余万字。论述精审，别开生面，读之使人耳目一新。

作者将辞书编写放在社会历史文化层面上进行考察。经学是我国固有的社会文化现象，在漫长的封建社会中，它支配了我国的文化发展。作者花了相当多的篇幅，从多个方面论述它对辞书产生和发展的作用。同时还谈到古代帝王和政府与辞书的关系。这样论述，使辞书的发生发展有了更加坚实的社会基础。此外作者还注意民族的交往、民族的融合与辞书的关系，汉字文化圈与辞书的关系，大大地扩大了读者的眼界。

辞书编纂的结构体例部分，概括地论及辞书的凡例、收词、立目、注音、释义、引证、参见等辞书编纂的各个方面，要言不繁，非常中肯。特别是古代辞书的释义，归纳的四个方面：以字为词的释义结构，以字形为释义的外在依据，以共通词义为释义的类聚媒介，以义界为客观世界的评估，极有道理，没有辞书编纂经验，是说不出这样深刻的话的。

这些理论叙述指导了后两编的论述。这两编内容充实。除了一般常见辞书的叙述外，有不少不常见的辞书，甚至罕见的辞书，尤其是双语辞书部分，更是同类型著作所没有谈到的。这两编理论水平高，能够引人入胜。读之不忍释卷，确实难能可贵。

蒙时仪教授不弃，千里驰书，求为作序。不敢推辞，谨致数语，作为读后感。

赵振铎

2015 年 12 月 27 日于成都外东望江路农林村蜗居

时年八十有七

目　录

中编　传统辞书

下编 新式辞书

上编

导论

有了人类就有了语言，有了语言也就有了词汇，然后才有文字。文字是记录语言的，文字的产生要晚于语言。文字的诞生标志着人类的历史由传说时代进入了信史时代。有了文字，就有了可以传世的文献，有了传世的文献则前人记录和总结的历史经验才得以留传给后人，并一代代地积累发展，大大地缩短了后人摸索经验的过程。从此社会的发展和进步不再以万年、千年作为计算单位，而缩短为以百年、十年作为计算单位，人类文明出现了飞速发展的局面。文字和书面文献的出现可以说是人类社会步入文明的里程碑，而辞书则是启示后人学习开拓的无声的老师，记载着人类文明的发展，镌刻着各个历史时期社会生活和思潮的烙印，无论是社会的动荡还是制度的变革都会反映到辞书中。辞书具有内容的丰富性和权威性，查检的实用性和便捷性，流传的广泛性和持久性，从某种意义上说，辞书是印证历史的活化石，也是社会生活的实录。

时代的变迁，语言文字的发展，交际的需要等造成了社会的需求，促使辞书产生和不断发展，辞书的产生和发展与社会的需求密切相关。“在近代的文明社会或者说有教养的，有文化的社会里，在经济发展已经到了一定程度的社会里，不论它是什么制度，一般来说，词书是不可缺少的。”①“盖当学术发展之期，专门学术之名词与术语，孳乳浸多，学者不胜其记忆，势不得不有资于检阅之书。既得检阅之书，则得以所节

① 陈原《词书和信息》，上海辞书出版社，1985 年，174 页。

之心力与时间，增进其研究，而学术益以进步；学术愈进步，而前此所检阅者，又病其简浅而不适于用，则检阅之书，又不得不改编。互为因果，流传无已。此学术进步之社会，所以有专门之辞典也。”[①]辞书是国家文化建设和民族文化发展的重要标志，作为传统文化的浓缩记载与“时代文明的见证”，从诞生之日起就肩负着延续传统文化与历史文明的重任。社会的进步既要以物质生活的不断丰富与提高作为基石，又有赖于历史文化与文明持续积累及发扬。历史文化往往是通过一定的载体对其作集中整理、记录、分析、研究，从而得以流传的。传播的载体各种各样，辞书是其中一种容量大、密集程度高、查检较方便的载体，最能反映文化建设的成果，在传播、积累科学文化上有其他出版物不能替代的作用。生活在不同地域、使用着不同语言的人们不约而同地编纂各种辞书来传承已有文明成果，使用各种辞书查找、学习已有经验知识，标志着知识传授的集成化和解疑释惑的便捷化。一个社会的辞书拥有量及其品种多寡，往往成为衡量这个社会文明程度的一个标志。

我国是世界上唯一的文化历史没有中断的文明古国，我国辞书的编纂有着悠久的历史和传统。如果从《尔雅》算起，我国辞书编纂至少也有两千年以上的历史，既有搜罗完备、适应不同用途和需要的各种语文辞书，又有总结反映人民生产经验的各种专科辞书，还有汇编政治、文化、经济、社会生活等方面文献资料的各种类书，而一部辞书发展史实际上就是一部不断满足社会需求的辞书编纂史。汉语语文辞书渊源于认字识词的课本和训释难词的字表，由解释先秦文献的疑难词语扩展至汉语整体系统的词语训释，由满足零星个别训释的需求至社会全体大众的需求，由依据具体典籍语境的随文释义至从语言学角度依据词义系统的解词释义，适应社会的需求而不断发展。社会的需求既是

---

① 蔡元培《〈植物学大辞典〉序》，载石肆壬《词典学论文选译》，商务印书馆，1981 年，215 页。

孕育辞书的母体,又是辞书编纂的催生婆,满足社会的需求是各种辞书产生和发展的基本动力。综观我国辞书发展历史,可以看到辞书编纂与满足社会需求这两者之间的密切关系。

学问之道重在传承,治学之道贵在创新。传承与创新二者相辅相成,学术的发展总是既奠基于已往的研究成果,又有不断的创新和开拓。任何一门科学的发展都是在过去、现在和未来这个时间链上的延续。学术文化的发展离不开对已有学术传统的继承与创新,语文辞书的编纂也是如此,任何一部语文辞书都是已有辞书编纂成果的发展。每一部新的语文辞书都与辞书编纂的传统有着密切的关联,而任何年代都会有自己的标志性文明成果,辞书是其代表性文化成果之一。汉语语文辞书的主要类型都源发于汉魏时代,经历由无到有,由单一识字功能到复杂的学习记载功能,在内容上由以文字为主到以文字、词语以及韵律和科学等为主的复杂发展过程。延至明清,不仅类型更加齐全,而且结构基本成型,编纂了集字学之大成的《字汇》和《正字通》,可奉为典常而不易的《康熙字典》,汇辑经传子史之引证于一书的大型训诂辞典《经籍籑诂》,汇释词藻典故的大型辞书《佩文韵府》,大型类书《永乐大典》和《古今图书集成》,双语和多语辞书《清文鉴》和《五体清文鉴》等系列辞书。近代西学东渐,《辞源》《辞海》和《国语辞典》等新式辞书相继问世。现代尤其是近些年以来我国的辞书编纂无论从内容上还是从数量上都进入了一个全新的发展阶段,除了编纂有《新华字典》《现代汉语词典》《汉语大字典》和《汉语大词典》等各种语文辞书外,还与时共进编纂有电子和网络语文辞书。这些辞书不仅集前世成果之总汇,更是中华文明和民族精神价值的实实在在的体现。

第一章 辞书起源与类型

第一节　辞书与词书

辞书是汇集词语、概念或独立的知识主题，按照一定顺序编列，并按不同要求逐一提供必需的信息，供人们寻检查阅的工具书。关于“辞书”一词的涵义，有两种不同的意见。一种认为辞书和辞典是等义词，不包括百科全书，另一种认为辞书是辞典和百科全书的统称。本书对“辞书”一词的理解取广义，即认为辞书是辞典（包括字典、语文词典、百科辞典等）和百科全书（包括我国古代的类书）的统称。一般认为“辞书”是日本利用汉字对译 dictionary 的称谓，近代从日本传入，始见于1915 年的《〈辞源〉说略》，1936 年的《〈辞海〉编辑大纲》沿用。

“辞书”也可写作“词书”。[①] 词、辞在表达言词、文词时意义相近，“词”还可以用来指“语助”（虚词），如解释虚词的《经传释词》《词诠》，“辞”的指称范围则比“词”大。考《说文解字》：“词，意内而言外也。司，臣司事于外者。”段玉裁注：“意者，文字之意也。言者，文字之声也。詈者，文字形声之合也。”辞，繁体作“辭”。《说文解字》：“辭，说也。从𤔔辛。𤔔辛，犹理辜也。𤔲，籀文辭从司。”段玉裁注：“詈与辛部之辭，其意迥别。辭者，说也。从𤔔辛。𤔔辛，犹理辜。谓文辭足以排难解纷也。然则辭谓篇章也。詈者，意内而言外，从司言。此谓摹绘物状及发

① 最早以现代意义的“词典”命名的语文辞书似为无锡译书公会编著的《汉文和解小词典》，上海科学书局，1908 年。

声助语之文字也。积文字而为篇章。积詞而为辭。”“词”强调意义与声音的结合,重在语言的表达。“辭”以“𤔔”“辛”会意,“‘𤔔’的古文字,中间为丝的形象,上面的‘爪’与下面的‘又’都代表手,表示对丝的治理。”“正显示了言辞在造字者心目中具有解析纷乱,或者说解决生存发展中种种矛盾的功能和性质。”①“词”基于具有“文字形声之合”的特点,发展演变出的义项多为“言语、文辞”的含义,“辞”则以“排难解纷”之义而重在以言语和文辞来辨明事理。

第二节　辞书的渊源

从汉语语文辞书的源头来看,文字教育催生了《史籀篇》《仓颉篇》等儿童识字课本,训诂学的迅速发展衍生了《尔雅》之类的辞书,秦时小篆的流行催生了对其进行整理规范的《说文解字》,魏晋时楷体取代小篆使《玉篇》应运而生。这种语文辞书与文字教育、语言演变、文字改革、社会发展相互交织、互动演进的关系贯穿于汉语语文辞书发展的历史进程中。

一、蒙童识字的课本

认字识词是教育的起始,识字课本是开启蒙童智力的工具。世界上任何语言的辞典都源自该语言的最古老的识字课本,汉语语文辞书的源头可以追溯到先秦第一部有文献辑录的蒙童识字课本《史籀篇》。从周时史官教学童诵读的识字课本《史籀篇》到秦统一后李斯撰《仓颉篇》、赵高撰《爰历篇》和胡毋敬撰《博学篇》,从汉武帝时司马相如撰《凡将篇》、元帝时史游撰《急就篇》和成帝时李长撰《元尚篇》到扬雄续《仓颉篇》撰《训纂篇》以及东汉贾鲂再续《训纂篇》撰《滂喜篇》,这些蒙

① 刘志基《释“辞”——汉字中所见上古重言意识之二》,《咬文嚼字》,1999(10)。

童识字课本汇聚汉语中的常用词编成四字一句的韵文，且赋予一定的内容，蕴含有饮食居处的生活常识，山川园林的壮丽秀美，人类进化演变的重大史实，修身养性为人处世的哲理等，文约意丰，通俗易懂，略具汉语语文辞书的雏形，奠定了辞书编纂的基础。

二、典籍词语的训释

辞书的产生是人类社会文明、学术发展与社会需求的产物。由类人猿进化到人，从动物群体再到人类社会的形成和发展都是在人类需求的不断驱使下，无数代人借助劳动坚持不懈努力的社会产物。人类社会的发展不仅体现在物质产品的极大丰富，吃穿住行等条件的不断改善，同时还体现在语言发展和精神文明建设上。当人类社会文明发展到一定阶段，知识的不断积累和文献资料的大量储存为编纂语文辞书提供了信息基础和必要条件。

在汉语语文辞书的萌芽期，就已有解读先秦两汉典籍词语的大量训释资料。如《荀子·修身》："以善先人者谓之教，以善和人者谓之顺。以不善先人者谓之谄，以不善和人者谓之谀。是是非非谓之知，非是是非谓之愚。伤良曰谗，害良曰贼，是谓是、非谓非曰直。窃货曰盗，匿行曰诈。易言曰诞，趣舍无定谓之无常，保利弃义谓之至贼。多闻曰博，少闻曰浅。多见曰闲，少见曰陋。难进曰偍，易忘曰漏。少而理曰治，多而乱曰秏。"《墨子·经上》"信，言合于意也""虑，求也""誉，明美也""诽，明恶也"。《尸子·仁意篇》"春为青阳，夏为朱明，秋为白藏，冬为玄英"，《广泽篇》"天、帝、皇、后、辟、公、弘、廓、宏、溥、介、纯、夏、幠、冢、晊、昄，皆大也"。《左传·宣公十年》"止戈为武"。这些训释可谓《仓颉篇》《尔雅》和《说文解字》等早期辞书的渊源，孕育了语文辞书释义的萌芽。如《仓颉篇》释："绳三合曰纠""驶，速疾也""贸，换易也，交易货为贸也"等。又如《尔雅》就是依据这些训释材料进行释义，形成了将意义相同或相近的词类聚成条加以训释的编纂体例和释义方式。

先秦经典的出现及对其的诠释可以说是汉语语文辞书发展的原动力。人们在阅读时往往在字行间或页边批注训释一些词语，汇集这些批注训释就是有关典籍的注疏。解释注解典籍的注疏集文字、训诂、校勘、辨误和考证于一体，着重诠释疑难词语，如西汉毛亨诠释《诗经》的《诗诂训传》。有些注疏以词语为重点解释对象，如陆德明诠释儒道典籍的《经典释文》和玄应诠释佛经的《众经音义》等，成为汉语语文辞书特有的训诂辞典，相当于诠释专书词语的辞书。

三、汉语字词的演变

古往今来，语言的演变更替几乎每个时代都在发生，一些词语消亡了，又产生了一些新的词语，一些词语原有的词义又可能由别的词语取而代之。汉语的词语往往或由于表述对象的变化而影响到相关字词的变化，或由于文化因素的影响和时间的推移而引起所使用词语的变化，或由于其他词语对该词所用汉字的假借而造成词语的更替。汉语的"字"不同于"词"，[①]汉字与词并非总是一一相应，同一词往往有不同的书面形式，如"早"，又可借"蚤"来表示；相同的书面形式又可以记录不同的词，如"之"可作动词表示"往"，又可作代词或助词。诸如此类的种种因素造成了汉语字词的演变，这就需要编纂训释汉语字词演变的语文辞书来约定俗成，以便于规范汉语字词的使用，且历代续有新编。如秦统一天下文字，采用字表的方式推广小篆就已略具语文辞书规范汉语字词使用的雏形。又如许慎《说文解字叙》表明编纂目的旨在针砭当时乱解字形的现象，还原造字的理据与本义。

同时，汉语字词演变的研究又为语文辞书编纂指导思想和收词释义体例的形成奠定了基础。

---

① 参拙文《汉语的字和词》(香港《中国语文通讯》总 54 期,2000 年)和《略论汉语字与词的互动》(《上海师范大学学报》,2009 年第 5 期)。

第三节　辞书类型

从不同的标准或特征出发，辞书可分多种类型。[①] 如按照性质可划分为语文性和百科性辞书，按照规模可划分为大、中、小型辞书，按照收词时限可划分为历时性和共时性辞书，按照服务对象可划分为面向母语非汉语的外国人编的辞书和面向母语为汉语的本国人编的辞书，按照语种可划分为单语辞书、双语辞书和多语辞书，按照词目的排列顺序可划分为顺序辞书和逆序或分类辞书，按照载体可划分为印刷版、电子版、网络版辞书等类。又如按照释词方法可划分为描写性辞书和规范性辞书，描写性辞书侧重客观描述，而规范性辞书一般以国家语言文字规范、专家共识性和社会约定俗成观点为编纂依据，以规定主义为主要描写方式，提供的语言文字信息具有权威性和典型性。再如按照功用可划分为通用辞书和专科性辞书，《〈辞源〉说略》(1915)和《〈辞海〉编辑大纲》(1936)将辞书分为专门辞书(包括百科全书和专科辞典)和普通辞书(包括语文辞书和综合性辞典)。百科全书只有单语一种，语文辞书则有单语词典和双(多)语词典之分。按照功能从用户的角度又可划分为消极型辞书和积极型辞书。消极型辞书主要用于解码，旨在帮助用户从事听力和阅读等语言输入活动，也被称为理解型辞书或解码

---

① 哈特曼(R. R. K. Hartmann)和詹姆斯(Gregory James)《词典学词典》(*Dictionary of Lexicography*)提出了四条基本分类准则：即(1) 现象分类法(phenomenological typology)：指依据词典的篇幅(如袖珍词典、节编本词典、简明本词典等)或内容涵盖范围(如普通词典、专科词典等)等形式特征进行分类；(2) 表述(或构造)分类法(presentational or tectonic typology)：指依据词典的版式(如按字母顺序编排的词典、分类词典、意念词典等)或载体(如手稿本、印刷本、电子本词典等)进行分类；(3) 功能分类法(functional typology)：指依据词典所提供的信息类别(如正音词典、拼写词典、词源词典等)或编纂方法(如详解词典、教学词典、术语词典等)进行分类；(4) 语言分类法(linguistic typology)：指依据词典所涉及的语言的多寡进行分类(如单语词典、双解词典、双语词典、多语词典等)。

辞书。理解型辞书或解码辞书是为了查检而编的辞书，注重查全查准。积极型辞书旨在帮助用户从事系统语言学习、会话、写作、翻译生成等语言的编码活动，也被称为生成型辞书或编码辞书。生成型辞书或编码辞书是为了交际表达而编的辞书，注重提供字词的用法信息，又可分为学习型辞书和表达型辞书。学习型辞书主要用于普通交际，诠释日常交际中的基本词和通用词，多用音序编排检索，如《现代汉语八百词》《常用汉字组词搭配词典》和《商务馆学汉语词典》等；表达型辞书主要用于特殊交际，诠释具有专门表达需求的特色词，与主题和语体风格等密切相关，多用义序编排，方便在同义近义词语类聚中检索选择，如《同义词词林》《汉语动词用法词典》《汉语形容词用法词典》和《现代汉语分类词典》等，包括收录不同表达色彩和语体风格的成语、典故、比喻词、借代词、色彩词、委婉词、口语词、同义词、反义词等专门辞书，如汇聚文学词藻的《佩文韵府》，类聚成语的《分类成语词典》，类聚词汇借代义的《汉语借代义词典》，类聚书面语词语的《常见文言书面语》，体现口语与书面语体风格区别的《汉语成语俗语对照词典》，体现语汇表达方式的《成语连用词典》，等等。

辞书类型的划分主要以性质为标准。在我国古代的传统观念中，对文学常采广义的理解，认为它是文史哲等方面著作的统称。文学与非文学的因素一直交织在一起，文学和学术，词藻和声韵，类事和训诂互相牵扯，总称为“艺文”。由此可见，我国古代辞书与非辞书的因素也是互相交织着的。经部里小学类有解经的辞书，子部的类书中也有部分是辞书。事物都是后出转精的，今天我们把辞书归入工具书项下，辞书的范畴相对有所明确。由于古代的辞书在体例上往往不如今天的辞书严谨，而现代以描写主义、规定主义和认知主义等为指导理论编纂的辞书也往往各有侧重，又兼采并用，如《现代汉语词典》由最初侧重规范至第六版修订的规范与描写并重的风格，因而在古今辞书的归类上难免见仁见智有顾此失彼的情况，但是从反映汉语字词的形音义的特点来考察，总还是各有各的倾向性。

汉语语文辞书在古代属小学类，清修《四库全书总目》把小学类分为训诂、字书、韵书三种。[①] 这三种书互有关联又各有侧重。训诂书重在讲解字义，解释名物；韵书重在分辨字音，依韵列字，并说明字义；字书则重在据字形分部，说明字的音义。在从古到今的演变发展中，各类型的语文辞书在内容和体例上也有所交融和汇合。现代的详解语文辞书往往兼容并包古代几种类型的语文辞书，如《汉语大词典》；古代的辞书往往也包孕和引发着后来几种类型的语文辞书，如《尔雅》；综合性和汉外双语辞书往往还兼收百科词语，如《辞海》和《汉英大词典》等。鉴于这些原因，古今语文辞书只能根据其主要的性质特征来归类，大致可划分为字典（字书）、词典、特种语文辞书、韵书、词藻典故辞书、综合性辞书六大类型。

一、字书与字典

汉字在先秦称作“文”。如《左传·昭公元年》：“于文，皿虫为蛊。”“文”的本义是“花纹”，用来指汉字是取其花纹交错的意思。“字”的本义是“孕育”“养育”的意思。如《周易·屯》：“女子贞，不字。十年乃字。”虞翻注：“字，妊娠也。”“文字”的“字”取其引申的“滋生”“繁衍”义。许慎《说文解字叙》指出：“盖依类象形，故谓之文；其后形声相益，即谓之字。字者，言孳乳而浸多也。”据许慎所说，人们受自然万物的启示，用描绘实物形状的方法造出来的独体象形字是“文”，在象形字“文”的基础上增加新符号孳乳而成的是“字”。

汉语的“字”和“词”是两个不同的概念，“字”不同于“词”，又与“词”有相通之处。汉字构字的基本方式是以文组字，表意的手段是以

---

① 字书本指解说文字形音义的著作，南北朝时已经通用。如北齐颜之推《颜氏家训·书证》：“西晋以往字书，何可全非，但令体例成就，不为专辄耳。”

类系联。虽然从汉字本身的构造看,汉字是由表意、表音的偏旁和既不表意也不表音的记号组成的文字体系,有少量的字不直接表义,然而汉语的大多数词毕竟是由表意的字体现的。汉语的词是形音义三者的结合体,词义是核心,词形是标志,词音是外壳,音为义设,形为义存。词所表示的意义是说话的人和听话的人所共同了解的词所反映的事物、现象或关系。词义是客观事物或现象在人们意识中的概括的反映,也是由应用这种语言的集体在使用过程中约定俗成的。在约定俗成表示某个词义之前,字与意义之间并没有必然的联系,但是由于汉字特有的表意特性,当其以自己的形体表示某个词义时,形与义之间就会有一定的联系,字在一定程度上也就具有了表意的语言功能。汉字大约有 6 万个,[①]这些字所表之义大致即汉语中 6 万个左右的单音词的词义,基本上是形义结合,一字与一词相对应。汉字还凝结着概念,孕育着范畴。如名词类用来指称黄莺、虎等个别事物,属于专有名词,发展成鸟、兽这类的类名词就用来表示类(种)概念。当人们学会用某一种名词来概括有关对象及其属性和关系时,范畴也相应形成。诚如索绪尔曾指出的:“语言和文字是两种不同的符号系统,后者唯一的存在理由是在于表现前者。”然而,“对汉人来说,表意字和口说的词都是观念的符号,在他们看来,文字就是第二语言。在谈话中,如果有两个口说的词发音相同,他们有时就求助于书写的词来说明他们的思想”[②]。因而,汉字不仅仅是书写的符号,在某种程度上也是体现词义的物质外壳。“汉字是中国通用的唯一交际工具”,“它是中国文化的脊梁”,[③]具有一定文化

① 其中有不少是异体字。据《文汇报》1999 年 11 月 17 日载,北京国安资讯设备公司汉字字库收入有出处的汉字 91 251 个。除包括国家和国际标准的全部字符集汉字外,还涵盖了《说文解字》全部楷定字及《康熙字典》《汉语大字典》《中华字海》的全部收字,并覆盖 20 世纪 80 年代台湾教育部门整理的全部汉字。同时还专门收集了上述字集、字典、字书不包括的古今姓氏、地名用字。

② 索绪尔《普通语言学教程》,商务印书馆,1980 年,47 页、51 页。

③ 帕默尔《语言学概论》,商务印书馆,1983 年,99 页。

水平的人们往往习惯于在字形上寻找词义的信息,“字”也就成为中国人观念中的一个“中心主题”。[①] 汉语语言文字本身的这一特点规定了中国古代语言学以文字为对象,[②]并出现了汉语中特有的一种语文辞书,即以单个的字为主要收录单位来解释汉字的形体、读音和意义的字书,如《说文解字》《玉篇》等。字书一词作为解释文字的著作的泛称在南北朝时已经通用,[③]由于语文辞书解字释词具有规范作用,字书又称作字典。“典”本义为简册,指可以作为典范的重要书籍。《书·五子之歌》:“明明我祖,万邦之君,有典有则,贻厥子孙。”《说文解字》释云:“典,五帝之书也。”引申则有“准则”义,“典”即取此义,如《康熙字典》序称其“善兼美具,可奉为典常而不易者”,因而“命曰《字典》,于以昭同文之治,俾承学稽古者得以备知文字之源流,而官府吏民亦有所遵守焉”。

一般来说,以单个的字为主要收录单位来解释其形音义和用法的辞书多称为“字典”,古代称为“字书”。从汉字与汉语的关系看,汉字基本上属于词符与音节符并用的文字类型,也可以说是一种表意注音的语素——音节文字。[④] 每一个汉字代表语言里的一个音节,或代表一个词,或代表一个语素,或记联绵词和外来词的音,而形体的写法随世势的变化而演变。由商、周的古文字发展为篆书,因篆书不便书写而又有隶书、草书、行书、真书,因此研究字形和根据字形以考证音义的字书很多,大体可以分为以下五类:① 学童习诵的识字书,如秦代李斯等的《仓颉篇》。② 按形体偏旁分部编排的字书,如东汉许慎的《说文解字》。③ 刊正字体的字书,如唐代颜元孙的《干禄字书》。④ 集录篆、

① 参赵元任《汉语词的概念及其结构和节奏》,载《赵元任语言学论文选》,清华大学出版社,1992 年,248 页。

② 参王力《中国语言学史》,山西人民出版社,1981 年,211 页。

③ 如《魏书·江式传》:“式于是撰集字书,号曰《古今文字》,凡四十卷。”

④ 参拙著《语言文字》,南京大学出版社,2009 年,23 页。

隶、古文字的字书，如宋代郭忠恕的《汗简》。⑤ 用六书分析文字的书，如元代戴侗的《六书故》。

在汉语中，有时一个字就是一个词，有时一个词由两个以上的字组成。古代汉语所用的词多数为单音词，所以字和词的界限不严，也就无字典与词典之分，统称为字书。古代的字书实际上是包括许多复词的，具有字典与词典合一的混沌性。到了近代，特别是现代汉语所用的词多数为复音词，字和词的界限比较明显，同时，专门词语日益丰富，外来词语也大量增多，于是由于解字释词的重点不一样，有了字典和词典的区别。这是汉语中一种特有的现象。如黄摩西编《普通百科新大词典》释“词书”为：“排列词类一定次序，而解释其意义用法之书籍。与字书略异。盖字书逐字解释，而此则已成词类也。有普通词书，专门词书及对译词书等。或称词典、词汇。我国向无此名，而类书性质与相近。而东西洋人，其名每与字典、字书相混。”[①]一般而言，现代的字典大都兼收少量复词，而词典也都“以字带词”，两者之间既有区别又有联系，各有侧重。字典以收录解释汉字为主，不仅注明音义，而且还辨析形体，侧重于形音义和字际关系等文字属性的说明；词典则以汇集解释语言里的词语为对象，重点在注明音义或说明其所表达的事物，揭示语素的构词性、词的搭配及句法特征等属性。如辨形字典、笔顺字典、同音字典等是针对汉字的某一属性编纂的典型的字典，同义词典、反义词典、类义词典、方言词典等则是针对词汇系统的不同类聚编纂的典型的词典。字典与词典虽有区别，但从选收编纂上看，二者界限并不是绝对的。为了便利使用，一般字典往往兼及词语，词典通常也兼收单字。如《新华字典》除收 8 500 个左右的单字外，还收了带注解的复音词和词组 3 200 个左右。2009 年版《辞海》不仅选收 91 706 条词目，而且还对 14 872 个单字作了解释，同时在排检上以字带词，统领词条，使之在全书起着“骨

① 黄摩西编《普通百科新大词典·申集》，中国词典公司，1911 年，第 37 页。

干”作用。又如《新华多功能字典》提供了所释汉字多方面的属性信息，《商务馆学汉语词典》则将复音词根据构词语素义置于多义字头语素的相关义项下，体现了词义与语素义的关联性以及复音词的构词理据，还以词群的方式列出该字头语素义所构成的逆序复音词群。

我国现存最早的字典是东汉许慎的《说文解字》，始作于公元 100 年，成书于公元 121 年，至今已有 1 900 多年的历史。全书共收单字 9 353 个，每字下都有详解，分 540 部，据形系联，开部首之先河，贯穿形音义统一的原则，抓住本字探求本义，反映了上古汉语词汇的面貌，至今具有“源”与“母”的价值，可以说是一部以研究字的形体结构和本义为目的的详解语文辞书。

继《说文解字》后编纂的字典，比较重要的有晋代吕忱的《字林》，北魏江式的《古今文字》，南朝梁陈之间顾野王的《玉篇》等。其中《玉篇》注重查考功能，使传统字典产生了两大分野。一派承《说文解字》成为专门性的释形义的语文辞书，如唐颜师古的《字样》、颜元孙的《干禄字书》订正点划俗讹，推行标准字样，宋郭忠恕的《佩觿》辨别形音义相近的字，元戴侗《六书故》辨析六书形体，还有宋李从周的《字通》、薛尚功的《历代钟鼎彝器款识法帖》、娄机的《汉隶字源》，辽释行均的《龙龛手鉴》，元李文仲的《字鉴》，清佟世男的《篆字汇》、石梁的《草字汇》、杨守敬的《楷书溯源》，近现代陈和祥的《四体大字典》、徐文镜的《古籀汇编》、汪仁寿的《金石大字典》，以及《甲骨文集释》《异体字字典》《书法大字典》等着重辨析形体。一派承《玉篇》成为查考古今词义的语文辞书，如北宋王洙、司马光等的《类篇》，明梅膺祚的《字汇》和张自烈的《正字通》，清张玉书、陈廷敬等编的《康熙字典》，近代的《中华大字典》，现代的《四角号码字典》《李氏中文字典》《新华字典》和《汉语大字典》等。

此外，还有仅就某一方面进行解释的正字字典、难字字典等语文辞书。如宋贾昌朝的《群经音辨》专收释多音多义字，王海根的《古代汉语通假字大字典》专收释通假字等。

二、词典

广义的词典包括语文词典及各种以词语为收录单位的工具书，狭义词典仅指语文词典。词典又作“辞典”。一般来说，以收释语文词汇为主的辞书多称为词典，而以收录术语、专名和百科性词汇为主的辞书则称为辞典，既收释语文词汇又收释百科词汇的辞书也多称为辞典。

词典是解释词语的意义、概念、用法的语文辞书，主要汇集汉语里的普通词汇，以词为主要收录单位，从词义方面进行详细或较详细的解释，同时又在读音、字形和用法等方面加以说明。语文词典分为学习用词典、参考用词典、研究用词典三大类。学习用词典收词以常用词为主；释义先列常见的词义，次列不常见的词义；着重说明词的用法，详细注明搭配。参考用词典收词力求全面，包括通用的、专科的，以及百科知识的词；义项先列词的中心意义，次列边缘意义，且注明词源。研究用词典凡词的语音和形态变体都予收释；义项按历史上出现先后排列，注明书证出处和年代；多义性的词按基本义和引申义等分层次释义；注明词源。对于词组的处理，一般采取的原则是：① 固定词组必须而且应该收录；② 自由词组经过严格选择，凡形式比较特殊和具有固定趋向的，通常认为可以入选；凡见词明义、结构松散的，则坚决加以排除。对于专科词语的收录与否，有的主张完全不收，但完全不收会削弱词典的实用价值，所以通常主张酌量选收，其取舍以是否已经进入普通词汇系统为标准。

在汉语语文辞书里，词典是提供语文知识最多、用途最广、实用价值最高的一种重要类型，也是促进汉语规范化、帮助读者提高语文水平的最重要的工具书。特别是大型详解语文辞典，全面反映汉语发展中的历时性和共时性的演变状况，代表国家的语言文化水平，更具有“标准书”的权威地位。

研究汉语详解语文词典的类型问题，不能不涉及《尔雅》的归属问题。《尔雅》是我国最早的辞书，在这一点上，现在大多数学者的意见已趋于一致,但是《尔雅》在辞书中属于哪一类型,却始终众说纷纭,莫衷一是。我们认为《尔雅》收集和整理了汉代以前的古代词语,把各种词语按事类分编,在各篇中又综合同义词分条解释,“释古今之异言,通方俗之殊语”,解释了先秦至西汉初年所用词语的意义和用法,同时还包含了有关自然和社会方面的一些知识,蕴含着后代各类辞书的萌芽,可以说是我国各类辞书的鼻祖。《尔雅》前三篇《释诂》《释言》《释训》主要解释古语、方言和常用词,可以说是普通汉语语文辞书,后十六篇《释亲》《释宫》等解释专科词义,可以说是百科性辞书。世界各国的词典编纂和语言学研究都曾经历过“指示的”与“描写的”阶段,我国也同样如此。指示性词典只简单明了地告诉人们某词是某意,其根据与口吻都是权威性的,仅明其当然,而不是明其所以然。《尔雅》即属此类。其被释词及其训释均见于文献及传注,《尔雅》加以归纳罗列,并没有明确指出被释词之所以释为此义的道理、被释词与释词之间的关系、此条与同书中他条之间的联系,未措意揭示词语的内在规律。其释义方法是客观归纳的,还不是主观概括的。着重于归纳词的同类关系,并以一通语释一类词,还未能对词进行个性的考察。我们认为《尔雅》首创了按内容性质分类释词的体例,在客观归纳文献及传注中的词语时已初露“描写的”“知识性”的端倪,对具体语言环境中词语的用法有以简驭繁的概括作用。《尔雅》旨在释词,主要用义训的方法来解释词语,为尔后详解语文词典的编纂方法开了先路,所以从释词的方法和体例上着眼,似可归入词典。当然,如果从另外的角度着眼,也不排斥将它归入其他类型。

继《尔雅》之后,历代都有人著书补充增广《尔雅》中未备的内容,或仿照其体例,编纂训诂辞书,形成“雅书”系统的义类词典。其中较著名的有汉佚名《小尔雅》,东汉刘熙的《释名》(明代易名为《逸雅》),三国时魏张揖的《广雅》,宋陆佃的《埤雅》、罗愿的《尔雅翼》,明朱谋㙔的《骈雅》、方以智的《通雅》,清吴玉搢的《别雅》、洪亮吉的《比雅》、夏味堂的《拾雅》、史梦兰的《叠雅》等。大致可分为词汇类、专书类、综合类、博物类和专科类五种。词汇类仿雅词典主要是收释某一特殊词汇现象，如朱谋㙔的《骈雅》和史梦兰的《叠雅》；专书类仿雅词典是依据《尔雅》体例改编《易》《诗》等的传注，如赵汝楳的《易雅》、陈奂的《毛雅》和朱骏声的《说雅》；综合类仿雅词典广泛收释包括普通词语和名物词语在内的各种词语，如方以智的《通雅》；博物类仿雅词典收释与动植物相关的词语，详尽描述其性能、形态和特征等，如陆佃的《埤雅》和罗愿的《尔雅翼》；专科类仿雅词典主要收释某一学科门类的词语，如梅彪的《石药尔雅》和周春的《佛尔雅》。

随着西学东渐，西方详解语文词典的体例传入我国。1915 年出版的《辞源》所创的“以字带词”的体例，为 1936 年版《辞海》所沿用，到现代已成为汉语详解语文词典的固定体式。初版《辞源》和《辞海》就其总体来说，应该属于综合性辞典，但是就其语文部分来说，都可以视同古汉语词典。我国近、现代出版的详解语文词典中型的有《国语辞典》《现代汉语词典》等，小型的有《现代汉语小词典》等，大型的有《汉语大词典》等。我国的大、中、小型详解语文词典可以说是“配套成龙”了。

值得一提的是，还有一些对照对译的双语词典，如唐全真的《唐梵文字》和清代入华传教士马礼逊的《华英字典》以及现代所编的《汉日词典》《英汉大词典》等。其中有外汉类的，即以汉语来解释外语词语的，如《日汉词典》《英汉词典》；也有汉外类的，即以外语来解释汉语词语的，如《汉英词典》《汉德词典》等。

三、特种语文辞书

又称“专门语文辞书”，有特殊的用途和释义方法，品种繁多，大致有如下几种：

1. 训诂辞典。专门集释儒家、佛教等经典著作中词语的音义，如唐陆德明的《经典释文》、唐玄应和慧琳的《一切经音义》，清阮元的《经籍籑诂》等。

2. 专类辞典。有专门收集和解释虚字的虚字辞典，元卢以纬的《语助》是这类辞典的嚆矢。继后有袁仁林的《虚字说》、刘淇的《助字辨略》、王引之的《经传释词》、孙经世的《经传释词补》、吴昌莹的《经词衍释》、杨树达的《词诠》、裴学海的《古书虚字集释》、吕叔湘的《文言虚字》、杨伯峻的《文言虚词》等。又有同义、反义和类义辞典等，如梅家驹等编的《同义词词林》、张志毅的《简明同义词典》、张庆云的《汉语反义词词典》、王安节的《简明类语词典》、董大年的《现代汉语分类词典》等。还有逆序词典和外来词词典等。如张立茂、陆福庆的《动词逆序词典》，刘正埮、高名凯、麦永乾、史有为的《汉语外来词词典》。

3. 成语、歇后语等语汇辞典。如朱祖延的《汉语成语大词典》和欧阳若修的《汉语歇后语小词典》。又如史德良主编的《成语连用词典》、周靖冬编的《成语对仗词典》、杨本祥编的《汉语成语俗语对照词典》、于石等编的《常用典故辞典》、赵应铎等编的《汉语典故大辞典》等。唐李商隐编的《义山杂纂》则是我国最早的一部歇后语辞典。

4. 方俗口语辞典。我国最早的方言辞典是西汉扬雄的《輶轩使者绝代语释别国方言》，书中保存了两汉时代丰富的口语词汇。此后有宋王资深的《方言》、明岳元声的《方言据》、李实的《蜀语》，清黄谦的《汇音妙悟》、杭世骏的《续方言》、胡文英的《吴下方言考》、毛奇龄的《越语肯綮录》、张慎仪的《蜀方言》，近现代徐嘉瑞的《金元戏曲方言考》、朱居易的《元剧俗语方言例释》、许宝华和宫田一郎主编的《汉语方言大词典》和李荣主编的《现代汉语方言大词典》等。俗语辞典有东汉服虔的《通俗文》，敦煌文献所存《俗务要名林》和《杂集时用要字》，清翟灏的《通俗编》、钱大昭的《迩言》，近现代章炳麟的《新方言》、胡朴安的《俗语典》、史襄哉的《中华谚海》、赵元任的《中国口语简明字典》等。

5. 专书专人用语汇释辞典。如《诗经词典》和《世说新语词典》。又如张相的《诗词曲语辞汇释》、蒋礼鸿的《敦煌变文字义通释》、顾学颉的《元曲释词》、陆澹安的《小说词语汇释》和《戏曲词语汇释》等。再如林立的《巴金语言词典》和潘晓东的《茅盾语言词典》等。

6. 鉴赏类辞典。如《唐诗鉴赏辞典》和《宋词鉴赏辞典》等。

这类有特殊用途的辞书也可称为专项语文辞书，可以大到处理整个语言或区域的方言用法，如李荣主编的《现代汉语方言大词典》；也可以小到仅处理语言的某一部分词汇或者某一词类，如孟琮等合编的《汉语动词用法词典》。根据其收录词语的词类可分为名词词典、动词词典、形容词词典等，根据其收录词语的词义关系可分为同义词词典、反义词词典、义类词词典等，根据其收录词语的语言用法可分为发音词典、拼写词典、语法词典、搭配词典等，根据其收录词语单位的大小和词汇化程度可分为成语词典、习语词典、谚语词典等，根据其收录词语的社会使用范围可分为俚语词典、通俗语词典等。①

四、韵书

韵书是按照字音分韵编排的一种辞书，通过归纳声调和声母，把同音的字排列在一起，旨在审音辨韵，往往兼及字形和字义的解释，供写作韵文时查找押韵的字，又具有同音字典的功能，可以说是从字书中分出的同音字典，又可归入特种语文辞典，但因为它是我国辞书特有的品种，富有特色，所以可在语文辞书内单独划为一类。如《类篇序》指出《集韵》是“字书之变曲尽”的产物，是字典的变体。韵书不仅能让诗赋者避免“误使音韵”，还能解答“借文用意”（《集韵·修书本末》）的疑难，起到与《类篇》同样的效用。周祖谟《唐五代韵书集存》序指出，韵书中收录的这个字所代表的是一个单音词，还是一个复音词中的一个词素，在注文中一般都是表示得很清楚的。所以一部韵书既是字典，也是词典，可以作为研究唐以前词汇的资料。更值得注意的是在唐代晚期的韵书里除尽量搜罗古书中所有的词汇以外，还增加了不少当时书中

① 雍和明、彭敬《交际词典学》，上海辞书出版社，2013 年，254—255 页。

常见的和口语的词汇，如五代刻本《切韵》就是如此。这对于研究近代汉语的发展价值更大。在韵书的训解方面总的发展趋势是由简单而趋于繁富，逐步接近于训诂书，因而在古义之外又增加了不少新的通行的意义。所以要研究古训和词义的发展，韵书也是很有用处的，与字书相得益彰。韵书的功用，概括来说，有考词、定字、辨音、明义四个方面，按音序排列揭示了字与字所表词义在空间平面上的近邻关系，反映了汉语词汇音近义近的特点。大致而言，字书主于训诂，韵书主于音声，二者既相因又相别。

我国最早的韵书是三国魏李登的《声类》和晋吕静的《韵集》，今已亡佚。继后有隋陆法言的《切韵》，唐孙愐的《唐韵》、元庭坚的《韵英》，宋陈彭年的《广韵》、丁度的《集韵》，金代韩道昭的《五音集韵》、王文郁的《平水新刊礼部韵略》，元周德清的《中原音韵》，明宋濂的《洪武正韵》、兰茂的《韵略易通》、毕拱辰的《韵略汇通》，清张玉书的《佩文诗韵》、李光地的《音韵阐微》等。现存韵书中凡同声调、同韵的字为一部，取其中一个字为标目，用反切注音。其中陆法言的《切韵》及《切韵》一系的韵书先分四声，每一声调内再分韵，韵内再按照声母归纳同音字。周德清的《中原音韵》及《中原音韵》一系的韵书先按韵分排，每一韵内再分声调，声调内再按照声母归纳同音字。兰茂的《韵略易通》则先按韵分排，每一韵内再分声母，声母内再按照声调归纳同音字。

韵书与音义类训诂辞典皆注重辨音，然又各有所重。相较而言，韵书主要反映某时某地某语音系统的特点和面貌，依韵归字，以分析语音为主，着重于辨审声韵结构，目的是供人写诗著文时查找押韵字之用。音义类训诂辞典则主要通过注音和析音来辨明词义，更着重于依音辨义，通过广引古代韵书、字书及经史子集来辨音以明义，解决文献典籍中的读音所涉及的语义问题，[①]在某种程度上颇类似于专为研读儒家经典、佛经经文和道家典

① 严北溟《谈谈一部古佛教辞典——〈一切经音义〉》(《辞书研究》1980 年第 3 期)："即博引古代韵书、字书，旁及经史子集，详注反切以名字音，穷探幽奥以释词义。"

籍而编纂的专书辞典。如陆法言《切韵》是韵书之作，而陆德明《经典释文》是训诂辞典。

从王仁昫的《刊谬补缺切韵》至孙愐的《唐韵》，注释逐渐加多，引文也多注有出处。这种体制定型于《广韵》，韵书也就具有语文辞书的性质，后渐与字书、雅书相融成为按韵编排注音析形释义的字典或词典，而正音字典则承韵书成为专门辨音的语文辞书，如商务印书馆出版的《新华正音字典》等。

五、词藻典故辞书

词藻典故辞书本来也可以归入特种语文辞书，但是因为它们具有不同于现代特种语文辞典的意义和功用，考虑到实用价值和具有中国特色的分类原则，所以也单独划为一类。如清张玉书、陈廷敬、李光地等 76 人奉敕编撰的《佩文韵府》和张廷玉编的《骈字类编》等。

《佩文韵府》和《骈字类编》又属于类书。类书是我国特有的工具书，采摭群书，辑录各门类或某一门类的资料，按内容性质以类聚事，以事系文，随类相从而加以编排，以便于寻检和征引。有供一般检索用的，如《艺文类聚》和《太平御览》；有供撰写诗文取材的，如《海录碎事》；有供科举考生查检的，如《玉海》；有类似现代的日用百科全书的，如《万用正宗不求人》。

类书按其内容和编排方式不同，有义系、形系、音系三类。义系类书就是按材料的义类分部编排，如天文、地理、人事类。每系中又分若干小类，如天文分有日、月、星、时等；时又分春、夏、秋、冬等。音系类书是从古书中摘取二至四字的短语，按末一字的韵编入某韵，主要供查找资料出处所用，如《韵府群玉》和《佩文韵府》。形系类书是按字形编类，即将两个字组成的词语按其上一字归入同一字的类中，而举出包含这个词语的诗文篇目，如《骈字类编》。类书编纂体例对语文辞书编纂体例的发展具有开创性。如《艺文类聚》的参见法成为后代辞书广泛使用的中观体例;《佩文韵府》奠定了根据所收复音结构尾字韵部排列的逆序体例;《骈字类编》开创了复音结构按首字韵部排列的正序体例;《佩文韵府》和《骈字类编》在单字头下收复音组合开后代辞书单字头下收复音词的先河等。

类书具有百科全书的性质,在某种程度上也可看作语文辞书,尤其是其中辑录词藻典故的类书。《尔雅》可视为类书的萌芽。最早见于著录的第一部类书是三国魏黄初元年(220)刘邵、王象编的《皇览》。以后历代续有纂修。如隋末唐初虞世南编的《北堂书钞》;唐代欧阳询编的《艺文类聚》、徐坚等编的《初学记》、白居易编的《白氏六帖》[①]、张楚金编的《翰苑》;宋代李昉等编的《太平御览》,王钦若、杨亿等编的《册府元龟》,王应麟编的《玉海》;明代解缙等纂修的《永乐大典》和清代陈梦雷等纂修的《古今图书集成》等。1990年《中华大典》开始编纂,其中《文学典》《历史典》《语言文字典》等已相继出版。

专供作文时采摭词藻之用的部分综合性类书也可以与词藻典故辞典交叉归类,如唐虞世南的《北堂书钞》、欧阳询的《艺文类聚》、徐坚等的《初学记》、白居易的《白氏六帖》,宋叶廷珪的《海录碎事》、吴淑的《事类赋》,清代的《渊鉴类函》和民国杨喆的《作文类典》等。

杨喆编的《作文类典》是在新的白话文语境下产生的一部欲求变革的词藻类辞书,重视新词语和新术语的收释,体现了由重文学性向重应用性的转变。随着近代辞书的新旧转型,采摭词藻典故的类书渐为成语词典、典故辞典和普通语文词典、义类词典、综合性辞书所取代,如《分类辞源》《辞通》《联绵字典》等。

六、综合性辞书

综合性辞书兼具语文辞书和百科辞书的功用,是语文辞书和百科

① 南宋时将此书与孔传编的《孔氏六帖》合刻成《唐宋白孔六帖》,简称《白孔六帖》。

辞书的混合体。今本《尔雅》共十九篇。前三篇《释诂》《释言》《释训》专收一般词语，其余十六篇是关于各种名物的解释，从这一点来看，《尔雅》也可以说是我国综合性辞书的萌芽。

古代的类书汇集经传，随类相从，摘录各种文献中有关材料，大多具有百科的综合性。现代编的百科全书或多或少包含了语文的内容，在某种程度上也可看作是综合性辞书。我国最早出版的现代综合性辞书是1915年的《辞源》，其后出版的是1936年的《辞海》。《辞海》(1979年版)继续由语词和百科两大部分构成，成为我国的大型综合性辞书，《新华词典》是我国的中型综合性辞书，刘韵玲等编的《汉语小词典》则是我国的小型综合性辞书。

关于辞书的分类标准很多，可以说是仁者见仁，智者见智，各有千秋，各有短长。上述各类也多有交叉，如《汉语典故大辞典》既可列为词藻典故辞书，也可列为特种语文辞书；《小说词语汇释》《戏曲词语汇释》《诗词曲语辞汇释》《敦煌变文字义通释》《元曲释词》既可列为专题汇释词典，也可列为俗语词典；《新华词典》和《汉语小词典》既可列为词典，也可列为综合性辞书；《汉语称谓词典》《字母词词典》《中国网络语言词典》《现代汉语频率词典》《汉语修辞格大辞典》《汉语图解词典》《现代汉语常用词用法词典》和《汉语常用词用法词典》等既可列为词典，也可列为特种语文辞书；《信息字典》和《新华多功能字典》等既可列为字典，也可列为特种语文辞书。又如《现代汉语词典》经过试印本、试用本以及正式出版后的历次修订，已经成为一部集查考、学习和规范功能于一体的中型共时语文辞书。至于《古汉语知识辞典》《语言学百科辞典》《禅宗大词典》《佛光大辞典》《道教大辞典》《基督教词典》《中国文学大辞典》和《宋代文化史大辞典》等虽是专科辞书，但或多或少也有语文辞书的内容，从广义的语文而言，论述语文辞书也应有所提及。有鉴于此，本书具体论述时或有歧异，视行文方便而未强按分类。

第二章 社会与辞书

辞书的产生、发展和社会的需要密切相关,跟解决社会文化生活的变化所提出的实际任务有着活生生的联系。辞书是社会文化发展的产物,人们在日常的学习和工作中必然会不断地碰到超越自己知识范围的事物需要了解和熟悉,以便推动学习和工作的进展。当社会发展到一定阶段,有了一定的文化积累,如果两种不同的语言发生接触,需要用一种语言来诠释另一种语言中的词语,或者当一种语言的古代文献已经难以为一般人所理解,需要用当代语言去进行解释说明的时候,各种类型的语文辞书就会应社会的需要而产生。人们解读古籍的需求和不同语言人群间信息交流的需要为辞书的产生提供了需求的动因和外部动力。辞书具有沟通古今通达方俗的实用功能,可以说是为适应社会需要、人们了解天地万物而应运而生。①

第一节 经学与辞书

辞书是一定时期的思想、科学、文化和语言发展状况的重要见证,辞书的编纂是以特定的文化背景为依据的,某个时代的社会思潮、哲学思想对辞书的编纂必然也有着重大的影响。中国的传统文化是以儒家经学为根基和核心的,历代统治者用儒家经典进行文化教育,举贤进士,于是钻研经书成了一般读书人追求功名利禄的敲门砖。古代学者都很精通儒家经典,许多辞书的编者本身就是经学家。中国古代辞书

① 参拙文《社会需求与辞书编纂》,《辞书研究》,1995(4)。

的编纂是为治经通经服务的，儒家经学与古代辞书的编纂有着千丝万缕的密切关系。如张参《五经字样》旨在辨五经文字的异同，序例明确规定"自非经典文义之所在，虽切于时，略不集录，以明为经不为字也"，而客观上则起到语文辞书规范文字使用的作用。经学的研治在一定程度上促进了辞书的产生和发展，辞书的大量编纂又反过来为经学的研治提供了方便。

一、儒家经典的训释与《尔雅》

自汉武帝"废黜百家，独尊儒术"之后，儒家思想一直为历代统治者所推崇，居于正统地位，成为封建社会精神生活和道德观念的基本准则，以十三经为代表的儒家著作也被奉为法定的经典。统治者用儒家经典进行文化教育，举贤进士。通经可以出仕做官，经学成为一门显学。由于儒家经典大多成书年代较早，而语言文字又是随着社会发展而不断变化的，随着时代的推移，后人对于先秦经籍中的许多字句已不容易读懂，甚至"通一经之士"也难卒读，[①]儒家经典的流传面临中断的威胁，以今语释古语，用当时的实际语言注解这些经典就有了必要。训释儒家经典在汉代成为一时的风尚，一些经学大师遍注群经，训释内容包括释词、释句、解释篇章大旨、分析句读、阐明语法和修辞手段等，而词义的训释则是训释经典的重要内容。大量的训释和注解为研治经学提供了方便，同时也为辞书的编纂积累了丰富的资料。苏联的杰尼索夫在《语言学描写的几个理论问题》一文中曾指出："不论是古代的或近代的，不论是双语的或单语的词典，都是在出现不理解，出现失去文化传统威胁的情况下才编纂的。"[②]我国现存最早的语词兼百科辞书《尔

① 《史记·乐书》："至今上（武帝）即位，作十九章（《汉郊祀歌十九章》），令侍中李延年次序其声，拜为协律都尉。通一经之士不能独知其辞，皆集会五经家，相与共讲习读之，乃能通知其意。"

② 石肆壬《词典学论文选译》，商务印书馆，1981 年，215 页。

雅》实际上就是在大量传注资料的基础上应运而生的,也可以说是为了保存传统文化而网罗众家传注汇编而成的。《尔雅》的解词释义与经学的研治关系密切,其中解释五经约有半数,客观归纳儒家经典及其他先秦典籍的训释,其释义的根据和口吻带有权威性,后人誉之为“训诂之渊海,五经之梯航”,“七经之检度,学问之阶路,儒林之楷素”①。

辞书的本质是社会性的。从辞书中看到的客观世界已不是纯粹的客观世界,而是充盈着主体意识的世界。如《尔雅·释训》中称“张仲孝友,善父母为孝,善兄弟为友”,蕴含了传统伦理道德的价值观念。《尔雅》解释词语的先后次第和百科名词的分类布局大致反映了儒家的思想观念,体现了当时的文化科学知识结构。如《释诂》的“林、烝、天、帝、皇、王、后、辟、公、侯,君也”一条,把“君”与“天”相提并论;继此是“弘、廓、宏、溥、介、纯、夏、幠、厖、坟、嘏、丕、奕、洪、诞、戎、骏、假、京、硕、濯、訏、宇、穹、壬、路、淫、甫、景、废、壮、冢、简、箌、昄、晊、将、业、席,大也”,把许多训“大”的词放在“君”后解释,次第安排上就有寓意。又如《释天》在释四时、祥灾、日月星辰之后解释祭名、讲武和旌旗。宋代邢昺已指出:“祭名、讲武、旌旗俱非天类,而亦在此者,以皆王者大事。又祭名则天曰燔柴,讲武则类于上帝,旌旗则日月为常,他篇不可摄,故系之《释天》也。”②这些都是儒家敬天尊君和天人合一思想的反映。《尔雅》在汉代已被列为官学,作为经学的羽翼。汉武帝时正式立《尔雅》博士,唐文宗时诏令刻儒家十二经立石国学,十二经中已经包括《尔雅》。自此以后,《尔雅》的经学地位得到确立而跻身于儒家经典中,自宋代至今一直是儒家十三经中的一部。

---

① 见宋翔凤《尔雅郭注义疏序》(郝懿行《尔雅郭注义疏》,光绪十年刻本,1页)和张揖《上广雅表》(严可均《全上古三代秦汉三国六朝文》,光绪二十年刻本,1930页)。

② 《十三经注疏》下册,中华书局,1980年,2611页。

二、今古文经学之争与《说文》

汉代经学兴盛,《诗》《书》《易》《礼》《春秋》作为人伦之常,入仕之阶,理政之规和治国之法。研治经学有今文经学和古文经学两大流派。西汉通行今文经学,汉武帝时置《诗》《书》《易》《礼》《春秋》五经博士,东汉光武帝立十四博士,均为今文经学。古文经学当时虽有传本,但只在民间传授,不立于学官。西汉末年古文经学兴起,东汉中叶后渐取代今文经学而居于支配地位。今文经学认为六经皆孔子手定,偏重于阐发孔子的"大义微言",以阴阳五行之说来附会经义,认为"隶书为仓颉时书",并以隶书来解释字义,如"马头人为长,人持十为斗"等。[①] 古文经学认为六经不过是前代的史料,注重名物的训诂考释,强调训诂不明,经义不彰。今古文经学之争导致了《说文解字》的诞生。当时人称"五经无双"的经学大师许慎兼通今古文经学,认为儒家经典"皆有依据","五经之道昭炳光明,而文字者,其本所由生"。他"恐巧说邪辞使学者疑",因而博采通人,广引经传及诸子百家之说,"理群类,解谬误,晓学者,达神恉",[②]撰成《说文解字》这部辞书。叙文引用《论语》"本立而道生"的话,认为文字训诂是"经艺之本,王政之始,前人所以垂后,后人所以识古,故曰'本立而道生',知天下之至啧而不可乱也"。强调文字训诂对治经的重要性,从而将训释儒家经典与儒家治国平天下的思想联系起来,肯定了辞书编纂在学术的传播、政治的推行、历史的借鉴和社会的发展等方面的巨大作用。叙文认为仓颉"初造书契"与伏羲氏"始作易八卦"在模拟物类上有相似之处,实际上是采纳了《周易·系辞传》的说法,参照八卦来安排部首的排列。540 个部首的排列"立一为

① 许慎《说文解字叙》,中华书局,1963 年,315 页。

② 许慎《说文解字叙》和许冲《上说文解字表》,段玉裁《说文解字注》,上海古籍出版社,1981 年,753—787 页。

耑。方以类聚，物以群分。同牵条属，共理相贯。杂而不越，据形系联，引而申之，以究万原。毕终于亥，知化穷冥”①。其以“一”为部首之始，体现了“惟初太始，道立于一，造分天地，化成万物”的意思；毕终于“亥”，又体现了“亥而生子，复从一起”的意思，反映出儒家认为事物变化始终循环的思想观点。

《说文》于“六艺群书之诂，皆训其意，而天地、鬼神、山川、草木、鸟兽、昆虫、杂物、奇怪、王制、礼仪、世间人事，莫不毕载”②。说解立足于古文而参采今文经学，引经书 1 085 例。如“奴，奴婢，皆古之罪人也。《周礼》曰：‘其奴，男子入于罪隶，女子入于舂藁。’”引用古文《周礼》为书证。“王，天下所归往也。董仲舒曰：‘古之造文者，三画而连其中，谓之王。三者，天地人也，而参通之者，王也。’孔子曰：‘一贯三为王。’”采纳了今文经学的说解。大旨注重从文字训诂入手来阐明经义，发扬五经之道。如“天，颠也，至高无上。”“君，尊也。”“臣，牵也，事君也。”“妇，服也。从女持帚洒扫也。”大致反映了儒家敬天尊君和男尊女卑的思想观念，故北宋徐铉等校定《说文》时认为书中“圣人之旨，盖云备矣”。许慎的《说文》集当时今古文经学家治经之大成，依据经典明文，结合生动的语言实际，仔细揣摩语义，概括归纳，已措意于揭示词语的内在规律，在《尔雅》的编纂基础上又有所发展和提高，可以说充分显示了今古文经学之争在辞书编纂上的实绩。

三、义疏之兴与《经典释文》

魏晋尚清谈，南北朝崇佛教，儒家经学受到浸濡，讲经之风日盛，义疏之体大兴。经传的注释越来越多，解说则纷歧不一。研治经学需要编纂专门注释群经的辞书。隋唐时陆德明看到当时“微言久绝，大义愈

---

① 许慎《说文解字叙》，中华书局，1963 年，第 319 页。

② 许冲《上说文解字表》，段玉裁《说文解字注》，上海古籍出版社，1981 年，753—787 页。

乖,攻乎异端,竞生穿凿"[①],因而迎合社会的需要,撰成《经典释文》三十卷,着重解释儒家的十二经,并兼释道家经典《老子》和《庄子》。博采"汉六朝音切凡二百三十余家,又兼载诸儒之训诂,证各本之异同"[②],集诸家之成,括其枢要,"经注毕详,训义兼辨"[③]。首卷《序录》又分《自序》《条例》《次第》和《注解传述人》等篇。《次第》说明排列诸经先后次序的理由;《注解传述人》等篇则一一介绍诸经的传授源流和有关的注家,论述了汉代以来经传训释的发展脉络。后人誉其为"辟经训之菑畲,导后人以涂径;洗专己守残之陋,汇博学详说之资"[④]。当时经生帖括和音义异同皆以此书为准,无敢稍有出入。又据《旧唐书·艺文志》载隋诸葛颍撰有《桂苑珠丛》一百卷、天圣太后《字海》一百卷,《新唐书·经籍志》载颜真卿撰有《韵海镜源》三百六十卷,王引之认为"自古字书韵书未有若此之多者,意其详载先儒训释,是以卷帙浩繁"[⑤]。从这些辞书的编纂可以想见当时儒家经典注疏之繁杂与辞书编纂之盛况。

四、疑经思潮与《字说》

宋初经学大致墨守汉唐的注疏。仁宗庆历以后,学者由不信汉唐注疏,进而大胆怀疑古代儒家经典,并且从当时的社会政治需要出发,提出新的见解。理学的思辨精神启发人们对语言文字研究作理性的思考,治经注重义理,好标新立异,"以义理悬断数千年以前之事实"[⑥],形成了一个疑经思潮,学风为之一变。如刘敞《七经小传》好以己意改经,

---

① 陆德明《经典释文序》,上海古籍出版社,1985 年,1 页。
② 《四库全书总目》,中华书局,1965 年,270 页。
③ 同①。
④ 卢文弨《重雕经典释文缘起》,台北汉京文化事业公司影印抱经堂本,1980 年,2 页。
⑤ 王引之《经籍纂诂序》,阮元等《经籍纂诂》,中华书局,1982 年,2 页。
⑥ 皮锡瑞《经学历史》,商务印书馆,1928 年,234 页。

王安石讥《春秋》为“断烂朝报”，司马光疑《孟子》，朱熹认为《诗序》不足信；陆九渊主张“六经皆我注脚”。经学研究中的疑经思潮自然也波及辞书编纂领域。王安石除以自己的政治观点来解释《尚书》《诗经》和《周礼》，撰成《三经新义》外，还认为文字的声音、形体都有意义，“皆出于自然，与伏羲八卦，文王六十四卦，异用而同制，相待而成《易》”，而许慎《说文》“所记不具，又多舛”，故覃思天地万物之理，附托经义，和《易》理相阐发，编纂成《字说》这部标新立异的辞书。《字说》着重探讨文字义理，对字的解释往往不从《说文》和传统说解。书成之后，士大夫互相传抄，哲宗时刻版印行，徽宗时“学校经义论策悉用《字说》”，“崇宁以来，专意王氏之学，士非三经、《字说》不用”，可谓盛极一时。①

《字说》的编纂可以说是宋代疑经思潮的产物，从中可略窥宋儒治经与辞书编纂关系之一斑。如：“童：始生而蒙，信本立矣；方起而稚，仁端见矣。”采纳了儒家仁义礼智信五常的说教。“中：中通上下，得中，则制命焉。”反映了儒家的中庸之道。“夫：与天皆从一，从大。夫者，妻之天也。天大而无上，故一在大上。夫虽一而大，然不如天之无上，故一不得在大上。夫，以智帅人者也。大夫，以智帅人之大者也。”②反映了儒家的天理人伦观念。又如：“除：有阴有阳，新故相除者，天也。有处有辨，新故相除者，人也。”“革：三十年为一世，则其所因必有革，革之要，不失中而已。治兽皮，去其毛，谓之革者，以能革其形。革有革其心，有革其形，若兽则不可以革其心者。不从世，而从廿从十者，世必有革，革不必世也。”③反映了王安石破旧立新，“改易更革”的变法主张。

---

① 曾慥《高斋漫录》，中华书局，1985 年，8 页；吴曾《能改斋漫录》，中华书局上海编辑所，1960 年，371 页。

② 《周官新义》卷一《天官一》，丛书集成本，商务印书馆，1936 年，2 页。

③ 杨时《王氏字说辨》，上海古籍出版社影印四库全书本《龟山集》卷七《辨二》，2007 年，160 页。

五、经世致用与《经籍籑诂》

明末清初，一些有识之士认识到空谈的危害，提倡经世致用，讲求实学，认为“君子之为学，以明道也，以救世也”[①]，治学必先穷经，“舍经则无以为学”[②]，治经注重考据，讲求名物训诂，古文经学重新复兴，辞书的编纂也品种益多，空前兴旺。面对历代繁多的经传注解和适应研治我国古代典籍的需要，刘淇撰成《助字辨略》；王引之据“九经”“三传”编成《经传释词》。魏源编成《皇朝经世文编》，虽形式上仍采自古以来的政书形式，但其以“经世致用”为主要原则的选文标准及其学术、政治、吏政、户政、礼政、兵政、刑政、工政的分类方法已与传统政书有了明显区别。阮元则主编了我国第一部汇辑经传子史的引证于一书的大型训诂辞书《经籍籑诂》，此书按韵目编排，体例谨严，引征皆载明出处，“展一韵而众字毕备，检一字而诸训皆存，寻一训而原书可识”[③]，集经典注解之大成，“实足为有功经学之书”[④]，同时也是儒家经学在辞书编纂上的一个总结。

清末，中国历史进入转折期，西学东渐，今文经学复兴。康有为等借经学来昌言救世，托古改制，变法维新，主张“中学为体，西学为用”，儒家思想不再是主宰中国社会的统治思想，经学由显学跌入冷宫，辞书的编纂也出现新的面貌，既继承我国古代辞书编纂传统，又吸取了外国辞书编纂法式，新式辞书《辞源》《辞海》相继问世，揭开了我国辞书编纂史上新的一页，辞书的编纂开始摆脱作为经学附庸的地位，不再囿于“为经不为字”的宗旨，走上了现代化的道路。

---

① 《顾亭林诗文集》卷五《与人书二十五》，中华书局，1983 年，98 页。
② 钱大昕《经籍籑诂序》，阮元等《经籍籑诂》，中华书局，1982 年，1 页。
③ 王引之《经籍籑诂序》，阮元等《经籍籑诂》，中华书局，1982 年，2 页。
④ 臧镛《经籍籑诂序》，阮元等《经籍籑诂》，中华书局，1982 年，5 页。

第二节 宗教与辞书

汉魏以来,佛教传入中国。佛教典籍卷帙浩繁,东汉大月氏沙门迦叶摩腾、竺法兰在洛阳译出《四十二章经》等,经几代译经大师的翻译加工,共翻译大小二乘、三藏圣教等释典2 000多部,佛经遂成为汉语文献的一个重要组成部分。佛经不仅义理博杂,名相浩繁,而且汉梵交错,字义多变,"其旨微,其趣深,其事博,其寄托也远。苟欲明其真实义者,必以通其词为始"[①]。人们不仅诵读佛经时需要有解释佛经词语的辞书,而且在阅读一般典籍时也需要有解释佛经词语的辞书可供查检。佛教的传播和佛经的翻译,不仅使汉语中增加数万新兴名词,[②]促进了汉语语文辞书编纂的发展,而且催生了《唐梵文字》和《梵语杂名》等双语语文辞书的编纂,带来了梵语语音系统,使人们更多地接触了拼音文字的语言,继而重视汉语音韵的研究,注意到了梵汉语音之间的差别。梵文作为音素文字,有元音14个,辅音50个,元音与辅音相拼切成一个音节。《隋书·经籍志》称梵文"能以十四字贯一切音,文省而义广",而汉字隶变后谐声字的声旁渐渐不能准确表达字音,造成社会交际的障碍。声明学理启示了一些有识之士,人们意识到字的形、义与音三者密不可分,仅仅"考名物之同异,不显声读之是非"难以详明经义,于是或运用反切,以上下字拼切贯一切音来为汉字记音,分析声韵结构,或辨析四声八病,探讨文学语言,作文"欲使宫羽相变,低昂互节,若前有浮声,则后须切响。一简之内,音韵尽殊,两句之中,轻重悉异"[③]。一时考韵辨切,"声韵之道大行"[④],韵书适应人们社会交际需要有正确

---

① 丁福保《佛学大辞典》自序三,上海书店,1991年,9页。

② 梁启超《翻译文学与佛典》,《翻译论集》,商务印书馆,1984年,62页。

③ 沈约《宋书·谢灵运传论》(第六册),中华书局,1974年,1779页。

④ 封演《封氏闻见记》卷二《声韵》,中华书局,2005年,13页。

的读音而蜂出。韵书分韵编排各字，往往兼及字形和字义的解释，供写作韵文时查检押韵之用，满足了人们统一用韵的社会需求，成为我国一种富有民族特色的辞书。唐代僧人守温又参照梵文拼音学理与梵藏字母首创30字母与等韵四等轻重例，不仅推动了音韵学的发展，还促使了辨音释义的音义类辞书的问世和兴盛。

据史料记载唐释义净撰《梵语千字文》，全真撰《唐梵文字》，礼言集《梵语杂名》①。又据《宋史·艺文志》载，隋释静洪撰有《韵英》，唐释猷智撰有《辨体补修加字切韵》五卷，清澈撰有《切韵》五卷，洪演撰有《切韵》一卷等。再据《大唐内典录》和《开元释教录》著录，北齐沙门道慧曾著有《一切经音》。此书今虽已佚，无以考证其书内容及体例，然在某种意义上可以说是音义类语文辞书之嚆矢。道慧之后又有隋代沙门智骞作《众经音》，今亦失传。日本学者高田时雄考《法华经释文》释《法华经》卷七《普贤菩萨劝发品》第二十八"手脚缭戾"之"缭"载有"骞师云：宜为了字，谓子无两臂，不任统于事务，家业毕了，无所付委也"②。由此引文可略窥《众经音》之一斑。隋代沙门昙捷则曾为《妙法莲华经》撰有《字释》，据日僧中算《妙法莲华经释文》所引昙捷释文，③大致为随文作注，如《妙法莲华经释文》卷上释"能度"之"度"载"昙捷云渡也，济也"，释"敬重"之"重"载"昙捷云直家反"，释"未尝"之"尝"载"昙捷云曾也"。④ 此后，陆德明博采汉魏六朝以来诠释

① 《梵语杂名》按照分类先列汉文，后列梵文。参季羡林《我是怎样研究起梵文来的》，载《风风雨雨一百年》，华艺出版社，2009年。

② 高田时雄《可洪随函铭と行瑫随函音疏》，《中國語史の資料と方法》，京都大学人文科学研究所，1994年。

③ 日僧中算《妙法莲华经释文》，载《古辞书音义集成》第一辑第四册，日本汲古书院，1979年影印本。

④ 敦煌文献中有一些单部佛经的音义写卷，如《大般涅槃经音》（P. 2712、P. 3025、S. 2821、S. 3366、P. 3438、P. 5732、P. 3415）和《妙法莲华经》（P. 3406、S. 3082、S. 114）等。《应县木塔辽代秘藏》所载第5号为《妙法莲华经》卷二，卷尾附有音义。第13号、第16号、第18号、第19号、第20号、第21号、第22号和第24号亦为《妙法莲华经》，各卷卷尾也附有音义。

《周易》《尚书》《庄子》等十四种文献典籍的音切和训诂，撰成我国现存第一部具有早期专书辞典性质的儒道典籍音义著作《经典释文》。唐释玄应又撰有《众经音义》、慧琳撰有《一切经音义》，史崇、崔湜、沈佺期等撰有《一切道经音义》。[①] 五代可洪撰有《新集藏经音义随函录》，辽代希麟撰有《续一切经音义》等。顾齐之为慧琳《一切经音义》所作序指出，"文字之有音义，犹迷方而得路"，"得其音则义通，义通则理圆，理圆则文无滞，文无滞则千经万论如指诸掌而已矣。朝凡暮圣，岂假终日，所以不离文字而得解脱"。阐明了词义训释是通晓经义的根本途径。

此外，唐释道世据其兄道宣所著之《大唐内典录》及《续高僧传》编纂成《法苑珠林》，又名《法苑珠林传》或《法苑珠林集》，一百卷。[②] 全书分为一百篇六百六十八部，从《劫量篇》到《传记篇》，汇集一切佛法教义精华，概述佛教之思想、术语、法数等，博引诸经、律、论、纪、传等，系录要义，共计四百多种。不仅囊括佛教基本的义理，分门别类介绍佛教教理和知识，如时空观、宇宙观、友情观、宣教方式、因果业力、善恶报应、僧俗二众应有之修持与德行、圣凡分类、戒律禅观、神通咒语、法数名相、寺塔器物、音乐图像、仪礼行止、卫生保健等，而且论及人世间各种社会现象和伦理是非观念，集出世与入世思想于一编，具有佛教百科全书之性质。清代周春则仿《尔雅》体例，采辑佛教著作中的汉语音译词编纂成《佛尔雅》。共八卷，分十五篇，无《释言》《释训》《释丘》《释畜》篇，而比《尔雅》多了《释名》篇。一般包括简单释义、说明或体、反切注音、句读等。如《释名》："牟尼，一作茂尼。旧言文尼仙，仁也，智也，寂静也。"《释诂》："陀罗尼，咒也。沙离，妙术也。"其自序记述创作缘起说："余思有《佛孝经》，不可

---

① 史崇《妙门由起序》，《全唐文》卷九百二十三，中华书局，1983 年。

② 道世，京兆（今陕西西安）人，俗姓韩，字玄恽。"法苑"指佛法的荟萃；"珠"是美石，比喻佛陀教法融通无碍；"林"，法义丛集名为林。一百卷，嘉兴藏作一百二十卷。

无《佛尔雅》,遂锐意创稿。”[①]《佛尔雅》也是现存最早的雅书翻译体著作,填补了宋以来翻译体著作失传的空白。

明清时不少基督教和天主教的传教士从欧洲来华传教,逐渐掀起了西学东渐的热潮,不仅传播了西方的宗教文化,而且促使了中西辞书编纂的交融。如明代来华的传教士利玛窦发明了基于葡萄牙语和意大利语拼写体系的汉语拉丁语注音方法和标注汉字音调系统,开汉语拼音注音的先河,现代汉语语文辞书采用的音调标注即源自利玛窦的这一发明。

来华传教士为了交际和传教不得不学习汉语,也激发了对汉外、外汉词典的需求。汉外、外汉词典适应中外交流的需要而产生,建构了中西方交流的双向知识桥梁,说不同语言的人们可以通过辞书这样的工具书形式互相学习与了解。这类辞书中有一些相当于学汉语用的字表,卫三畏在1934年刊行的《中国丛报》上曾提到广东佛山刊刻有《红毛买卖通用鬼话》,用汉语标示英语的读音和注释词义。此书今不存,大英图书馆藏有成德堂《红毛通用番话》与此书相似。全书分生意数目、人物俗语、言语通用和食物杂用门四类,每个门类收释93个词或词组,共372个词,以汉字标注对应英语词的读音来应付日常交往的基本需要。[②] 传教士入华之初需要的是从母语到目的语的外汉词典,而在中国生活一段时间后,要想切实解决异国语言问题,汉外词典更能满足他们求解意义的需求。适应交际的需要,汉外、外汉词典的功能也渐从提供对应词求解为主,扩展到兼具汉语学习与教育的功能。汉外、外汉词典全面记载汉字的字形、字音、字义,是入华传教士赖以学习汉语的重要辞书。这类辞书有一个共同的特点,即多以表达为主,既有字、词,也有短语形式的对应,还在设计中兼顾了使用者学习的需求。如耶稣会编

---

① 周春(1729—1815),字松霭,号庵兮,晚号黍谷居士,浙江海宁人。《海昌备志》称:“春自少究心字母,于西庵遍观藏经六百余函,悟彻‘等韵’之学。”

② 周振鹤《逸言殊语》(增订版),上海人民出版社,2008年,202页。

的汉葡词典,通过学习一个核心词(常常充任词目或者在词目中出现,如“水、水手、雨水、水银”,“猜、猜疑、猜拳”等),很快就可以掌握与其相关的搭配词和用句的意义,对于扩展词汇量和记忆词汇有促进作用。

明清来华传教士编纂了数量可观的综合性双语或多语字典以及词典。1575 年(明万历三年)西班牙奥斯定会修士拉达在菲律宾编成西班牙语与闽南话对照的《华语韵编》,[①]1583 年至 1588 年间耶稣会传教士罗明坚和利玛窦合编了《葡汉辞典》。1626 年,法国耶稣会传教士金尼阁为帮助西方传教士快速掌握汉语,在中国学者王徵、吕维祺、韩云等帮助下,编有采用罗马字母系统标注汉字读音的中文字典《西儒耳目资》,用 50 个元音与 20 个辅音互相结合,配上清、浊、上、去、入五个声调记号,拼切出汉字的读音。全书按形、声、义为序编排,共分为三篇。第一篇是“译引首谱”,说明文字学和译者大意;第二篇是“列音韵谱”,依字的音韵排列汉字;第三篇是“列边正谱”,按笔画顺序排列汉字,并用罗马字母注音。[②] 此后,法国来华传教士白晋编有《汉法字典》,汤执中编有《法汉字典》,孙璋编有《华拉文对照字典》和《华法满蒙对照字典》,钱明德编有《汉满藏蒙法字汇》;荷兰新教徒赫尔尼俄斯编有《荷拉汉词典》;西班牙耶稣会士齐瑞诺编有《汉语西班牙语词典》。[③] 据杨福绵对耶稣会档案馆所藏传教士手稿的研究,《葡汉词典》编纂目的是为了学习明代官话口语。收 6 000 多个葡语词,既有单词也有短语,按字母排序,词目后有罗马注音和对应的汉语词条,包括单词、词组和主要选自口语的短句。[④] “每个葡语词条可以有一个以上的汉语对应词

① 欧洲传教士从 16 世纪以来先后编有 40 多部西班牙语、荷兰语、英语等欧洲语言与闽南话对照的著作,其中双语辞书 21 种。参吴孟雪《明清时期——欧洲人眼中的中国》,中华书局,2000 年,6 页;董海樱《16 世纪至 19 世纪初西人汉语研究》,商务印书馆,2011 年,246 页。

② 彭敬、张相明《中国澳门地区辞典发展概观》,《辞书研究》,2008(4)。

③ 参董海樱《16 世纪至 19 世纪初西人汉语研究》,商务印书馆,2011 年,247—250 页。

④ 姚小平《早期汉外字典——梵蒂冈藏西士语文手稿十四种略述》论及梵蒂冈图书馆藏有十四种 17 世纪至 18 世纪天主教传教士编纂的汉外词典手稿,《当代语言学》,2007(2)。

条,其中的一个是口语词汇,接下来是一或几个口语、文言文的同义词。”[①]从1575年至1800年,入华传教士编有60多种类似汉外和外汉词典的词汇集,大多为未付梓的手稿,今尚存有50多种抄本。[②]

来华天主教传教士编写的汉外手稿词典的巅峰之作当属方济各会传教士叶尊孝(又名叶宗贤,Basilio Brollo 1648—1704)的汉拉词典《汉字西译》,又名《字汇腊丁略解》(*Dictionnaire Chinois Français et Latin*)。[③] 其序说:“我以中国字典的编排方式编写了这部新汉拉词典”,“任何人想要编这样一部汉语词典,都必然采用中国字典的方法编排汉字,因为若按照我们字母顺序法编排,当遇到不认识的汉字,很难用它查找汉字的意义,只能凭运气在词典中寻找意义。有鉴于此,本词典提供了必要的、实用的例证”。该词典手稿采用当时欧洲的通用语拉丁文编写,具有中西合璧的汉字部首检索和汉字注音检索体系,成功地解决了汉外词典中汉字词目的检索难题。共有两部分组成。第一部分编于1694年,以汉字部首为序,按部首检索,收录了7 000多个汉字。第二部分约编于1698年至1700年,以汉字的拉丁文注音为序,按注音检索,收录9 000多个汉字。[④] 参考了《字汇》《增补字汇》《正字通》《品字笺》《篇海》《字类补》等,如释“一”为“数之始”,“丈”为“十尺为丈”等出自《字汇》。

---

① 杨福绵《罗明坚和利玛窦的葡汉词典(历史语言学导论)》,吴小新译,英文原文刊登于1989年台北“中央研究院”的第二届国际汉学研讨会论文集,修改稿收入魏若望编《葡汉辞典》,旧金山大学利玛窦中西文化历史研究所和葡萄牙国家图书馆等2001年联合出版。

② 参王立达《汉语研究小史》,商务印书馆,1959年,127页。

③ 上海图书馆藏有抄写于1723年的羊皮装本《汉字西译》一部。1813年,德金据此书编为《汉字西译》在巴黎出版。参杨慧玲《19世纪汉英词典传统》,商务印书馆,2012年,第86页。

④ 马西尼《十七、十八世纪西方传教士编撰的双语字典》,载卓新平主编《相遇与对话》,宗教文化出版社,2003年;杨慧玲《叶尊孝的〈汉字西译〉与马礼逊的〈汉英词典〉》,《辞书研究》,2007(1);姚小平《早期汉外字典——梵蒂冈藏西士语文手稿十四种略述》,《当代语言学》,2007(2)。

1717 年由于天主教传教士在祭祖拜孔等宗教礼仪问题的做法有悖于中华传统,康熙帝下令禁止天主教在华活动。此后,雍正、乾隆也相继颁布禁教令,奉行闭关锁国之策。鸦片战争后,清政府被迫接受丧权辱国的《中英南京条约》,禁教令也被迫取消,大批传教士再次来华传教,也编纂了一批汉外词典和外汉词典。如罗伯聃的《汉英字汇》,毕利干的《法华字典》,加略利的《汉语百科辞典》,马礼逊的《华英字典》和《广东省土话字汇》,贡萨尔维斯的《葡汉字典》《汉葡字典》和《辣丁中华合璧字典》,卫三畏的《汉英韵府历阶》,麦都思的《华英字典》,罗存德的《英华字典》,翟理斯的《汉英词典》,司登得的《汉英合璧相连字典》,鲍康宁的《中英字典》,赫美玲的《英汉官话口语词典》,富善的《北京方言袖珍词典》,马阶的《中西字典》,马修斯的《华英词典》,甘为霖的《厦门音新字典》,杜嘉德的《厦英大辞典》,蒲君南的《法华新字典》等。其中马礼逊的《华英字典》秉持实用、教育和启蒙的原则,将西学融入传统语文辞书的编纂,开近代新式辞书编纂之先声。卫三畏的《汉英韵府历阶》收字与体例以樊腾凤的《五方元音》为基础,注音兼顾官话、古音和主要方言,释义参照《康熙字典》,另附词源和组词,涉及语言、文学、历史、地理、哲学、科学、宗教、风俗礼仪和经济贸易等学科,问世后被誉为"多年来新教与天主教传教士们工作的集大成之作"。翟理斯的《汉英词典》收汉字 13 838 个,按读音字母顺序编排,采用改进的威妥玛氏注音法,并注出多种方言读音,同形异音字互设参见项,且尤其注重文化负载词的解释,堪称 20 世纪上半叶最流行的汉英词典。富善的《北京方言袖珍词典》是当时西人学习汉语的重要参考书,收字较全,检索方便。① 又如俄罗斯东正教驻北京传教士团第八届使团学生加缅斯基编的《汉蒙满俄拉词典》,俄国驻京的东正教传教士团随团学生列昂季耶夫编的《俄满汉专题词典》,1831 年利波夫措夫编的《拉汉词典》,1867 年瓦西里耶夫编的《汉字的字形体系:

---

① 董方峰《近现代西方汉英词典编纂》,《中国社会科学报》,2002 年 4 月 11 日。

首部汉俄词典试编》,1888 年卡法罗夫编的《汉俄合璧韵编》,1896 年波波夫编的《俄汉合璧字汇》等。[①] 这些辞书不仅有效地辅助了传教士学习汉语,[②]而且其编纂方式和体例也影响了我国近现代辞书的编纂。

来华传教士一边传教,一边传授科学知识,而口头传授效率低下,所以他们需要将这些科学内容译印成册。有的传教士将石印、铅印等西方先进的印刷技术和印刷机带到了中国。1843 年,英国传教士麦都思在上海创建墨海书馆,印刷出版中文书籍。1858 年,美国传教士姜别立在美华书馆用电镀方法制造汉字铅活字,大大提高了印刷速度和质量。传教士引进的铅印、石印技术的日臻完善客观上对辞书的出版也起到了促进作用。如 1869 年上海天主教会创办的土山湾印书馆最早将石印技术引入中国,印过一些辞典。又如北平俄国传教士团印刷厂铅印出版了帕拉季和波波夫编写的第一部华俄词典。

宗教是人类社会发展进程中的特殊文化现象,也是人类传统文化的重要组成部分,辞书编纂也涉及宗教辞书的编纂和宗教词语的阐释。近现代编纂的与宗教有关的语文辞书不仅涉及各大宗教,而且种类繁多,主要有丁福保的《佛学大辞典》,佛光山星云大师监修、慈怡法师主编的《佛光大辞典》,陈兵《新编佛教辞典》,闵智亭、李养正编的《道教大辞典》,胡孚琛主编的《中华道教大辞典》,任继愈主编的《宗教词典》[③],文庸、乐峰、王继武主编的《基督教词典》[④],丁光训主编的《基督教大辞典》[⑤],袁宾、

---

① 柳若梅《清代入华俄罗斯汉学家的满汉语词典手稿散论》,《辞书研究》,2010(4)。

② 马礼逊编完《华英字典》第二部分,在 1818 年 12 月 9 日给伦敦会的信中写道:"我已经写完了字典的第二部分,即使是我现在死了,我也将留下一部完整的,就是这儿的人也会认为是非常有用的中文字典,供传教士和欧洲的学者们使用。" Mrs Robert Morrison, *Memoirs of the Life and Labours of Robert Morrison*, *D. D.* (in two volumes), London, 1939, p518。

③ 任继愈主编《宗教词典》(修订版),上海辞书出版社,2009 年。

④ 文庸、乐峰、王继武主编《基督教词典》(修订版),商务印书馆,2005 年。

⑤ 丁光训主编《基督教大辞典》,上海辞书出版社,2010 年。

康健主编的《禅宗大词典》[1]等。

第三节 科举干禄与辞书

荀子曾说"学者非必为仕，而仕者必如学"，求仕干禄要经过读书考试的选拔。汉代"以字取士"，从通晓文字与书写正体的角度取舍人才。据《汉书·艺文志》载，一是"能讽书九千字以上"者乃得为史，即符合被选拔条件者必须通晓"通行字"九千字以上；二是通过"六体"类考试者可为尚书御史、史书令史，即被选拔对象必须通过"异体字"的考试。士人入仕干禄的需求促进了语文辞书的编纂，汉武帝时的《凡将篇》、元帝时的《急就篇》、成帝时的《元尚篇》等相继问世，《汉书·艺文志》小学类中还载有记录汉字异体的"《别字》十三篇"。

隋朝统一全国后，实行科举制，用考试的办法来选拔官吏。唐代仕途开放，承隋采用科举制度选取人才，尤其重视官吏士人的文字书写规范。科举考试科目一共有六项：秀才，明经，进士，明法，明书，明算。其中书写的要求第一为正确，第二为遒丽。规定必须用正体字答卷，试卷上出现俗体字则不能中第。据《新唐书·选举志》载，"凡书学，先口试，通，乃墨试《说文》《字林》二十条，通十八为第。"又据《唐六典》载，国子博士生初入者"其习有暇者，命习隶书并《国语》《说文》《字林》《三苍》《尔雅》"。唐太宗诏令颜师古考定五经，撰成《五经定本》为取士的标准，辑录楷书字体成《颜氏字样》。颜元孙的《干禄字书》更是为应试求仕而撰，尤其突出"正字"，作为楷书的标准。其序云："所谓正者，并有凭据，可以施著述、文章、对策、碑碣，将为允当。"下有注解说明"进士考试，理宜必

---

① 袁宾、康健主编《禅宗大词典》，湖北长江出版集团崇文书局，2010年。

遵正体,明经对策,贵合经注本,又碑书多作八分,别询旧则”。由此可见,士人入仕离不开《干禄字书》这类语文辞书,所谓“既考文辞,兼详翰墨,升沈是繁,安可忽诸”①。清代龙启瑞、黄虎痴为适应科举考生应试所需也合编有《字学举隅》。该书以陆费墀《四库全书辨正通俗文字》为样板,分“辨似”“正讹”“误用诸字”三类对当时社会用字中的近似字形加以辨释,受到学子青睐,成为应试举子的必备用书,一再重刻。铁珊又在其基础上增补修订为《增广字学举隅》。②

唐代以诗赋取士,《切韵》和《唐韵》是唐代的考试用书,写本以万计,“当家置一部”③,宋代更是“一部《礼韵》遂如金科玉条,不敢一字轻易出入”④。早在先秦时人们作文就讲求用韵,韵文和散文并盛一时。由于汉语是方块字,汉魏以后,篆书变为隶书和楷书,字形变化很大,从形体上很难看出声音结构(形声字与实际读音往往也不一致),而我国文人在创作中特别注意音调的和谐,作诗讲究声律和押韵,解决用韵规范化的问题就成为吟诗作赋选韵的客观要求。

汉代以前人们大致用两种方法来注音。一种是譬况法,就是用描述性的话语来说明字的发音状况。另一种是直音法,就是用一个字音相同的字来注解另一个字的读音。汉末出现了反切的注音方法。这种方法就是用两个字来注一个字的音,上字取声,下字取韵和调。反切的出现是人们析音能力提高的结果,齐梁时四声理论的创立更使人们对声韵的认识进入了一个新阶段。据《颜氏家训·音辞》称,“自兹厥后,音韵锋出,各有土风,递相非笑”。

---

① 颜元孙《干禄字书序》,嘉庆十年刻本。

② 鲁迅《从“别字”说开去》曾说:“读书人之所谓‘正字’,其实不过是前清取士的规定,一切指示,都在薄薄的三本所谓‘翰苑分书’的《字学举隅》中。”《鲁迅文集·且介亭杂文二集》,人民文学出版社,2006 年,72 页。

③ 王国维《书吴县蒋氏藏唐写本唐韵后》,《观堂集林》第八卷,中华书局,1999 年,364—371 页。

④ 熊忠《古今韵会举要序》,《古今韵会举要》,中华书局,2000 年,492 页。

隋统一南北朝后，适应当时政治统一形势需要，陆法言编成了便于各地读书人士应用的《切韵》。关于《切韵》一书的性质，有单一音系、综合音系、读书音系等不同说法。如果仅从其具体内容加以考证，似很难得出令人信服的结论，而陈寅恪所撰《从史实论切韵》[①]和日本学者平田昌司所撰《切韵与唐代功令》[②]二文或许能从知人论世的角度于“山穷水尽疑无路”中另辟“柳暗花明又一村”之蹊径。日本学者尾崎雄二郎《中国语音韵史的研究》曾认为《切韵》“无非就是‘为文楷式，属文工具’”[③]，平田昌司则进一步强调指出《切韵》“就是一部五言诗韵范”，认为这可“从唐代经史书音得到旁证。例如颜师古《汉书注》(641年)和《匡谬正俗》，孔颖达《五经正义》(653年)、李善《文选注》(658年)、张守节《史记正义》(736年)、司马贞《史记索隐》(713—741年)等都不提及《切韵》，仅引李登《声类》、吕静《韵集》，这事实很值得注意。当时在《声类》《韵集》(加注释义，与经史训诂相配)和《切韵》(押韵典范，与诗赋创作相配)之间，存在一种分工状态”。平田昌司的说法值得重视，据我们考察，唐释玄应所撰《一切经音义》亦未提及《切韵》。又据陆法言自序称，其时“吴楚则时伤轻浅，燕赵则多涉重浊；秦陇则去声为入，梁益则平声似去；又支、脂、鱼、虞共为一韵，先、仙、尤、侯俱论是切。欲广文路，自可清浊皆通；若赏知音，即须轻重有异”。因此，我们似可以推论反切的普及和四声的确立是促使韵书出现的具体条件，诗赋创作的发展是韵书产生的大前提。声律和押韵不仅表现在诗句的平仄和对仗上，还表现在诗句中双声和叠韵词的运用上，这样就能使诗句读来错落有致，产生抑扬顿挫的音乐效果。《切韵》是为诗赋创作而编的查检押韵典范的韵书，旨在由“广文路”而“赏知音”，其审音标准应

① 陈寅恪《从史实论切韵》，《岭南学报》，1949年第3卷第2期。

② 平田昌司《切韵与唐代功令》，《东方语言与文化》，东方出版中心，2002年，330页。

③ 尾崎雄二郎《中国语音韵史的研究》，东京创文社，1980年，143—161页。

是当时金陵和洛阳的读书音系统,而唐代以诗赋取士的科举制度又进一步促进了韵书的编纂。

宋沿袭唐制,进士科是宋代科举最重要的科目。进士科目考试内容,宋初主要以诗、赋、杂文及帖经和墨义为主,所考内容最多的是诗、律赋、策论、经义。试律诗和律赋自然离不开韵书的辅助,策论和经义则需要熟读经书,明了经文大义,也离不开小学基础,尤其诵读经书时更要注意经义注音,因而韵书成为士子们科举考试的必备品,韵书的编纂也与科举密切相关。宋初曾颁布《礼部条贡举仪》,明确规定应试举子可以怀挟入场的参考书就是供作诗赋所用的韵书。毛奇龄《韵学要指》曾说:"宋太祖建隆中《礼部条贡举仪》有云:凡就试,禁挟书为奸;惟进士试词赋,所用《切韵》《玉篇》不禁。"[①]其时来不及编写新的考试用书,故沿用《切韵》和《玉篇》,"进士试词、赋,唯《切韵》《玉篇》不禁","诸已发解及进士,虽有挟书之禁而不搜索"。[②] 然而"时有古今,地有南北,字有更革,音有转移"[③],《切韵》和《玉篇》已经明显不适应当时语音的发展,新编适用的韵书成为当务之急,宋真宗时陈彭年等奉诏修订《切韵》,增广而编成我国第一部官修韵书《广韵》。景德年间,为适应科举应试的需要,主持科举考试的礼部又颁行了比《广韵》简略的《韵略》,相当于《广韵》的略本,称为《景德韵略》。士人作诗用韵,特别是科举考试,皆以《礼部韵略》作为依据。据《玉海》卷四十五"景德《新定韵略》"条载,宋真宗"先以举人用韵多异,诏殿中丞丘雍重定《切韵》"。"景德《校定切韵》"条又载:"景德四年(1007)十一月戊寅,崇文院上《校定切韵》五卷,依九经例颁行(本法言撰),祥符元年(1008)六月五日改为《大宋重修广韵》。"[④]由此可见,宋初诗赋取士促成了我

① 毛奇龄《韵学要指》,《四库全书存目丛书》经部第2181册,齐鲁书社,1997年,562页。
② 马端临《文献通考》,中华书局,1986年,283页。
③ 陈第《毛诗古音考序》,《毛诗古音考》,中华书局,1988年。
④ 王应麟《玉海》,《四库全书》第944册,上海古籍出版社,2007年,233页。

国第一部官修韵书《广韵》的产生。《广韵》的编纂目的即卷首大中祥符元年六月五日牒文所说“设教崇文,悬科取士,考核程准”。

宋代科举考试施行逐场淘汰措施,头场的诗赋考试成为至关重要的科目。考官评判之时,也多以诗赋作为最后取舍标准,即使通过了三场考试,考官们在最终的录取过程中,也明显地以诗赋决定名次。太平兴国三年(978),科举考试恢复不久,又对诗赋用韵作有严格的规定,诗赋用韵成了能否被录取的关键,因为逐场去留制使头场诗赋考试成为关键,用韵是否正确又成为诗赋考试定去留的关键。欧阳修参加解试就因为落韵而被淘汰。[①] 陈彭年、丘雍等人奉诏根据《切韵》《唐韵》等韵书修订而成的《广韵》韵目下所注“同用”“独用”字样是为礼部诗赋考试而定。王应麟《玉海》称:“景德四年,龙图阁待制戚纶等承诏详定考试声韵,纶等以殿中丞丘雍所定‘《切韵》同用、独用例’及新定条例参正。”可见《广韵》韵目下的“同用”“独用”字样这种体式源自科举取士的需要。据统计,唐代科举考试中诗赋的韵脚与《广韵》所规定的“同用”“独用”大多相合,[②]这表明唐中期科举考试较为规范后,“同用”“独用”已经在科举考试中得到了认可。宋初不但承继了唐代的诗赋取士,也同样承继了科举用韵的规范,《广韵》则对“同用”“独用”例作了归纳总结。由于《广韵》分韵太繁,不便应试作诗之用,金人又并为一百零六韵,即后来所谓“平水韵”。元、明、清以降,文人作诗都以“平水韵”为标准。

宋仁宗即位后实行了一系列政治改革,最突出的是科举领域的改革,注重策论和经义。科举重经义则需要新的辞书。据李焘《说文解字五音谱叙》记载,宋仁宗景祐四年(1037),太常博士直史馆宋祁、太常承

---

① 魏泰《东轩笔录》卷十二:“欧阳文忠公年十七,随州取解,以落官韵而不收。”嘉靖楚山书屋本,55 页。

② 参王兆鹏《广韵“独用”、“同用”使用年代考——以唐代科举考试诗赋用韵为例》,《中国语文》,1998(2)。

直史馆郑戬批评陈彭年和丘雍所编《广韵》"多用旧文，繁略失当，有误科试"。又据王应麟《玉海》载，贾昌朝也同时上书批评景德年间编的《韵略》"多无训释"，"举人误用"。于是仁宗诏令宋祁、郑戬与国子监直讲贾昌朝、王洙同加修定，"刑部郎中知制诰丁度、礼部员外郎知制诰李淑为之典领"①，于仁宗宝元二年(1039)编纂成《集韵》。《集韵·韵例》云："凡古文见经史诸书，可辨识者取之，不然则否。凡经典字有数读，先儒传授，各欲名家，今并论著，以梓群说。"《集韵》以陆德明《经典释文》为蓝本，收入大量经史读音，集群经音义与韵书之大成，顺应了当时科举制变革的社会需求。

明代设立取仕的审音制度，笔试用规范的楷体正字，口试用规范的文读语音。至清代，康熙谕令编纂的《音韵阐微》也是一部供士子读书作文作为标准的韵书。书成后雍正御制序文，自颁行之日就确立了在科举考试中的权威地位。值得一提的是韵书也是朝鲜士子应试的必备书。如1792年朝鲜正祖"以场屋颁行韵书多卤莽，命改撰，务令繁简适中"，下令编有《御定奎章全韵》。据朴文镐《书奎章全韵后》称，"《奎章全韵》一册，是近世功令家所奉为三尺之韵书也"。"所著训诂，务从减省"，"盖为便于场屋袖珍之用而设"。

我国汉魏以来，文体丕变，排偶大兴，辞赋崇尚绮丽。其时操觚之士，驰骋华辞，而用事采言，益趋精密典雅。隋唐以来，科举以诗赋取士，写作诗文往往以堆砌饾饤为华美，讲求用典，各种广罗博收诗文典故知识的类书也随之产生。② 这些类书弥补了文人学士强记不足和诵览未遍的缺陷，临文寻检，一册在手，往往得心应手，受到士子的青睐。明清两代科举制度臻于完备，采用八股时文取士。一些士子困于帖括

① 丁度《集韵·韵例》，《集韵》，中国书店，1983年，2页。

② 敦煌写卷中有杜嗣先编《兔园策府》。《兔园策府》是记叙自然名物、社会名物、人文仪礼等有关掌故方面的综合性类书，亦作《兔园策》或《兔园册》。参王璐《敦煌写本类书〈兔园策府〉考证》，《唐都学刊》，2008(4)。

而“以讲章为经学,以类书为博闻”[①],然摇笔为文,离开“兔园册子”往往不能下一言。各种迎合八股时文需要的“兔园册子”[②]充斥书坊,类书“盖施之文为通儒,厝于事为达政,其为益亦甚巨已”[③]的功能也更受重视,一些汇辑词藻典故的类书大量编印,迎合了八股时文的需要,也为文人士子吟诗作文提供了方便。永乐年间编成的《永乐大典》则按韵目分列单字,按单字依次辑入与此字相联系的文字记载,包容哲学、伦理、教育、宗教、文化等各个领域,集类书编纂之大成,成为举世公认的一部大型百科全书。康熙时又编有《佩文诗韵》和《康熙字典》,作为士子策应科举考试作试帖诗和书写的标准,“全国考试州县岁试,万千生员无不人手一册”[④]。

《干禄字书》和《礼部韵略》等语文辞书适应了干禄求仕的需要,古代读书人几乎人手一部,且年年翻刻,处处翻刻。无论是《干禄字书》和汇辑词藻典故的类书,还是《切韵》《广韵》《集韵》和《礼部韵略》,抑或《佩文诗韵》和《康熙字典》,这些语文辞书的产生、发展和流传都与当时社会制度和学术发展有直接关系,而科举考试也促进了这些语文辞书的发展与变革。

清末西学东渐,科举制度也有相应改革,如1888年建立算学科,1898年建立经济特科。考试的内容涉及内政、外交、财政、军事、格致和制造等领域,如1889年乡试题目是“以吸力解‘系’字,罗列最新天文家言”。考试的方式也更注重策问,考生需要掌握大量的西学知识。如1901年科举考试的第二轮有五个关于各国政治艺学策的策问[⑤],1904年的会试题目中有“日本变法之初,聘用西人而国以日强;埃及用外国人至千余员,遂至失财政裁判之权,而国以不振。试详言其得失利弊

---

① 江藩《汉学师承记》卷一,商务印书馆,1983年,2页。
② 兔园册子指一些通俗浅陋的书,参王应麟《困学纪闻》卷十四《考史》。
③ 焦竑《国史经籍志》卷四《类家》,中华书局,1985年,237页。
④ 王尔敏《明清社会文化生态》,广西师范大学出版社,2009年,3页。
⑤ 王德昭《清代科举制度研究》,中华书局,1984年,186页。

策"。科举制度的改革促成了《新学备纂》《广学类编》《万国政治艺学全书》《新尔雅》《博物大辞典》《普通百科全书》和《普通百科新大词典》等一批类似百科全书的出版物问世。

第四节　国家与辞书

辞书的编纂出版作为文化建设的基础工程,反映一个国家、一个民族的文化素质和创造能力,关系到国家语言、文字及知识的标准化、规范化和通用化。

一、古代帝王与辞书

古代明智的帝王多重视和参与辞书的编纂,以编纂辞书的方式来规范全社会的语言文字,形成由帝王诏编和官方颁行的体制。

如三国魏文帝曹丕"使诸儒撰集经传,随类相从,凡千余篇,号曰《皇览》"①。

北魏孝文帝推行"断诸北语,一从正音",在以洛阳音为正音的规定下,张揖撰《古今字诂》,阳承庆撰《字统》。

南朝梁元帝萧绎编《纂要》。顾野王奉梁武帝命撰《玉篇》,梁太宗曾令萧恺率一批饱学之士进行修订,至宋真宗又诏陈彭年、吴锐、邱雍等重加刊定成《大广益会玉篇》。

唐时太宗李世民令国子监祭酒孔颖达撰《五经正义》,作为《易》《书》《诗》《礼记》《左传》经文释义与文字统一的法定范式。又命秘书监颜师古刊定经籍,订正讹误,编纂《字样》,作为规范字体的样本。武则天时有《字海》100 卷问世。玄宗李隆基撰有《开元文字音义》三十卷,似以《字海》一书为依托,以楷体为字头,分 320 部首,汇释了以前的

① 《三国志·魏志·文帝本纪》,中华书局,1959 年,88 页。

所有文字,作为其时“书同文”的通用范本,注音用直音。[①] 张参奉代宗李豫敕编《五经字样》,辨五经文字之异同。唐玄度奉文宗李昂诏编《新加九经字样》辨析九经中文字形体古今写法的不同。

宋代徐铉奉诏校定《说文》,太宗不仅要求“精加详校”,还要求增益新字,并说自己亦得有声无字者二十一个,建议补入。神宗又诏知礼院王子韶和光禄丞陆佃重修《说文》。真宗时陈彭年等人奉诏根据《切韵》和《唐韵》等修订成《广韵》,至仁宗时又诏丁度等编成《集韵》。

明代乐韶凤奉太祖朱元璋诏编成《洪武正韵》,解缙奉成祖朱棣命主编有《永乐大典》。[②] 朱棣还为《永乐大典》撰写序言,称:“上自古初,迄于当世,旁搜博采,汇聚群书,著为奥典。”

清代康熙玄烨命编《康熙字典》,组建编纂班子,诏示编制大纲的原则以制订编纂大纲,并审阅批示“尔等酌议,示例具奏”(《清实录》卷二四一),自撰《御制康熙字典序》,指出:“爰命儒臣悉取旧籍次第,排纂切音解义,一本《说文》《玉篇》,兼用《广韵》《集韵》《韵会》《正韵》,其余字书一音一义之可采者,靡有遗逸。至诸书引证未备者,则自经史百子以及汉晋唐宋元明以来诗人文士所述,莫不旁罗博证,使有依据。然后古今形体之辨,方言声气之殊,部分班列,开卷了然。无一义之不详,一音之不备矣。”钦定字书概念为“善兼美具,可奉为典常而不易者”,赐名“字典”。

康熙又命张玉书、陈廷敬等主编《佩文韵府》与《骈字类编》。《骈字类编》于雍正四年编成,雍正撰写御序。

---

① 其序云:“古文字惟《说文》《字林》最有品式,因备所遗缺,首定隶书,次存篆字,凡三百二十部,合为三十卷。”曹先擢在教育部 2009 年第 12 次新闻发布会引唐兰的话说:“中国历史上‘书同文’两次,一次是秦始皇,一个是唐明皇。”

② 《明实录·太宗实录》卷二十一载朱棣谕臣下:“天下古今事物散载诸书,篇帙浩穰,不易检阅。朕欲悉采各书所载事物类聚之,而统之于韵,庶几考索之便,如探囊取物。……尔等其如朕意,凡书契以来,经史子集,百家之书,至于天文、地理、阴阳、医卜、僧道、技艺之言,备辑为一书,毋嫌浩繁。”台北“中央研究院”历史语言研究所影印本,1963 年,266 页。

康熙和乾隆还注重民族语文辞书的编纂,编有满、蒙、藏、维吾尔、汉语对照辞书。乾隆提倡各族人民之间互相学习和使用语言文字,而且身体力行。曾说:“即位之初,以为诸外番岁岁来朝,不可不通其语,遂习之,不数年而毕能之。至今曲尽其道矣,浸寻而至于唐古特语,又浸寻而至于回语,亦即能之。既可以为余暇之消遣,又足联中外之性情。”乾隆五十九年所编《御制五体清文鉴》记录了我国五种民族的语言,可以说是反映当时经济发展水平、生产能力、生产关系、政治体制、文化教育、社会习俗、各民族间物质和文化联系等历史状况的一部百科辞书。

明清两朝朝廷对西洋译语和外汉对照辞书也有所关注,设立四夷馆编有英汉对照辞书《暎咭唎国译语》和葡汉对照辞书《播呼都噶礼雅话》等。乾隆曾在 1748 年和 1749 年两次颁发编纂西洋系译语的谕令。①

古代帝王重视和参与辞书编纂的目的归根结底是为了自己王朝的统治长治久安,而不容辞书编纂有损君权,编纂辞书如果冒犯了帝王的权威,哪怕是无意的冒犯也难免遭来杀身甚至灭门之祸。如据史料记载,乾隆年间,江西新昌县(今宜丰)棠浦镇沐溪村人王锡侯中举后屡试不第,只好在家著书。他认为《康熙字典》收字很多,但按照笔画查字,字与字之间没有联系,像散落的珠子,使用者查到字却不能了解其组词的用法,于是采用“以义贯字”的方法,分天文、地理、人事、物类四大类,把读音或意义相同、相近的字,汇集到一处(如“木”目后面列有树木、木板、果木、木材、木料、伐木等相关物类),分别注释,编写了《字贯》,共四十卷。《字贯》第一次指出了《康熙字典》在引证、释义等方面的缺点,

---

① 聂大昕、王洪君《〈暎咭唎国译语〉、〈播呼都噶礼雅话〉简介——从两部尚未公布的官方双语辞书看清代早期广东的语言和社会》,载李向玉主编《澳门语言文化研究(2009)》,澳门理工学院,2011 年,215 页。

江西巡抚海成审阅时见序文中说《康熙字典》时有“穿贯之难也”,又有“诗韵不下万字,学者尚多未识而不知用,今《字典》所收数增四万六千有奇,学者查此遗彼,举一漏十,每每苦于终篇掩卷而仍茫然”等语,便上奏说王锡侯“删改《字典》,另刻《字贯》,实为狂妄不法,请革去举人”。乾隆在翻阅时又发现凡例中直书康熙、雍正和自己的名讳。按照清朝的规定,凡是皇帝名号皆应减一笔或加一笔或以不书来避讳。王锡侯在凡例中排写康熙、雍正庙讳和乾隆御名,本意在于提醒人们书写时必须做避讳缺笔处理,没想到自己却触犯了禁忌。乾隆下谕:“此实大逆不法,为从来未有之事,罪不容诛,即应照大逆律问拟,以申国法而快人心。”不仅斩了王锡侯,而且子孙也遭处决,牵连近百人,《字贯》也被付之一炬。帝王的淫威活生生扼杀了颇具创新意识且有裨于《康熙字典》修订的《字贯》。

二、现代政府与辞书

辞书的编纂出版是国家语言文化战略实施和发展的重要内容,现代社会国家行政权力的执行机关是政府,辞书编纂的兴衰亦与执政者的决策休戚相关。

民国初年教育部决定采用注音字母,1919 年读音统一会编有《国音字典》。1923 年教育部国语统一筹备会第五次年会决定组织一个“国音字典增修委员会”,并在教育部内成立“国语辞典编纂处”,1928 年改名为“中国大辞典编纂处”,拟在罗马字方案通过后,编纂按部首排列单字的《增修国音字典》、按注音符号排列单字的《国音同音字汇》、以同音字分四声排列的《国音常用字汇》和《中国大辞典》。中国大辞典编纂处设搜集、调查、整理、纂著、统计五部。部下设组,共十五组。组下按工作内容设股。如搜集部词典组,按搜集对象设说文、群雅、音义、韵书、俗方言、普通词典、专科词典七股;书报组则分为语录、白话小说、戏曲、俗曲谣谚、诗词、群经正史、尺牍小品、札记、教科书、新闻九股。纂著部按需编写的词书一书一股。1929 年中国大辞典编纂处的机关报《国语旬刊》创刊,发表宣言称拟“编纂大规模的辞典——结算四千年来的国语(文字和语言)及其涵包的一切新旧学术文化等底总账”。1932 年 5 月出版了由钱玄同主编,黎锦熙、白涤洲、萧家霖合编,赵元任、汪怡参订的《国音常用字汇》,即《国音字典》的第三版。教育部 1932 年 5 月 7 日第 3051 号令布告:“经部审查,认为适当,合亟公布,以资应用。”这是政府部门最早正式以北京音为标准音的字典。

中华人民共和国建立之初到“文革”前的辞书编纂主要是适应形势的发展与人民的迫切需求,虽出版了一批小型的语文类辞书,翻印了一批具有影响的传统辞书,开始着手组织修订一些有影响的旧辞书,也出版了一些专科性辞书,但总的情况还是聊以应付当时需要,缺乏长远考虑和整体规划。

“文革”阶段,辞书编纂遭到空前摧残。如《辞海》1957 年开始修订,1965 年印有“未定稿”,1966 年“文革”爆发被打成“大毒草”而不得不停顿。《辞源》的修订于 1964 年出版了第一分册,随着“文革”的爆发,修订工作被迫停止。1966 年上半年《新华字典》农村版正在校对中,也被迫停止,以致后来版毁稿失。1959 年开始编纂的《俄汉详解词典》已在排版,准备分册出版,也被扣上种种罪名,中途夭折。这一阶段辞书出版量降到历史最低点,总共才出版了 100 种。辞书出版不仅数量少,而且缺少有分量的辞书。《新华字典》成为硕果仅存的一部字典。当时到中国访问的一位西欧小国元首自豪地将该国多卷本大百科全书赠给周恩来总理,而我们拥有数千年文明和几亿人口的泱泱大国竟只能以这样一本小小的《新华字典》回赠。“文革”时迫于学生的学习要求,《新华字典》总算得以修订。修订本几乎类同于“政治教科书”,引用毛主席语录 46 条,收录了许多政治性的名词术语,如“呼”的例句增加了“高呼毛主席万岁”。扉页上还红色彩印有“毛主席语录”等三行大字。然而这样的修订本,在“文革”造成的文化荒漠中仍是奇货可居,

1971 年问世时人们在新华书店门口排起了长队。这一时期,即使是拨乱反正的 1979 年修订本,受历史条件和观念制约,也有一些政治套话。当时整个社会笼罩在"革命造反"的气氛中,还编有《批林批孔辞典》等,反映了那个时代辞书编纂的荒唐和无奈。

辞书作为语言的载体,与国家的语言战略及人们的语言生活具有密切关系,而国家的辞书编纂出版规划则对辞书的编纂出版有着巨大的指导和促进作用。20 世纪 70 年代以来,我国辞书编纂出版的主管部门(先后为国家出版局、新闻出版署、新闻出版广电总局)先后制订了三次辞书编纂出版规划。

第一次为 1975 年国家出版局在广州召开的中外语文辞书编写出版规划座谈会,拟定了 1975—1985 年编写出版 160 种中外语文辞书的规划。国家出版局《关于中外语文词典编写出版规划座谈会的报告》称,"为了适应当前的迫切需要,汉语方面,应尽快出版面向广大工农兵群众普及的中小型语文词典,及早完成《辞海》的修订出版任务",争取在十年左右逐步达到大中小型汉语词典的配套补齐。规划编写的大型语文辞书有《汉语大字典》《汉语大词典》和《辞海》修订本、《辞源》修订本,中型语文辞书有《新华词典》和《现代汉语词典》修订本,小型语文辞书有《新华字典》修订本和《小学生字典》等,还有虚字用法字典、成语词典、同义词反义词词典、语法修辞词典、正音正字字典和谚语词典等。双语辞书有《新英汉词典》《汉英词典》《英汉大词典》《俄汉详解大词典》等,其中还有一些小语种词典,如商务印书馆承办的《普什图语汉语词典》[①]。根据规划,十年中陆续编纂出版了《汉语大字典》《汉语大词典》等古今兼收的大型语文辞书和一大批填补类型空白的语文辞书,实现了《辞海》《辞源》等经典辞书的更新换代,满足了社会发展和广大人民的需要。《辞海》《辞源》《汉语大字典》《汉语大词典》等语文辞书

① 普什图语是阿富汗的官方语言。

的编纂证明政府有能力主导辞书规划，整合辞书队伍，集中人力物力编纂大型的服务民众又传世的经典辞书。

第二次为1988年新闻出版署在成都召开的全国辞书编写出版规划座谈会。这次规划以社会科学和科技词典等专科辞书和少数民族词典为主，兼顾中外语文辞书和百科全书，协调了一百多家出版社提交的2 500多个辞书出版选题，拟定了169个重点项目。新闻出版署《关于全国辞书编写出版规划(1988—2000年)的报告》称"汉语语文词典强调了品种齐全，填补缺门，成龙配套"。规划编写填补缺门的语文辞书有对外汉语教学词典、新词词典、搭配词典、缩略语词典、难字字典、典故词典、俗语词典、歇后语词典、方言词典和《十三经辞典》等，完善了汉语辞书的类型布局。

第三次为2013年新闻出版广电总局组织编制的《2013—2025年国家辞书编纂出版规划》，拟定了189个重点辞书项目，分为语文类、专科类、综合类三部分，涵盖哲学、政治、军事、法律等31个学科类别，涉及汉文、民文和外文30多个文种。其中新编辞书项目151个、修订辞书项目38个；图书项目181个，电子出版物项目8个(含多载体形式项目4个)。由100家出版单位承担。编制原则为：

1. 精益求精，质量至上，严格把握出版资质要求。

2. 与时俱进，守正出新，提倡内容和形式的创新。

3. 查漏补缺，优化结构，推进辞书出版的良性发展。

4. 统筹安排，合理配置，充分发挥《规划》的引领作用。

重点为：

1. 具有原创性、科学性、权威性和实用性的辞书项目。坚决抵制粗制滥造、低水平重复出版的辞书项目。

2. 目前编纂出版较为薄弱、有待补缺的专科类辞书项目，不断完善专科类辞书的品种结构。

3. 具有国际化视野的高水平外向型辞书项目，积极配合国家文化走出去战略。

4. 新编或以已出版优秀辞书为蓝本翻译的少数民族文字专科类或综合性辞书项目,切实满足少数民族群众的生产、生活和文化需求。

5. 现有品牌辞书的修订项目,逐步建立科学完善的定期修订机制。

6. 辞书数字化及语料库建设项目,大力提高辞书编纂出版数字化、网络化水平。

这一规划涉及以字典、辞典、百科全书为主体的辞书项目(其中语文辞书有 70 多部,有些为系列辞书),呈现出四个特点:一是体现国家水平,服务社会建设,大型百科类项目适应科学文化发展的需要,展现文化建设的最新成果[其中《现代汉语大词典》、《中国大百科全书》(第三版)、《辞源》(第三版)、《辞海》(第七版)、《大辞海》等在国家知识工程建设中具有前沿地位];二是突出学科重点,反映学术成果,各领域专科类项目侧重科学性、权威性和知识体系的构建;三是注重规范应用,强化实用功能,汉文、民文、外文等重点语文类辞书项目严格执行语文规范标准,不断拓展文种的覆盖面,提高内容的普及性;四是推进数字出版,提高传播能力,辞书数字化及语料库建设项目促进出版资源与高新科技融合。

近年来,全国术语标准化技术委员会辞书编纂分委员会还制订了一系列有关辞书编纂符号和基本术语的国家标准,促进了辞书编纂的标准化,主要包括词目的标准化,排检的标准化,释义的规范化及各种辅助符号使用的标准化。如 GB/T 11617—2000 规定了辞书编纂符号及其用法,GB/T 15238—2000 规定了辞书编纂基本术语及其定义,GB/T 15933—2005 规定了辞书编纂中确定常用汉语缩略语的基本原则和部分缩略语及其所指代的全称词,GB/T 19103—2008 规定了辞书编纂程序和辞书结构要素等。

盛世修典,古代帝王和现代政府强有力的支持与引导是编纂精品辞书的保障,如明代的《永乐大典》和清代的《四库全书》都是由朝廷组织编纂而成，清代张玉书等编纂的《佩文韵府》以康熙的书斋为书名，《古今图书集成》也是陈梦雷得到康熙皇三子胤祉和康熙的支持而编成初稿的，雍正命户部侍郎蒋廷锡修订，钦定书名并写序，认为“广罗群籍，分门别类，统为一书。成册府之巨观，极图书之大备”。又如1978年国务院决定编纂出版《中国大百科全书》，成立了中国大百科全书出版社，历时15年，于1993年出齐。1995年经国务院批准《中国大百科全书》（第二版）正式立项，新闻出版署将其列入国家重点图书出版规划，历时14年，于2009年出版。2011年经国务院批准《中国大百科全书》（第三版）也正式立项。再如1990年国务院正式批准启动编纂《中华大典》；2012年新闻出版总署确定《汉语大词典》（第二版）为国家出版基金资助项目，并在人民大会堂召开了《汉语大词典》（第二版）编纂出版启动大会。《汉语大词典》是典型的国家语言资源工程建设，编纂宗旨是既关注每个词的源流演变的历时信息，也关注每一个词具体使用的共时信息。[①]《汉语大词典》从已问世的第一版到修订中的第二版再到将来的第三版和第四版等，最终目的是为中华民族的母语编纂出一部贯通古今的查考型语文辞书，具有高度查全率和阐释准确的权威性。

第五节　平民与辞书

一、通俗化与大众化

语言的产生最终是建立在人们使用中的约定俗成之上的，语言的发展也必然取决于人们在使用中的约定俗成。随着文化的普及，识字

---

① 20世纪30年代黎锦熙已起意编纂致力于每一个词都须以其时代叙明“形”“音”“义”变迁历史的《中国大辞典》，惜由于经费不足、战乱频仍而未能成书，着实令人扼腕。

阶层扩大，汉语词汇系统由文言逐渐演变为白话，趋向于通俗化和平民化，辞书编纂也适应时代的要求走出书斋面向平民大众，重视实用性，收入日常的语汇，满足更多民众查检获取信息的需求，出现了东汉服虔的《通俗文》、南朝梁殷仲堪的《常用字训》和李虔的《续通俗文》，唐五代流行民间的《字宝碎金》《杂集时用要字》和《俗务要名林》，南宋的《事林广记》、元代的《居家必用》、明代的《多能鄙事》和《俚言解》、清代的《通俗编》和《方言藻》等俗语辞书。这些辞书关注与平民百姓生活密切相关的领域，收释平民百姓的日常用词，旨在普及语文知识和传授生活常识。如《俗务要名林》收录了《尔雅·释宫》未收的“厦、房室、库、窖、厨、棚、圊厕”等一系列与平民居住密切相关的房舍名称，用日常生活中最常用的词来解释被释词的词义，所释“耕，耕田”“纽，纽子”，显然较《广韵》“耕，犁也”“纽，结也”的训释更通俗直白，便于平民百姓理解掌握，体现了通俗化与大众化的价值取向。又如《元龙通考杂字》卷四文契类提供每一种类型文契的标准样式。① 明代还编有汇集百姓日用知识的类书，俗称万宝全书，如《天下四民便览三台万用正宗》《天下四民利用便观五车拔锦》《新刻全补士民备览便用文林汇锦万书渊海》《新锲精采天下便用博闻胜览考实全书》《五车万宝全书》《天下便用文林妙锦万宝全书》《新刊天下民家便用万锦全书》《万宝全书四民不求人》和《新刻诸事备用万家纂要通达便览》等。② 从“时用”“俗务”“居家”“便用”“便览”的书名也可见这些辞书都是为了方便平民百姓查检日常用语所编，适应了引车卖浆者流的需要，诚如孙锦标《通俗常言疏证序》所说，“常言之谓为三等社会所常言，故文人学士、农工商贾、妇人女子，多有人人能道之者，他省亦然，不必限以方隅也”，具有通俗

① 参姚小平《梵蒂冈图书馆所藏若干明清语言文字书》，《语言科学》，2006(6)。

② 付佳《明代万宝全书的流布及其价值》，《北京大学中国古文献研究中心集刊》第十辑，北京大学出版社，2011 年。

化与大众化的价值取向。民国时期白话文取代了文言文,适应社会需要,编有《绘图白话字汇》和《国音标准白话词典》等40多部白话语文辞书。中华人民共和国成立后,为扫除文盲和普及教育,也编纂出版有《学文化字典》《(写话求解)两用字典》《人民小字典》《农民词典》和《插图本通俗小字典》等通俗辞书,满足了广大工农群众学习文化知识的需求。

辞书编纂原则从规定主义到描写主义,然后到"既规定又描写"的原则,这是语言学理论迅猛发展对词典编纂原则产生重大影响的结果,也是辞书市场对辞书编纂原则评判与检验的结果。规定与描写既对立又统一,相辅相成,相互促进。规范性是相对的,而语言的变化和发展是绝对的;社会的发展总趋势是越来越走向语言和文化的多元化和平民化,而不是走向单一化和精英化,辞书编纂也体现了这种趋势。如《玉篇》制订了"古今兼顾,雅俗共赏"的原则,从民间传说、志怪轶事、乐府和骈赋中收释了一些俗字和复词,从一个侧面展示了汉字从繁到简和由雅趋俗的演进过程及单音节词向双音节逐渐转化的历时走向,且确立了源流并重、以流为主的编纂方针,把收字释义的重点放在常用义上,满足了人们社交用语的实际需要。又如宋代为了便于填词和检字,曾出版有以韵目顺序编排的《说文解字》。辽释行均《龙龛手鉴》简化了从《说文》以来的部首排列,分为242部。金代的韩孝彦、韩道昭的《五音篇海》又调整为444部,首度将同一部首内的部分汉字按笔画数来编排。明代梅膺祚的《字汇》则更新为214部,各部首和各部首中的文字皆按笔画多少为先后来排列。每字先注音后释义,收录义项比较完备,不仅有经典里的常见义,也有一些后代通行的新义,释文也力求通俗简明,顺应了平民重实用的需求和世风走向通俗化的趋势。首卷后附有"检字",收列不易辨明部首的难查字。年希尧《五方元音序》称:"字学一书,书不一家,近世之所流传而人人奉为拱璧者,莫如《字汇》。盖以笔画之可分类而求,悉数而得也。于是老师宿儒,蒙童小子,莫不群而习之。”继《字汇》之后，张自烈和廖文英又撰成《正字通》十二卷，在《字汇》的基础上多加补正。这两部辞书在明末清初曾风行一时，雅俗共赏。当时“三家村夫子，挟梅膺祚之《字汇》，张自烈之《正字通》，以为兔园册子，问奇字者归焉”①。清代官修“奉为典常不易者”的《康熙字典》也在这两部书的基础上增编而成。这些不登大雅之堂的“兔园册子”受到社会的普遍欢迎，乡校俚儒用来教田夫牧子，体现了辞书编纂在经学日衰的情况下已由为治经通经服务走向通俗化和重实用的道路。

辞书的修订也体现了通俗化与大众化的价值取向。如南朝梁顾野王《玉篇》成书后，萧恺等即有删改。唐代又有释慧力《象文玉篇》和道士赵利正《玉篇解疑》等删节本②，孙强的增字减注本和敦煌吐鲁番写卷及《玉篇抄》类的节本③。宋代陈彭年、吴锐、丘雍等又据孙强本加以增字减注修整成《大广益会玉篇》，所谓“大广益会”即“扩大、增广、补益、会合”。顾野王《玉篇》在各种各样改编的过程中有各种形式的存本，越修订越实用，越便于人们查检。其中敦煌本和吐鲁番本《玉篇》大致是顾野王《玉篇》的大众化改编本，④旨在合时应世。从原本《玉篇》到《大广益会玉篇》不断增删补改的修订可见辞书编纂从贵族性、学术性向民众化、实用性逐渐发展的趋势。⑤

---

① 朱彝尊《曝书亭集》卷四十三《汗简跋》，康熙四十八年刻本。

② 《崇文总目》：“《象文玉篇》二十卷，唐释慧力撰。据野王之书裒益众说，皆标文示象。”“《玉篇解疑》三十卷，道士赵利正撰。略删野王之说，以解文字。”

③ 高田时雄《敦煌·民族·语言》认为敦煌吐鲁番写卷 S. 6311 的纸背和 Дx—13996 所抄顾野王《玉篇》大致是大众化改编本。中华书局，2005 年，306—317 页。

④ 冈井慎吾《重松教授将来的切韵及玉篇的写真》认为吐鲁番残片的《玉篇》是宋本即大广益会本的有影响的底本。《斯文》第十九编第九号，1937 年。

⑤ 高田时雄《敦煌本〈玉篇〉》和《敦煌本〈玉篇补遗〉》指出，大广益会本是顾野王《玉篇》适应唐代中期以后社会需要在种种变化过程中比较成功的一种。载《敦煌·民族·语言》，中华书局，2005 年。

随着计算机网络的发展,辞书编纂已形成专家主导和平民大众共同参与的开放式共享模式。如 2003 年商务印书馆采用面向全国征求新词语条目,然后由专家进行定词的编纂方式,出版了《新华新词语词典》。2007 年国家语言文字工作委员会下属的"中国语言文字网"设置了词条的编纂格式,建成由网友共同编纂的"现代汉语网络词典"板块,让大家共同参与现代汉语网络词典的编纂。近年来还出现了一些在网络环境下由平民大众共同参与词条编纂的辞书功能模块,形成了辞书编纂平民化的趋势。如"百度"的"百度百科","新浪"的"爱问知识人","雅虎"的"雅虎知识堂"等采用完全开放的平民化编纂模式,先基于网友的提问形成需要解释的词,再由大家共同参与进行解释,提供词条的原始语例、词源信息、释义依据和有关参考材料等,往往对一个词条或问题具有多样性的理解,呈现出不同角度的多元化解答方式,然后集思广益,形成相关词条的释义。

二、结婚证与《辞海》

辞书是人们解疑释惑的无声老师,也是平民百姓的精神食粮。一般而言,一个人如果读书,那么大多就会使用辞书。辞书与平民百姓的关系从 1979 年版《辞海》面市时供不应求的情景可见一斑。

"文革"结束后,百废待兴,全国八亿人民仅拥有一本《新华字典》。在那个历史转型期,1979 年版《辞海》一面市即成为人们疯狂追捧的精神食粮。当时,一般人的工资是 36 元,《辞海》缩印本的定价是 22.20 元,且印数有 300 多万册,而经历十年文化沙漠的人们如久旱逢甘霖,一部《辞海》成了人们争相购买的"必需品"!有读者甚至以两到三倍的黑市价抢购,市面上还是一书难求。上海工具书店被蜂拥而来的人挤得没法了,甚至出台了一个颇为有趣的"土政策":新婚夫妻凭结婚证,可以优先购得《辞海》一部。于是,许多年轻人一大早去民政局婚姻登记处领了结婚证后,又急忙赶到上海工具书店门口,而且还排起长龙,只为能购得一部《辞海》。经历过那个时代的人们或多或少都会留存着拥有这本绿封面精装缩印本《辞海》的记忆,当年凭结婚证购得一部《辞海》的新婚夫妇则更难忘当时周围无数平民百姓羡慕又带点嫉妒的眼神。

三、雅俗交融与鉴赏辞典

在一般观念中,鉴赏性的读物是不能称为"辞典"的,我国辞书中自古以来也没有"鉴赏辞典"。《唐诗鉴赏辞典》原本只是个偶然的选题,当初许多辞书专家并不认同,而"文革"十年造成一代人的半文盲,饱受没有文化之苦的平民百姓普遍要求提高文化素养,学习积极性空前高涨,各种补习学校如雨后春笋,鉴赏类文艺读物受到欢迎。人们需要齐全、完善、内容赏析中肯的鉴赏读物,汲取精神养料完善自我,平民百姓的需求使这一类的鉴赏读物上升到"典"的高度。文学鉴赏历来是普及优秀传统文化的有效形式,以《唐诗鉴赏辞典》为代表的文学鉴赏辞典系列,立足于现代科学的文学史观统领选目,以文学史为纲,以作家为目,采用现代白话的通篇串讲形式,既传承古训又自出新意,充分反映已有的研究成果,且兼附相关知识和索引,如作家小传、基本知识、大事年表、参考书目、名句索引等等,具有系统性、集中性、有序性、通俗性、检索性等特点,凸显了工具书的特色和功用。当专家学者们还在论争鉴赏性读物能否称为"辞典"时,平民百姓却对上海辞书出版社 1983 年推出的《唐诗鉴赏辞典》情有独钟,人们争相购买传阅,甚至作为生日、结婚等喜庆的礼物而相互赠送,成为很多读者共同的记忆。《唐诗鉴赏辞典》自首版 40 万册问世一销而空,畅销至今,累计销售已达 500 多万册,走进了千家万户,显示出强大的生命力。各家出版社于是竞相仿效,形成一股"鉴赏辞典热"。三十多年来各种鉴赏辞典相继问世,受到广大中等文化水平读者的钟爱,反映了普及文化的需要,起到了普及文化的作用,体现了辞书编纂雅俗交融的价值取向,以《唐诗鉴赏辞典》为代表的鉴赏辞典已成为人们充分认可的辞书新品种。

四、智力投资与少儿辞书

我国是世界上人口最多的国家,子孙众多、人口繁庶曾被视作家、国兴旺的体现。随着时代发展,人们逐渐意识到人口数量的增长必须适应粮食、环境和资源等方面的要求而有所控制,开始注重优生优育。1982年,计划生育被定为国家的基本国策,独生子女遂成为时代独有的现象。独生子女的教育问题引起社会普遍的重视,家长愿意花钱进行智力投资,少儿读物热销,并向“典”的高度进军。社会需要内容深入浅出、文字简洁准确的少儿辞书,各家出版社迎合社会需求,争相推出各种各样的少儿辞书,形成了辞书编纂的新热点。如上海辞书出版社出版的彩图系列少儿辞书有《彩图成语词典》《彩图典故词典》《彩图格言词典》《彩图俗语词典》《彩图宝宝字典》《彩图儿歌词典》《彩图古诗词典》《彩图神话词典》《彩图寓言词典》《彩图风俗词典》,河北少年儿童出版社出版的学生系列工具书中包括古汉语、成语、谚语、歇后语、典故、古诗鉴赏、英汉多用小词典等,还有《学生辞海》及学生系列的学习词典,及时满足了中小学生查字识词、增长知识的需要,平民百姓普遍重视少儿教育的社会心态促使少儿词典和学生词典向精、大、全不断发展。

五、民生建设与《新华字典》

国无辞书,无文化可言;民无辞书,亦无文化可言。语文辞书不仅可以承担文化普及和教育的使命,而且在新的历史时期引导了平民百姓的生活,影响了平民百姓的语言生活。如无论是居家过日子,还是工作学习,《现代汉语词典》都深深影响着普通大众。人们从中学习语言文字和人文知识,在讨论问题中界定概念,通常都依据《现代汉语词典》的释义,也有很多法院的判例最终以《现代汉语词典》的释义为依据。又如《新华字典》自 1953 年出版以来积淀了 60 多年的文化成就,融入了几代人的成长记忆,已经成为中华文化的一块基石。金克木回忆《新华字典》的编纂时说,中国的未来系于儿童,危险在于文盲和无知,语言文字是普及教育的工具,字典是语言文字的工具,“谈论字典等于谈论中国的前途”①。2011年,新闻出版总署先后下发了《关于倡议开展向中西部贫困地区农村中小学生捐赠〈新华字典〉活动的通知》等文件。据不完全统计,全国所有省区市新闻出版系统都开展了向农村中小学生捐赠《新华字典》等工具书的活动,众多爱心人士以及基金会、大型企业也都参与到了自发、持续、大规模地捐赠《新华字典》的活动中,款物总计超过500万元。如辽宁省新闻出版系统向中西部贫困地区农村中小学生捐赠《新华字典》一万册及其他工具书,中国社会科学院语言研究所和商务印书馆向中西部农村地区的小学生捐赠十万册《新华字典》平装本。2013年,全国约一亿农村中小学生都已拥有正版《新华字典》。社会各界慷慨解囊捐赠的大批《新华字典》汇聚了来自四面八方的文化民生建设的强大合力,反映出社会公众对语文辞书之于国民教育重要性的深刻共识,也充分体现了社会公众以语文辞书提高文化素质的社会责任感和弘扬传播祖国文化的使命感。2011年全国两会期间,数十位代表建议将《新华字典》纳入“两免一补”政策;2012年,财政部和教育部联合下发“财教[2012]334号”文件,将《新华字典》纳入“国家免费提供教科书范畴”,作为提高我国全民语言文化素质的重要举措。《新华字典》不仅是都市民众的语文辞书,也是乡村民众必备的语文辞书,成为普及到城乡平民百姓、事关民生的语文辞书,走进了中国的差不多每一个家庭。

六、旅游热与风景名胜辞典

旅游可以让人从忙碌的工作中得到休息,赏心悦目的美景让人舒

① 王珺《“谈论字典等于谈论中国的前途”——〈新华字典〉背后的故事》,《中国教育报》,2014年3月13日。

缓压力,更可以开拓人们的视野。近年来,我国经济迅猛发展,综合国力日益增强,人民生活水平总体步入小康,消费水平提高。经济的繁荣带来日益庞大的旅游"人潮",形成旅游热。政府也鼓励发展旅游业,以期通过"旅游经济"这"无烟工业"拉动内需。"假日旅游""旅游黄金周"等成为人们谈论的时髦话题,全国每年出游人数达到10亿多人次。迎合人们旅游度假的需求,一些风景名胜辞典相继问世。如上海辞书出版社出版有《中国名胜词典》,收录有名的山水湖泉、亭台楼阁、宫殿寺庙、园林洞窟和有特色的建筑,包括世界遗产、全国重点风景名胜区和各省重要的风景游览区、全国重点文物保护单位与各省重要的文物保护单位等,约计5 000条。

第六节　民族融合与辞书

我国自古就是一个疆域广阔的多民族国家,中华民族形成和发展至今经历了一次次的各族互相融合的过程。虽然在这种融合中有和亲也有攻伐,甚至充满了泪水和鲜血,但血泪培育了沉毅坚韧的民族性格,苦难磨炼了百折不挠的民族精神,各族间的交往带来了视野的扩大,不同血缘的融合形成了丰富多彩的多元文明。在中华文化的形成与发展过程中,汉语与异质语言的接触可谓源远流长。上起商周,下迄清末民初,汉语既有亲属语言间的接触,又有非亲属语言间的接触,既有内部不同民族不同方言的接触交流,又有外部不同国家不同语种的接触交流,具有"南染吴越"与"北杂夷虏"的特点。汉语与印欧语言曾经发生过三次大规模的接触。第一次接触是西汉时张骞开通西域,中西交通的经贸往来导致了两汉至唐代汉语与西域语言的接触。第二次是西汉末东汉初佛教的东传,汉魏至唐五代大规模的佛经汉译导致了汉语与梵语、犍陀罗语以及中亚的吐火罗语等语言的接触。第三次即明清至民国的西学东渐,西方政治、经济、军事、文化的冲击导致了汉语与欧美语言的大规模接触。汉语与阿尔泰语言也发生过四次较大规模的接触,第一次接触是汉代与匈奴的交往,第二次是北魏时鲜卑族的入主中原,第三次是辽金元时期契丹和女真及蒙古族的入主中原,第四次是清代满族的入主中原。汉语与异质语言的接触交流中有排斥和碰撞,也有交融和认同,汉语正是在与不同语言文化的接触中不断充实完善的。

随着国内外各族人民的频繁交往,汉语从周边民族语言借来了不少外来词。如"狮子、蒲桃、塔、过去、现在、未来、刹那、站"等。辞书反映一个国家的文化,汉语外来词在我国辞书中也有反映。扬雄《方言》中就有周边民族语言词语的记录。《说文》中已收录外来词,如玉部"珋"字,许氏说解为:"石之有光者,璧珋也。出西胡中。"段玉裁注云:"璧珋,即璧流离也。""璧流离三字为名,胡语也。""梵书言吠瑠璃。"又如北齐沙门道慧的《一切经音义》中收有梵语词的汉译;唐释玄应的《众经音义》收录外来词有一千多条,主要是梵语译词;慧琳的《一切经音义》收录外来词有三千二百多条,其中包括玄应一千多条,慧苑一百多条,云公一百多条,窥基一百多条。这些外来词有音译的,如殑伽(卷三),诺瞿陀(卷四),窣堵波(卷五);有半音译半意译的,如奔荼利花(卷五)、菴没罗果,半娜娑果(卷四);还有意译的,如寻香城、华鬘(卷一)、妙翅(卷四)。解释一般包括四个部分:① 外来词的汉字书写形式,即词目。② 注音。③ 规范的书写形式。④ 释义和说明。后来的外来词词典的体例基本上由这些部分组成。

在长期的历史发展过程中,各民族的人们在交往中产生了不同民族语言间的对译,而汇集一种语言里的词语,用另一种语言来进行对译或加以解释,编成双语词典,则为不同民族的人们各自学习对方的语言文字提供了方便。我国最早的双语辞书发轫于双语词汇的对照,如在高昌古城发现编有公元一世纪的《汉语回鹘语对照词汇》残卷。又如佛经是用印度古典梵语写成的,佛经的翻译也促成了双语辞书的编纂。根据现有史料,梁释宝唱撰《翻梵语》一卷,梁有扶南胡书一卷。唐释义净撰《梵语千字文》列举了约千来个词，全真也撰有《唐梵文字》，这两部书可以看作是梵汉对照读本。礼言集有《梵语杂名》，按照分类先列汉文，后列梵文。①

宋代孙穆编有汉朝双语词集《鸡林类事》三卷，由土风、朝制、方言及附录组成，收录反映高丽政纲朝制、风土人情、天文地理等朝鲜语词。今存本收有361条，分成天文、地理、花木、鸟兽、虫鱼、器用、人物、身体、衣服、饮食、文史等18门类，词目词为汉语，其后为汉语译音对应的朝鲜语词。据清代编的《龙威秘书》载，唐宋年间还编有藏汉对照分类词典《西番译语》，收200多个词语，分天文、地理、时气、人物、身体、宫室、器具等20门类。

辽金西夏时有不著撰者名的《番尔雅》25卷，依《尔雅》体，释西夏人语，译以汉语。西夏仁宗乾祐二十一年（1190）党项人骨勒茂才编有《番汉合时掌中珠》，序称："不学番语，则岂和番人之众；不会汉语，则岂入汉人之情。番有智者，汉人不敬；汉有贤者，番人不崇；若此者，由语言不通故也。"共收词260多条，按内容分为天、地、人三类，每类词语编排以事门又分为上中下三篇，共九篇。前八篇为词语汇集，后一篇收录从出生、生长、婚娶到去世的有关语词，内容包括亲属称谓、佛事活动、房屋建筑、日用器皿、衣物首饰、农事耕具等，以汉字标音释义，用于西夏人、汉人互相学习对方语文。② 元代宰相脱脱受诏编辽、金史，将《辽史》中用契丹语记载的官制、宫卫、部族、地理等方面的词语译释为汉语，撰成《辽国语解》，将《金史》中的72条女真词语加注汉语释义，分官称、人事、物象、物类和姓氏五部分，撰成《金国语解》。

元代有不著撰者名的《至元译语》，一名《蒙古译语》，自序称"言语不通非译者无以达其志，今详定译语一卷，好事者熟之则问答之间随叩随应

---

① 参季羡林《我是怎样研究起梵文来的》，载《治学集》，上海人民出版社，1983年。

② 骨勒茂才编，黄振华、聂鸿音、史金波整理《番汉合时掌中珠》，宁夏人民出版社，1989年。

而无鲠喉之患”。共收词538条,根据雅书和释名类辞书而分类编写,分天文、地理、人事、君宫、车器、五谷、饮食、身体、衣服、草木、菜果、数目、时令、方隅、颜色等二十二类。以汉字录写蒙古语词汇,再给出汉语释义。

明代火源洁奉敕编有《华夷译语》,按类编排,以汉语翻译蒙古语,用汉字拼切其读音。书后附有无名氏《增订华夷译语》二卷,分类聚编,上列蒙古文,中为汉译,下面用汉字标注蒙古语词读音。梅膺祚也曾据其所编《字汇》撰有满汉对照的《增补篆书字汇》。[①]

清代乾隆二十八年有傅恒等奉敕撰《西域同文志》二十五卷,首列满文,下译以汉语,详注名义,次注三合切音,再依次标举蒙古字、西蕃字、回字等,按地、山、水、人四部归字。康熙二十二年沈启亮编有第一部满汉双语辞书《大清全书》十二册,收词1.2万多条。序称“照《字汇》之法,编集诸清字,汇成一书”。光绪二十三年爱新觉罗祥享、志宽、志培等编有《清文总汇》十二卷[②],按照部类收词2万多条,以满、汉、蒙、藏、维五种语言对照释义。康熙时还曾编有满语百科性语文词典《御制清文鉴》,后以其为蓝本编成满、汉两体,满、蒙、汉三体和满、蒙、藏、汉四体等清文鉴系列多语对照辞书。如乾隆五十九年(1795)所编《御制五体清文鉴》即以《御制增订清文鉴》为蓝本,在《御制四体清文鉴》满文、藏文、蒙古文、汉文对照词汇的基础上,加上维吾尔文而成。分正编和补编,满文、藏文、蒙古文、维吾尔文、汉文按序排列,相互参照。正编三十二卷,收词17 052条。补编四卷,收词1 619条。词按意义分天、时令、地、政、礼、乐、文学、武功、人、僧道、医治、衣饰、器皿、船、车轿、食物、牲畜、虫等部,部下分类和则。如天部分为一类四则,地部分为一类九则,官部分为四类四则等,涉及社会制度、政治、经济、文化、风俗、习惯、宗教信仰和各民族地区的物产等方面。又如“人部”中既有人的外

① 中央民族大学图书馆藏有乾隆二十七年(1762)带月楼刻本十四册。

② 参雍和明、罗振跃、张相明《中国辞典3000年》,上海外语教育出版社,2010年,284页。

形躯体,又有人的相互关系;既有人的各种品德性情,又有人的各种动作行为等。每个词条有八栏,从上至下分别是满文、藏文、藏文的满文切音(转写)、藏语的满语对音(音译)、蒙古文、察合台文(即维吾尔文)、维吾尔语的满语对音(音译)、汉语。全书内容丰富,分类精细,纲目清晰,可以说是一部百科全书式的辞书,也是世界辞书史上各民族学者通力合作的一个壮举。①

清代还编有大型汉满语文辞书《清汉文海》,按《佩文韵府》中汉语的音韵编排。又有《满汉六部成语》六卷,收满文成语和一般词语约四百条,分吏部、户部、刑部、礼部、兵部、工部等六部。

明清两代会同馆和四夷馆(清初改为四译馆)还编纂有多种语言与汉语对译的辞书,语种主要有蒙古、女直(女真)、高昌(畏兀儿)、达达(鞑靼)、西番(藏)、河西(唐古特)、倮(彝)、僮(壮)、八百、百夷(傣)、南掌(老挝)、占城、真腊(柬埔寨)、安南(越南)、日本、琉球、朝鲜、暹罗、缅甸、苏禄(菲律宾)、爪哇、苏门答腊、满喇加、回回(波斯)、西天(梵),以及英、法、德、意、拉丁、葡萄牙等。收词多在500~2 000之间,每个词下列有汉字记音、汉义、原字(民族文字)三项(或前两项)。如康熙时编的《语史纪余》,把回回、百译、高昌、缅甸、八百、鞑靼、天竺等7种文字与汉语词语对照,汇成一书。每一词条分为三项:右为汉语译词,中为民族语词,左为民族语词的汉字音译。又如嘉庆时,王初桐从《西域同文志》《西域图识》《西域闻见录》等书中收录帕尔西语、西藏语、西蕃语、回语、蒙古语等西域地区少数民族语词,分十九部类,用汉语对照译释的方法,仿《尔雅》体例编有《西域尔雅》。

民国时编有一些少数民族语文辞书。如杨仲鸿曾于1931年编有《摩些文多巴字及哥巴字汉译字典》②,收字1 042个,分为数类、天文

① 1957年民族出版社根据故宫博物院所存抄本分3册影印出版,题名《五体清文鉴》。
② 《摩些文多巴字及哥巴字汉译字典》现存于北京图书馆善本特藏部。

类、地理类、时令类、鸟类、兽类、昆虫类、植物类、人类、身体类、服饰及用具类、水类、火类、杂类、佛类、鬼类、怪类、龙类共十八类。体例上是分为多巴字、哥巴字、汉译三栏。字头中有少量的假借字和哥巴字。汉译分为汉字注音和释义两部分。释义多为本义,有些还有引申义和假借义,释义后往往会标明词性。李霖灿编有《么些象形文字字典》和《么些标音文字字典》,1943 年由四川省南溪县李庄镇一家民族石印馆印刷出版。《么些象形文字字典》1944 年作为国立中央博物院专刊乙种之二刊行,《么些标音文字字典》1945 年作为国立中央博物院专刊乙种之三刊行。[①]《么些象形文字字典》按义类编排,分天文、地理、人文、人体、鸟、兽、植物、用具、饮食、衣饰、武器、宗教、鬼怪、神等十八类,收东巴字 2 120 个,每个东巴文字形后列有国际音标和汉文释义,并分析字形结构。《么些标音文字字典》收录 2 334 个标音符号,按声韵调次序编排,列举汉文解释及词义。方国瑜 1935 年编有《么些文字汇》初稿,1980 年出版时书名定为《纳西象形文字谱》。[②]

中华人民共和国成立后也出版了一些少数民族语文辞书。如张怡荪主编《藏汉大辞典》是以语词为主、兼收百科的综合性藏汉双语大型辞书,民族出版社 1986 年出版,收词 6.3 万多条。又如方国瑜编《纳西象形文字简谱》,云南人民出版社 1981 年出版。该书按义类编排,分天象、地理、植物、飞禽等十八类,列东巴文字头 1 340 个,每个东巴文字形下标国际音标注音和汉文释义,并简析字形结构。再如和品正编《东巴常用字典》,云南美术出版社 2004 年出版。该书收录了常用东巴文字 970 个,以单个东巴文字为条目,按意义类属分为二十四类。有多种写法的繁体排列在前,简体和异体在后。用国际音标注音,置于东巴文字

① 1972 年台北文史哲出版社将这两部字典合印为一帙出版,2001 年云南民族出版社出版有简体字版,易名为《纳西族象形标音文字字典》。

② 方国瑜《纳西象形文字谱》,云南人民出版社 ,1995 年。

下方。有汉文和英文对照释义，释义后有结构分析。

值得一提的是，1988年新闻出版署在成都召开的全国辞书编写出版规划座谈会上，会议所拟规划以社会科学和科技词典等专科辞书和少数民族词典为主。根据规划，近年来已相继出版了一批双语民族语文辞书，如《汉蒙词典》《蒙汉词典》《汉蒙成语词典》《汉哈词典》《汉藏对照词典》《汉朝字典》《汉维大词典》《维汉词典》《塔吉克汉词典》《哈汉词典》《汉哈大词典》《汉哈成语词典》《汉苗词典》《景汉词典》《汉景词典》《傈汉词典》《简明彝汉词典》《彝汉字典》《汉彝词典》《汉瑶词典》《白汉词典》《土汉词典》《汉语土家语词典》《布依汉词典》《佤汉词典》《汉佤词典》等。

第七节　汉字文化圈与辞书

汉字曾是东亚地区的通用文字，“《原始秘书》言高丽之学始于箕子，日本之学始于徐福，安南之学始于汉立郡县而置刺史，被之以中国之文学”①，形成汉字文化圈，汉语辞书也在汉字文化圈流传，传播到东亚各国甚至欧美，这些国家也编有一些汉语辞书。② 在韩国和日本，《玉篇》还成为辞书的特定称谓，如明治十八年入江依德编《英和玉篇》。

传说殷商灭亡后，箕子率众到了朝鲜。据史书记载，汉武帝以后，朝鲜半岛上的百济、高句丽、新罗诸国都全面吸收汉字文化。汉字词在朝鲜语词汇体系中无论在数量上还是在功能上都起着重要的作用，朝鲜历代王朝也都非常重视汉语的学习。公元4世纪，百济国高兴以汉文修成百济史《书记》；高句丽自建国初期起，即用汉文撰修本国史籍。

---

① 林趾源《热河日记》，林基中编《燕行录全集》第55册，韩国东国大学校出版部，2001年，202页。

② 王平《基于数据库的中日韩传世汉字字典的整理与研究》，《中国文字研究》第十九辑，2014年。

新罗在中国南北朝时期,以汉文撰成国史。8 世纪中叶,新罗太学监定《论语》《孝经》为必修课。1276 年朝鲜高丽王朝设置了同文馆(后改称司译院),培养以汉朝翻译为主的各类翻译人员。1393 年建立的李氏王朝又设置了成均馆,讲授儒学,制订了《训民正音》,1459 年编有会话课本《老乞大》和《朴通事》。汉学家崔世珍编有《训蒙字会》,金揩编有《汇语》,退溪李滉和眉岩柳希春有《语录字义》和《语录解》。1690 年司译院刊行有慎以行、金敬俊等编《译语类解》,还出版了《同文类解》《蒙语类解》《汉清文鉴》等以汉语为词目的汉语—朝鲜语—蒙语、汉语—朝鲜语—满语的多语对照词典。1691 年刊行有李景羽编的《玉汇韵考》,1778 年刊行有洪命福编《方言集释》,1789 年刊行有李义凤编撰的《古今释林》,1796 年刊行有李德懋和徐向膺等编的《御定奎章全韵》。

《训蒙字会》集字典与蒙学课本于一体,收释 3 360 字,分上中下三卷,每句四字,谐音类聚,分成三十三项。上卷有天文、地理、花品、草卉、树木、果实、禾谷、蔬菜、禽兽、鱼贝、歇虫、身体、天伦、儒学、书式等,中卷有人类、宫宅、官衙、器皿、食馔、服饰、舟船、车舆、鞍具、色彩、布帛、金宝、音乐、疾病等,下卷为杂语,多为日常生活用字。

《汇语》是一部仿王应麟《玉海》编成的百科全书式类书,五十九卷六十册。分万物门、人伦门、儒道门等十七个门类,下再分为 629 条 2 819目,涉及社会生活的方方面面。

《语录解》是解释宋时的口语俗语词语的系列辞书,《韩国民族文化大百科辞典》称其为朝鲜中期最早刊行的中国俗语辞典,[①]以"一字类,二字类……"进行分类,相当于学习宋代口语的应用型词典。旧本出于李滉门人所录,多为随手而记,郑瀁曾作有补充,收释了《朱子文集》《朱子语类》《近思录集注》和《心经附注》等宋明儒家文献中 1 050 个词语,

---

① 韩国精神文化研究院韩国民族文化大百科辞典编纂部编《韩国民族文化大百科辞典》Vol. 14,"语录解"条,熊津出版社,1993 年,873 页。

其中多为唐宋以来的口语词和俗语词,如“合下、伶俐、怎生、头当、照管、巴鼻、家事、领略、到头、悠悠、作么生、担板汉、不多时、大小大、信得及、信不及、无缝塔、不奈何、动不动、石尤风、朴实头、下梢头、一绰过、做将去、一副当、大拍头、捺生硬”等。宋浚吉与南二星又加以厘正,在显宗十年(1669)所撰《语录解跋》中说:“《语录解》者,即中国之俚语,昔有宋诸贤训诲后学与书尺往复率多用之,盖欲人之易晓尔。顾我东声音言语谣俗不同,反有难晓者,此《解》之所以作也。”指出“辞语疑晦之间,或可以此书解之。而既解其言,又必体之于心,行之于事。然则此解虽微,亦可为摘叶寻根,沿流穷源之一助”。韩国汉城大学校的奎章阁藏有心斋白斗镛编纂、鹤巢尹昌铉增订的《注解语录总览》两册,其中“语录解”部分出于17世纪李退溪门人之手,辑录退溪李晃和眉岩柳希春对《朱子语类》中俗语和口语的解释。如“打乖”,除列出了“怪异”“乖僻”等义项外,还指出“南人聪明性悟者亦谓乖”。语录解体例大同小异,今以郑本为例说明。(1) 全书收词共1 182条,由四个部分组成。第一部分为“语录解”,收词946条。第二部分为“汉语集览字解”,收词64条。第三部分为“附录”,收词172条。第四部分为“跋文”。(2) 词目以字数为序排列,分一字类、二字类、三字类、四字类、五字类、六字类共六类。(3) 释义既有全用汉语解释,也有全用韩语解释,又有混用汉韩双语解释。释义方法有同义词对释的,有下定义的,有举例的等。(4) 注音多采用韩语,也有用汉语直音的。对多音字则注出该字所在语境中的读音。

《译语类解》相当于词汇注释词典或词典式词汇集,以汉语、朝鲜语对译的形式编纂,分上下两卷。上卷分天文、时令等四十三门类,下卷分珍宝、蚕桑等十九门类,把具有类似语义的词汇按语义类型进行分类,共收释词语4 781条。每条先写汉语词,再用韩文标记单字的汉语音,最后用训民正音标记词的意义。1775年金弘哲又按其例编有《译语类解补》,补收了1 100多个词语。

《玉汇韵考》编排独特，将阴时夫《韵府群玉》和李景羽自己所撰《韵考》分置于书的上下两端，以方便查检对照。

《御定奎章全韵》则是朝鲜时代集大成的韵书，参考了宋代吴棫《韵补》、明代章黼《韵学集成》和杨慎《古音略例》等，按 106 韵编排，收录 13 345 字。

《古今释林》共四十卷，分别国方言、历代方言、洛闽语录、道家语录、释氏语录、传奇语录、华汉译语、东韩译语、三学译语、四夷译语、元明吏学、罗丽吏读，共十二部分。李义凤《小题》称“始阅《朱子语类》及四书小注，苦语录难解，有人授以郑抱翁编溪门《语录解》，不啻昏衢之烛，而又患所解之不广，傍搜《朱文劄疑》、《近思》、《心经释疑》、退栗文集及《字汇》、《字典》、《礼部韵》等书而增释之”，后又广之以扬子《方言》和汉唐宋儒道释，续之以汉语及外夷土音，吏读译语杂释中的方言和语录，“仿《尔雅》而广其目”。如释“措大，士也。《书言故事》：穷措大，眼孔小，与钱十万贯，塞破屋子矣。《资暇录》：俗谓士流为醋大，言其啃醋而冠四人之首。愚按醋宜作措，言其举措大事也”①。释“心曹，《侯鲭录》曰：愁，忧也。《集韵》音曹。扬雄有《半牢愁》，音曹。今人言心中不快为心曹，当用此愁字，即忧也”②。

李湛等编《汉清文鉴》是汉语、满语、朝鲜语对音辞书，十五卷，1776 年据清代 1772 年刊行的《御制增订清文鉴》（四十六卷四十八册）编成，收录汉语词语一万二千多条。

《康熙字典》东传朝鲜后，还参考与模仿《康熙字典》编有《全韵玉篇》

① 退栗文集似指李滉（退溪）和李珥（栗谷）的文集。李义凤《古今释林》，韩国亚细亚文化社，1977 年，501 页。唐李匡乂《资暇集》卷下【措大】：“代称士流为醋大，言其峭醋而冠四人之首。……愚以为四说皆非也。醋宜作措，止言其能举措大事而已。”明顾氏文房小说本。

② 李义凤《古今释林》，亚细亚文化社，1977 年，487 页。宋赵令畤《侯鲭录》卷八：“愁，音曹，忧也。《集韵》：‘扬雄有《伴牢愁》，音曹。’今人言心中不快为‘心曹’，当用此‘愁’字，即忧也。”

《字类注释》和《奇字汇》等。《全韵玉篇》[①]约编于1796年,作者不详。分上下两卷,凡214个部首,部首按笔画排列,共收字10 908个。每个字头下先注朝鲜音,有时先标出该字头是正是俗并标注朝鲜音,后用汉语释义。如遇一字多音多义,则在每义下注明该词所属韵部以示区别。1915年柳瑾编的《新字典》将《全韵玉篇》的古汉语注释用朝鲜语又重新作了解释。《字类注释》[②]为郑允容编于1856年,收录10 965字,分上下两卷,按意义归类,以朝汉双语诠释形音义。其序与凡例皆提及参考《康熙字典》,如"此书字体悉依韵书,而或因考《字典》,仍而书之"。《奇字汇》把《康熙字典》收录的古文整理成册,收2 122个异体字,每个异体字附有相对应的正字,作者不详。19世纪还刊行有《华语类抄》,全书分天文、地理等六十三类,收2 148个汉语词,每个词条都用朝鲜文对译。

朝鲜辞书往往以《玉篇》《字林》和《字典》命名,如1908年郑益鲁编有《国汉文新玉篇》,1909年池锡永编有《字典释要》,1913年玄公廉编有《汉鲜文新玉篇》,1921年刘汉翼编有《字林补注》。《国汉文新玉篇》以《全韵玉篇》为底本,增补了一些日常实用字和朝鲜语的读音等,按214部首编排,以朝鲜语注释音义。《字类注释》《字典释要》《汉鲜文新玉篇》《字林补注》和《新字典》都以《康熙字典》为样本,字音和诠释也用朝鲜语标示。[③]《字典释要》序称"我东训蒙字书之以国文释义者,不过《千字文》、《类合》、《训蒙字会》之类,而国文之译法亦未明其高低,是以血目混义,东动同音,苟非原于汉文,无从卞别。余慨于此,阅《康熙字典》,撮其字之精要,取其义之简易,释以国文"。凡例亦称"一依《字典》反切而正之"等。《汉鲜文新玉篇》与《国汉文新玉篇》相似,序称"乃将旧日《玉篇》以鲜文解释之,且其脱漏处及紧要字对照

① 《全韵玉篇》,韩国学民文化社,1998年影印出版。
② 《字类注释》,韩国建国大学校,1974年影印出版。
③ 参黄卓明《朝鲜时代汉字学文献研究》,上海古籍出版社,2013年。

《康熙字典》而添入之”。闵泳徽为《字林补注》所作跋认为“盖《尔雅》、《说文》等书则古矣，而最精博者《康熙字典》也”。柳瑾编的《新字典》序言亦称“是书也，以《康熙字典》字作本位，以邦文邦语解正义，苦心讲讨”。凡例则明言“此书用《康熙字典》为台本，剪其繁衍，补其阙漏，兼收新制之字、新增之义，以应时代之用，故名曰《新字典》”①。

近年来又有朴在渊编《中朝大辞典》和河永三编《汉字字源辞典》等。《中朝大辞典》，正文八卷，索引和附录一卷。② 其中摘录了包括《语录解》在内的二百三十多种一千多部典籍的内容，共收录汉字12 814个，词语69 352条，例文425 918条。每个字都有字头、词目、注音、释义、例文五部分。字头以汉语拼音字母和声调顺序排列，同音同调的再以笔画数为序，笔画数相同的以部首为序。字头下面是复词，如在“阿”下面共收阿鬟、阿荼、阿呆等复词50条。“家”下面共收家邦、家边、家财、家产、家常、家臣、家乘、家成业就、家丑不可外扬、家畜、家大人、家常、家荡、家道、家牒、家督、家法、家翻宅乱、家反宅乱、家风、家蜂、家凫、家府、家父、家父家母、家富小儿娇、家公、家怀、家话、家伙/家火、家鸡、家鸡鱼、家什、家家、家间、家教、家姐、家具、家春、家君、家口、家老、家狸、家里、家里无银莫做官、家鹿、家门、家庙、家奴、家奴诉良、家贫、家谱、家亲戚、家亲外祟、家庆、家雀、家人、家人共犯、家嫂、家舍、家生、家生孩儿、家生儿、家生哨(儿)、家生子、家生子(儿)、家事、家世、家贯、家室、家书、家书直万金、家塾、家属、家数、家私、家堂、家堂神、家僮、家头、家徒四壁、家问、家下人、家乡、家小、家信、家兄、家学、家学渊深、家训、家雁、家爷、家业、家茔、家缘、家缘家计、家东、家长、家中宝、家主、家主婆、家庄、家赀、家资、家尊等108条。每条词目，先是用汉语拼音字母注音，接着释义，而后是例文。如“白璧入赵”：“指蔺相

① 柳瑾编《新字典》，韩国光文会，1915年。

② 朴在渊编《中朝大辞典》，韩国鲜文大学校，2002年。

如完璧归赵事。”又举《型世言》例:“知君固是柳下惠,白璧应完入赵邦。”《汉字字源辞典》收录汉字5 181个,诠释由标题字、字解和字形三部分组成。标题字包括代表字形、训读、简化字、异体字、汉语拼音、部首和笔画等,字解包括六书结构、本义和引申义等,字形则以甲骨文、金文、陶文、帛书、汉简、小篆、俗体等顺序排列。

日本的辞书也源于中国,日本辞书的编写无论形式还是内容皆受到我国各种辞书的强烈影响,两国文字和辞书一脉相承。①《尔雅》、《说文》、《玉篇》、《字林》、《切韵》、《一切经音义》、《正字通》、各种版本的《康熙字典》等相继传入日本,后来的日文辞书基本沿用了这些辞书的编排体例和编纂方法,并在此基础上发展而成。诸桥辙次《大汉和辞典》序称:“东洋文化,大半是靠汉字汉语来表现的。这在文艺方面、思想方面、甚至于在道德和宗教方面都是一样。因此,如果不研究汉字汉语来谈东洋文化,实际上是不可能的。编纂辞书可以认为就是揭开这种宝库的一种方法。”②中日交流在隋唐时期达到鼎盛,其中遣唐使的贡献巨大。他们将中国书籍带回日本,对日本的社会、文化、语言诸方面产生了深远影响。这些书籍中有一部分是在中国问世后不久便传入日本,而在中国却渐渐失传。如梁释远年的《兼名苑》和唐释慧琳的《一切经音义》等。③

---

① 千野荣一《岩波讲座日本语·语汇和意义》中说:“我国辞书的历史,可以说是从在引进汉字的同时使用中国的辞书开始的。”日本岩波书店,1977年。

② 诸桥辙次《大汉和辞典》,日本大修馆,1955年。

③ 据筑岛裕主编的《古辞书音义集成》(日本汲古书院,1978—1981年),有奈良时代(710—784年)写本《新译华严经音义私记》,平安时代(784—1192年)初期写本《四分律音义》、《大般若经音义》中卷,院政时期(1086—1205年)写本《大般若经音义》中卷、石山寺藏本《大般若经字抄》,平安时代中期写本《妙法莲华经释文》,南北朝时期(1336—1392年)写本《法华经音义》,室町时代(1336—1573年)写本《法华经音义》[永和(1375—1379年)本],室町时代写本《法华经音义》[永正十七年(1520)本],镰仓时代(1192—1333年)写本《字镜》(世尊寺本),大治三年(1128)写本《一切经音义》,天永二年(1111)写本《孔雀经音义》,承历三年(1079)写本《金光明最胜王经音义》,平安时代末期写本《香药字抄》、学习院大学藏本《伊吕波字类抄》,室町时代写本《音训篇立》、东急文库藏本《孔雀经单字》等。

日本辞书也往往以《尔雅》《释名》《玉篇》《字林》命名,[①]如贝原好古编《和尔雅》(8 卷),1694 年刊行;贝原益轩编《日本释名》(3 卷),1700 年刊行;新井白石编《东雅》(2 卷),1717 年刊行。又如长享三年(1489)编的《和玉篇》,大永四年(1524)成书的《玉篇要略集》,宽永十五年(1638)刊行的《新刊倭玉篇》,庆安四年(1651)刊行的《新板新刊和玉篇》,明治九年(1876)山东直砥编的《新撰山东玉篇》,明治十年(1877)市川正一编的《汉语插入新选玉篇》,明治十八年(1885)藤田善平编的《万通字林玉篇》,明治二十六年(1893)石川鸿齐编的《明治字林玉篇大全》,明治四十二年(1909)野村田次编的《日本大玉篇》等。当时这些日本辞书编者是把《尔雅》《释名》等作为辞典的同义词使用,《倭玉篇》甚至成了汉和辞书的代名词。

日本早期辞书多以我国辞书为蓝本编纂,《玉篇》可以说是当时编写辞典的基本蓝本和依据。弘法大师空海于公元 806 年归国时曾带去《玉篇》,[②]以此为蓝本于天长七年(830)编成日本现存最早的辞书《篆隶万象名义》。《篆隶万象名义》三十卷,收字 16 900 多个,共分 542 部。部首编排,始一终亥,[③]全照顾野王原书,字数也与唐封演《封氏闻见记》所记顾氏《玉篇》字数相符,注释基本保留了原本《玉篇》的面貌,杨守敬《日本访书志》称"直当一部顾氏原本《玉篇》可矣"。所谓"篆隶"即改《玉篇》原来的楷体为篆书和隶书两种字体,然后注出所释字的

① 《尔雅》在日本有很多版本,如"神宫文库本""古逸丛书本""影宋本"《尔雅》,还有《倭尔雅》等。

② 日本复制原本《玉篇》卷第九末有"乾元二年"(759),可能是唐肃宗时传入日本抄写的时间。

③ 其中有 200 多字不见于宋本《玉篇》,与《残卷》相应的部分有 28 字为《残卷》所无。在义训方面,《名义》所收义项远比宋本《玉篇》丰富,有不少义项甚至连《残卷》也没有。《名义》保存了原本《玉篇》的基本面貌,因而在释义方面也就保存了大量的中古以前字书义项以及汉人旧注,在收字方面保存了汉魏齐梁间流行的俗字,这两个方面对于现代辞书编纂都有着不可忽视的价值。

反切和词义训诂，也就是“万象”“名义”所指“世界之万种诸相”和“体上之名称与义理”，而从方便日本人使用的角度考虑，删去顾氏《玉篇》中所引的经传原文及按语。

《新撰字镜》是日本平安时代末期僧人昌住撰写的一部字书。全书十二卷，将注释佛经词语音义的《一切经音义》按照便于日本人使用的原则重新排列组合，并加入《玉篇》《切韵》等辞书的部分内容，既按偏旁部首排列文字，又取同类事物的名称编在一部。自“天部”至“临时杂要字”共立 160 个部首，凡 20 940 余字。分天象（天、日、月、雨、风等部）、人事（父、亲属、身、面等部）、自然、动植物（山、谷、玉、田等部）三大部分。然后再按词义分类排列。既参考《玉篇》的释义，又学习《尔雅》的分类；既模仿了《切韵》的标音，又加注了“和训”。重言叠字以及联绵词又分别编录。义训大多来自玄应《一切经音义》《玉篇》和《切韵》等典籍。注重辨析异体字，随字区分形似字。卷末《临时杂要字》按意义分为十个部类计 254 条，辑录了各类事物名称和当时的日常用语，包括舍宅章、农业调度章、男女装束及资具章、机调度及织缝染事章、马鞍调度章、木工调度章、锻冶调度章、田畠作章、诸食物调馔章、海河菜章。其中有不少条目与敦煌通俗字书相同，可见二者之间的传承关系。[①] 日僧还模仿《一切经音义》撰有《大般若经音义》《四分律音义》《新译华严经音义私记》《法华音训》《净土三部经音义》《孔雀经单字》等，这些佛经音义也是日本古辞书的重要内容。如僧人珠光所撰《净土三部经音义》承《说文》类部首字书，以汉字部首作为篇目编次，又有佛经音义体式的特色。

《倭名类聚抄》是日本最早的一部具有国语辞典特色的类书，又名《和名类聚抄》（简称《倭名抄》或《顺倭名》），源顺编，二十卷，成书于日

① 张磊《敦煌通俗字书与〈新撰字镜〉比较研究》认为“敦煌通俗字书极有可能是《临时杂要字》的底本之一”。《敦煌研究》，2010(3)。

本平安时期承平年间(931—938),其释文引用了大量的中国古代小学典籍材料,包括诸多散佚已久的典籍。编排上与《艺文类聚》等相似,把汉语词汇根据词义分成天、地、水、岁、时等三十二部,下面再加以细分为二百四十九门。如天部分为景宿、云雨、风雪三门。① 词目后标明出典、音注和解释,并用万叶假名标和训。该书的一个重要特色是收入了为数不少的俗语词和口语词。

承《篆隶万象名义》和《倭名类聚抄》,十一二世纪时法相宗学僧编成《类聚名义抄》。书名"类聚"取自《倭名类聚抄》,"名义"取自《篆隶万象名义》。该书乃汉日词典,总分为"佛、法、僧"三部分,所以又有《三宝类字抄》《三宝类聚抄》的别名。各部按部首编排,仿《玉篇》的部首分类,分成一百二十部,收录汉字的正体和俗体,注以和训。

镰仓室町时期所编辞书也皆承传《玉篇》和《广韵》等。如《聚分类韵》仿《广韵》而成,《孔雀经单字》大部分内容直接抄录《广韵》。《倭译大广益会玉篇》(简称《倭玉篇》)是《大广益会玉篇》的和译本,最初也叫《假名玉篇》。根据《玉篇》的部首排列,②以汉字为字头,用片假名注出日语读音,再加上日语注释,有的还加汉字注释。1444 年东麓破钠所编《下学集》的书名中"下学"取自《论语·宪问》的"下学而上达"之意。收释约 3 000 条日常词语,按意义分类,分为天地、时节、神祇、人伦、官位、人名、家屋、气形、支体、态艺、绢布、饮食、器财、草木、彩色、数量、言辞、叠字等十八门类,词条以片假名注出读音,用汉字简单注出语源、语义。

江户时代又有诠释汉语古白话词汇的"唐话辞书"。③ 如滥吹子编

---

① 十卷本分为二十四部一百二十八门。

② 《倭玉篇》的词条由于版本不同,最多的分为五百四十二部,最少的仅有一百部。北恭昭所编《倭玉篇五本和训集成》(日本汲古书院,1995 年)共计三册,其中《本文篇》收录了五种不同版本的《倭玉篇》,《索引篇》则为详细的和训索引。

③ 日本把宋元后传入的中国语音称为"唐音",把研究这方面的学问称为"唐话学"。

《语录字义》一册,1694 年刊行;冈岛冠山编《唐话纂要》五卷,1716 年刊行;《唐音雅俗语类》五卷,1727 年刊行;冈崎元轨《中夏俗语丛》五卷,1783 年刊行。还有秋水园主人 1791 年编的《小说字汇》一册,诠释《金瓶梅》《三国志演义》《平妖传》等几十种白话小说中的白话词语。

《康熙字典》问世后,明治三十六年(1903)三省堂出版有重野安铎、三岛毅、服部宇之吉监修的《汉和大辞典》,收字完全参照《康熙字典》,双音词和多音词取自《佩文韵府》,编纂体例则以西方辞书为准,卷首冠有检字索引,所有单字均注音并释义,然后以字带词,从而开创了汉和辞典编纂的新纪元。明治三十八年(1905)南江堂和文求堂共同出版有石山福治编的《日汉辞汇》,收录约 1 万多条词语,记录了 19 世纪末 20 世纪初的北京官话,每个词先列日语平假名,再用方括号标出汉字书写形式,又用圆括号标明词性,然后列出相对应的汉字词。如“味”对应汉语词“味道、味儿、口味”,“悉皆”对应汉语词“全、都、所”,“朝”对应汉语词“早起、早晨”,“欺”对应汉语词“欺哄、欺负”等。同年,博文馆出版有岩村成允编的《北京正音支那新字典》。昭和二年(1927)大连大坂屋号书店出版有权宁世编的《支那四声字典》,三年(1928)文求堂出版有井上翠编的《井上支那语辞典》,六年(1931)文求堂又出版有井上翠编的《井上日华新辞典》。诸桥辙次历时 35 年编成的《大汉和辞典》则是一部集汉和辞典大成的日汉双语辞书,大修馆书店 1943 年至 1960 年初版,1984 年至 1986 年修订版。全书十三卷,以汉字立目,例证亦用汉语文献,释义用日文。收单字 49 964 个,词条达 50 万。按部首分类,同一部首按笔画多少排列,字头除汉字正字外,兼收俗字、简写字以及日本的国字等,词汇包括现代汉语词语、成语、熟语、格言、俚语、诗文典故和人名、地名、官职名、年号、动植物名以及政治经济等学术用语等。注音取《广韵》《集韵》《洪武正韵》的反切为准,字形和字义以《康熙字典》为主要依据而兼释六书原义及字形变迁,大致以《康熙字典》为蓝本,参照《说文解字》《玉篇》《广韵》《集韵》《字汇》《正字通》

《中华大字典》以及《辞源》《辞通》《辞海》等中国古今辞书，且充分利用《倭玉篇》《节用集》《下学集》等成果，所配插图大部来自《三才图会》。

据潘钧《日本辞书研究》，"研究编写现代汉语辞典日本要早于中国"，早在大正初年(1912)石山福治已编有《中国语大辞典》，比周铭山编的《国语辞典》(1922)早了十年。[①] 1961 年香坂顺一和太田辰夫合编有《现代中日辞典》，1963 年仓石武四郎编有《岩波中国语辞典》。[②] 1978 年《现代汉语词典》问世后，香坂顺一参考《现代汉语词典》和《新华字典》等于 1982 年编成《现代中国语辞典》，并为全部单字条目和多字条目标注了词性。

此后又相继出版有《新汉和辞典》《广汉和辞典》《汉语林》《大汉语林》《中日大辞典》《中国语大辞典》《中国语辞典》和《东方中国语辞典》等。近年来日本辞书界有"汉和辞典"与"中日辞典"之别。"汉和辞典"属广义的日本国语辞典，因为汉字已是日本语中不可分割的部分，而"中日辞典"则属外语辞典，如同"英和辞典"和其他双语辞典一样。大致而言，"中日辞典"以现代汉语为中心，与其相对的是"日中辞典"，如商务印书馆的《现代日语大词典》日本版，书名即为《日中词典》。

不同文明间的交流常常是双向的，甚至是多向度的，日本辞书对我国辞书的编纂也有影响。如汪荣宝、叶澜编的《新尔雅》和曾朴、徐念慈编的《博物大辞典》等辞书收录了日本吸收西方新概念和新事物所发明和使用的新词语。又如《综合英汉大辞典》参考了神田乃武等编《大增

---

① 潘钧《日本辞书研究》，上海人民出版社，2008 年，150 页。

② 1965 年仓石武四郎与其高足折敷濑兴开始合编《岩波日中辞典》，主要供日本人使用，具有日汉双解辞典的功用。1994 年由日本岩波书店与商务印书馆合作出版，2001 年又出版了修订版。全书共收用例 6 万余条，以丰富并且口语化的例句比较分析中日两种语言间的异同，使读者充分体会和区分两种语言之间在意义概念、表达方式、文化背景及思维方法等方面的差异。为便于读者理解，还对近义词做了对比。

补模范英和大辞典》和井上十吉编《井上英和大辞典》。

《韵府》《玉篇》《广韵》《洪武正韵》等汉语辞书在明代还传入越南。①

明清两代随着我国与周边国家的交流日益密切，一些在中国广泛流传的通俗辞书也传入东亚，在各国传抄流通，翻刻印行，②同时又适应各国的实际需求，进行增删改编。如日本学者柴彦辅及其弟柴贞谷参照中国杂字系通俗字书编写了《杂字类编》七卷。分天文、地理、动物、植物等十八门类，以汉字为主，旁注日文。序言称："拓笔临纸，录事记实，卒迫之际，检寻极变，而释义的切。"③日本江户时代萨摩藩的第八代藩主岛津重豪言谈操汉语，设"唐通事"数十名，君臣谈话也用汉语，所编《南山俗语考》六卷也是一部实用的汉语辞书。越南则承敦煌《俗务要名林》《杂集时用要字》，宋、元、明《碎金》及明清要用杂字系通俗辞书，编纂有《指南玉音解义》。

《指南玉音解义》为汉喃双语词典，以越南喃字标注解释日常实用汉字的音义。编者不详。又名《重镌指南品汇野谭并补遗大全》《指南野谭》。收录汉语词条约 3 400 条，分上下两卷。卷上分三十目：天文、地理、人伦、身体、脏腑、食部、饮部、饼部、衣冠、锦绣、宫室、舟车、农务、禾谷、蚕室、织纴、铸器、木匠、金玉、撒绢、器用、文字、婚姻、报孝（祭器）、丧礼、乐器、公器、兵器、法器、杂戏。卷下分十目：羽虫部、毛虫、鳞虫类、甲虫类、木类、花类、果类、根藤类、皮藤类、南药类。基本上承袭宋元明流行的碎金系和杂字系等日用通俗辞书，而适应越南的地理、历史、社会、生活的实际略有增损改易。如越南藤类植物种类繁多，则细分为根藤类和皮藤类。又如明《碎金》中的"飞禽"改作"羽虫类"，

① 据严从简《殊域周咨录》卷六南蛮"安南"条记载，中华书局，1993 年，238 页。

② 唐宋以来民间的通俗辞书等日常生活实用读物，史志多不著录，在汉字文化圈的日本、韩国、越南等国却往往普遍流行，保存至今。

③ 柴贞谷《杂字类编》序，濑尾源兵卫等刊，泛爱堂天明六年藏版。

“畜兽”改作“毛虫类”,“虫豸”改作“甲虫类”等。各类目下收录的词语也基本承袭宋元明流行的碎金系和杂字系等日用通俗辞书,如“天文章第一”收录有:洪钧、金乌、蟾轮、风清、飓风、澍雨、雹雨、密雨、野云、施鞭、霹雳、雷震、猛雷等,“地理部第二”收录有:沧海、大川、长江、黄河、溪港、畎浍、小流、清滆、水窦、深圳、寒潭、大泽、方池、清池、淤沼、洿池、芳塘、沼沚等。[①]

汉语辞书还传至欧洲。东西交通与文化的交流远自有史以前,文献最初记载东方知识的欧洲民族是希腊,后来1至6世纪秦汉六朝时的欧人、7至12世纪的阿拉伯人、13世纪蒙古勃兴和14至15世纪元明时的西人与中国皆有交往。明末欧洲天主教东传入华,入华布道的传教士也成了中学西传的使者。据龙伯格《汉学先驱巴耶尔》一书所述,巴耶尔曾藏有驻华耶稣会士巴多明赠送的一部1732年开始编的《拉汉大词典》抄本,惜早逝而未能编成。又据马西尼《对欧洲出版的第一部中文字典的注释》一文,1670年作者不详的《中国图说》法文版附录有44页的汉法词表,收录2 493个词,按汉字注音的拉丁字母排序,提供法语对应词。马西尼认为“可以被视作第一部、甚至跨越一个世纪唯一的一部印刷版汉欧字典”。1685年门采尔也编有《拉汉字汇》,收录529个拉丁文词目,对应500多个汉字。[②] 1813年,德金(De Guignes 1759—1845)编的《汉字西译》在巴黎出版,这是欧洲本土自16世纪以来出版的最实用的一部汉语词典。此后迄今续有一些汉欧和欧汉及汉英语文辞书问世,如张淑芬编有《保汉分类词典》[③],主要从语言表达角度进行编纂,收录1.5万多条词、成语、惯用语和短语等,每个词条由保

---

① 参吴德寿《关于“指南玉音”的最新通报》,载《关于喃字的研究——国际学术研讨会纪要》,河内社会科学出版社,2005年。

② 参杨慧玲《欧洲早期汉语词典的编纂及出版》,《辞书研究》,2014(2)。

③ 张淑芬《保汉分类词典》,索非亚大学出版社,1969年。

加利亚语、汉语释义和拼音组成。[①] 又如1996年美国汉学家德范克主编有《ABC汉英词典》，按字母顺序编排，收词特别注意收录新词新义和反映中国文化传统的词语，标注词性和使用范围，每个条目皆提供简体字、繁体字和异体字等各种信息，并以计算机辅助编辑，充分体现了信息化时代词典编纂的发展要求和趋势。[②]

20世纪以来编纂的《辞源》《辞海》《现代汉语词典》和《汉语大词典》等问世后也在海外发行，广泛流传于汉字文化圈。如1960年《现代汉语词典》出版"试印本"后，新加坡上海书局曾受委托负责改编，更名为《现代华语词典》在海外发行。《现代华语词典》补收了一些通行于新加坡和马来西亚的华语词汇，自初编至今已修订四次。据《星洲日报》2015年5月21日报道，新加坡上海书局与马来西亚华社研究中心已签版权转让协作协议。[③] 上海书局以象征性马币十元转让版权予马来西亚华社研究中心，由华社研究中心负责《现代华语词典》新的修订工作。

汉字文化圈中各地区用语或多或少存在一些反映当地特有事物或现象的词语，尤其是华人地区涉及的地域辽阔，人口众多，[④]受不同文化背景和政治实体的影响，各地域间也存在着一些词语的地域变体。如中国内地所说的"方便面"，在港澳被称为"公仔面"或"即食面"，在台湾被称为"速食面"，在新加坡、马来西亚、泰国则被称为"快熟面"。因而需要编纂解释这些地区词（或社区词）的语文辞书，消除语言沟通的

---

① 参尹海良《保汉分类词典评介》，《辞书研究》，2014(2)。

② 参董方峰《近现代西方汉英词典编纂》，《中国社会科学报》，2002年4月11日。

③ 马来西亚华社研究中心是由马来西亚民间华人社团共同组织成立的民办研究机构，1985年成立，编辑出版《马来西亚华人研究学刊》和《华研通讯》等。

④ 据不完全统计，海外华侨印度尼西亚600万人，泰国465万人，马来西亚509万人，新加坡200万人，菲律宾110万人，美国200万人，加拿大71万人，法国30万人，英国20万人，俄罗斯6万人，德国4万人，澳大利亚30万人，新西兰3万人。这些华人社区用语，尤其是一些特有词语的诠释，还有待学界进一步作异同比较的探讨和研究。

障碍。如1998年汪惠迪在研究新加坡特有词汇基础上编纂有《时代新加坡特有词语词典》（新加坡联邦出版社，1999年），徐复岭编有《泰国华语特有词语例释》（泰国留中大学出版社，2007年），田小琳编有《香港社区词词典》（商务印书馆，2009年）。又如李宇明主编的《全球华语词典》，商务印书馆2010年出版，收录20世纪80年代以来不同华人社区常见的特有词语约1万条，包括大陆的"海归、黄金周"，港澳的"叉电、生果金"，台湾的"博爱座、拜票"，新马的"组屋、度岁金"，还有"糗"在台湾地区常用的形容当场出丑窘相的形容词义，嘲笑、使人出丑的动词义，丑事的名词义等。标明每个词语或词义的使用地区，涵盖中国大陆（内地）、香港、澳门、台湾，新加坡、马来西亚、泰国、印度尼西亚等东南亚地区，以及日本、澳大利亚、美国、加拿大等地区，注明使用地区，并将同义异形词、同形异义词在各地的不同说法加以对照，记录了各地华人历史和社会生活的实况，反映了华人社区之间用词用语的相互影响和吸收，体现出汉语的凝聚力和向心力。再如单耀海等编的《中华大辞林》，福建人民出版社和台湾五南图书出版公司2012年合作出版。收华人各地区（中国大陆、台湾、香港、澳门以及新加坡、马来西亚、泰国、印尼、越南、菲律宾、柬埔寨、文莱等十余地）通用汉字1.5万个，词语18万条，标汉语拼音，并列注音符号，提供部首、拼音、笔画三种索引。各地特有词语则分别以大陆、台、港、澳、新、马、泰、印尼等标示，使读者了解不同地域词语的语义。释义纵横交错，既纵向探源，指出词语的出典或来源，又横向参见，说明词语的横向联系，不仅具有汉字文化圈的文化视野，而且反映了汉字文化圈各地区的生活脉动与文化交流。

第八节　西学东渐与辞书

明清至民初，西学东渐，欧洲来华传教士藉宣传西方的科学文明作为传教的重要手段，介绍西方科学文化，引入和创造了许多新概念新词语。如明代来华的意大利传教士利玛窦撰写和翻译有十几种著作,[①]其中如《几何原本》中的“点、线、直线、曲线、界线、角、平面、平方、立方、比例”等,《理法器撮要》中的“面积、体积、弧线、切线”等,《西字奇迹》中的“圣徒、天主、降生、救世、天国”等,《坤舆万国全图》中的“北极、南极、直射、冷带、热带、经线、地平线、天球、月球、地球”等。合信(Benjamin Hobson 1816—1873)医生编译有《博物新编》,汇集了五门学科的新词语。又如康有为《戊戌奏稿》中的“议院、农学堂、地质局、制度局、国民、光、电”等,谭嗣同《仁学》中的“灵魂、大脑、小脑、养(氧)气、红血(动脉血)、紫血(静脉血)、德律风(电话)”等。这些新词大致可分为如下四类: ① 有关物质文明成果的,如蒸汽机、轮船、火车、电报、手表等; ② 有关制度设施的,如议院、邮政局、交易所、证券、银行、公司、博物馆、图书馆、公园、报纸等; ③ 有关价值观念的,如科学、自由、民主、人权、进步、进化、民族、社会、文明等; ④ 有关学科知识和术语的,如革命、伦理、政治、经济、代数、化学、概念、判断、推理等。

清末变法图强,主张“中学为体,西学为用”,废科举制度改用新学,新的学校体系和教材系统逐步建立起来,哲学、政治、经济、法律、军事、体育、外交、外贸、医学、物理、化学、生物、商业、运输、宗教、美学、音乐、天文等学科取代了经学等传统学科。考试制度和内容的变革引发了社会的进步和思想的革命,大量的西学新词也因顺应清末以来洋务派所代表的西化倾向和主张社会革命的平民思想而蜂拥进入。据刘正埮、

① 利玛窦可以说是西方第一位汉学家,在华28年中先在澳门,后至广东、南昌、南京和北京,孜孜不倦,探索汉语的规律,所撰《中国传教史》绪论的第五章评述汉语有其“独特的表达方式”,书面语“非常高雅美妙”,用极少的音节表达的内涵“用我们西方的长篇大论也解说不清”;所编《中西字典》《西文拼音华语字典》已科学分解了汉语的音素,把官话分为26个声母、43个韵母和4个次音,提到汉语尚“有平上去入四声”;又与罗明坚合编《葡华字典》;著有《西字奇迹》《交友论》《天主实义》;与徐光启、李之藻合译《乾坤礼义》《几何原本》《测量法义》等,介绍泰西学术,乾嘉学者江永、戴震的天文学知识皆肇自这些译著。参刘羡冰《双语精英与文化交流》,澳门基金会,1994年,8页。

高名凯、麦永乾、史有为编《汉语外来词词典》，仅从日语传来的就有840多个。[①] 这些新词遍及政治、经济、军事、心理、文化等各个领域，大都是中国传统文化基本上没有而又是随着时代的发展在新的生存语境中应该具备的。这些新词体现的新知识已经在自然和社会的各个方面延伸开来，尤其是在天文、地理、生物、医学、工程、机械等自然科学诸领域有较大的拓展，形成一个以科学和逻辑为骨架，以大量经过严密分析的概念和语汇建构起来的理性知识网络。接受和掌握这些知识成果在某种意义上已成为一个人作为"现代人"的必要条件。人们意识到中华民族要自强，面临的一个急迫任务就是必须广泛普及我们民族传统中所短缺的各种新知识。一些怀抱经国济世愿望的有识之士意识到只有唤起民众求新知的欲望，才能走向现代化。当年钦点译科进士颜惠庆曾评论《大英百科全书》说：百科全书者，"用集政界学界军界农工商界，暨乎实业美术图画歌舞，与凡游戏运动，一切科学之大成"，"方今中国自知贫弱，改官制、废科举、立学堂，实行新政，以期驯致于富强，亦即率循泰西学矣"，"安见往日之退化，不将于此成为进化也哉。况中国地大物博，灵秀所钟。既得导师，造就多士。以科学为贤才根柢，以贤才为国家命脉。天荒既破，景远聿新，又何患富强隆盛，不英国若耶。则夫是书即作中国进化券观亦可 也"。[②] 人们需要了解新词语，接受新事物和新思想，[③]为适应人们查阅新词新语和学习新知的需要，这一时期出版了朱大文、凌庚飏编《万国政治艺学全书》（上海鸿文书局，1894），杞庐主人编《时务通考》（上海点石斋，1897），胡兆鸾编《西学通考》

① 周振鹤《英汉词典与传教士——19至20世纪初传教士编著的几部重要英汉词典》："吾国新名词大半由日本过渡输入，然所用汉字有与吾国习用者相同，而义实悬殊者，又有吾浑而彼画，易涉疑似者，皆随条分析。"载《词典的两个世界》，现代出版社，2005年。

② 颜惠庆《大英百科全书评论》，转引自钟少华《清末百科全书与现代化》，《北京社会科学》，1991(4)。

③ 据统计，1908年全国已办新式学堂47 995所，有学生130万人以上，高等学堂10余所。参沈灌群《从鸦片战争到五四运动时期的教育》，北京教育科学出版社，1984年，152页。

(1897),何良栋编《泰西艺学统考》(上海鸿宝书局,1901),马建忠编《艺学统纂》(上海文林,1902),汪荣宝、叶澜编的《新尔雅》(上海明权社,1903),曾朴、徐念慈编《博物大辞典》(上海宏文馆,1907),黄摩西编《普通百科新大词典》(中国词典公司,1911)等近50部专科或百科性质的新型辞书或词典,其中有综合型、科技专业型、人名型、地名型、博物型等。[①] 如朱大文、凌庚飏编《万国政治艺学全书》分疆域、盛衰、交涉、度支、税收、币政、官制、民俗、礼政、刑政、学校、农政、工政、商政、矿政、兵政、船政、铁路、电报、邮政、算学、化学、电学、气学、光学、声学、重学、格物学、天学、地学、身理学、动物学、植物学、矿物学、图学(附史学)、医学、兵学、农学、工学、商学等四十类,汇释西学新知。汪荣宝、叶澜编的《新尔雅》大致上分释政、释法、释计、释教育、释群、释名、释几何、释天、释地、释格致、释化、释生理、释动物、释植物十四个门类,收集和解释当时常见常用的新名词,容纳了当时新兴的各种社会科学和自然科学。如"国家之起源""三权分立""民法""商法""信用""保险""群之发生""人群要素""命题""直接推理""地球之运行""地热之作用""光学""电学""原生动物""植物形态学""自然""劳力""资本""自然物""自然力""发明""发见""内涵""商业""生产劳力""无形资本""有形资本""固定资本""流动资本"等。马建忠编《艺学统纂》分天学、地学、测绘学、制造学、算学、矿学、声学、光学、电学、化学、汽学、重学、农学、医学共十四类,罗振玉序称其"为实学之先导"。黄摩西编《普通百科新大词典》分政治、教育、格致、实业四大总类,涉及六十多门学科,11 865 个条目,共约 60 万字。[②] 其凡例为"中外兼赅,百科并蓄"。序称"彼欧美诸国则皆有所谓词典者,名物象数,或立界说,齐一遵用,

---

① 当时编纂的英汉词典收录和诠释的外来词和新词,在某种程度上也规范了英汉语言间的对应关系,有效地统一了外来词的译名。参胡开宝《英汉词典历史文本与汉语现代化进程》,上海译文出版社,2005 年。

② 参钟少华《中国近代新词语谈薮》,外语教学与研究出版社,2006 年。

严以律令,非如字书之简单而游移,类书之淆杂而灭裂。故名实不舛,异同互资”。严复序则指出“顷年以来,朝廷锐意改弦,以图自振,朝暮条教,皆殊旧观,闻见盱眙,莫知的义”,而此“则发心而为普通词典之事,观其起例,其所以饷馈学界、裨补教育,与所以助成法治之美者,岂鲜也哉?”[①]这些博采新知汇编专科或百科知识的辞书改变了传统类书的编纂模式,吸收了西方百科全书的编纂方式,采用图表和新的排检法,“与欧西之辞典同体”[②],可以说是我国过渡型百科全书,已具有准百科全书的性质,构成清末辞书编纂的一大景观,开我国百科全书编纂的先声。

据统计,从先秦至清代近二千年中编纂出版有52种辞书,[③]而20世纪初11年间出版的中文新百科辞书就接近50部,“有综合型、科技专业型、人名型、地名型、博物型等等。有中外人士合作编辑的,有直接翻译的,有自己抄写汇编的等等”。到1949年以前,出版了200部左右的新词语百科辞书。[④] 除上文所提到的外,还有樊炳清的《哲学辞典》(1926)、柯柏年等的《经济学辞典》(1933)、高希圣的《社会科学辞典》(1929)和《政治法律大辞典》(1934)、唐钺等的《教育大辞书》(1930)、谢观的《中国医学大辞典》(1921)、杜亚泉等的《植物学大辞典》(1918)和《动物学大辞典》(1932)、唐敬杲的《新文化辞书》(1923)、孙俍工的《文艺辞典》(1928)、陈英才等的《理化词典》(1920)等专科辞书。这些辞书都是西学东渐的产物,在某种程度上也体现了编纂者经世济民的愿望,即藉编纂新辞书来传播新知,开发民智,匡时救国。

西学东渐也促成了一批汉外和外汉辞书的编纂。欧洲来华传教士未受儒家经学和中国传统忠君思想的影响,也不受当时朝廷的约束,所

① 黄摩西编《普通百科新大词典》,国学扶轮社出资赞助,中国词典公司,1911年。

② 林纾《文科大辞典序》序,国学扶轮社编《文科大辞典》,中国词典公司,1911年。

③ 上海交通大学辞典编辑部编《国内工具书指南·辞书部分》,交通大学出版社,1986年。

④ 钟少华《中国近代新词语谈薮》,外语教学与研究出版社,2006年,8—9页。

以能不落窠臼，以实用、教育和启蒙为原则，在汉外和外汉（主要是汉英）词典的编纂方面集中西词典学之大成，取得了卓越的成就。如马礼逊的《华英字典》虽吸收了《康熙字典》中相当一部分内容，但又删节了一部分，尤其是增添了大量的新内容，如“单位、消化、水准、演习、小说”等，且引入西方辞书编纂先进的检索系统。① 又如罗存德的《英华字典》1866 年在香港出版，收有“自主”“技艺”“行为”“法律”“主权”“照片”“温度”等词。再如鲍康宁的《中英字典》中收有“选举”“法律”“法制”“保险”“煤气”等词，季理裴《华英成语合璧字集》中收有“有限公司”“公益”“法制”“保险”“拍卖”“自治”等词，禧在明的《英汉北京话字典》中收有“信用”“真空”“博物馆”等词。赫美玲编的《英汉官话口语词典》把词分为“俗”“文”“新”“部定”四类，其中“部定”为标准科技术语，“新”为新词。传教士编的较有影响的汉外和外汉辞书还有卫三畏的《汉英韵府历阶》、麦都司的《英华字典》和翟理斯的《汉英词典》等。

随着西学的不断东渐，人们普遍需要学习、了解外国的政治思想、科学文化。1862 年在北京成立了同文馆，翻译西方著作并编纂各种外汉辞书。② 此后一批外汉双语词典相继出版。如邝其照 1868 年编的《英汉词典》和 1881 年编的《英文习语例解词典》，③谭晏昌 1884 年编的《华英字典汇集》等。又有马君武编《德华字典》，中华书局 1920 年出版；谢寿昌等

---

① 据法国费赖之（L. Pfister）所撰《在华耶稣会士列传及书目》，这一时期传教士的著述有 644 种，其中有关字典和文法的有 9 种。自 1552 年至 1687 年，传教士也译了数十部中国的经典著作，形成了“东学西渐”和欧洲第一次“中国热”。其时金尼阁专为传教士学汉语撰有《西儒耳目资》，衡匡国撰有《中国文法》，马若瑟撰有《中文概说》。此外，德国米勒撰有《北京官话辞典标本》，法国德经撰有《汉法拉丁对译字典》，俄国帕雷底阿斯编有《中俄大辞典》，瑞典高本汉撰有《中文解析字典》等。冯承钧译，中华书局，1995 年。

② 据吴宣易《京师同文馆略史》及其附注统计，同文馆共出政治、历史、语言文字、自然科学等各类书籍 22 种，其中就有法国化学教习毕利干所译《法华字典》。张静庐《中国近代出版史料（初编）》，群联出版社，1953 年。

③ *A Dictionary of English Phrases with lustrative Sentences*，参高永伟《邝其照和他的〈英语短语词典〉》，《辞书研究》，2005（3）。

编《模范法华字典》,商务印书馆1923年出版;黄士复和江铁主编《综合英汉大辞典》,分为两册,商务印书馆1928年初版,1937年又出版合订本;陆费执和严独鹤主编《中华汉英大辞典》,中华书局1930年出版;路大和等编《新中俄大字典》,哈尔滨商务印书馆1930年出版;盛縠人编《世界汉英辞典》,世界书局1931年出版;陈言编《日华成语辞典》,上海求益书社1936年出版;赵立言等编《综合日华大辞典》,上海开华书局1936年出版;陈文元编《德华成语辞典》,商务印书馆1937年出版;郑易里和曹成修合编《英华大词典》,商务印书馆于1950年初版,1955年新版,1980年修订第2版,1997年又由责任编辑徐式谷主持修订,增加了3 000多条新词,2000年出版修订第3版。这些辞书不仅促进了中西方的文化交流,而且其编纂方式和体例也影响了我国近现代辞书的编纂。如1908年商务印书馆出版的颜惠庆等编《英华大辞典》以词立目释义,使用方便。严复作序分析了中外辞书在体例、内容等方面的异同,指出西方的辞书不仅种类繁多,而且释义详备,口语俗语也都收释。①

西学东渐还促成了《辞源》和《辞海》等新式语文辞书的编纂。1915年陆尔奎、傅运森等主编的《辞源》采用单字下带出复词的编纂方法,大量收释成语、掌故、典章制度、天文、地理、人名、物名、书名、地名、音乐、技艺、医卜星相、花草树木、鸟兽虫鱼等名词,以及社会科学和自然科学的术语概念,将新旧知识融为一编。陆尔奎《辞源说略》说,当时"社会口语骤变,报纸鼓吹文明,法学哲理名辞,稠叠盈幅,然行之内地,则积极消极,内籀外籀,皆不知为何语",以致"新旧扞格,文化弗进",认为"一国之文化常与其辞书相比例","国无辞书,无文化之可言也",而"欲求文化普及,亟应创编辞书"。1936年舒新城主编的《辞海》承《辞源》体例又有所改进,以百科为主兼收语词。《编辑大纲》论述《辞海》的编纂要旨,指出"辞书为一般人治学应用之工具,其职责在揭举固有

① 王栻编《严复集》第2册,中华书局,1986年,253—254页。

辞类之意义及用法，期供给用者以确切适当之解释，俾遇有疑难立得解决；故为辞书者，自当体察用者之需要，恰如其所需以予之。吾国古无辞书之专著，有之则惟以义相从之'雅'，如《尔雅》《广雅》之类，及以音相从之'韵'，如《广韵》《集韵》之类。前者其流为类书，后者其流为韵府；大抵可供行文獭祭之用，而不可以供读书明理之用也。降至晚近，贤达之士始有辞书之作，学者便之。然现代学艺之进展，人事之迁移，新陈代谢，瞬息万变；因之语言之孳乳递演，亦绝尘而驰，一日千里。苟非推陈出新，顺时以应，则辞书之用有时而穷，此《辞海》之所由编辑也。"除元诰、欧阳溥存、汪长禄、陆费逵主编的《中华大字典》也力求满足读者获取新知的需要，凡例称"天象、地质、理化等科之字，固取新说"，"日本创制之字，特别之义，均择要登录，藉广新知"。1934 年黎锦熙拟定《中国大辞典》的编纂方针："全书的第一个原则是每一个词（以单字说）都须以它的时代（就可能的范围说，是从公元前 16 世纪的甲骨文到现在的国语和方言，绵亘约三千六百年），叙明它的'形'、'音'、'义'变迁的历史。因此，我们决不能用从前编纂字典的方法，只就已有的字书（《尔雅》和《说文》以下）韵书（《广韵》以下）等，抄录排比，酌定新字；必须仿照英国牛津大学所编之《新英文大字典》的每一步工作。"[①]黎锦熙所说《新英文大字典》即 1928 年出版的《牛津大词典》，初名《根据历史原则编写的新英语词典》，后又名《牛津英语词典》。黎锦熙把《牛津大词典》作为编纂《中国大辞典》的参照标杆，起意编纂一部全面反映与描写汉语词汇发展历史与现状的语文辞书。《辞源》和《辞海》以及《中国大辞典》的编纂原则既承古代字书、雅书、韵书和类书编纂传统，又借鉴吸收国外辞书编纂的长处，贯通典故，博采新知，可以说是西学东渐的中西合璧，标志着辞书编纂的指导理论由小学理论转变

① 黎锦熙《国语运动史纲》第五期之三"中国大辞典编纂处的工作进度"，商务印书馆，1934 年。

到了现代语言学理论,形成我国辞书史上别开生面的新式语文辞书编纂理念。

明清至民初的西学东渐引发了中国传统社会的变革,我国辞书编纂在品种及体例、内容、编纂方法上也渐融贯中西,在传承古代辞书编纂传统的基础上又吸取了外国辞书编纂的经验,从而具有了现代辞书的特征,辞书编纂的理论在辞书编纂实践的探索中也有新的发展,确立了"顺时以应""体察用者之需要"的编纂原则,制订了"以字带词"的编纂条例,提出了"字书之学"和"字典学"的概念,[①]辞书学研究的雏形渐露端倪,我国的辞书编纂开始走上现代化的道路。

近三十年来我国进入全面改革开放的新时期,"牛津"和"朗文"等原版国际品牌辞书的引进出版起到了"他山之石"的"攻玉"效果。陆续面世的汉外和外汉辞书有北京外语学院编的《汉英词典》(商务印书馆,1978),[②]黑龙江大学俄语系词典编辑室编的《大俄汉词典》(商务印书馆,1986),陆谷孙主编的《英汉大词典》(上海译文出版社,1989),吴光华的《汉英大词典》(上海交通大学出版社,1993),德范克的《汉英词典》(汉语大词典出版社,1997),吴景荣、程镇球的《新时代汉英大词典》(商务印书馆,2000)以及惠宇的《新世纪汉英大词典》(外语教学与研究出版社,2005)等。北京外语学院编《汉英词典》的编纂思路大抵兼顾学术和实用;以语文词条为主,兼收百科词目;以当代汉语普通话为准,兼承书面传统,酌采方言词语;例证大部分取自经典、诗词、近代白话小说。陆谷孙主编的《英汉大词典》是我国第一部独立研编的大型英汉辞典,收词20万条,如实记录词义及词形在源流动态中的递嬗变化,在收词、释义、举例、词源说明等方面注重客观描述各种不同品类的英语词语在不同文体和语境中的实际使用状况。

---

① 参邹酆《汉语语文辞典编纂理论现代化的百年历程》,《辞书研究》,2000(3)。

② 外语教学与研究出版社又于1995年推出修订版,1997年出版第三版。

汉外和外汉辞书编纂也反映了中西文明间的文化互动。如 1983 年商务印书馆和牛津大学出版社签约合作出版《英汉汉英词典》,1988 年出版了《牛津现代高级英汉双解词典》。《牛津现代高级英汉双解词典》即后来的《牛津高阶英汉双解词典》,经多次修订,2014 年问世的第 8 版在词语的辨析、扩充、得体地运用等方面都有较大的改进,更突出了满足使用者需求的学习性辞书特色。随着中西间交流的不断加深,修订版《牛津高阶英汉双解词典》也收释了一些汉语词语,有"道家""儒学""阴""阳"等代表中国哲学的关键词,也有"太极拳""功夫"等代表中国武术的词语,还有"旗袍""龙舟"等具有浓厚中国风情的词语。上海译文出版社 2010 年出版的吴光华主编的《汉英大词典》还收录了"愿景""宅男""房奴""躲猫猫"等 1.5 万条与时俱进的新词新义。这些词语体现了中国的传统文化和现代生活状貌,记录、见证和推动着中西间的文化交流。

近年来随着改革开放的不断深化,辞书理论与编纂的视野空间也不断扩大,国外六大英语词典家族(牛津、剑桥、朗文、柯林斯、韦伯斯特、麦克米伦等出版社)基于英语作为第二语言教学的学习词典和语料库词典的编纂模式或多或少为汉语语文辞书编纂提供了可资借鉴的理念和方法。在继承发扬我国古代文献语言学与辞书编纂优良传统的基础上,有选择地吸收国外语言学与辞书学的有益经验,这对充实与发展我们的辞书编纂理论,不断改善辞书编纂的方法,无疑是大有裨益的。

第九节 文白转型与辞书

汉语的书面语有文言和白话两个系统,即一为在先秦口语基础上形成以先秦到西汉文献语言为模仿对象的文言系统,一为在秦汉以后口语基础上形成的古白话系统。文白演变是 20 世纪初汉语的重大变革,文白的转型既是一种语言现象,也是一种文化现象,隐含着价值观念的更新,涉及社会的发展和人们思想观念的转变等多方面,深刻广泛地影响了我们整个民族的思维和演说方式,成为中国文化由古典形态走向现代形态的起点。文白的转型也是一个创造适应社会发展的新语义系统的过程,反映了时代的变革,丰富了汉语的概念系统和观念系统,适应了表达现代思想的需要,标志着汉语新书面语系统的形成。①

我国传统辞书的编纂大体上与文言系统相适应,其源可溯至《尔雅》和《说文解字》。清代康熙命张玉书、陈廷敬等编的《康熙字典》可谓集我国古代辞书编纂的大成,序称其"开卷了然,无一义之不详、一音之不备矣"。誉之为"善兼美具,可奉为典常而不易者"。

白话系统滥觞于秦汉的口语,由附属于文言,到与文言分庭抗礼逐渐分流,再到白话与文言并存,最终由不登大雅之堂到升堂入室进而兼融并包,取而代之。大致可分为秦汉至唐的早期白话、唐至明的中期白话、明至清的晚期白话。语文辞书是适应社会需求的产物,具有体现民族标准语的根本性质,自然也反映了语言的演变。收释白话的语文辞书可溯至西汉扬雄所撰《輶轩使者绝代语释别国方言》和东汉末服虔所撰《通俗文》。南朝梁有殷仲堪《常用字训》和李虔《续通俗文》,唐五代有流行民间的《字宝碎金》和《俗务要名林》,宋代有洪迈《俗说》、王浩《方言》、王资深《方言》②、佚名《释常谈》和龚熙正《续释常谈》,辽有释行均《龙龛手镜》,明代有杨慎《俗言》、陈士元《俚言解》、周梦旸《常谈考误》、赵南星《目前集》、岳元声《方言据》、李实《蜀语》、张荐绅《雅俗稽言》、李翊《俗呼小录》、金檀《诗词曲语正诠》、陈沂《询刍录》等,清代有吕种玉《言鲭》、翟灏《通俗编》、李调言《方言藻》、杭世骏《续方言》、程际盛《续方言补正》、梁同书《直语补证》、顾张思《土风录》、钱大昕《恒言录》、陈鳣《恒言广证》、伊秉绶《谈征》③、郝懿行《证俗文》、钱大

① 参拙著《汉语白话史》,北京大学出版社,2015 年。

② 参拙文《北宋王浩、王资深曾著有〈方言〉》,《文献》,2005(2)。

③ 伊秉绶,号西厓,自称外方山人。参曾昭聪《明清俗语辞书及其所录俗语词研究》,上海辞书出版社,2015 年,6—8 页。

昭《迩言》、史梦兰《燕说》、郑志鸿《常语寻源》、易本烺《常谭搜》、唐训方《里语征实》、平步青《释谚》、胡式玉《语窦》、胡文英《吴下方言考》和近人章炳麟《新方言》等。清末俄国驻京的东正教传教士团随团学生列昂季耶夫曾编有《俄满汉专题词典》,内容类似口语教材,反映了当时的口语。① 日本石山福治所编《日汉辞汇》,收录约 1 万多条词语,每个词列出相对应的汉语用词,如"朝"对应汉语词"早起、早晨","昧爽"对应汉语词"朦朦亮、一清早","欺"对应汉语词"欺哄、欺负","场屋"对应汉语词"窑子、堂子","穴"对应汉语词"窟窿、坑","移转"对应汉语词"挪、搬","落"对应汉语词"丢、掉、漏、落"等,反映了汉语文白演变以及南北不同地域口语用词的区别。②

由于各时代的口语有差异,各时代的白话文也有差异,因而不同时期的文言基本一致,而不同时期的白话文各有自己的特色,既有一些自古传承下来一直使用的基本词和以文言中的词作为词素组成的复合词,又有不少新创的词和词义,还吸收有一些方俗口语词和外来词等。这也形成我国语文辞书编纂的发展既有文言系统的传承,又有白话系统的更新,收释词语既存文言又增补大量白话词语,具有文白雅俗相融共存的特点,大体上与文白此消彼长的演变相适应。如唐代陆德明所撰《经典释文》开编纂专门注释经典文献的辞书之先例,既博采汉魏六朝音切凡二百三十余家,又兼载诸儒之训诂,证各本之异同,又以今语释古义,经注毕详,训义兼辨。明末清初梅膺祚所撰《字汇》收词释义不仅有经典里的常见义,又有一些后代通行的新义,收录了通俗常用的"打""搞"等多义词,释文也力求通俗简明。即使是集历代辞书编纂之大成的《康熙字典》也既不悖古,又便于今,增收了一些后代通行的白话

① 柳若梅《清代入华俄罗斯汉学家的满汉语词典手稿散论》,《辞书研究》,2010(4)。

② 参陈明娥《日本明治时期北京官话课本词汇研究》,厦门大学出版社,2014 年,187—200 页。

词和常见义。如“找”字下增收了“找零”一义,注云:“俗音爪,补不足曰找。”释义也往往利用前人的注释或采用流行民间的一些俗词进行诠释。如释“笨”引《集韵》指出其本义为“竹里”,引申有“一曰粗率”义,引《晋书》“豫章太守史畴,以人肥大,时人目为笨伯”为书证。释“牢”引《晋书·姚长载记》“陛下将牢太过耳”,注:“将牢犹俗言把稳。”解释多义单音词时,往往以此单音词组成的复合词来释义。如释“条”云:“又条理也”“又条达也”“又教条”“又条例”;释“筹”云:“又筹策”;释“豫”云:“又参与”;释“盪”云:“盪突,亦作偒傛,通作唐突。”[①]

清末西学东渐中大量的新概念、新词语蜂拥而入,每一个新概念、新词语要求在汉语的表述系统中有一个相应的位置,而早在秦汉已凝固定型的文言概念体系无法包容和阐释这些新的文化现象,古白话概念体系由于随历代口语变化而变化的内在活力则顺应了时代要求,这促使了文言向白话的转型。古白话系统在经历了一个口语成分不断增加的量变过程后渐由量变向质变转化,最终在西学东渐的促成下取代了文言,质变为现代汉语书面系统。现代汉语来源于古白话,在语言作为工具的层面上和古白话没有区别,而在思想思维的层面上又与古白话有着根本的区别,即吸纳了西方的话语方式,融合了外来的概念。如“文化”在古汉语中是“文治和教化”的意思,与“武力”“武功”相对,“日语用‘形借法’借去后,到近代又被日语用来作为英语 culture 的对译词,后来,又被现代汉语用‘形借法’借了回来”[②]。又如“科学”也已不是“科举的学问”,[③]“民主”也完全不是孟子所说的

---

① 参拙文《略论康熙字典的文化传承和创新》,《语文论丛》第九辑,上海教育出版社,2009 年。

② 参戴昭铭《文化语言学导论》,语言出版社,1996 年,3 页。

③ 古代汉语中无“科学”一词,与“科学”一词意思比较接近的是“格致”。所谓“格致”,即“格物知致”,亦即穷究物理的意思。《礼记·大学》说:“致知在格物,物格而后知至。”不过,“格致”与“科学”在内涵上显然相距甚远,“格致”属于宽泛的科学,近代广泛的学习西方的物理、化学、数学、地理等理论以及广泛的引进西方的器械和技术更属于严格意义上的科学。现代汉语中的“科学”一词是从日语中借用而来,而日语中“科学”则是译自英语的“science”,所以“科学”一词本质上是西学东渐时的外来概念词。

“为民作主”,“理性”更与宋代的“理学”有着天壤之别。这些词虽然不是很多,但对中国现代思想以至整个中国现代历史进程的影响却非常大,使汉语发生了根本性变革,现代汉语正是在这些思想思维层面概念的转变中完成文白的转型,由古白话质变为现代白话,形成一种新的语言体系,进而改变了中国的伦理观、价值观、历史观、哲学观、文化观、文学观等,从而从整体上改变了中国的文化状况,导致了中国文化的现代转型。从文化发生学角度看,文白的转型体现了当时中国面对伴随西学东渐的现代化和全球化趋势的应对和选择,可以说不仅仅是白话取代文言的语体变革,而更是中西和雅俗文化互动的全方位的变革。汉语的文白转型形成了一种新的语言体系,从而促成了中国文化由传统的古典形态向现代形态的转化,导致了语文辞书编纂的变革,也促成了新式语文辞书的问世和编纂价值取向的古今演变,形成语文辞书收词释义文白雅俗古今中外相融共存的特点。

清末来华的英国传教士马礼逊所编《华英字典》中西结合自成一体,可以说是这类新式辞书的嚆矢。马礼逊参照《康熙字典》的体例和内容框架,以普及求知满足实用需求为宗旨,从学习者的需要着想,在汲取《康熙字典》所蕴含的中国优秀文化的同时,打破了馆阁体的文风,用民间的白话替换了文言,大量选用宋、元、明的白话例句和当时的口语用法进行诠释,有意识地将当时的西学知识与中国知识相对应地进行诠释,突破了中国传统工具书的编纂模式,开创性地编纂成一部新型的中英双语字典,构建了一座中西方双向通行的知识桥梁,[①]大大方便了读者的使用。如解释的白话词语有“意见、工夫、老实、天然的”等,例句有“大汉手持木棍,也不做声,照着苏友白劈头打来”“他忙问王夫人早饭在那里摆”“婆子道先前睡到安静,这时节又醒来,见神见鬼不知嘴

① 参钟少华《从马礼逊的〈华英字典〉看词语交流建设》和《马礼逊的〈华英字典〉与〈康熙字典〉文化比较研究》,《中国近代新词语谈薮》,外语教学与研究出版社,2006 年。

里说些什么”“只怕便跳到黄河里也洗不清了”“好生着急，慌慌张张鬼赶着似的”“你能活了多大，见过几样东西就说嘴来了”“将百姓们合在一搭儿讲法律与他们听”等。又如《华英字典》释“一”的中文用法举例有“一般、一样、画一、一个人、一口水、一心、一总、一切、万一”等，《英华字典》释“一”的中文例句有“每一次拿出一个、一一扶起、个个着忙”等；《华英字典》释“天”的中文例句有“天大事我办得来、今天、明天、昨天、天天、天天在学堂读书、成天讲、天晚、天亮”等；《五车韵府》释“天”的中文例句有“天气好、天下一家”等；《英华字典》释“法”的中文例句有“犯法、把这个法律写出来悬挂在各城门上”等；《五车韵府》释“理”的中文例句有“普遍的理就如汪洋之水，每人各取一份，有人多些，有人少些，但仍有属于汪洋之水，汪洋之水是至高无上的”“理会知晓或充分理解事物的原理或本理”等；《英华字典》释“理”的中文例句有“道理、推论道理、拿理去和他讲、三人抬不动个理字”等。① 从马礼逊《华英字典》等所举的例句亦可见当时的口语，而尤其值得一提的是马礼逊对“民主”“自由”等一些西学知识概念已作有解释，如释 democracy 为“既不可无人统率，亦不可多人乱管”，释 freedom 为“自主之理”。又如“真理”一词一般认为是从日语传来的新词②，实际上马礼逊编的《五车韵府》中已有“真理 truth”③。再如马礼逊编的《英华字典》将“company”“law”“literature”“news”“trade”“independence”译为“公司”“法律”“文学”“新闻”“贸易”“自主”，这些译名也多为后来的一些译著采纳。如魏源编的《海国图志》用了“公司”一词，丁韪良译《万国公法》用了“自主”一词。

马礼逊 1828 年在澳门出版的《广东省土话字汇》以广东话注音，汉语和英语释义，收录了大量民间俗语，分世务、天文气候、情分、亲谊、笑

---

① 参钟少华《从马礼逊的〈华英字典〉看词语交流建设》和《马礼逊的〈华英字典〉与〈康熙字典〉文化比较研究》，《中国近代新词语谈薮》，外语教学与研究出版社，2006 年。

② 冯天瑜《新语探源》，中华书局，2004 年，453 页。

③ 马礼逊编《五车韵府》，澳门，东印度公司印刷所，1819 年，63 页。

谈等二十四类,如世务类“皂白不分”“弄假成真”“行得着方,企得着位”“若要人不知,除非己莫为”,情分类“只见锦上添花,唔见雪中送炭”,品格类“相公肚大好撑船”等。①

陆尔奎等编的《新字典》是继《康熙字典》之后第一部收释现代科学新字的字典,序称其编纂宗旨在于对“国民之语言及思想”产生“革新之影响”。1912 年由商务印书馆出版,收字 1 万多个,以《康熙字典》常用字为主,兼收现代科学新字。《新字典·例言》指出:“通俗字义为旧字书所缺者,皆择要补入。”吴敬恒在《新字典·书后》中强调,方言俗语“不能拘于寻常之记载者,必寻索其源流”。

民国时期文白转型形成现代白话文,适应了社会需要,周铭山编有我国第一部白话语文辞书《国语辞典》,1922 年商务印书馆出版。又据谭彼岸《晚清的白话文运动》一书说,当时出现了“中国第一部最通俗的白话字典”《绘图白话字汇》,其注云该书“无出版年月、著者姓名。它是在‘白话解说’的基础上加以扩大编起来的。”该书每字先注四声,后注同音,又加插绘图,再做触类旁通式的白话解释。如丈:上声。十尺叫一丈。又妻的父亲叫丈人,又凡长辈通叫丈。又函丈是业师的称呼。又方丈是和尚所住的地方。又如橙:平声,音澄。新会的橙,同橘子一类的果品。②

民国时期还出版有 40 多部白话语文辞书。如《国语普通词典》,马俊如等编,1923 年中华书局初版,收单字和复音词约 1 000 条,例句约 4 000 条。《(国音白话注)学生词典》,唐昌言等编,1924 年商务印书馆初版,收字 5 000 多个,释各类词语 3 万多条,大多从中小学教科书中选

---

① 《广东省土话字汇》一书对研究近二百年来粤语语音和词汇的历时变化很有用,伦敦的 Ganesha 出版社 2001 年重印发行。

② 谭彼岸《晚清的白话文运动》,湖北人民出版社,1956 年,20 页。谭彼岸《晚清的白话文运动》中还说施崇恩编有《识字实在易全编》,又名《白话解说》,上海彪蒙书室印。分实字和虚字两大类,解释分白话解说和文话解说两部分;1905 年又作《绘图蒙学造句实在易》。

录,既有语词条目,也有专科和百科条目。按笔画排序,标有注音字母、反切或直音。释义采用浅显的白话,简明扼要。《王云五大辞典》,王云五编,1930 年商务印书馆出版,收字 1 万多个,词语 5 万多条,解释词义用白话,同时举例、说明词性以显示词的用法。王云五在序中提出,一部理想的语文辞书应该检索便捷,取材充分适宜,解释明白切当。《标准语大辞典》,全国国语教育促进会审词委员会编纂,1935 年商务印书馆出版,以北平(今北京)的通行语为范围,收释词语 3.6 万多条,用注音符号和国语罗马字注音,记载了北京话口语。《中华国语大辞典》,陆衣言编,1940 年中华书局出版,按照部首编排,收北京话常用词语 4 万多条。其中有一些是学生辞书,如许德邻编《(注音详解)国语学生字典》、方志新编《(校正注音)国语新字典》、陆衣言等编《国语学生字典》和张文治等编《标准国音学生字典》等。

这些白话语文辞书的诠释力求言文一致,以白话释义,具有鲜活的口语色彩。如方志新编《(校正注音)国语新字典》释“国”:“国家的国,凡有地方,有人民,有主权这三种要素,叫做国。”又如黄钟瀛编《(词性分解红皮新式)中华字典》是一部供中小学生及普通识字者查检用的语文辞书,按部首编排,以注音字母、直音或反切注音,释义浅近。例如:

[乳] 乳就是奶。人有两奶,生在胸膛的两旁,叫做乳。男人乳小,女人乳白色大。女人乳中出来的乳汁,也叫做乳。在人身的叫人乳,牛身上的叫牛乳。

再如方宾观编《国音标准白话词典》,专收常用词语和白话小说中各地习用方言等约 1.2 万条,采用注音字母注音,释义简明扼要。例如:

[了不得] 就是不得了,说事情大而难了,非凡的意思。“好得了不得。”本事大亦叫了不得。

在清末民初国语运动的促进下,黎锦熙、钱玄同主编的《国语辞典》

1937—1947 年由商务印书馆出版，收录受过中等以上教育的北京人所常用的口语词约 5 500 条，每词都用注音字母注音，释义多用北京口语，并举例句。如：

[扎耳朵]　(解)用针穿耳(女子戴耳环)。还有不好听的话听在耳内，也说扎耳朵。(例)临上轿再扎耳朵眼，那不晚了么。刚才我听见一个女子骂人，句句扎耳朵，他还以为得意呢。

[扎透了]　(解)扎过去啦。(例)他的鞋叫锥子扎透了，幸而没伤了脚，实在万幸。

黎锦熙在主持《中国大辞典》编纂时曾明确指出，编纂语文辞书要注重反映汉语实际的鲜活语料，而传统语文辞书“倒把唐诗、宋词、元曲、明清白话小说以及现代的方言、俗词、各阶级人的用语一律拒收”，提出“反其道而行之”，“向八世纪以后的这些作品中搜罗例句，勾乙成语”。[①]《国语辞典》广泛收集白话口语词，采用现代活语言释义，可以说既是文白转型后白话辞书的典范和重要标志，也是我国第一部以现代汉语为主要对象的描写性语文辞书，在辞书史上具有划时代的意义。

第十节　电子计算机与辞书

历代文献记载了人类文明的进程，也反映了语言的发展和演变。工欲善其事，必先利其器。自从华夏祖先发明造纸和印刷术以来，辞书出版的媒质和载体大致经历了四个历史发展阶段。第一阶段是以“笔”和“纸”为工具的手工书写传统；第二阶段是以“火”与“铅”为特色的印刷阶段；第三阶段是以“光”与“电”为标志的计算机时代；第四阶段是以“网”与“天”为特征的网络新纪元。媒质和载体的每一次改进都促

---

① 黎锦熙《国语运动史纲》第五期之三“中国大辞典编纂处的工作进度”，商务印书馆，1934 年。

进着辞书编纂方法的变革和辞书文化传播的广度和深度。现代科学技术的迅猛发展,尤其是电子信息技术、信息数字化技术、语料库技术和网络技术等的日新月异,使得人们还来不及与“火”与“铅”、“光”与“电”告别,便一步跨进了网络时代,实现了从单一纸质媒介的翻阅查检到多元媒体资源的共享互动,改变了人们的生活方式和生存方式。电子计算机作为现代信息处理工具,已由支持处理单一的文字或数据功能,发展至可处理声像、色彩、动画、图表等多媒体功能,可用图像、动画和声音表述词汇知识。电子计算机给辞书编纂带来一场革命,其容量越来越大,速度越来越快,文献管理、检索、统计分析、自由存取、快速传输等功能也越来越强大,给辞书编纂注入了鲜活的动力,推动了辞书编纂手段的现代化。现代辞书的编纂已离不开电子计算机和信息数字化的开发利用,电子媒质的介入使得词典编纂的工作平台大为改观。前人只能用纸和笔,手工制作卡片、誊写词条,今人则在计算机上直接操作,能够在几秒钟之内在几十亿词的语料库中进行各种复杂的检索,纸笔已成辅助工具。语料库语言学、计算语言学、框架语义学等语言学各个分支的研究成果也广泛应用于辞书编纂中。

辞书编纂离不开丰富的语料,20 世纪以来在语料搜集方面出现了电子语料库和网络语料库,在辞书编纂工具方面研发了文字识别统计软件、检索软件和辞书编写软件等。如国家语言文字工作委员会组织建设的“古代汉语语料库”“现代汉语语料库”和“平面媒体动态语料库”;北京大学中国语言学研究中心建设的“古代汉语语料库”;四川大学建设的“中古汉语语料库”;中国社会科学院语言所建设的“现代汉语口语语料库”;香港城市大学语言信息科学研究中心所建的“泛华语动态语料库”;南京大学双语词典研究中心自主研建了英汉双语语料库,并研发了与之配套的 NULEXID 双语词典编纂平台及软件系统;上海交通大学开发的“汉语词典编纂一体化环境”;山西大学开发的“基于语料库的汉语辞书编纂辅助系统”;广东外语外贸大学词典学研究中心也先后研建了"基于微观数据结构的双语词典生成系统"、"基于语料库的web词典编纂及自动生成系统";北京大学计算语言学研究所开发的"计算机辅助词典开发和管理系统";教育部语言文字应用研究所研制的"基于语料库的数字化辞书编纂平台";中国社会科学院语言所建设的人机交互式汉语辞书编纂系统等。通过语料库的研发以及对海量语料的调查统计,人们能进一步概括出常用、次常用、非常用、少用、罕用的词语与句型,典型的语义表达法,归纳出词语的基本词性特征、语体特征、修辞特征、语境特征等,人们可应用语料库系统,根据不同的使用对象、领域、规模等要求,按照用户可定义的辞书模板,生成新的辞书框架,通过语料库更新释义和例证,就可编纂出新的辞书。如将一种现有辞书重新编排组合或将其中的某类或几类词条抽出加以整理,就能派生出倒序词典、分类词典以及同义词、反义词等某些专类词典。又如东北大学计算机科学研究所在建立的"汉语语料库"和英语词库基础上编成17万词的汉语电子词典、8 000词的英语电子词典和26种各专业的电子词典。再如侯敏、周荐主编《2007汉语新词语》所用语料即来自国家语言资源监测语料库(包括平面媒体、有声媒体、网络媒体),共计1 363 747个文本文件。其中平面媒体选择了2007年《北京青年报》《北京日报》《南方周末》等15种报纸作为调查语料,广播电视语料包括中央电视台、北京电视台等媒体的282个栏目,网络媒体语料选择了新浪、腾讯两个网站的全部年度新闻语料。侯敏、周荐主编《2008汉语新词语》所使用的语料库又增加了《新民晚报》2008年全年语料,共计1 441 090个文本文件,如此规模的语料库和及时的动态更新是用纸和笔的传统编纂手段难以比拟的。《2007汉语新词语》和《2008汉语新词语》在巨型、动态语料库的基础上,辅以先进的计算机编纂技术,因而收词更全面,释义更准确,选用的例句也更为丰富、恰当,尤其是"相关词语"这一模块链接的词语形成相关词群和词族,扩大了所收词语的规模,真实地记录这两年内出现的新词、新语和旧有词的新义与新用法。

《2008 汉语新词语》还在附录中给出了新词语的频次、文本数，利用这些信息可以更加深入地了解新词语的使用情况，还可以做进一步的跟踪研究。

电子文献与传统的纸质文献相比，不仅仅是文献载体的简单转换。除了占据空间小，存贮量大，检索方便，传输迅速，交互功能强，更新速度快，保存期长等优势外，电子文献还可以利用计算机技术进行多途径的检索，相关信息的全方位的查阅，迅速准确的分析归纳，汇聚所需要的信息，将文本分析到字词句等不同层次的语言单位，对这些语言单位分别进行音类、义类、词类、句类以及各种关系等不同属性的标注，从而建立一些电子语料库，根据需要自动生成不同用途的数据。如利用数据库的全文检索功能，只要在检索程序中输入一个主题词，就可以迅速地显现其在整个数据库中出现的次数、与其他词语的搭配、出现的具体段落及从古到今的嬗变轨迹等情况。语料库的建立和检索软件的开发大大提高了辞书编纂的效率。如教育部语言文字应用研究所研制的基于语料库的数字化辞书编纂系统，以国家语言文字工作委员会大规模现代汉语语料库为基础，以语义计算理论为核心，以数字化典范辞书为出发点，利用语言信息处理计算机技术等，研制辞书的知识获取、自动生成、检查检测、审核评价等技术和集成化的辅助操作平台，建立了一种新型的辞书编纂模式。① 又如台湾交通大学计算机工程系利用电子计算机应用系统于 1977 年至 1979 年编成《汉字综合索引字典》，远东图书公司 1995 年编有《远东英汉百科大辞典》，后又推出“远东线上字典 2.1 版”，提供英汉与汉英双向查询、词类变化查询、字汇音标显示等。再如香港城市大学语言资讯科学研究中心于 1994 年建立了“中文

---

① 据章宜华《计算词典学》一书所说，法国多媒体传播工程公司开发的 IDM 词典生成系统具有多语种、多功能的特点，可用于单双语词典、义类词典、引文词典或百科词典等的编纂。俄罗斯泰比词典编写系统可以用来编纂全新的词典，也可以从多部现有词典中提取所需信息，然后再按新的设计方案补充新的内容编纂成一部新的词典。上海辞书出版社，2013 年，178—188 页。

各地共时语料库”(Linguistic Variation in Chinese Speech Communities),每周定期多次搜索和处理香港、北京、上海、深圳、台北、澳门和新加坡七地主要报刊的语料。根据这些语料,还可以了解每一个新词在各地区产生、发展和演变的过程。例如1995年以来“手机”(mobile phone)在各地一共有10种说法,即流动电话、手提电话、行动电话、随身电话、移动电话、无线电话、大哥大、手机、手持电话、携带电话。这10种说法互相竞争,结果是“手机”在各地的出现频率逐年提高,到2001年,在台湾、新加坡、上海和北京4地都已高居首位,在香港为次常用词,在澳门的使用频率仅比次常用词“手提电话”少一次。从2002年开始,各地都以“手机”为最常用词,占绝对优势。

传统纸质的辞书一般是按部首、笔画、笔形代码或读音、字母的顺序将词汇信息编排组织在一起,读者置之案头藉以解疑释惑。辞书是无声的老师,从无声的老师这个比喻而言,传统纸质辞书是学生问什么,老师回答什么。至于读了纸质辞书的释义后怎么想或还想进一步了解什么,读者只有自行再作检索或求诸于他书,传统纸质辞书是爱莫能助,最多附注个参考性提示而已。辞书这个无声的老师能不能学生问什么,老师不仅回答什么,而且还知道学生会怎么想,主动地进一步提供一系列相关的信息,引导学生继续查看呢?这种辞书在以往即使有人想编也难以编成,因为囿于技术条件和篇幅范围等方面的限制,我们不可能在同一平面上循着读者的思路向读者展示不同层次、不同角度的各种信息。然而在信息网络化的新时代,多媒体以其多样性大大提高了人们能够接触到的信息量,辞书编纂完全可以藉因特网为媒介,运用计算机强大的超级链接功能,让读者从所检索到的某一词语入手循着自己的思路通过点击迅速地查看到其想知道的不同层次不同角度的各种信息。随着科学技术的发展,我们已将神话传说中的千里眼和顺风耳变成现实生活中的电视和电话。近年借助计算机及最新传感器技术创造的VR(Virtual Reality的缩写)多媒体技术,集视觉、听觉、力觉、触觉、运动的丰富感知功能于一体,运用人机交互手段虚拟现实,可让读者接受全方位多维空间的直观和抽象的信息。如体验什么是“海市蜃楼”的景象,又如点击“手机”可展示一部手机的各个组成部件,了解其整体构造。随着基因的破译和“生物学世纪”的到来,我们或许也会编纂出由无声的老师变为可称与读者心声相通的老师的新型语文辞书,[①]揭示语言⟵⟶人⟵⟶客观世界的错综复杂的动态关联。

现实世界语言的不断发展、辞书用户需求的不断提高和编纂工具的不断更新促使辞书编纂也与时俱进,更新换代。新的时代需要编纂懂得读者心声的具有超级链接检索功能的生成型电子网络辞书,这种网络辞书的编纂基于认知心理语言学原理,即词以义聚的心理语言事实,采用以义聚类的编纂原则,反映了词语与词语之间内在的词义关联系统,且内容是动态的,开放的,多元的,具有编辑和使用互动性,使用者和编辑者之间没有严格的区分,编辑者提供方案和框架,使用者可以提供内容与修改。

非纸质辞书主要有电子词典、光盘词典、网络词典、手机词典和在线辞书等,具有多功能检索、人机互动和资源共享等优势,符合国际信息一体化的世界潮流,满足了现代社会资源信息共享的需求。

我国首部掌上电子词典是1989年香港权智公司推出的“快译通”EC1000,继后又有台湾英业达集团无敌科技有限公司生产的“好译通”、北京金远见电脑技术有限公司研发的“文曲星”CC100。“好译通”CD3和“快译通”EC3000拥有英汉、汉英、英英和汉语四种词典。电子词典主要帮助读者学习和使用语言,即解码和编码,分为查考型和学习型两类。查考型如1998年中山名人数码科技有限公司的“名人”IQ138,该电子词典率先收录了《新英汉词典》《新华字典》和《学生成语

---

① 参拙文《面向新世纪的网络词典编纂刍探》,《中国辞书论集》,陕西人民出版社,2002年。

大词典》三大版权词典。学习型如深圳市快易典教育科技有限公司推出的"中文通",该电子词典是外向型学习词典,帮助外国人从拼音、部首、笔顺、语法和口语等多方面进行汉语学习,还在词义解释界面设有拼音标注功能,满足了非母语中文学习者的需求。

光盘词典主要有《朗道词典》《金山词霸》《汉语大词典》《中华百科全书》《即时通英汉汉英双向词典》和《多媒体汉字字典》等。

网络词典大抵有两种:一种是电子词典在网上的延伸,设立关联条目的互参和站点链接,提供了更多的信息;另一种则采取编者与读者在线共同编创的方式,空间开放,界面自由,撰条、润色、增删、定稿都在网上进行。

近年来得益于3G通信技术的支持,手机也成为电子词典的承载媒介,较为流行的有《手机词霸》《有道手机词典》《爱词霸手机在线词典》和《外研社手机词典》等手机在线辞书。2000年台湾远东图书公司与"中华电信"联合推出"行动字典"加值简讯服务,提供英汉、汉英、同义词、反义词等多功能查询。2009年修订的《辞海》第六版也拟开发移动阅读终端,实现手机查询与检索。

在线语文辞书也称为网络辞书。网络缩短了时空的距离,大大加快了信息的传递,使得社会的各种资源得以共享。目前已有的在线辞书多以网络平台为媒介,通过使用某种计算机网络语言将机器可读的辞书文本转换为可在网络中检索的辞书文本,并向用户提供精确查询、模糊查询、分类查询、搭配查询等多样的实时查询服务,充分体现了网络的共享性、多元性、开放性、便捷性和互动性。如OneLook在线辞书可以检索1 000多部词典的释义,包括牛津、剑桥、韦氏、柯林斯、美国传统、维基等知名词典,其中汉语词典13部。又如挪威奥斯陆大学何莫邪主编的《新编汉文典》(*Thesaurus Linguae Sericae*,简称TLS)是一部研究汉语言概念发展,并与古希腊、古拉丁等世界其他文明的概念发展作对比的线上百科全书,也是一项有关汉语言概念范畴网络的系统综合工程。TLS从汉语言在历史上的发展及受外来影响的角度出发,把研究重点放在五个阶段：甲骨文时期、铜器铭文时期、先佛时期、佛教汉语口语时期、北京普通话时期，涉及材料广泛而丰富。TLS 既是一部网络化的动态百科全书，又是融合有古汉语同义词、反义词、句法结构、修辞法、文献对照翻译且具有较强检索功能的交互式词典型语料库，包括了高本汉的《古汉语文典》和蒲立本的《发音词典》以及《经典释文》《广韵》等多部语文辞书。目前已收入词语约 2.7 万条，例句 6 万多句，句类 600 多种，同义词构组 2 086 组，实现了从原始数据库（RAW DATABASES）到知识库（INFORMATION DATABASES）再到分析库（ANALYTIC DATABASES）的跨越。我国的在线辞书主要有 http://xh.5156edu.com《在线新华字典》、http://www.ourdict.cn《中华在线词典》、http://www.kingsnet.biz/idiomh《成语词典》、http://www.ishici.com《爱诗词》、http://www.zdic.net《汉典》、http://fawen.cn/hanyu-zidian.html《汉语在线词典》、http://cdict.cnki.net/中国知网（有 100 多部辞书）、http://140.111.1.40/main.htm 台湾"教育部"《异体字字典》等。1995 年台湾中华书局发行了学术网络版《重编国语辞典》。2008 年商务印书馆推出了《汉语图解词典》Flash 版，可供读者在网上浏览查阅。2010 年上海世纪出版集团曾推出以集单字、词语、百科于一体的大型综合性辞书——《辞海》为基础的"辞海悦读器"，内置有《辞海》第六版和多种权威工具书。2012 年《汉语大词典》知网版也通过验收上网发布。2015 年《辞源》第三版则在出版纸质版的同时还推出了网络版和优盘版。借助搜索引擎的在线辞书还有《中搜在线词典》《谷歌在线词典》《有道词典》《百度词典》《搜搜词典》等。这些在线辞书凭藉搜索引擎的强大功能，不仅包含了现有辞书中的词条信息，而且还从网络的海量数据中寻找出相关的释义，往往能快捷地提供非搜索引擎在线辞书未及收释的新词新义，极大地丰富了语言信息。如《成语词典大全》可查成语50 118条，查询时可用通配符"＊"号来连接多个关键词，具有强大的模糊查询功能和人性化的信息提示，充分展示了人脑与电脑的互动。又如“躲猫猫”一词,《有道词典》不仅有释义和英译及具体用例,而且还指出其作为网络流行语的新含义,提供了最新动态信息。

今天,网络已进入人们的日常工作和生活中,QQ、Skype、微信等网络通信工具极大地方便了人与人之间的即时远程互动,改变了人们的交流方式。据中国互联网信息中心第35次《中国互联网络发展状况统计报告》统计,截至2014年10月,我国网民规模已达6.49亿。互联网拉近了人与人之间的距离,方便了人们的沟通,一个网络环境下的数字地球村正在形成。随着辞书编纂向数字化和网络化发展,纸质辞书虽然仍是人们的首选,但在线辞书与移动终端辞书软件也逐渐成为人们的选择。正如接力编纂《英汉大词典》第三版的朱绩崧所说:“通过数字化,纳须弥于芥子,两千多页的词典可以化为我们手机屏幕上一个小巧的应用图标,而这图标的背后,却是一座如宇宙般昼夜不断膨胀的语言信息库。”[①]电子载体辞书具有信息含量大、检索快捷方便、功能多样化、体积小、价格低廉、便于“升级换代”的更新再版或修订等特点,[②]尤其是网络辞书打破了时空限制,具有全民参与共建的开放性,实时更新的互动性,满足了各个层次读者的需求,充分体现了语言的约定俗成,颠覆了纸质辞书的编纂模式,革新了辞书存在的形态与载体,也打破了辞书编纂“规定”与“描写”的原则。在人人共享网络资源和话语权的背景下,藉因特网为媒介,辞书编纂过程由专家和大众交互参与,每一个网络用户都既是辞书查阅者,也是潜在的辞书编写者。如维基百科的中文百科,截至2011年11月16日已拥有38.5万个条目,[③]“注册用户

---

① 朱绩崧《在〈英汉大词典〉第三版概念发布会上的发言》,《辞书研究》,2014(6)。

② 语文辞书具有实录一个时代独具的词义及用法的功能,电子辞书采用数字化技术而具备足够大的篇幅,凡所有人们口中常说常用的新词新义,哪怕可能只是汉语发展史上的匆匆过客,几年后兴许会退出使用,也都可以收释,以便后人能够查检到历史上出现过的所有词语以及某个时代特有的词语。

③ 截至2015年4月10日已拥有812 436个条目。

达108.969万人,1 884.978万次/人参与编辑,平均每个页面有13.96人参与编辑"。2006年又创建"大众百科","旨在加强对词条编纂和编辑的监管,提高信息的质量和可信度","到2007年,大众百科已经拥有3 000名实名注册的词条编撰者","已经启动编纂、处在不同编辑阶段的条目有15 872条,并且正计划大量增加词条数量"。"他们声称,大众百科不像传统的纸质百科全书那样,由于有版面限制只能提供某些主题的一些主流观点;他们没有版面的限制,且有无数的潜在参与者或编辑人员,可以捕捉到人们对客观世界的各种细微理解或共识,并可迅速而又无保留地把它们描写出来,呈现给广大维基用户。"[①]又如侯敏、周荐主编《2007汉语新词语》和《2008汉语新词语》时将收集到的新词语先放在新浪等网站上让网民进行评议,经过评议再收录大家认可的、品位较高的词语。辞书的性质决定编辑工作必须打破传统的方式,向全社会开放,使读者参与编辑的全过程。如《汉语大词典》第一版编完一卷推出一卷,各卷有关的内容难免有失照应,在"中欧""南欧"和"东欧"条的释义中,把罗马尼亚、阿尔巴尼亚、保加利亚既划入东欧国家又划入南欧国家,波兰、捷克斯洛伐克、匈牙利既划入东欧国家又划入中欧国家。今后的修订版或许可把词条初稿分期分批在网站上公布,征求读者试用的意见,编出一批公布一批。编者与读者互动,读者中有各行各业的专家学者,凡有建设性见解的都可提出新条目,修改已有的词条,给出形、音、义、用法、来源等新信息。编辑需要什么资料、解决什么问题,比如需要为哪些新词新义提供更早的书证,为哪些罕用旧词旧义提供更晚的书证等,皆可以在网上具体说明,向广大读者咨询,充分利用海量的互联网资源,实现庞大的用户群和众多领域专家之间的群策群力,这样就能编成内容更加准确完善的辞书。如《英汉大词典》第三版的编纂依托互联网开放平台,设立了"语言学问所"微信公众号。在

---

① 章宜华《计算词典学》,上海辞书出版社,2013年,411页、415页。

这个公众号上，读者不仅能查到《英汉大词典》第二版的内容，还能在查询的同时对现有内容提出修改意见，在“融入”这个栏目下可以上传新词、新义和新例证等，还可以跟踪编辑的反馈。①

21世纪是高度信息化的知识社会时代，人工智能的发明与数字化应用使人们可以比以往效率更高、准确度更大地掌握原始材料，人们获取知识进行语言研究的方法正在进行一场战略转移，新世纪的辞书也面临着编纂方法上的大变革，辞书信息承载的媒介以及传输和查阅方式趋于现代化与数字化。具体而言，现代化表现为辞书语料数据化、载体电子化、检索智能化。数字化兼具自动化、智能化和网络化等多种含义，自动化意味着在数字化各个环节中实现了对人力的解放，智能化意味着数字化的相关操作具有拟人化甚或超人化的特征，网络化意味着信息的海量化和资源交流的共享。作为知识密集的信息载体，语文辞书编纂将趋于综合运用文、图、声、光、电等多种数字化技术表现形式，利用动态语料库储存的大量语言实例，全方位、立体地阐释每个词的详尽内容，如字形辨正、字音辨正、构词分析、词源追溯、同义辨析、同类类聚、反义系联、语法功能、搭配结构、语用提示、习惯表达、百科知识、文化背景等信息，收词释义、义项分立、语用归纳以及例证安排都来自原生态的语言实态，编排、索引和显示方式也更人性化，更符合人类语言认知的规律。语文辞书将是一个信息库，既保证查全率，又尽可能达到实时更新和修订，从而充分发挥与读者心声相通的老师的功能，有问必答，解疑释惑，诲人不倦，更好地满足人们即时查寻获取信息的需求。

---

① 《〈英汉大词典〉举办“字在”分享会》，《新民晚报》，2015年10月20日A20。

第三章

辞书编纂理念与结构体例

辞书是语言和知识的信息载体，而语言和知识按其本质和实际而言，历来是个开放的体系，不断接受人类社会发展中不断出现的新信息。社会需要辞书及时反映这些新信息，实现内容的现代化和形式的多样化。陆费逵曾预言随着时代的推移，“人事日繁，语亦日增，人之脑力有限，安能尽数记忆。故世界愈文明，字典之需要愈急。学子之求学，成人之治事，皆有一日不可离之势”。[①] 辞书是为满足人类社会文明、学术发展与社会需求而产生、发展，又在社会文明、学术发展与社会需求下持续稳定地得到丰富和深化。如开现代辞书编纂风气之先的《辞源》和《辞海》由初版到修订版的增删，第一部现代汉语规范型词典《现代汉语词典》由初版到第6版的增删，近年学习型词典的编纂和电子载体辞书的“升级换代”等，从中皆可见辞书编纂适应社会需要而发展的与时俱进。

就辞书编纂理念而言，古代语文辞书编纂的指导思想是通经致用，释义与道德伦理融为一体，注重语言功能的伦理责任意识，表现出修身心，厚人伦，美教化，治社稷的强烈的实用色彩，主要“以小学理论以及解经、科举等为中心的应用需求为引导”，体现了“共时、历时字词属性混收的泛时编纂观；多义词内部历时引申义序；文献考证型释义思路；以《康熙字典》为代表的刚性规范主义思路”。清末民初，随着西学东渐，辞书释义渐顾及词性和语法功能。注音字母的产生为辞书音序体例由古代的韵部体例向现代标音转型奠定了基础，国语运动和白话文

① 陆费逵《〈中华大字典〉叙》，中华书局，1915年。

运动倡导“我手写我口”的“言文一致”推动了辞书编纂理论的研究，“出现了以《辞源》为代表的古今兼收的泛时性词典与以《标准语大辞典》《国语辞典》为代表的侧重描写性、规定性词典的明确分野，实现辞书类型的最重要的转型”，导致古代辞书编纂传统转向了“以共时描写为主、注重共时词义和用法、重视自编例、引导性规范主义为核心的四大现代辞书编纂传统”。1949 年至今，以语义场的关系分析、义素分析为代表的结构语言学理论和描写语言学理论、规定语言学理论在辞书编纂中逐渐得到广泛应用，1979 年创刊的《辞书研究》则成为发表和研讨辞书编纂理论的重要园地。20 世纪 80 年代后，系统功能语言学、认知语言学等语言学理论及交叉学科理论进一步推动了辞书编纂理论研讨的深入，如有关释义元语言、词类标注、用法说明和文化标注等以用法为中心的理论探讨，形成当代辞书编纂理论的若干转向：类型上由被动理解型转向主动生成型；编纂上由释义中心转向释用中心；指导理论由描写主义、结构主义转向认知功能、用法描写、语言知识并重；由文献义项及书证为标志的文献主义转向以符合习得心理的用法描写、自编例的语用主义；编纂技术由传统的卡片载体转向语料库、数据库、大数据集、语义知识工程；资料利用由勾乙式转向全文检索、频率统计、信息挖掘、语义网络系联等以电子化数字化为代表的新兴技术。“辞书编纂由主观内省思路逐渐向经验与客观化、量化并重的思路转向，特别是植根于大规模的真实文本语料的检索与统计技术，使辞书编纂的收词范畴设定、词语使用语境类型提取、义项归纳、例证设置，都体现出最大程度的客观性和全面化特点”，①实现了由经验行为到理论指导下的理性行为的转向，由帮助理解到指导正确使用的转向，渐由以编者为中心的传统辞书编纂理念向以用户为中心的现代辞书编纂理念转变，尤其是电子辞书的编

① 王东海、王丽英《汉语辞书理论史热点研究》，商务印书馆，2013 年，28—36 页。

纂把用户从过去的静态、被动接受的角色转化为动态、主动参与的角色,更注重使用者的需求。

语文辞书是为供人们查检而编纂的,古代辞书作为经学的附庸多为学习儒家经学和科举考试服务,现代辞书则旨在普及科学知识,反映最新研究成果。无论古今辞书,一般都以质疑求知解疑释惑为基本编纂目的,不仅致力于语言的描写与规范,而且注重语言的社会功能,致力于伦理与道德的规范。辞书的编纂目的决定着收词数量、释义详略、语义特征和例证的选取等一系列问题,而这一系列问题又体现了辞书编纂的理念,具有思想性和客观性、检索性和可读性、规范性和实用性、稳定性和时代性等特征,其中规范性与实用性在辞书编纂中又相辅相成,突出了规范性,实用性会更强,而规范性与实用性又是建立在描写基础上的,只有兼顾了实用性,规范性才能真正产生效用。

第一节 求是与致用

语文辞书的根本任务是用读者已知的语言信息来解释其未知的语言信息,释疑解惑,诠释词语的确切意义,满足读者的需求,使读者获得最准确、数量最大的信息。

从学术价值上讲,语文辞书具有高度的准确性和极大的权威性,从使用价值上讲,语文辞书又具有代代相传的长久性。我们的祖先早就认识到辞书的标准和典范作用,据《玄应音义》和《慧琳音义》记载,唐以前我国已有用“典”命名的辞书。“典”即指具有留传后世价值的重要书籍。在人们的心目中,语文辞书具有指明典范用法的权威性,同时又具有解疑释难的实用性。这是辞书作为“典”的生命力之所在,人们查检辞书就是为了求是与致用。语文辞书的编纂理论和实践,“跟解决生活本身、国内文化与社会变化所提出的实际任务有着活生生的联系"①,语文辞书编纂的中心问题是要敏锐预计使用者的需求,以读者为中心,"体察用者之需要,恰如其所需以予之"②。求是与致用是我国辞书编纂的优良传统。

求是与致用也就是客观地提供知识,尊重历史事实。

如《一切经音义》的编纂宗旨是诠释佛经词语,弘扬教义,为读佛经者服务。这一宗旨决定了《一切经音义》作为一部为读经者解疑释惑的专书辞典,既要客观地记录佛经中的语言现象,帮助读者理解词义,又要指出佛经中的文字讹误。如佛经在传抄中颇多讹误,慧琳《一切经音义》中收录的字一般都有形体辨析,一字有异体、古体或俗字的也一一注明,并且指出经文中的讹字,有的还有详细辨析。从中可见辞书如实描写语言演变的记录作用。

又如《现代汉语词典》1978 年版和 1983 年版释"抗日战争":

> 中国人民在中国共产党领导下抗击日本帝国主义侵略的民族解放战争,从 1937 年 7 月 7 日日寇向我国北平(今北京)西南卢沟桥驻防的军队进攻起,到 1945 年 8 月 15 日日本无条件投降止。八年间国民党政府一直消极抗日,积极反共;共产党领导八路军、新四军和广大人民坚决抗日,建立抗日根据地,收复许多失地,最后战胜了日本帝国主义。

1996 年版至 2012 年版(第 6 版)改为:

> 中国人民抗击日本帝国主义侵略的民族解放战争,从 1937 年 7 月 7 日日寇向我国北平(今北京)西南卢沟桥驻防的军队进攻起,到 1945 年 8 月 15 日日本无条件投降止。

1996 年版至 2012 年版的释义更确切地反映了中国人民抗击日本帝国主义侵略的史实。

再如 1959 年至 1965 年修订的《辞海》初稿、二稿和内部发行的未

---

① 索洛科列托夫《苏联俄语词典编纂学传统》,载《词典学论文选译》,商务印书馆,1981 年。

② 见陆费逵、舒新城《辞海编辑大纲》,中华书局,1936 年。

定稿,尤其是“文革”期间以“把无产阶级专政落实到每个词条上”作为准则重新修订的未定稿,出现了大量贴标签的释义和“穿靴戴帽”的所谓定性,很多词条的内容歪曲历史真相,带有人为强加的价值判断,混淆了是非。经1979年版和以后各版《辞海》不同程度的删改,纠正了不少荒谬的说教,《辞海》新版才重新具有“典”的权威性和实用性。

求是与致用还体现在释义所用的语言和释义方法简单明了,即采用适宜恰当的表达方式揭示词语在实际使用中的意义及具体用法。如采用元语言理论来指导词典释义,①把释义用词限定在常用词范围内,控制用来释义的词语总量。又如《现代汉语词典》的释义采用全国通用的普通话,对中等以上文化水平的当代读者不会产生阅读障碍。再如双语语文辞书的释义要考虑到文化因素可能给使用者造成的不便,对汉语中的敬词、谦词、招呼语等要提供一定的社会文化背景知识,阐明在实际使用中可能产生的派生语义及使用该词的具体条件。

值得指出的是,近年来学习型词典的编纂也充分体现了求是与致用的编纂理念。学习型词典以语言生成与输出为基本出发点,用读者熟知的词来解释需查检的词语,蕴含着丰富的文化信息,不仅从描写着手解释词义,而且还从求是与致用着眼,着重描述词语在社会文化语境中的实际使用,辨析易错易混词,提示用词的对象和范围、词义的褒贬、词与词的搭配、词义所显示的特殊语感等用法信息。如《当代汉语学习词典》(北京语言大学出版社,2005)采用义项立目和整句释义的方法,辅以用法例句,便于学习者从整体上把握被释词,在动态使用中掌握词义。又如《商务馆学汉语词典》(商务印书馆,2007)词条按词素义排列,设立“注意”栏辨析词语的语义背景并提示词的用法、语体、色彩、文化内涵等,用插图来解释某些描述性释义难以达意的词义,具有直观性。

---

① 释义元语言是“用来解释词典所收词语的定义语言”,即“词典编纂中用来给词目释义的最低限量词汇”。

第二节 规范与描写

语文辞书的根本性质是民族标准语的体现和反映,也是提高社会语言素养,宣传和维护共同语规范的重要工具。语言文字存在和发展于社会全体成员的使用之中,难免发生分歧,而作为交际工具,全社会对它的要求是加强统一。一部语文辞书用哪个字形,注哪个字音,哪个条目为主,收哪些词设哪些义项,配哪些例词和例句等,尤其是收录多少新词和流行语,怎样解释,都会表现为一种语用的倾向性,且不论主观意图如何,客观上对于语言的使用总有规范的引导作用,这是社会对语言规范化的要求决定的。如《礼部韵略》《中原音韵》《洪武正韵》和《音韵阐微》等韵书皆具有正音的规范作用。又如《新华字典》1957 年修订版《凡例》说明:"这次的修订,根据汉语规范化和汉字简化的精神在原有的基础上作了较多的修改,以期更合于读者的需要。"再如《现代汉语词典》1996 年第 3 版说明:"目的是使这部词典在推广普通话、促进汉语规范化方面,在汉语教学方面,继续起到它应有的作用。"同时,就语言的本质属性而言,语言的变异是绝对的,稳定则是相对的。语文辞书是沟通语言规范标准和语言学习者、使用者的桥梁,既要具体展示语言的规范标准,又要恰当的反映社会生活中语言运用的事实。规范不是没有描写,而是与时俱进,在描写语言发展基础上进行规范的引导,这是判定一部辞典是否具有反映时代和社会生活的功能、是否实用的一个重要方面。

语言是一种有生命力并不断发展、变化的系统,语言能够被描述,能够在一定限度内接受影响,却不会受控制。颜之推在《颜氏家训·书证》篇中说到:"吾昔初看《说文》,蚩薄世字,从正则惧人不识,随俗则意嫌其非,略是不得下笔也。所见渐广,更知通变,救前之执,将欲半焉。若文章著述,犹择微相影响者行之。官曹文书,世间尺牍,幸不违俗也。"随着社会的发展,新造字的产生、已有字的讹变等都是题中应有之义。语言中的词汇是社会生活中各种事物的反映,随着社会的发展,语言也在不断发展,其中词汇的发展最为迅速显著。语言的变化是不可避免的,颜之推始拘于《说文》而不能下笔,继之见广而通变,正视语言演变的现实,救前之执,主张参酌古今,折衷于正俗之间。颜元孙在《干禄字书》序里也说:“若总据《说文》,便下笔多碍,当去泰去甚,使轻重合宜。”陆德明《经典释文》条例之十云:“五经字体乖替者多”,“如此之类,改变惊俗,止不可不知耳”。语言以使用为基础,“任何东西被相当多的人相当普遍地使用时,就会成为标准”①。真理总是具体的、客观的,事物或事物借以存在的条件发生变化,真理也就随着发生变化。语文辞书记录语言的演变,既要重视语言的规范性,也要反映语言使用中约定俗成的实际情况。

如慧琳《一切经音义》卷一释“啰弭多”,在诠解了规范的音义后指出:“如上所说,虽是本正梵语,略音已行,难为改正,《般若波罗蜜多》久传于世,愚智共闻,今之所论为造经音解其文字及释梵语,不可不具说也。但欲广其学者知见耳,实非改易经文。已下诸经中有正梵语及论文字是非,皆同此例。取舍今古,任随本志。”又卷三十七释“庳脚”云:“下姜虐反。即床腳也。《说文》从肉卻声也。俗用从去作脚,讹谬也。卩音羌虐反。本篆文从卩从谷,谷音强略反,从重八从口。今隶书故从去,正字太古不行也。今为训释其文,故说其本末也,任随意用。”慧琳认为“为造经音解其文字及释梵语”,“今为训释其文”对书中讹误和习俗以非为是的地方“不可不具说”,“故说其本末”;同时慧琳又指出“略音已行,难为改正”,“正字太古不行”,只能“取舍今古,任随本志”和“任随意用”,认识到语言是在不断演变发展的,在对语言的某些演变现象进行规范的同时,兼顾从俗从时,已注意到约定俗成和习非成正在语言演变中的作用,规范和描写也是相对而言的,在一定时期内被认为是合理的规范,在另一历史时

① 查尔顿·莱尔德《语言与词典》,载《词典学论文选译》,商务印书馆,1981年,141页。

期就会与语言的发展相矛盾,不论规范和描写都不能绝对化。

又如《现代汉语词典》是一部记录现代汉语词语读音、意义和用法的词典,一方面全面贯彻执行国家已颁布的有关规范标准,在词的选择、词的定型、词的标音、词义的分析、用法的说明和例句的征引各个部分尽可能地表现出明确的规范;另一方面也根据语言实际使用情况予以变通。如《异体字整理表》把"脩"作为"修"的异体字,而无论是古代还是现代,"束脩"的"脩"都不写作"修",《现代汉语词典》为这两个词分立字头,客观反映了这两个词在词义和用法上的异同。《异体字整理表》以"渺小"的"渺"取代三个水的"淼",可"淼"没有"渺小"义,只在形容水大义上与"渺"通用,现实生活中有些人取名喜欢用"淼"命名,如果让以"淼"为名的人改用"渺小"的"渺"做名字,这是难以得到人们认可的,《现代汉语词典》作了变通,将"淼"也立为词目。这种变通的做法充分体现了语文辞书的指导性规范作用,经修订颁布的《简化字总表》和《现代汉语通用字表》也作了调整,把"脩"和"淼"重新确认为规范字。

编纂语文辞书要既反映实际又引导规范,既要紧贴现实生活,注重实用,切时所需地为读者提供正确的知识,又必须在忠实记录语言事实的同时给以合理实用的指导。如汉字在古今演变中产生大量的异体现象,诠释标注这些同义异体字并予以恰当的整理规范,这历来就是语文辞书的任务。秦统一后用秦小篆来整理规范六国异体字的《仓颉篇》《爰历篇》和《博学篇》已具有语文辞书这方面的功能。[①] 许慎《说文解字叙》说这三本书的目的是要"罢其不与秦文合者",而《说文解字》本身也是在秦统一中国后"书同文"的基础上对汉字的一次整理和规范。许慎厘定 9 353 个具有规范性和学理性的小篆以正字形,而将古文、籀文、或体等作为重文,

① 唐兰《中国文字学》:"李斯作《仓颉篇》、赵高作《爰历篇》、胡毋敬作《博学篇》,显然用此宣传小篆,作字体的范本。"上海古籍出版社,1979 年,13 页。

形成树正列异的编纂模式。从秦代“书同文”政令颁布开始,历代都有或大或小的正字运动或正字活动。正字就是指文字的规范化,黄侃曾指出:“字分正俗,非徒博好古之名,实则小学疆畛必待此而分明;意义根源必待此而明晰。”人们“临文用字,本有顾字形及承习惯两途。倘尽拘本字,则疐碍弘多,如尽从流变,又迷于本字。此宜有字书为之分明,俾纲纪不致散棼,而致用仍无濡滞”。[①] 唐宋科举制度兴盛,重视刊正字体,校正俗讹,先后出现了颜师古《字样》、颜元孙《干禄字书》、张参《五经文字》、唐玄度《新加九经字样》和郭忠恕《佩觿》等整理和规范汉字的语文辞书,适应了当时的社会所需,为当时的社会用字提供了范式。如郭忠恕《佩觿》将形近义别容易混淆的字按四声分组类聚,先列形,再别音,后辨义。又如颜元孙《干禄字书》把当时的用字分为俗、通、正三体,规定了每一种字的适用范围,其中有56组标明“并正”,确立了正字并非唯一的观念。凡“并有凭据,可以施著述、文章、对策、碑碣”者,皆可定为正字。至于“凭据”,可以是传世字书的载录,可以是经典的传承使用,还可以是当时社会的普遍运用。中华人民共和国成立后,为推动国家通用语言文字的规范化、标准化及其健康发展,颁布了《中华人民共和国国家通用语言文字法》。2013年国务院公布了由教育部、国家语言文字工作委员会组织制定的《通用规范汉字表》,列举了8 105个汉字作为国家规定的通用规范汉字,分为三级。一级字表为常用字集,收字3 500个,主要满足基础教育和文化普及的基本用字需要,也可以作为义务教育阶段的识字标准。二级字表收字3 000个,常用度仅次于一级字。一、二级字表合计6 500字,主要满足出版印刷、辞书编纂和信息处理等方面的一般用字需要。三级字表收字1 605个,是姓氏人名、地名、科学技术术语和中小学语文教材文言文用字中未进入一、二级字表的较通用的字,主要满足信息化时代与大众生活密切相关的专门领域的用字需要。《通用规范汉字表》通过对以

① 黄侃《文字声韵训诂笔记》,上海古籍出版社,1983年,16页。

往汉字规范的整合、优化，调适已有各规范之间相互矛盾之处，梳理了汉字的简繁、正异关系，所附《规范字与繁体字、异体字对照表》和《〈通用规范汉字表〉笔画检字表》以附表形式呈现了规范字与繁体字、异体字之间的对应关系，便于海峡两岸及港澳地区信息交流和海外华人的汉字应用。为配合《通用规范汉字表》的实施，王宁主编了《通用规范汉字字典》，对《通用规范汉字表》中规范汉字的形、音、义、用等属性作了阐释。[①] 总之，各个时代都有正体和异体。如《说文》的时代以小篆为正体，异体就是籀、古、或、俗、奇字等。今天以简化的规范的楷书为正体，过去的繁体和至今犹在民间流行的俗字就是异体字了。语言是约定俗成的，一些当时的俗字或讹字经过多年的使用，往往积非成是，只要是"可以施著述、文章、对策、碑碣"者皆可定为正字。这就承认了一部分俗字和通用字的合法地位，给使用者留有一定的选用余地，也使汉字规范具有灵活变通的弹性和柔性，符合语言文字规范的引导性原则，客观上起到了描写和规范当时汉字的作用。

从语言交际和沟通的效率上讲，规范和描写这两个方面是互补的。现实中语言的演变都是承续多于变异，在言语使用过程中，合理的规范措施是刚柔相济，语文辞书编纂的发展趋势是把经过社会约定的大多数人所接受的肯定下来，以实用为主，从规范性转向描写性，从静态的强制性规范转向动态的指导性规范。一般而言，字典更注重汉字各种客观属性描写的规范化，向统一性靠拢；而词典更注重描写词语用法的多样性，体现词义、语法、语用、文化等多层面的用法信息。一部好的语

① 王宁《〈通用规范汉字表〉与辞书编纂》一文指出编纂现代汉语辞书应当贯彻《通用规范汉字表》所确定的规范字，限制相应异体字的使用。在古今兼收的辞书里，涉及现代汉语文本，也应当使用规范字，而对古代汉语部分，则应根据辞书中汉字不同的功能处理异体字：字头用字允许保留、贮存异体字，但需要有正字的观念，以正字为主条，将异体字与正字沟通。行文用字应只限于正字，不用异体字。书证则尽量保持原形，并尽量体现封闭的原则，所用的字样一般应在字头出现。《辞书研究》，2014(3)。

文辞书既是规范的又是描写的，即注重实用，切合社会的需要，规范化与从时从俗并重，关注“言语意义←→语言意义”的动态演变，[①]在描写基础上规范，在规范指导下描写，在充分反映语言变化的基础上引导促使语言在不可避免的发展中变得具有条理。

第三节 辞书编纂结构体例

语文辞书的整体结构一般由前言、凡例、正文、附录、索引等部分组成。正文以词条的形式解释词目，词条实现有序化编排。

世界上没有任何两部辞书在目的、功能、格式、规模等方面是相同的，每部辞书的规划设计都有一定依据，构成总体框架的宏观结构、微观结构、参见结构。宏观结构涉及辞书收词规模与范围、词目之间的关系与排列顺序，目的是引导查阅者找到要查询的词。微观结构涉及每个词条内部所有信息的排列顺序和关系，如注音、词性标注、义项排列、义项括注、释义方式和例证等。参见结构的功能在于贯通辞书内部的系联，引导查阅者在辞书不同的地方找到需要查询的信息或需要补充说明的信息。[②]

凡例是辞书的重要组成部分，辞书编纂者藉以向读者传达辞书收录原则、范围、数量和辞书性质、适用对象及编排规则、释义方式、特殊符号的用法等，让读者了解该辞书编纂的目的，引导读者懂得如何使用该辞书。如《集韵》的韵例已具备辞书凡例的雏形，《类篇》的九条体例则涉及字音、字形、字义，开辞书编纂制订凡例的先声。[③]《康熙字典》

① 参拙文《论汉语文白演变雅俗相融的价值取向》，《上海师范大学学报》，2013(5)。

② 黄建华《词典论》指出：“宏观结构(macrostructure)指的是词典中按一定方式编排的词目总体，因此也可以成为总体结构。与之相对的是微观结构(microstructure)，指的是条目中经过系统安排的全部信息，因而也可称作词条结构。”上海辞书出版社，2001年，49页。

③ 邹酆《中国辞书学史概略》，湖北人民出版社，2006年，90页。

设立了十八条凡例，涉及收词、编排、字体、字音、书证、释义等方面的信息。又如《辞源》《中华大字典》《辞海》和《汉语大字典》等的凡例较为系统地论述了编纂原则，包括收词、立目、注音、释义、例证、编排法和参见等。再如编纂《现代汉语词典》时曾拟有《现代汉语词典编纂计划纲要》《现代汉语词典编写细则》《现代汉语词典凡例和样稿》《现代汉语词典注音连写、大写、隔音暂用条例》等文件作为编纂依据。编纂《汉语大词典》时也刊发有《汉语大词典编纂手册》，其中收词原则规定了单字、复词和词组、熟语、典故和专科词语的收释原则，编写体例规定了条目按排、字体、注音、释义、举例和相关条目的处理方法等。

体例指的是体式和范例，就是用范例来说明体式的特点以及表现。辞书的体例是指辞书编纂工作中的具体规则，主要包括收词、立目、注音、释义、引证、参见等。

一、收词

语文辞书收录的语言单位可以是字，可以是词素，可以是单音词，也可以是复音词和固定语，甚至是词组和句子，但主要是词。一般而言，大型查考型辞书的收词以资源性功能为主，涉及各级词汇单位和各种不同角度的词汇类聚；主动学习型辞书以基本词和通用词为主。

语文辞书收释词语讲求系统性和科学性，即必须具有词义系统的整体观念，把同义、反义、类义、上下位义等相关词语作为一个个子系统来收词释义。决定什么词收什么词不收，首先要从实用与否即是否适合读者的需要来衡量，其次是根据规范和从俗来权衡筛选，照应需要平衡收释的同类相关词语。古代语文辞书的收词原则大致可概括为规范、利今和存古。规范原则指促进书写的规范，利今原则指切合实际的需要，存古原则指显现历史的传承。这三个原则形成发展为当代辞书编纂规定主义、实用主义、描写主义的新理念。“现代词典编纂新倾向以实用主义为主，在描写基础上规定，在规定主义指导下描写。三者互相依存,适当结合。”①

随着社会的发展,新事物层出不穷,语言中的新词也随之不断产生,后出语文辞书的收词往往在前代辞书基础上都有进一步扩展。如《说文解字》收词是以秦汉童蒙识字课本为基础的;《玉篇》是在《说文解字》的基础上广收异体;《类篇》以《集韵》为底本而补其所遗;《字汇》宗《正韵》,增以《说文解字》,参以《韵会》,加以订补;《正字通》源本《字汇》加以订补,《康熙字典》又以《正字通》为底本,《中华大字典》和《汉语大字典》则改编《康熙字典》,正其讹误而集大成。历代语文辞书增收的字除了表达新概念新事物而出现的新词外,有些是由旧字体分化而来。如“见”,汉以后分化为“见”“现”二字,分别表达“见”原有的“看见”和“被看见”义。又如“自”分化为“自”和“鼻”,“其”分化为“其”和“箕”,“臭”分化为“臭”和“嗅”,“合”分化为“合”和“盒”,“食”分化为“食”和“饲”等。其中还有一些是异体字和生僻字,如《康熙字典》中收集了不少罕见的古字和僻字。有些字收列了五、六个乃至八、九个异体,如“农”“雷”等。又如“涎”字,《说文》收录“次、㳄、㵪”三个,《玉篇》收录“次、涎、㳄、㵪”四个,《集韵》收录“次、㳄、涎、㵪、漾、㴈”六个,《慧琳音义》收录“次、涎、㖔、㳄、漾、㳄、㵪、𠎝、䐢(漚)”九个,《汉语大字典》收录“涎、㳄、㵖、㴈、沮、次、漾、㵪、㵫、㖔、𣵳、漚”十二个。从《说文》至《康熙字典》,大致形成了同一词按“正—同—或作—今—通—古—俗—误”的字形编排模式,延续到《汉语大字典》等新式辞书,则以正字立目,异体用括号方式标注。

辞书中收录复音词,可以上溯到我国辞书的萌芽期。根据《汉书·艺文志》记载,我国古代的辞书,当推《史籀篇》为最早,其次是《仓颉篇》。现存《仓颉篇》的残文中已收有复音词,如仓颉、后嗣、天下、海内等。《尔雅》一类的雅书也收录了一些复音词,而《说文》一类的字书和

---

① 张志毅《理念演绎辞书》,《辞书研究》,2007(5)。

《广韵》一类的韵书虽以收单字为主,但在遇到某字只出现在复音词中时,往往在单字下带出复词。如《说文》:“玓,玓瓅也。”《广韵》“艨,艨艟,战船。”据《封氏闻见记》卷二“声韵”条所载,颜真卿所撰《韵海镜源》已“征九经两字以上,取其句末字,编入本韵,爰及诸书皆仿此”①。《经典释文》和《一切经音义》中也已有不少复音词词目。

汉语中的复合词大多是由词组词汇化凝固而成,词组词汇化反映了汉语词汇由单音节向双音节发展的趋势。由于词和词组二者的界限有时很难区分,或尚处于由词组凝固成词的演变状态,因而大多数词典还是或多或少地收释了一些自由词组。如新版《辞源》和《辞海》语词部分就收有一些自由词组,《现代汉语词典》也收录了少量自由词组。②《汉语大词典》对于自由词组,原则上虽不予收录,但也不是绝对不收,而是酌情收列。③ 语文辞书酌情收释一些与复合词演变成词相关的同形词组有其合理性。人们在使用语言时,经常随意地把两个意义相近或相关的单音词联起来使用。一开始,它们都是自由词组,久而久之,有些渐渐成为结构固定的复合词,有些则被淘汰了,只在某一时代或个别作家的作品中还可以看到。从读者方面来看,他们总是在阅读中遇到了疑难问题才来查检辞书的。对于不理解意义的复音节结构,他们关心的是能否查到,划分词还是词组对他们来说并不那么重要。就辞书编纂理论和实践而言,辞书从问世起,其性质、作用就是帮助读者正确理解和使用词语。这一本质属性决定了语文辞书收词的总原则,即满足读者的需要。根据这一总原则,为了揭示由自由词组凝固而成的

---

① 颜真卿《湖州乌程县杼山妙喜寺碑铭》云:“真卿自典校时,即考五代祖隋外史府君与法言所定《切韵》,引《说文》、《仓》、《雅》诸字书,穷其训解,次以经史子集中两字已上成句者,广而编之,故曰韵海;以其镜照原本,无所不见,故曰镜源。”载《全唐文》卷三百三十九。

② 如“不错”“不对”“不够”“不妙”“不厌”等。

③ 如《汉语大词典编纂手册》规定:“词组意义虽然是两个单字义项的拼合,但由于其中一个或两个单字义项比较冷僻(多由比喻、通假等引起),因而造成理解困难的,可以收列。”汉语大词典编纂处,1980 年。

复合词的源流演变,语文辞书酌收一些与其所释复合词同形的自由词组的词义,也就使其更具有适用性。

《现代汉语词典》第5版和第6版还根据普遍性与必要性相结合的原则,选收了一些生活中使用频率较高的字母词。如第5版收有"B股""CPU"等182个字母词,第6版也收有"e-mail""POS机""QQ"等239个字母词,这是尊重语言事实的表现,也体现了对字母词收录的谨慎态度。

从古至今,汉语语文辞书收词的总体倾向是以实用为主,在传承的基础上切时所需,古今兼顾,雅俗共存,呈现总体不断扩大的趋势。

二、立目

目指的是辞书中要加以诠释,借以建立词条的任何语言单位。

汉语辞书的立目分为两类:一是类义词典以主题类立目,二是普通字典或词典以字头立目。汉字与词存在着复杂的对应关系。语文辞书中每一个字头对应的不一定就是一个词,每个字头下面列出的义项也不一定就同属于一个词。如果一个字头对应的是几个词,那么下面列出的义项就可能分属于不同的词。

语文辞书以字头立目的体例奠定于《说文解字》。《说文解字》以小篆单字立字头,以形索义。后来的语文辞书一般普遍采用字头立目,下以正序或逆序排列相关的复音词。

以字头来立目还存在字形上的正体、异体问题。如《说文解字》在9 353个正体小篆字形下列出古文、籀文、篆文、或体、秦石刻、今文奇字、俗字等重文1 163个,这些重文即异体字。又如《佩觿》《龙龛手镜》等辨析类字书都在主字形字头下,收列大量或体、俗体等异体字。再如目前大陆的共时辞书都以简化字为正体立目,括注繁体,而大陆的历时辞书、古汉语类辞书及港澳台地区的辞书则以繁体汉字为正体立目。现当代的语文辞书基本确定了正体字立目、括注异体字的模式,只是异体字标注数量的多少会随辞书的编纂宗旨或辞书规模的不同而有所不同。

汉语中同音词和同形词词义不同，传统语文辞书立目未作区分，《新华字典》和《现代汉语词典》等辞书将多音词和同形词分立为不同的语言单位，用肩码标记为不同的词，如“花^1”、“花^2”等，从此奠定了普通共时性语文辞书对同形词或多音词立目的基本模式。

三、注音

传统语文辞书采用直音法、反切法，现代语文辞书主要采用注音字母或拼音字母。

最早的注音方法是譬况字音。据北齐颜之推《颜氏家训·音辞》篇所载：“郑玄注《六经》，高诱解《吕览》《淮南》，许慎造《说文》，刘熙制《释名》，始有譬况假借以证音字耳。”所谓“譬况”，就是打比方，如“伐人者为客，读伐长言之”，“见伐者为主，读伐短言之”；“言乃者内而深，言而者外而浅”。这种譬况描写的注音方法很难描摹准确，得不出准确的读音。另一种方法是所谓“读若”，即用一个汉字来注另一个汉字的字音。如《说文》中的“读若某”。这种近音相注也难以准确标音。

“直音法”即用一个字来注另一个同音字的字音，如“毕音必”“诞音但”“畔音叛”。直音法也有局限性，有些字找不出同音字可注，或虽有同音字可注，但比被注字隐僻难认，也等于没有注。

反切法是根据音韵原理，用两个字拼切另一个字音的方法。反切上字定声母，下字定韵母和声调，拼切时，取上一字声母和下一字的韵母和声调，二者相拼，即得出另一个字的读音来。反切的出现突破过去的借字表音而向着拼音阶段过渡，成为传统语文辞书注释字音的主要方法。

明末来华传教士用拉丁字母拼读汉字，1895 年后在简字运动的推动下创建了假名式、速记式、篆文式、草书式等各式各样的字母，遂有注音字母和各种汉语拼音方案问世。注音字母奠定了辞书音序体例由古代的音韵向现代标音转型的基础。1958 年第一届全国人民代表大会第五次会议批准推行采用音素化拉丁字母式的拼音方案,用 26 个拉丁字母拼读汉字,成为现代语文辞书普遍采用的注音方法。

四、释义

语文辞书的基本功能是阐释词语的意义和用法,释义是语文辞书编纂最重要的因素,也是决定辞书质量的关键。释义是说明词语所指内容,涉及各种语言和非语言因素,包括社会文化背景、主观思维方式、现实情景、共有知识和语用规则等,涉及语言←→人←→客观世界错综复杂的关系:词从语言与所指对象之间的关系讲有指称义和描写义,从语言习得与语言知识方面来讲有认知义和概念义,从话语的内容方面讲有逻辑义和命题义,从语言使用者的主观态度和认知思维讲有情感义、内涵义和联想义,从语言的外部环境讲有情景义、社会义和文化义,从语言规则的角度讲有语法义、搭配义和功能义,从语言的内部关系讲有系统关系义,从语言与人的角度讲有语用义和功用义。释义主要有内涵式释义和外延式释义两种类型。理解型辞书注重提供字词的基本属性,生成型学习辞书注重语法单位的标注,关注交际因素,提供句法搭配和词义的褒贬色彩、感情色彩、语体色彩以及文化意义等用法信息,规范型辞书则介于理解型辞书和生成型辞书二者之间。

古代语文辞书与训诂所用的释义模式相同,多用义训、形训、音训等方法,或采用综合解说的形式来释义,往往很少涉及词的各种意义成分,释义主要由概念意义构成,形成一种比附近义的、反义的、同物异名的、事物相类的词语放在一起进行解说的格式。如《尔雅》汇集古书中的同义词,然后用一个通用词来训释。又如《玉篇》《类篇》和《康熙字典》等也多是汇集罗列历代字书的训释来释义。

古代语文辞书训释词义除以单词释单词外,也有以句来释词,类似定义式的义界,即用定义和描写的方式来表述词义的内容,展示词义的特点，从而把词与邻近的词或义项区别开来。凡一词有多解，《说文解字》用"一说"来分释，如"魃，鬼服也。一曰小儿鬼。从鬼，支声"。《玉篇》始确立了词义的多个义项分列。《字汇》则开创根据一个词的不同音义而用"○"符号分列义项的体例，多义词义项的顺序按历史的引申顺序排列，体现孳乳引申的脉络。《康熙字典》对多义项用"又曰"分隔。民国时陆费逵《辞海编印缘起》指出义项应是"于群言庞杂之中，必一一分别其异同，归纳其类似"的产物。《中华大字典》始创依义项释义的方法，对每个词分条解说，采用数码排序方式分列多个义项，《辞源》和《国语辞典》等现代语文辞书相承沿用。

现代语文辞书注重词义分析，重视词义的发展变化，概括语言事实建立义项。一词数义的则分条注释，因辞书性质、任务、对象与类型的不同，义项排列方式也各不相同。有三种最基本的原则：历史发展原则、逻辑联系原则和使用频率原则。历史发展原则从形体、含义、用法等角度，全面揭示各词的起源、历史演变和现状，按照词义发展的先后顺序编排词的各个义项，每个词义都注明其在文献中最早以及最后出现的年代，以展示词义演变的全过程。逻辑联系原则按照"分析型"顺序，把有关联的义项放在一起，按词义发展的逻辑顺序排列义项，本义在前，引申义则按与本义的语义联系紧密程度来排列。使用频率原则按照常用程度排列义项，使用频率高的词义，也就是常用意义，排列在前，使用频率低的词义排在后面。一般而言，普及性的中小型语文辞书的第一义项往往是常用的基本义，大型语文辞书则以造字的本义作为第一义项，后列引申义。如"河"，《辞源》按源流关系排列为：① 黄河。② 河流的通称。③ 银河。④ 姓。《现代汉语词典》按使用频率排列为：① 天然的或人工的大水道。② 指银河系。③ 特指黄河。又如"党"，《汉语大词典》按词义的发展脉络排列为：① 古代一种地方基层组织。五家为邻，五邻为里，五百家为党。② 亲族。③ 朋党；同伙。④ 结成朋党。⑤ 犹类。⑥ 偏私。⑦ 知晓，晓悟。⑧ 处所。⑨ 时。

⑩ 辈。⑪ 政党。在我国特指中国共产党。《现代汉语词典》按常用程度排列为：① 政党。在我国特指中国共产党。② 由私人利害关系结成的集团。③〈书〉偏袒。④〈书〉指亲族。

现代语文辞书释义中往往还指明词的引、喻、转等义，力求揭示构词能力。如《新华字典》中用"（—子）""（—儿）""（—头）"来表示加上这类词尾可以构成大致同义的词，用"（叠）"表示可以重叠起来构成大致同义的词。有时还指出词义所应用的场合或词语使用的范围。如《现代汉语词典》释"进修"："为了提高政治和业务水平而进一步学习（多指暂时离开职位，参加一定的学习组织）。"释"浓厚"："（色彩、意识、气氛）重。"释"即使"："连词，表示假设的让步。注意：即使所表示的条件，可以是尚未实现的事情，也可以是与既成事实相反的事情。"

古代语文辞书释义多用互训和"某也""某貌"的方式。现代语文辞书一般都采用意义极相近的词语来加以训释。例如"淳朴"释为"诚实朴素"，"凌乱"释为"不整齐；没有秩序"。传统语文辞书注重经验释义，将种差视为区别性特征，内涵信息简洁扼要。现代语文辞书注重逻辑定义，重视揭示属概念，描写种差内涵和确定外延，语义知识信息越来越丰富，释义方式呈现多样化趋势。如《现代汉语词典》释"大"，不用"跟小相反"和"大小的大"的说法，而释为"在体积、面积、数量、力量、强度等方面超过一般或超过所比较对象（跟'小'相对）"。释"夹"为："从两个相对的方面加压力，使物体固定不动。"释"感动"为："思想感情受外界事物的影响而激动，引起同情或向慕。"释"来不及"为："跟'来得及'相反。"又如《吕氏春秋词典》采用词义描写与用法描写相结合的方式，不仅对《吕氏春秋》全部单音词、复音词的词义作出归纳概括，而且考察每个词的用法，考察词在句法结构中的地位，词的结合能力，词义与语法功能的关系等，并采用层次分析法，对每个词的用法作全面的，较为详尽的平面描写。再如《新华字典》偏重查考型，着重语言文字的基本属性描写，《新华多功能字典》偏重学习型，着重用法信息的详解描写。

古代语文辞书多从名物得名的角度阐释复合词的理据义，现代语文辞书还从语素间的语义关系阐释复合词的句法构词理据。汉语语文辞书的释义贵于翔实明晰，基本释义方式与释义结构虽多种多样，但主要是对释与说明（或称“义界”）两大范式，且皆有意识地注重内容的实用性，趋势是由简单到繁富，由概括到具体，由笼统到明晰。如释“人”：

《说文解字》：天地之性最贵者也。

《康熙字典》：《说文》天地之性最贵者也。《释名》人，仁也。仁，生物也。《礼·礼运》人者，天地之德，阴阳之交，鬼神之会，五行之秀气也。又一人，君也。《书·吕刑》一人有庆，兆民赖之。又予一人，天子自称也。

《新华字典》：能制造工具并能使用工具进行劳动的动物。……别人：做工作不让人。指人的品质、性情：这位同志人不错。……指人的身体健康：我今天人不大舒服。

从上例可见现代语文辞书释义中语义信息的概括方式、语义细节的组配方式等与传统辞书的不同，我国古今语文辞书的释义经历了一个由笼统含浑到明确清晰的复杂演变过程。

近年来一些语文辞书还结合新兴的语言学理论进行释义，注重提供语言动态表达和使用的各种信息。如基于功能语言学和认知语言学理论，以用法为中心，采用释义用词定量限制、元语言、词类标注、用法说明、文化标注、感知法、语境法、图示法、义征法等方法，①探讨词语在海量平衡语料库中的语境、语义、语域分布特点。又如运用框架语义学的框架元素与动词释义、原型范畴理论与名词释义、情感评价理论与词的附加色彩、功能语言学理论与释义的语域标记、语法理论与词的词类

① 如控制解释词义的用词范围，形成一套“释义元词”的用语系统，以便释义通俗明了。参苏新春《汉语释义元语言研究》，上海教育出版社，2005年。安华林《现代汉语释义基元词研究》厘定用于汉语语文词典编纂的释义基元词2 800多个，可满足一定范围内的词语释义。中国社会科学出版社，2005年。

标注、文化语言学与词的跨文化交际特点等方式,不仅反映静态的语义成分,还注意揭示动态语义成分,包括各种聚合、组合及语法和语用规则,重视词义和用法的内在联系,分别说明其共性和个性,或从程度的深浅、所指陈的对象、使用的范围和上下文的搭配以及语感等方面加以区别。再如根据历时与共时语文辞书的不同类型来排列多义词的义项顺序。历时语文辞书多采用传统的训诂学引申原理指导下的历史义序,共时语文辞书的排序则借鉴现代词汇学中同形词、兼类词、词类活用与义项的分合,词汇语义学的义位类型学与多义词义项类型界定,原型范畴理论与共时词典义项顺序梯度排列,语义网络与不同词不同义项的沟通与系联等理论,力求更符合用户使用习惯及认知心理。

五、引证

引证是辞书的重要组成部分,《拉鲁斯小辞典·致读者》篇首有一句格言式题词,即"一本没有例句的辞典是一堆枯骨。"《说文解字》中征引时人、前贤、通人之说30多家,文献典籍110多种,体现了引证的萌芽。一般说来,释义是辞书满足读者解疑释惑要求的主要手段,引证则是释义的辅助性手段,可以让读者更透彻地理解词义,在辞书中起印证释义、阐发词义和提示用法的作用,还可补充释义的不足,介绍词的典型用法,反映词的源流演变,证明语文辞书所建立的义项并非凭空杜撰,而是信而有据的。①

引证可分为书证和例证。书证引自书面文献的资料,具有注明出处、信而有证的时代性。例证有取自真实语料或据真实语料改编和自编等,具有印证释义、提供语境、揭示用法、加深读者理解的功能。语文辞书的义项,既经较高程度的概括,当然也就较抽象。精选一些具有不

① 黄建华、陈楚祥《双语词典学导论》指出:"例证不仅补充说明词的意义,使其具体化,而且说明它的语法特点、搭配范围、修辞色彩等。"商务印书馆,2001年,60页。

同的语言环境、句式结构、行文色彩的典范性书证或例句来补充释文，就给抽象的释文增添了具体可感的内容。引证的重要性在于它可以让释义具体化，让读者一目了然见到该词在语言应用中的具体意义和用法。无论释义怎样完整也无法代替引证的特殊作用，特别是在提高读者运用语言的能力和进行语文规范化时，引证更是不可或缺的。王力指出："词典对于语言规范化能起重要的作用，这不但因为词典提供词的确切意义，而且能以例句的形式说明词语的用法。""举例的方法可以有两种：一种是自造例句，一种是援引书籍。前者的好处是明白恰当，而其弊在无征，而且缺乏时代性，后者的好处自然是有征而又具有时代性。"①重在溯源或源流并重的大型语文辞书，多用引例，如《汉语大词典》根据体现源流、提示用法、辅助释义、提供知识的要求，选用了200多万条经过核对的语料作为例证，起到了释疑解惑的作用；而中小型语文辞书则多用自编例，如《现代汉语词典》。

自编例可以根据义项的内容和用法，用最简单的语句设置出最完备的例句，突破传统的书证局限，使例证不但成为证明义项的材料，还可提供词用的语境类型和词语搭配原则及语用原则，具有释文简洁和摹仿造句的特点。《现代汉语词典》已经形成采用自编例或改编现当代书证作为例证的具体做法。近年来一些用法型学习词典重视口语的交际情境，如外向型学习词典多采用加长例证的方式补充交际情景因素，把原单句例、小句例变为对话例，从而揭示出更多的交际信息，以使用户更全面了解词的使用规律。

六、参见

较早使用参见方式表明字词属性联系的是顾野王原本《玉篇》。如"谊"字下云："今并为义，义在我部。""讴"字下云："《埤仓》或为呕，字

---

① 《王力文集》第十九卷，山东教育出版社，1990年，118页、53—54页。

在口部。《字书》为怄,字在心部。”张自烈编《正字通》则对多音而义同或义通的词采用在一字下辨析详释,在另一字下说明“详见某字注”的方式。黎锦熙所编《国语辞典》的参见体例已渐完善,规范化而成系统的参见体例体现在《现代汉语词典》中,使用“见”“另见”“参考”等参见用语,且标明参见字词在词典中的页码位置,《编写细则》明确规定每条参见用语的所指和用途,体现了字际、词际以及字词属性之间的关联。

近年来随着辞书编纂的数字化,藉因特网为媒介,运用计算机强大的超文本链接功能,语文辞书的参见方式也更迎合读者需求,读者从所检索到的某一词语入手就可方便快捷地查看到自己需要的各种信息。

七、编排组织方法

辞书的编排方法有部首编排法、音序编排法和笔画编排法等,还有四角号码法、中国字庋撷法、起笔笔形法、笔顺法等,种类纷繁,各有长短,大致可分为按义排列的、按形排列的、按音排列的三种。按义排列即以类相从,如《埤雅》分鱼兽鸟虫等八类,《六书故》分天文和地理等九部。按形排列的有按六书顺序的,也有按点画偏旁或笔画多少来编次的,如《六书故》按义分为九类,各部下则按六书编次。按声排列的有以四声为纲和韵目为目的,也有以韵目为纲和四声为目的,还有以声母为纲和声调为目的等多种方式,最常见的是按照汉语拼音的音序编排。蔡元培指出:“按义排列的,有《尔雅》、《广雅》中之《释诂》、《释言》等篇,大抵适于记诵,而不适于检查”,“按声排列的有《广韵》、《集韵》以至最近通行之《佩文韵府》,清代有《经籍籑诂》,虽专为检查字义而设,然不熟于声韵的,检查颇难”。按形排列的字书有《说文解字》《玉篇》《字汇》和《康熙字典》等,“为探求字原起见,与按义、按声的差不多;若为检查便利起见,就差胜一筹”。[①]语文辞书的编排虽或按部首,或按韵部,或按事类,或按笔画,但由于汉字

① 蔡元培《〈四角号码检字法〉序》,王云五《四角号码检字法》,商务印书馆,1926 年。

的特点,按部首编排的方法一直相承沿用。

先秦时的字表首开“分别部居”的编排体例,《尔雅》又创以类相从的编排体例,按照词义内容、事物性质进行编排,为后来的雅书所仿用。《说文解字》根据汉字形体特征,据形系联,按义类或形旁分部归类,始建540部的部首体例,开字形排检法的先河,经《类玉篇海》《字汇》和《正字通》从检字法角度,根据楷书形体进行调整,完成了形义部首向检字部首的转化,演化为《康熙字典》的214部首。后世所编语文辞书大多相承沿用这一部首体例而按检字法“据形归部”的原则略作调整,如《现代汉语词典》(第6版)调整为201部,《汉语大字典》和《汉语大词典》调整为200部等。《新华字典》的部首改并后共有201部。王力曾指出:“本来,旧字典的部首由540部减为214部,已经不是完全按照意符的原则;现在《新华字典》这样一改并,更是不拘泥意符的原则,而这样改并了以后,部首检字法使用起来就更方便了。”①如“思”字,按造字法据义归部应归心部,《新华字典》按据形归部归入田部。

《切韵》采用依音排列的方法,《广韵》奠定了依韵检字的音序编排的体例,后经过精减合并,由206韵减少到106韵。《国语辞典》始以注音符号的声母为纲,韵母为目的次第编排,开创了现代语文辞书真正意义上的音序排列法。《汉语拼音方案》推行后,形成了新型的音序体例,取代传统韵书的音序,先依26个字母分大部,再依每个字母为首字母构成的音节分小部,小部下依四声再细分子类,奠定了语文辞书编排的音序法体例。《新华字典》和《现代汉语词典》等都以汉语拼音音序编排,检索方便。

按义排列、按形排列、按音排列三者又可结合。如《类篇》融字书和韵书的优势于一体,采用以部首为纲和以韵目为目的方法编排;《永乐大典》和《佩文韵府》采用以韵隶字,再按类系事的方法编排,既依音排列,又以类相从。又如《骈字类编》以单字带复音词,收录首字相同的合

① 《王力文集》第十九卷,山东教育出版社,1990年,13页。

成词，形成正序立目编排体例；《佩文韵府》以所收复音词的尾字按韵编排，形成逆序立目编排体例。《四库全书总目》称二者"一齐尾字，一齐首字，互为经纬，相辅而行"。

传统语文辞书的总体编排原则主要是《说文》类的部首编排法——系形法、《广韵》类的韵部编排法——系音法、《尔雅》类的义类编排法——系义法。现代语文辞书编排体例的变革和发展主要体现为整合形、音、义序，形成形、音、义三序综合运用的检索体系，以方便人们使用。如《现代汉语词典》等现代汉语类语文辞书多以音序为主索引，以部首形序为副索引；《汉语大字典》和《汉语大词典》等古今兼收的大型辞书以及古代汉语类语文辞书多以部首、笔画等形序为主索引，音序为次索引；成语辞书由最初的以义归类至目前采用音序、笔画、部首、分类、号码等各种编排法；同义、类义词典等语文辞书则以义序为主索引，辅以音序或笔画检索。

近年来随着计算机技术的迅猛发展，电子和网络语文辞书已具有全文检索功能，可在字头、词头以及释文中进行全文检索，还可以实现自动关联，迅速检索出一个语素分别充当复音词第一语素、中间语素、尾语素时构成的词群，将正序、逆序合为一体，不仅提高了语文辞书的查全率和查准率，而且充分体现了综合检索的强大功能。

语文辞书的编排形式和检索方法是沟通语文辞书释义内容与读者的桥梁，对读者检索起着"按图索骥"的作用。①

第四节　篇韵双轨并行组合模式

字书按部检字，韵书按韵编字，二者相辅而行。"韵书省称为'韵'，

① 邹酆《近百年来汉语词典编纂法研究的新发展》一文论述近现代语文辞书编纂方法的发展颇详，此从略。《辞书研究》，1999(5)。

字书省称为‘篇’”，合称“篇韵”。[1] 元代刘鉴在《检篇韵法》中明确指出：“小学不绝如线，字书行于今者，篇莫加于《类篇》，韵莫善于《集韵》。”[2]“篇”“韵”组合的模式是汉语语文辞书编纂的一个传统，顾野王《玉篇》和陆法言《切韵》是第一代“篇韵”，《广韵》和《大广益会玉篇》是第二代“篇韵”，《类篇》和《集韵》是第三代“篇韵”，[3]《五音集韵》和《四声篇海》也是“相配的字书和韵书”[4]。宁忌浮《汉语韵书史》罗列了明代有“篇韵”关系的十个组合，除上所述四组外，另如章黼《直音篇》和《并音连声韵学集成》，王应电《同文备考》和《韵要粗释》，李登《重刊详校篇海》和《书文音义便考私编》，徐孝、张元善《合并字学集篇》和《合并字学集韵》等，认为清代“《康熙字典》与《音韵阐微》是科学的‘篇’‘韵’组合”。宁忌浮还从收字、注释和注音三个方面对“篇韵”关系进行分析，指出“字书与韵书共荣，二者相互配合，即所谓‘篇’与‘韵’互为表里，是明代音韵文字之学的突出特征”[5]。这些具有特殊联属关系的字书和韵书形成传统辞书编纂的一种模式。

汉字是形、音、义的统一体，字书和韵书虽都有注音和释义，但编排次序和检索功能各有侧重，“篇”“韵”的组合模式完善了汉字形、音、义检览功能的区分，形成字书和韵书编纂“双轨并行”的特征。司马光《类篇》序云：“今夫字书之于天下可以为多矣，然而从其有声也，而待之以《集韵》，天下之字以声相从者无不得也；从其有形也，而待之以《类篇》，天下之字以形相从者无不得也。”“从其有声也”和“从其有形也”阐明了《类篇》与《集韵》编纂目的的不同，《类篇》主要以“从其有形也”

① 赵振铎《中国语言学史》，河北教育出版社，2000 年，242 页。

② 元刘鉴《经史正音切韵指南》所附《检篇韵法》，嘉靖三十一年刻本。

③ 鲁国尧《〈卢宗迈切韵法〉述论》，《鲁国尧语言学论文集》，江苏教育出版社，2003 年，341 页。

④ 赵振铎《中国语言学史》，河北教育出版社，2000 年，241—243 页。

⑤ 宁忌浮《汉语韵书史》，上海人民出版社，2009 年，474—476 页。明万历年间张元善和徐孝还集字书、韵书、韵图为一体，编成《合并字学集篇集韵》，又名《合并字学篇韵便览》。

为目的,与《集韵》"相副施行"而编纂。宝元二年(1039),《集韵》告竣,为了解决检索《集韵》字音的难题,紧接着就编纂《类篇》。据杨小卫《〈类篇〉编排特色析论》一文,经采用计算机技术把《类篇》按韵书《集韵》的体例编排,《集韵》按字书《类篇》的体例编排,显现出两书在内容材料上大同小异,彼此可以相互参稽。《类篇》的部首编排以《说文》540 部为经,部首中的字次以及每个字下的音义则以《集韵》为纬,按《集韵》的韵目编次。① 张渭毅《中古音论》指出:"《类篇》以字形为纲编排《集韵》韵字的形、音、义,在内容上跟《集韵》有很大的共性,但又对《集韵》的少数又音删、改、并,在释义和异体字的处理上跟《集韵》多有不同,体现了编者的意图,是一部与《集韵》相副施行的、有相对独立性的字书。"②

《广韵》和《大广益会玉篇》、《集韵》和《类篇》、《五音集韵》和《四声篇海》、《正韵》与《洪武正韵汇编》、《韵学集成》与《直音篇》等体现了大致相似的编纂特点,具有共时性。一般都是由同一编纂者主持,先采用分韵编排的方法编纂韵书,再依据部首顺序将韵书的所有韵字编纂成字书。如《五音集韵》与《四声篇海》③都是韩道昭在其父韩孝彦所撰基础上编定,后合刊统称《篇韵》④。这种"篇韵并行"的编纂模式,便于读者检览使用,实现了"篇中类出韵中字,韵内分开篇内音。见字求声篇内检,知声取字韵中寻"⑤。既可在共时平面上进行篇韵注音和释义的综合研究,又可

① 杨小卫《〈类篇〉编排特色析论——基于"双轨制"辞书〈集韵〉〈类篇〉的对比分析》,《辞书研究》,2013(5)。

② 张渭毅《中古音论》,河南大学出版社,2006 年,5 页。

③ 又名《改并五音类聚四声篇海》和《篇海集韵》等。

④ 明僧文儒、思远等校刊删补《改并五音类聚四声篇海》与《五音集韵》,合称《篇韵类聚》。参韦乐《〈续修四库全书〉本〈改并五音类聚四声篇海〉版本纠谬》,《前沿》2010 年第 2 期。

⑤ 元刘鉴《经史正音切韵指南》所附《检篇韵法》,嘉靖三十一年刻本。宁忌浮《汉语韵书史》称"最典型的组合,是金代的《改并五音类聚四声篇》和《改并五音集韵》。这两部书饱含几代人的心血:王与秘——韩孝彦——韩道昭;荆璞——韩道昭"(上海人民出版社,2009 年,475 页)宁忌浮所说"王与秘"应为"王太与祕祥"。

比较分析形、音、义异同，甄别正误，考证历时传承源流。[①]

第五节　字典到辞典的跨越

古代的语文辞书一直是字典与词典的合一，体现着辞书理论初级阶段的混沌特点。[②] 严复《商务书馆华英音韵字典集成序》指出："字典者，群书之总汇，而亦治语言文字者之权舆也。"[③]汉语以单音词为主，汉字大约有6万个，这些字所表之义大致即汉语中6万个左右的单音词的词义，基本上是形义结合，一字与一词相对应。汉语语言文字本身的这一特点决定了中国古代语言学以文字为对象，这也决定了中国古代汉语辞书主要是以单个的字为收录单位来解释词义的字典，而汉语词汇由单音节向双音节发展则是汉语词汇古今演变的大势所趋。据已有的相关研究表明，殷商时代汉语的词汇系统本质上是单音节的，春秋战国时双音词的数量增大，成为汉语词汇双音化迅速发展的第一个时期，[④]如《左传》全书约20万字，有284个双音词。东汉以后汉语词汇双音化的步伐日益加快，如《论衡》约21万字，有2 000多个双音词。[⑤] 魏晋以后，尤其到了唐宋，社会发生了很大的变革，经济文化有了很大的发展，新事物、新概念大量涌现，以单音词为词素构成复音新词也就成

① 王进安《字书韵书编纂中"篇韵"并行模式探索》，《古汉语研究》，2014(1)。

② 词义最初形成时也总是处于原始的混沌状态，内蕴着人们对客观事物各种特点各自的不同认识，在交际使用中渐渐由混沌而明晰，由隐含到条析，约定俗成为大家认可的词义。参拙著《近代汉语词汇学》第四章第一节《词义构成与类型》，暨南大学出版社，2013年。

③ 罗布存德《华英音韵字典集成》，商务印书馆，1902年。

④ 马真《先秦复音词初探》，《北京大学学报》，1980(5)、1981(1)；郭锡良《先秦汉语构词法的发展》，《第一届国际先秦汉语语法研讨会论文集》，岳麓书社，1994年。

⑤ 程湘清《先秦双音词研究》、《先秦汉语研究》，《论衡双音词研究》、《两汉汉语研究》，《世说新语双音词研究》、《魏晋南北朝汉语研究》，《变文双音词研究》、《隋唐五代汉语研究》，山东教育出版社，1982—1992年；毛远明《左传词汇研究》，西南师范大学出版社，1999年；方一新《东汉语料与词汇史研究》，《中国语文》，1996(2)。

为汉语创造新词来表达这些新事物、新概念的主要方法，双音词为主的词汇系统基本形成。[①] 汉语词汇的双音化突破了单音词在形和音上的局限性，不仅大大增加了词的数量，而且相应地还减少了构词语素的数量，以简驭繁，建立了以少量语素构成大量词语的词汇体系，从而使汉语在词义的表达上更臻完善。汉语词汇的双音化是由作为孤立语的汉语自身的特点决定了的，也是汉语词汇内部形音义三者矛盾互相推动的必然结果。形态变化衰落的汉语，主要是立足于词义，顺应人的思维，由已知昭示未知，以单音词为基础，以文组字而生字熟旁；又适应词义发展的需要，由单音词充当语素发展为双音词，以字组词而生词熟字。[②]

我国古代的字典对每一个汉字注音释义，而汉语中还有不是单一汉字形式的词和习语，因而有韵府一类的辞书收释词和习语。《佩文韵府》主要收录词藻和典故，以单字立目，下列词藻多为复音词。这种体例体现了普通语文词典编纂体例的雏形。1898 年马建忠撰《马氏文通》，把实字分为名字、代字、动字、静字和状字五类，把虚字分为介字、连字、助字和叹字四类，虽对词仍然用“字”的概念，但已经具有字、词内涵外延二分的理念。1915 年商务印书馆出版的《辞源》适应汉语词汇双音化的趋势，承古代字书、韵书和类书编纂传统，又借鉴吸收国外辞书编纂的长处，收释古今词语，贯通典故，博采新知，这使词典与偏重解释汉字形音义等属性的字典有所区分。《辞海》1936 年版《编辑大纲》又论述了兼收普通词语和专科词语的原则。陆尔奎《辞源说略》认为“故有字书，不可无辞书，有单辞不可无复辞”，“辞书以补助知识为职志，凡成一名辞，为知识所应有，文字所能达者，皆辞书所当载也。举其出处，释其意义，辨其异同，订其讹谬，凡为检查者所欲知皆辞书所当详

① 朱庆之《佛典与中古汉语词汇研究》，文津出版社，1990 年。

② 参拙文《汉语的字和词》，《中国语文通讯》，2000 年，总 54 期；《汉语词汇双音化的内在原因考探》，《语言教学与研究》，2005(2)。

也”。[①]《辞源》采用以单字为纲,单字下带出复词,兼收古今词语和各门学科的名词术语的编纂方法,奠定了我国现代语文辞书的基本模式,成为我国辞书史上别开生面的新式辞书。

《辞源》作为新式辞书的最大特点就在于适应启蒙新知的社会需要,贯通古今,广泛收释复合词语,容纳西学新知识。如心部“感”下收有“感性、感官、感觉、感化率、感光片、感受性、感应圈、感应电、感伤主义、感觉器官”,角部“解”下收有“解放、解剖、解除、解析法、解毒剂、解剖学、解析几何”等,从而确立了单字下带出复词的辞书编纂体制,在某种意义上可以说奠定了后来汉语辞书编纂的体例格局,标志着辞书指导理论由小学理论转变到了现代语言学理论。1937 年叶籁士提出“要不用字作单位,而用词儿作单位”[②]。1947 年黎锦熙、汪怡主编的《国语辞典》采用“以字头为条目标志、以聚合在字头下的词为解释单位”的体例,主要以共时层面仍在使用的词语和词义为收录宗旨,体现出对共时词汇与历时词汇分收的收词原则。1953 年王力指出“咱们用的是‘字典’而不是‘词典’”,“要把词的概念建立起来”。[③] 1954 年版《新华字典》凡例指出其编写目的“主要是想让读者利用这本字典,对祖国语文的词汇能得到正确的理解,并且知道词汇现代化和规范化的用法,在书面上和口头上都能正确地运用”。1954 年国务院要求中国科学院哲学社会科学学部语言研究所编纂《现代汉语词典》时明确“以‘词’为单位”,从“词”的观念出发选词收词已成为词典编纂的理论原则和指导方法。[④] 1978 年,在现代词汇学、普通话理论指导下编纂的中型规范性语文词典《现代汉语词典》正式出版,贯彻了以语义场的关系分析、义素分析为代表的结构语言学理论和描写语言学理论、规定语言学理论,具有共时、描写、规定和教学的色

① 陆尔奎《辞源说略》,又载《东方杂志》,1915 年,第 12 卷第 4 期。

② 叶籁士《谈字典》,《语文》,1937 年第 1 卷第 3 期。

③ 王力《词和仂语的界限》,《中国语文》,1953(9)。

④ 郑奠、孙德宣等《中型现代汉语词典编纂法(初稿)》,《中国语文》,1956(7—9)。

彩，成为中型语文辞书的典型。

新版《辞源》以语词为主，兼顾百科，收单字 14 210 个，复音词 92 646 个，共 1 200 万字，内容以弘扬中华传统文化为宗旨，发皇故典，释疑解难，冀还原所释词语古代使用的原貌，尤其重在沿流溯源，由源竟委，维护了《辞源》百科性语文辞书的品牌地位。《辞源》第三版在出版纸质版的同时还推出了网络版和优盘版，实现了纸质版电子版同步，为中华传统文化与现代数字技术的有机结合提供了一个成功的范例。

第四章 辞书释义与词义系统

意义是辞书知识体系的核心和基础，释义可以说是语文辞书编纂的灵魂之所在。民国时杨喆所编《作文类典》序言曾说："自昔类书所立系统，见仁见智，各自不同。……本书分别部居，一一遵循学理，……俾相衔接，庶同条共贯，若网在纲，翻检一过，足为触类旁通。""任何一部辞书都应该是一个相对完备的知识系统，应该反映特定语言的词汇体系和语义网络。"①语文辞书不仅仅是罗列解释词语，而且是遵循学理把词语井然有序地组织在一起，具有词义系统的整体观念，把同义、反义、类义、上下位义等相关词语作为一个个子系统来释义，前后连贯，上下呼应，左右平衡，形成一个系统网络。每个词语的训释都不是孤立存在的，词语与词语之间有着纵横交错的密切联系，通过词义的训释把一定时期的文化知识和意识观念系统地连贯起来，将人类对世界的认识和经验编码为显性的知识体系。如从《尔雅》等雅书的义类分部和《说文解字》的540部首中可见其时人们对世界的分类观和基本的哲学观，因而辞书释义体现了一定时期的文化科学知识结构和词义系统。

第一节 辞书释义特征

语言作为人的一种思维和交际工具，作为人与人之间联系的纽带，作为人认识与把握客观世界的一种方式，与人本身有着难分难舍的密切关联。客观世界本质上是人化的世界，辞书编纂就是诠释世界万象，

① 章宜华、雍和明《当代词典学》，商务印书馆，2007年，206页。

所作释义要与世界万象名实相符。这好似孔子所说的"正名"。孔子主张定名分,语词和语义相称,认为"名不正,则言不顺;言不顺,则事不成;事不成,则礼乐不兴;礼乐不兴,则刑罚不中;刑罚不中,则民无所措手足"。孔子把"正名"看作社会和政治改革的核心,通过正名来规范社会的秩序,使社会在实践运作中有条不紊,使政治制度中的一切关系符合理想的涵义。辞书的释义概括了世界万象又加以条理,在人们的社会生活和文化中也不仅是词义的解释,而且与人们做人处世的理念息息相关。人与世界的关系包含在辞书的释义中,辞书的释义不仅可如《周易·大畜·象》所说"多识前言往行以畜其德",而且是宣教明化之本,具有教化人伦维系规范社会秩序的作用。

语文辞书是我们民族文化的结晶,其释义具有我们民族文化的传统特征。下以古代语文辞书的释义特征为例略作考探。

一、以字为词的释义结构

我国语文辞书的编纂源远流长,从《尔雅》到《康熙字典》,虽有字书、义书和韵书之分,但在释义上都有一个共同的特点,即大致上以一个字作为词的一个单位进行释义。如《尔雅》:"初、哉、首、基、肇、祖、元、胎、俶、落、权舆,始也。""林、烝、天、帝、皇、王、后、辟、公、侯,君也。"《说文解字》:"一,惟初大极,道立于一,造分天地,化成万物。""元,始也。"《广韵》:"东,春方也。""鶇、鶫,鸟名。美形。"

语文辞书释义结构上这一特点的形成植根于汉语本身的结构特点。众所周知,中国传统小学研究中字与词的界限是模糊不清的,这实际上表明了汉字与汉语词语间确有难舍难分的关系。汉语中最初是一字一词,汉语的基本词、词根都是单音词(现代汉语中尽管复音词占优势,但这些复音词毕竟还是由单音词作为构词词素组成的)。上古汉语中的词大多是单音词,复合词是在周秦时才慢慢发展起来的。汉语词语不仅仅是通过字得到记录,而且汉语单音词的词义本身也是借助汉字形体才得到显现。汉字作为汉语词的载体,直接与词的原始词义和基本意义相结合,形体上代表着一个单音词,然而它并不只是一个单纯的笔画构成体,而且还是一个语言信息满负荷反映的自足的语言基本实体。它不只是单纯作为一个视觉符号出现在人们面前,而且它本身就是汉语最基本的一级单位,它将汉语词的意义、语音融成一体,并在其形体上反映出来。在意义上,汉字以其自身结构或以象形显之,或以指示示之,或以会意启之,或以形声寓之,或以转注类之,或以假借通之。在语音上,一个汉字就是一个能够独立运用的音节。在形态上,汉语词没有首尾的词缀变化,也没有足以别义的内部语音曲折,表现在汉字上则为一个示意整体,以其整体的方块结构而不是具体的笔画来表达词义。

语文辞书编纂者在编纂实践中显然清楚地认识到了汉字本身就是形音义合一的语言单位,它是包含着汉语的一切的原子核,故采用以字为词的释义结构,通过汉字来训释和探究汉语词语所表达的一切。

二、以字形为释义的外在依据

人类语言发展的初期,事物的命名是任意的。原始初民最初给事物造词命名或循声或因形而约定俗成,而一旦约定俗成,人们则往往根据某些事物的共同的或相类似的特征,引申触类,以已知推未知,以相同相近的音节来命名相类似的事物或具有某一共同特征的一类事物。从语源上说,新词的产生与旧词在语音上或多或少会有一些关联。客观上,汉语词汇系统中的词语一般都不是孤立存在的,语词可以不断地、无限制地适应着客观需要而增殖,而在新词的增生过程中,则往往源于前已有之的旧词。汉字的产生晚于口头说的词语,记载汉语词语的书写符号——汉字是以象形为基础、表义为主导而兼有表音因素的表意制文字。造字之初,一部分字采取了概念、发音和自然物象融合成一体的方法来记载汉语词汇中的一些基本词,体现在字形上即为象形字。汉语中象形字约有二百多个，这些象形字作为构字部件的字根，又或指事、或会意、或形声、或转注、或假借，组成了为数众多的合体字来记载其他词语。这些字根不仅是构成合体字的基础部件，而且其意义也都或以形旁或以声旁程度不一地渗透到合体字中来表达词义。

古代语文辞书编纂的目的在于揭示词义，其释义的方法主要是形训、声训和义训，其中形训和声训都以汉字的形体作为释义的依据。

形训是古代运用最广、历史最悠久的一种释义方法，如“止戈为武”“自环为厶，背厶为公”。《说文解字》大规模地运用了据形释义的形训方法，对9 353个汉字的训释大多都从形和义的自然而又紧密的联系上揭示其词义，阐析每个字的形体构造和词语本义的来由。如“牛”是象形字，“象角头三，封尾之形”。“牛”作为字根，又是组成指称与牛有关的大小、雄雌、毛色等合成字中的一个部件，以形旁来表义，《说文》则亦从其从牛之形来释“牡、牝、犊、牲、物、牵、牢”等词，并将其归为一个部首，以“牛”这个部首揭示从“牛”的字的意义范围，构成一个大的意类，体现了汉字偏旁“凡山必言山，凡水必言水”以揭示义类的重要特点。其释“物”云：“万物也。牛为大物。天地之数起于牵牛，故从牛，勿声。”在对表示概括义的“物”的训释中，以“牛为大物”在“物”的字形和所表词义上建立起直接的联系，并从其字形上扣住其从牛的字形特征，揭示了其表示“万物”的概括义。

声训是依靠语音来解释词义的一种方法，如：“政者，正也。”“通，洞也，无所不贯通也。”声训在古代语文辞书释义方法上占据着重要地位，其从音义同源的实质着眼来揭示词义。远古书契未兴，先民唯藉语音以达词义，语言中词的音义同出一源，互相依存，互为表里，故汉语中音义相通的词语可以据音系联。表现在字形上则一方面文字形体无涉的词语具有音义相通的语义，如雇、酤、贾叠韵，含有买卖的语义；布、铺、旁都是唇音字，含有分布、广泛义。另一方面则同声符的字往往也有相通的语义。段玉裁在《古十七部谐声表》中指出：“六书之有谐声，文字之所以日滋也。考周秦有韵之文,某声必在某部,至啧而不可乱。故视其偏旁以何字为声,而知某音在某部,易简而天下之理得也。”“同谐声者必同部也。三百篇及周秦之文备矣。”

由于汉语的音节是有限的,故同一音节或声符往往兼含两个或数个不同的语义,如声符“皮”在“被、帔、绂、髲、贓、彼”中含有“外表物”或“外加”的语义;在“波、坡、破、玻、披、跛”中含有“高大”“不平正”的语义;在“破、诐、被、铍、簸”中含有“分析”“分解”的语义;在“疲、鲏、鞁”等字中又各自为义。又如“亦(䜌)”的声符在“恋、峦、孪”中有“相连”义,而在“娈”中有“美”义。汉语中形声字是六书中的大宗,汉字中十之六七是形声字,大部分转注、假借字也是从形声字转变而成。形声字的声符实际上并不只是简单地表音而已。诚如杨树达所指出:“盖文字之未立,言语先之,文字起而代言,肖其声则传其义。中土文书,以形声字为夥,谓形声字声不寓义,是直谓中土语言不含义也。”形声字的意符往往仅表大类属,其确切的字义还需将意符声符结合起来考察,其声符实际上往往是形音义三者的综合体现。如暧,从日,爱声。声符“爱”有“隐蔽”义,在“暧”字中不仅以音表义,也以形示义,表达了“暧”字的“日不明”的词义。声训从语音入手释义,突破了字形的限制,同时其对形声字的释义实际上又是落实在一个个具体的字形上,故声训方法与形训方法有着密切的联系,字形亦是其释义的依据。

三、以共通词义为释义的类聚媒介

汉语词语的形是其标志,音是其外壳,义才是其核心。古代语文辞书训释词语无论是从形还是从音出发,目的都在于辨析词义,力图做到每个词名与实的解说基本相符,词义与其反映的客观事物相吻合。其释义注重文献中具体词义的直观考察,辨析古今时间和共时空间的差异,在已有大量经籍训诂注释的基础上归纳词义,广泛采用同义为训的释义方法,即以一个已知的词去认识、显示一个或一组未知的词,以此为认知的出发点,去沟通另一个尚未被认识的词语,本质上是寻求释词与被释词之间的共通义。其方式有互训、递训、同训等。互训指两词同义而互相对释,如珍,宝也;宝,珍也。甘,美也;美,甘也。恚,恨也;恨,怨也;怨,恚也。递训指几个同义词之间可一个接一个地递相训释下去,如语,论也;论,议也。庸,用也;用,通也;通,得也。同训指两个或两个以上的词均用相同的训释词作解释,如琱,治玉也;琢,治玉也。迅,疾也;速,疾也。《说文》中采用互训方法训释的有350组,采用同训的约有900组。我国辞书史上的第一部语文辞书《尔雅》则是在汇集了大量周秦以来的训诂资料的基础上,以同训为线索缀辑而成,其中《释诂》《释言》《释训》三部分,所释多数采用同训的方法。如《释诂》:“弘、廓、宏、溥、介、纯、夏、幠、厖、坟、嘏、丕、奕、洪、诞、戎、骏、假、京、硕、濯、訏、宇、穹、壬、路、淫、甫、景、废、壮、冢、简、菿、昄、晊、将、业、席,大也。”《释言》:“潜、深,测也。”《释训》:“明明、斤斤,察也。”继《尔雅》之后,《小尔雅》《广雅》《拾雅》《通雅》等一大批雅类辞书先后问世,其或补《尔雅》之阙,或捃《尔雅》之遗,义项编排亦袭《尔雅》之例,以同训为线索,被训释词语多是难义、偏义、僻义、古义,训释词语多是常见义、通俗义、今义。

同义为训以已知的词语为媒介,以求得对未知词语的一种大致上的朦胧认知。这是扩大人们认知范围的一种行之有效的释义方法。在同义为训的基本格局下,以共通的词义为比较、联想、参照的媒介,从而把单个的分散的词语连结为一个个或大或小的同义或近义词群,形成词语义类的类聚。如前所举《尔雅》中的“大也”条,“大”是义类的核心义素,“弘”等39个词尽管表面意义相去甚远,但都能聚集在“大”的意义范围中。明末黄生撰《字诂》则从语音入手,力求通过对具体词语的训释来寻找同义类词语的语源联系,认为“谐声字以所从之声为纲义,而偏旁其逐事逐物形迹之目”,其释“纷雰衯鳻棼”条云:“物分则乱,故诸字从分者皆有乱义:纷,丝乱也;雰,雨雪之乱也;衯,衣乱也;鳻,鸟聚而乱也;棼棼,乱貌也。”“乱”是义类的核心义素。古代语文辞书作为读经辨志、解疑释惑的工具,在释义中注重追寻归纳词语中包蕴着的那种共通性词义成分,这是古代语文辞书力求从整体来认知事物的鲜明反映,也是其最具本质特征的一种释义方法。

四、以义界为客观世界的评估

古代语文辞书训释词义除以单词释单词外,也以句来释词,类似定义式的义界,即用定义和描写的方式来表述词义的内容,展示词义的特点,从而把词与邻近的词或义项区别开来。如《说文》:“缔,结不解也。”“革:兽皮治去其毛曰革。”又如《字说》:“除:有阴有阳,新故相除者,天也。有处有辨,新故相除者,人也。”“童:始生而蒙,信本立矣;方起而稚,仁端见矣。”“中:中通上下,得中,则制命焉。”以义界释义与以单词释义的区别在于前者旨在析异,后者旨在求同;前者用描述的方式,后者直训。两种方式训释的角度虽不同,但都是从紧扣住词义的异同入手,简练明确地显示出词义的特点。利用词义间的异同关系,或只用主训词直训,或用义界描述,从而使被训词语和训释词语达到尽可能严密的对当和一致,这是古代语文辞书释义的总的原则。

古代语文辞书作为经学的附庸,词义训释是为治经通经服务的。我国第一部辞书《尔雅》的释义系统即反映了儒家的思想观念,体现了当时的文化科学知识体系,故成为儒家十三经中的一部。《说文解字》则集当时古今经学家治经之大成,从文字训诂入手阐明经义,旨在弘扬五经之道。

古代语文辞书的释义作为一种文化阐释,又具有“我注六经”和“六经注我”的人文精神,编者对词义的解释总是充满了时代的选择意识,注入了强烈的现实精神。编者以“我注六经”的态度对词义作出自己的判断、理解和选择、解释,融入了当时一代人的精神与创造,因此词义的阐释实质上又是一个“六经注我”的过程。中国哲学具有阐释重于独创的显著特点，历代哲学家往往通过阐释古代经典来建树自己的哲学观点，而哲学问题的研究往往又多通过词义的研究作为媒介，从而在经典的注文中烙上了历代哲学家的思想。我国古代语文辞书编纂在作为经学附庸的同时，实质上又是以同义阐释的特殊方式参与了当时社会上重大的和基本的文化问题的探讨，辞书释义在某种程度上蕴含了一种解决社会现实问题的潜意识。古代语文辞书编纂者实质上都是通过词义阐释去触及、理解和解决当时所面临的某些重大的基本的社会文化问题，表达他们对传统文化的意义理解和价值评估，提出他们对当时社会文化发展的建构蓝图，从而深刻地介入了时代的文化继承和再造。

如汉代研治经学有今文经学和古文经学两大流派。许慎《说文解字》往往借词义的解释来阐明一种哲理或政治主张。如："政，正也"；"武，止戈为武"。《说文解字》的语义分类和词义训释系统地反映了许慎对今古文经学之争的价值评估，实际上是一幅当时文化的认知图。

又如北宋一代是儒家学者的觉醒时期，当时绝大部分的儒学家们都在致力于振兴儒学，力图使儒家学派的地位重新居于佛道两家之上。学者们在新的社会现实面前由不信汉唐注疏，进而大胆怀疑古代儒家经典，并且从当时的社会政治需要出发，汲取和融入释道两家的心性义理之学，重新阐释经书，提出新的见解。王安石明确指出："经术者所以经世务也；果不足以经世务，则经术何所赖焉。"[①]他结合当时社会的实际情况研究经术，探索道德性命之理，别树一帜，不但摆脱了汉唐儒家经学章句训诂的束缚，而且也有别于魏晋时期空疏放荡的谈玄之风，以其博学多闻的才识，融儒释道于一体，"考字画奇耦横直，深造天地阴阳造化之理，著《字说》包括万象"。他在《字说》中借辨析字形和词义，表达其对传统经学的价值评估和建构新文化的理想。如其所释"除""童"和"中"，即表露了其试图通过训释词义以儒家义理来解决当时所

① 宋杨仲良《资治通鉴长编纪事本末》五九卷，文海出版社，1967 年，1894 页。

面临的一些社会问题。

古代语文辞书的释义往往语文性和百科性混沌不分，西学东渐后语文辞书虽也兼收百科词语，但释义以语文性为主，且注重共时词义和用法的描写，义项的概括由归纳古籍用例转变到根据实际交际用途设立义项，例证也由书证转向兼有生成模仿功能的自编例，尤其是学习型词典注重提供语音、笔顺、字形辨析、词源、释义、例句、组词搭配、用法说明、语法信息、同义词辨析、反义词辨析、错误提示信息和插图等。如"商量"和"商议"，二者都可以表示"两个或两个以上的人计划、讨论某事"，但"商量"口语书面语都多见，其对象多是日常生活中的琐细事务；"商议"则仅见于一些正式的公文中，对象往往是严肃的社会事件。就动作对象而言，前者强调交换意见这一行为本身，而后者则具有具体的目的，强调行为本身的同时，也注重结果。《现代汉语词典》释"商量"："交换意见。""商议"："为了对某些问题取得一致意见而进行讨论。"鲁川《动词大词典》则指出现代汉语中，"商量"和"商议"都是他动词，"商量"的施事多为生活化的角色，如"大伙儿""同学们"，也可以是"干部""委员们"等正式场合才出场的角色；"商议"的施事则为"代表们""人士""领导""筹备组""干部"等商讨重大问题的角色。二者都能与系事、数量、原因、目的、时间、处所共现，不同的是，"商量"还可与范围共现（关于那件事，你们要商量个办法），"商议"还可与结果（这件事终于商议出了一个头绪）、基准（他们比我们更热烈地商议起开茶话会的事来）、依据（代表们按照大会的程序商议起有关的事情来）共现。① 又如"苦"，《现代汉语词典》："像胆汁或黄连的味道。"《商务馆学汉语词典》："像咖啡（不放糖）的味道。""货币"，《现代汉语词典》："充当一切商品的等价物的特殊商品。货币是价值的一般代表，可以购买任何别的商品。"《商务馆学汉语词典》："一个国家通用的钱（书面语）。""讹

---

① 鲁川《动词大词典》，中国物资出版社，1994年。

诈”,《现代汉语词典》:“威胁恫吓。”《商务馆学汉语词典》:“借着自己的某些优势(如政治上的、军事上的)威胁别人,以便获得好处。”

从古今语文辞书释义的演变不仅可看到释义方式和内容由随意混沌到准确明晰的发展,而且还可看到认知水平由经验到科学的升华。如《说文》至《康熙字典》皆释“水”为“准也”,释“火”为“毁也”,释“云”为“山川气也”;《辞源》则释“水”为“氢气氧气化合之液体,无色无臭,在摄氏表百度而沸,冷至零度则凝为冰”,释“火”为“物在空气中,与氧气化合而燃烧,所生光与热之现象”,释“云”为“地面湿润之气升至甚高处遇冷凝成微细水点,浮游于空中也”。又如《说文》释“人”为“天地之性最贵者也”,《现代汉语词典》释为“能制造工具并使用工具进行劳动的高等动物”。

第二节　辞书词义系统

一种语言的词汇是一个由许多语义相互联系的各级词汇单位所组成的内部统一体。词义是词所表达的内容,一个词的意义只有与该语言中的其他词联系起来才能理解和习得。词义随着社会生活的发展,适应人们交际的需要,按照本民族的心理习惯和语言特点而不断发展变化,由此而形成“一词多义”。每个词都处在一个复杂的语义网络中,词与词间有着类义、同义、反义等多达数十种的语义关联。一词的本义引申出另一些意义,同一词的各个引申义之间具有内在的联系,从而形成了这个词的词义系统,而这一词的各个意义又与其同义、反义和同源的词密切相关,不同的词与词之间总是以某种特定的意义作为结合的枢纽,以其共同特征为基础类聚成一个按各自所在位置排列的不同层面的词汇群,同层面的为并列关系,不同层面的为上下位关系,各个层面的词汇成分在语音、语义、语法、词汇、文字这五个方面又同其他词汇成分发生聚合关系,在更大的范围内构成整体的联系。如表吵闹概念的词语类聚由“炒、吵、闹、谄”等词构成，其中“吵”本指鸟鸣，后渐取代“炒”表“争辩，喧闹”义；而“炒”本指把食物放在锅里加热并随时翻搅使熟的一种烹调方法，由“反复翻搅食物使熟”引申有“搅扰，烦扰”义，又引申而有“争辩，争吵”义，“炒”又与表干粮的“麨”有关；“闹”本有“喧哗，扰乱”义；“谄”本有“乱说争扰”义。“吵”“炒”“闹”“谄”等除在“争辩，喧闹”义上构成吵闹概念词语类聚外，各自又与鸟鸣、干粮、烹调和扰乱等相关概念词语类聚交叉关联。“钞”本指“叉取”，引申有“誊录，抄写”义，俗写作“抄”，“抄”又有“查点、登记”义。“抄录”义又可用表“书写”的“写”表示，“写”则本有将一物从一处移到另一处的“传递”义。“钞”由“叉取”义引申有“抢掠、强取”义，“抄”也有此义。“钞”又有“票据、证券”义。“钞”和“抄”等除在“抄录”“书写”和“抢掠”义上构成概念词语类聚外，又与“票据、证券”义和“传递”义的概念词语类聚交叉关联。“炒”“吵”和“抄”音同，“抄”也可记音表“争辩、喧闹”义，从而构成吵闹、鸟鸣、干粮、烹调、扰乱等概念词语类聚和叉取、抄录、书写、抢掠、钱钞、传递等概念词语类聚交叉关联的更大词汇群。[①] 各个词汇群的词义之间纵横交织，形成了所有词之间彼此关联的词义系统。

词义系统是主观精神世界与客观物质世界的媒介，具有反映外界客观事物的功能，在一定程度上可以称之为“中间世界”。然而，这个“世界”是人的意志创造的，是人在认识世界、改造世界的过程中不断丰富、不断完善的“世界”。一种语言的词义系统不是固化、平面、单一视角的，而是泛散、移动、立体地呈现在人们面前。在一个语言系统中，词义绝不是孤立的，而是处于一定的聚合关系、组合关系及层级体系中。即词义系统中的各个词义按意义聚合成为若干有序的语义场，在词与词的搭配组合中按照一定的关系联结成一个整体，每个词的意义取决

① 参拙著《〈朱子语类〉词汇研究》，上海古籍出版社，2013 年，358—370 页。

于同一语义场内其他词的意义。词义系统性的存在受客观对象、思维主体、语言符号体系的制约,有其客观因素制约的必然性。因为客观事物彼此存在着联系性,大千世界虽物种繁多,但并不是离散和无序的个体,而是有着各种各样联系的有机体。人们对于客观世界的认知也不是孤立的,而是通过事物间的种种关系,把那些具有共同语义特征的事物汇聚在一起,在头脑中形成一个联想的网络。如由“医”的“医治”义联想到医治的实施者“医生、医师”、医治的承受者“患者、病人”、医治的场所“医院”、医治的内容“病、疾病”、医治的工具“药”等,形成一个具有“医治”语义特征的联想网络。又如“妻子”的同义词有“太太、老婆”等,下位词有“正妻、小老婆”,上位词有“配偶、女眷”,“妻子”是由妇人充当的,与“妻子”相关的联想有“告枕头状”“惧内”等,形成一个具有“妻子”语义特征的联想网络。尽管具体的思维、认识过程可能有反复、重叠、交错等无序情况发生,但认识的阶段性总结所形成的思维成果,特别是形成了人类社会集团性的认识成果,则是有内在规律性的。人类的这种认知方式投射在词汇中就是将词按照各种不同的语义关系联系起来,形成一个个词义类聚,构成由相互联系、相互作用的语义要素,按照一定的结构秩序组成的、可与语言系统其他要素和语言系统之外其他因素发生关系,并具有表达思维与传递信息功能的词义系统。

汉语词义系统有古代的、近代的、现代的,有各个具体断代的,有专书的,有通语的,有方言的,而语言文化的发展又是一脉相承的,因而词义系统既有贯通古今的历时演变,又有不同时代不同地域的共时交合。辞书收释的词语构成了辞书自身的词义系统,又如同一个缩影那样反映了整个词汇系统的概貌。辞书释义本质上不是一种与人的主体相分离的客观形式系统,而是一套价值系统和意义系统,反映了一定时期的思想、科学、文化和语言的发展状况。汉语语文辞书由训释各个词语的子系统构成总的意义系统,每一部语文辞书的意义系统从横向反映了一定时期的文化知识和意识观念,不同时期语文辞书的意义系统又从纵向反映了语言的演变和社会的发展。如《励忠节钞》是敦煌文献中保存较为完整的一部类书,分忠臣部、道德部、恃德部、德行部、贤行部、言行部、亲贤部、任贤部、简贤部、荐贤部、将帅部、安国部、政教部、善政部、字养部、清贞部、公正部、俊爽部、恩义部、智信部、立身部、诫慎部、谦卑部、推让部、家诫部、谏诤部、梗直部、刑法部、品藻部、交友部、言志部、嘲谑部、阴德部、孝行部、人物部、志节部、贞烈部等部类,着眼于社会等级秩序中的社会道德伦理规范,突显了"忠节"的准则和"圣忠贤孝、德让智信、勤学修身、诚意正心"等道德品格和社会生活行为规范,体现了其时"忠君爱国"和"孝亲节义"等以"忠节"思想为主的生活理念和意义系统。① 又如《太平御览》根据《周易·系辞上》所说"凡天地之数五十有五",分为天、时序、地、皇王、偏霸、皇亲、州郡、居处、封建、职官、兵、人事、逸民、宗亲、礼仪、乐、文、学、治道、刑法、释、道、仪式、服章、服用、方术、疾病、工艺、器物、杂物、舟、车、奉使、四夷、珍宝、布帛、资产、百谷、饮食、火、休征、咎征、神鬼、妖异、兽、羽族、鳞介、虫豸、木、竹、果、菜茹、香、药、百卉等55个部。各部之下又分成若干类,凡5 363类。如"居处部"又分成宫、室、殿、堂、楼、台、阙、观、宅、第、邸、屋、家、舍、庐、庵、门、户、枢、关、钥、闹、闺、阁、篠、闼、厅事、斋、房、庭、阶、陛、墀、序、廊、塾、坛、屏、扆、宁、厨、灶、窭、厕、墙壁、柱、梁、栋、窗、槛、椽、檐、棁、枅、铺首、藻井、鸱尾、质础、奥、屋漏、宦、突、砖、瓦、井、仓、囷、庾、府库藏、厩、市、城、壕、槽、馆驿、传舍、亭、逆旅、道路、驰道、涂、阡陌、街、巷、苑囿、园圃、圈、牢、藩篱、华表等92类及堂皇、屠苏、郭等3个附类,体现了当时的文化科学知识结构。再如《同义词词林》与《现代汉语分类词典》②不仅所收词语有较大差异,而且语义类也有了很大不

① 屈直敏《从敦煌写本类书〈励忠节钞〉看唐代的知识、道德与政治秩序》,《兰州大学学报(社会科学版)》,2006(2)。

② 梅家驹《同义词词林》,上海辞书出版社,1983年;苏新春主编《现代汉语分类词典》,商务印书馆,2013年。

同。《现代汉语分类词典》的“办公用品”类增加了“办公电器”类，“生活用品”类增加了“生活电器”类，且分别收有词多达92条与67条，反映了社会生活的信息化和现代化。《同义词词林》在“资本”类下收了“股份、股子、股、股金、公股、干股、私股”7个有关股份的词，而在《现代汉语分类词典》中“股票”已形成一个不小的“家族”，收有“股票、公股、私股、干股、A股、B股、H股、法人股、个人股、普通股、国有股、港股、红筹股、蓝筹股、绩优股、配股、新股”等名词，还衍生出“炒股、炒汇、持股、控股、入股、参股、招股、建仓、盘整、空仓、清仓、空对空、买空、卖空、崩盘、套汇、套牢”等动词，相关的还有“红盘、绿盘、上市、配股、开盘、收盘、开盘价、收盘价”，充分体现了一个时代有一个时代的语言，反映了现当代的词汇语义系统。

语文辞书通过描述所释词语作为语言符号蕴含的知识信息，包括词形、语义、语用等信息，构成一个完整的语言知识体系，“并根据这些词把当时的文化知识和世界观的(宗教的)观念系统化起来”。[①] 当人们查阅辞书时，也就同时接受了辞书所包含的文化意义和价值意义。辞书贮存的词义是成系统的，辞书的释义在整体上映射着人们的世界观和心理认同及思维方式，体现出一个历史时期的词汇面貌和演变发展的价值取向。下以《尔雅》和《说文》为例略作论述。

《尔雅》首创按词的义类编排词汇，采用同义聚合的方法，以俗释雅，以今释古，从纷繁的故训中概括相同的词义，用一个基本义或常用义来解释一组同义词，如：允、孚、亶、展、谌、诚、亮、询，信也。又如：绩、绪、采、业、服、宜、贯、公，事也。既聚其同，又辨其异。如“镂、刻、切、磋、琢、磨”为一同义聚合，而其区别在于“金谓之镂，木谓之刻，骨谓之切，象谓之磋，玉谓之琢，石谓之磨”。又如“岁、祀、年、载”为一同义聚合，而其区别在于“夏曰岁，商曰祀，周曰年，唐虞曰载”。全书根据同

① 参拙文《儒家经学与中国古代辞书编纂》，《辞书研究》，1991(2)。

一性和差异性把 4 300 多个词分为十九个同义聚合的义类,构成一个建立在同义类聚基础上的词义系统,反映了当时的知识体系和价值观。其中一般词语三类,《释诂》“皆举古言,释以今语”,《释言》“约取常用之字,而以异义释之”,《释训》“多形容写貌之词,故重义叠字累载于篇”。名物词语十六类,首先释亲属称谓,即《释亲》,包括宗族、母党、妻党、婚姻。其次是器物名称,即《释宫》释宫室、户牖、台榭、道路,《释器》释笾豆、鼎鼐、服饰、车舆等,《释乐》释音乐和乐器。其三是自然现象名称,即《释天》释四时、祥、灾、岁名、月名、风雨、星名、祭名、讲武、旌旗,《释地》释九州、十薮、八陵、九府、五方、野、四极,《释丘》释丘与崖岸,《释山》释山名及其形状,《释水》释水泉、水中、河曲、九河等水流名及溪谷沟浍。其四是动植物名称,即《释草》释草本植物,《释木》释木本植物,《释虫》释昆虫名称,《释鱼》释鱼类和爬行动物,《释鸟》释鸟类动物,《释兽》释寓属、鼠属、须属兽类动物,《释畜》释马、牛、羊、鸡、狗、豕属牲畜。

《说文》依据“立象以尽意”的原则来解词辨义,在周秦以来按义类编纂的《史籀篇》和《仓颉篇》等基础上发凡起例,博综融贯先秦典籍所载词义,对 9 353 个词依其所体现的天地鬼神、山川草木、鸟兽昆虫、杂物奇怪、王制礼仪、世间人事等类别“分别部居,不相杂厕,万物咸睹,靡不毕载”,根据字形解析,分为 540 部,每部建一部首来统摄同部之字,“据形系联”,又以 540 部来统摄天下古今所有的字,彰明自然万象,“以究万原”,通过训释词义“理群类,解谬误,晓学者,达神恉”,展示自然、人事与思维变化贯通的条理,阐明“文字者经艺之本,王政之始,前人所以垂后,后人所以识古,故曰本立而道生”的宏深意旨,构成由单个词的本义与引申义组成的单个词词义系统,又在各单个词的词义系统基础上构成“一生万物,万物合一”相互联系的先秦时期汉语词义系统。

许慎精审考证六艺群经、诸子史传和前言古语中的意义,以排列字词本义的方式进行博综融贯撰成《说文》,540 个部首既是字形系统,也是义类系统。《说文》的词义系统凝集了先秦词义之大成,体现了当时的价值观念。如许慎对十二地支字(子、丑、寅、卯、辰、巳、午、未、申、酉、戌、亥)的解释,除了分析字形结构之外,主要是概括先秦典籍中相关的词义,用阴阳学说来说明在不同的时令阴阳二气消长与万物的关系,以为阳盛则万物生长,阴盛则万物凋零,构成由阴阳为核心的这些词的词义系统,而这些相关的词义又是当时社会思想观念的反映,形成“天人合德”的一种思想体系,即一种哲学意义上的阴阳学说。又如《说文》收录了祷、议、诫、诰、诂、谚、谜、札、牍、祝、诗、谶、奏、训、册、谕、谟、论、诏、誓、语、说、记、讴、谥、诔、诅、谱、碑、史、笺、简、符、牒、帖、吊、券、檄、颂、铭等与文体相关的词,大致囊括了当时基本常用的文体,其中“言部”有“言、语、谈、谒、诗、谶、讽、诵、训、譔、譬、谟、论、议、订、识、讯、诫、誓、诂、证、谏、说、记、讴、詠、谚、讲、诅、讼、谴、让、谥、诔、译”等,“示部”有“祭、祝、祈、祷、禅、禁”等。在对这些文体语词本义的逐一训释中,或涉文体的体裁,或论文体的功能,或探文体的使用对象和场合,从不同角度反映了汉语中有关文体的词义系统。再如《说文》引《诗经》有380例,不仅引用古文派《毛诗传》的说解,而且也汲纳采摭今文派《诗》齐、鲁、韩三家的说解,还广泛引证了道家、墨家、法家、兵家、杂家和小说家等各家及当时通人的说解,由典籍词义的引证建立起先秦至汉代的汉语词义系统。

词义系统由词义及词与词间的各种关系相互联结而构成,其存在又反过来使具体的词义得以确立。这两者是相互依赖而互为前提的。词义系统实际上是整个客观世界与人类主观精神凝结的体系,具有反映外界客观事物的功能。语文辞书收释词语讲求系统性,即必须具有词义系统的整体观念,把同义、反义、类义、上下位义等相关词语作为一个个子系统来释义。

一部辞书就是一个系统,语文辞书编纂可以说是一个系统工程,收词和释义具有内在整体的相互依存和照应,涉及框架和体例的合理安排。就具体编纂而言,以许慎所编《说文》为例:1)一般以义类相从类聚成同一义场,例如酒量语义场中“酣,酒乐也”,“醉,卒也。卒其度量而不至于乱也”，“酲，病酒也”，形成饮酒量的适度至过度的词义类聚。类与类之间的编次则由实到虚，由整到散，由吉到凶。2）名词在先，动词和形容词在后；事物专名在先，析名在后。例如示部中“禧、禛、禄、禠、祥、福、祺”等在先，“祸、祟、禁、祅、祲”等在先；言部中“语、诲、谆”等在先，“譖、谍”等在后。3）同一义场中词的排列也各有依据，或以音近编次，例如示部“禛、祯、祗、禔”同列，“祭、祀、祡”同列；或以义近编次，例如示部“祈、祷”同列，“祸、祟”同列。与《说文》相似，《新尔雅》和《现代汉语词典》也是以义类相从类聚成同一义场。例如《新尔雅》释“具体制而自统治之群谓之国家，国家自治之行动谓之统治，统治之主体谓之统治者，统治之客体谓之人民，统治之权握于一人或数人者谓之绝对统治，统治者虽立乎上而群中之意思亦得与乎统治之动机者谓之相对统治，全群意思皆得与乎统治之动机者谓之普遍统治”等，构成一个表“国家治理关系”的语义场。《现代汉语词典》释“忧戚”“忧伤”“忧愁”“忧烦”“忧虑”“忧闷”“忧郁”等词与释“担心”“担忧”“悲愁”“悲伤”“伤心”“难过”“难受”“痛苦”等词构成一个表“忧愁难受”的心理语义场。

由此可知，《尔雅》和《说文》贮存了先秦时期的词义系统，内蕴着先秦时期人们对天地自然、社会人事、思想观念的联系、性质、变化的系统认识。与此相同，汪荣宝、叶澜《新尔雅》内蕴着近代汉语的词义系统，所收西学东渐出现的名词术语反映了时代变革时知识体系新旧交替的更新。《辞源》《辞海》和《现代汉语词典》等现代语文辞书则内蕴着现代汉语的词义系统，在内容上反映了现当代人们对天地自然、社会人事、思想观念的联系、性质、变化的系统认识和价值观念。

20世纪以来，按词的意义来分类编排的词典渐成为语文辞书家族中的一个特殊品种。这类词典旨在展现一种语言词汇的概貌和意义系统，以便人们联想、类推、比较、筛选，从而选用合适的词语来达到表达的最佳效果，也叫语义分类词典，其源可溯至秦汉的《仓颉篇》和《尔雅》。主要有梅家驹《同义词词林》和《写作词库》，王凤阳编《古辞辨》，徐为民编《现代汉语分类词典》,林杏光、菲白《简明汉语义类词典》,林杏光《汉语多用词典》,董大年《现代汉语分类大词典》,王惠等《现代汉语语义词典》,苏新春主编《现代汉语分类词典》等。

《同义词词林》是首部现代汉语分类词典,根据语义场原理,采取义素分析的方法,在汉语同义词组成的词义中观结构基础上将5 000多个词的6.7万个义项分成人、物、时间、空间、抽象事物、性质、动作、心理等12个大类,94个中类,1 428个小类,小类下再以同义原则划分词群,把数万条词语按词的概念义分类编排构成一个有序的词义系统。每个词群的词表示同一基本意义,以一个最常用的词作为标题,共设3 925个标题词。同一词群中词语排列原则是:现代词在前,古语词在后;规范词在前,方言词在后;常用词在前,冷僻词在后。同一标题词下的同义词按词的修辞色彩和使用范围等方面的差异分段排列,组成一个同义词的词义类聚系统。《写作词库》又进一步标明多义词的不同义项以及不同词的义项间的语义关系,如"美"与"丽、美丽、好看、漂亮"的同义关系,"美"与"丑"、"褒"与"贬"、"府上"和"舍间"的相反对应关系,外貌总体的"美"与诸如"华美、娇美、艳美、秀美、柔美"等各种各样的"美"的隶属关系,"美"与"艳丽夺目、万紫千红、嫩红娇绿、姹紫嫣红、浮翠流丹、仪态万千、秀色可餐"等描述"美"的词在表达上的连缀相关关系,组成一个同义词的宏观结构。

《简明汉语义类词典》根据词义亲疏远近关系将所收词语分为18个大类,1 730个小类,围绕"人物"和"物质"这两个核心组成一个具有内在逻辑联系的词义系统。[1] 林杏光《汉语多用词典》根据客观自然与人工世界的系统联系,将所收词语分为3 500个小类,每一类包括一群意义相同、相近和相关的词语,合成一个词义宏观结构。[2]

---

① 林杏光、菲白《简明汉语义类词典》,商务印书馆,1987年。

② 林杏光《汉语多用词典》,中国标准出版社,1990年。

《现代汉语分类大词典》参考传统义类辞书和现代中外分类词典的分类方式,依照实用原则把表达一个或一类概念的词语汇集一起,收录约4.9万条普通语词和百科词,分为17大类,143小类,共计3 717词群。读者可以按照事物概念的类别查到语义上有联系的一系列同义或类义词。[①]

苏新春主编《现代汉语分类词典》以现代化语料库为基础选择了通用程度较高的83 146个语文性词语,按五级语义层的分类体系编排,上位语义层对下位语义层有较强控制力,下位语义层对上位语义层的义域能全面覆盖,左右语义类能互补对应。共有一级类9个,二级类62个,三级类514个,四级类2 069个,五级类12 623个。上层义类反映了整个社会生活与汉语词汇的宏阔概貌,底层分类将同义、近义、反义词语汇聚在一起,反映了同义、近义、反义相邻的词语类聚关系,建构了一个反映了现代汉语词汇面貌的词汇分类体系。如有关“感觉、感情”的词有269条,分“感觉”“感情”和“心绪”三类,“感觉”下分16个小类,有“味道、嗅觉、知觉、直觉、快感、好感、语感”等76个词语,形容人的各种感觉;“感情”下分17个小类,有“情感、情结、爱心、善意、亲情、爱情、芳心、风情、谢意”等90个词语,形容人的各种感情;“心绪”下分17个小类,有“心思、乡情、隐衷、愁怀、心火、民愤”等103个词语,涉及人的各种情绪。又如有关“美丽”的词有242条,分“美丽”“俊俏”和“美女、俊男”三类,“美丽”下分9个小类,有“好看、漂亮、清秀、华丽、娇柔、雅致、优雅”等109个词语,形容事物和人;“俊俏”下分7个小类,有“标致、俊俏、英俊、帅气、俏丽、婀娜、窈窕”等80个词语,形容女人和男人;“美女、俊男”下分2个小类,有“红颜、天人、玉女、俊男、帅哥、玉郎”等53个词语,指女人和男人。

汉语古今的词义是系统贯通的,《尔雅》《说文》和《新尔雅》《现代汉语分类大词典》等历代语文辞书贮存的古今词义系统具有前后递嬗

---

① 董大年《辞海版现代汉语分类大词典》,上海辞书出版社,2007年。

的连续性和古今贯通的综合性。

第三节　词义网络系统与网络词典

一、词义系统与大脑词库

语言是人类最重要的交际工具，也是人类社会最重要的信息载体。人是怎样运用语言符号对事物进行概念化的？人又是怎样运用语言结构实现其交际功能的？这涉及人认识周围世界的方法和人的认知心理，即人是怎样认知事物的？又是怎样传递和储存信息的？王士元和柯津云《语言的起源及建模仿真初探》一文认为根据基因学和考古学的一些发现，原始语言很可能是在五万多年前起源的。"语言产生的最初始情形是：在原始人群里，一开始时人们发出声音，只是对环境的一种潜意识的不自觉的反应；后来人们偶然地意识到可以用一些简单的声音，来指示身边的一些事物。这样人们就可以进行最简单的交流。"[①]混沌之初，词义在人们大脑中的形成过程可以说也就是人们对客观外界事物认识的约定俗成过程。[②] 有了最初的一些约定俗成的认识，然后就由此及彼，由已知到未知，顺循人们认识周围世界的认知规律，逐渐形成了随着时代和社会的发展而演变发展的词义系统。

语文辞书是人们解疑释惑的老师，从理论上说，语文辞书的编纂也应循着人们认识周围世界的认知规律，揭示出反映人们周围世界的词义系统。我们知道，人的语言中枢在大脑，大脑中处理神经信息的是神经元。人脑中大约有 140 亿个神经元，一个神经元可与 1 000 个其他神

---

① 王士元、柯津云《语言的起源及建模仿真初探》，《中国语文》，2001(3)。

② 参拙著《近代汉语词汇学》第四章第一节《词义构成与类型》，暨南大学出版社，2013年，184 页。

经元建立联系,从而在人脑中形成一个庞大、复杂而严密的神经网络。人类的认知活动,包括语言和思维,就是由大脑通过激活这些神经元集合中的神经活动形式而产生的。人脑中关于词汇信息的存储和提取构成了一个具有类似词典功能的大脑词库。大脑词库具有体系性。词语在词库中按语义不同范畴、类别分列在不同的层级,类与类、层与层之间都有着各种联系。这种相互联系的种属结构构成了大脑词库的网络结构。这是一个客观存在于人脑内部的语言认知系统。根据国内外目前已有的研究成果可以推测人脑中的词库与我们历来所编的语文辞书在检字法和词义训释等方面都有所不同。

大致而言,在历来所编的语文辞书里,我们是用已知的词去定义所要解释的词语,通过对意义的解释将语言与客观世界的联系信息存储在语文辞书里,而在人的大脑里,就像一本语文辞书所载有的信息那样,也存储着我们对客观世界的已知信息,只是这种"内在词典"在人大脑中组织信息的方式与历来所编的语文辞书不同。在人的语义记忆里,表达词义与概念间关系的心理表征要更为复杂,每个词语所能表达的相关信息量也更为丰富。如《现代汉语词典》解释"暖"为"温暖""使温暖",《汉语大词典》解释"暖"为"温暖,暖和""使温暖""指暖和的气息"等,但要真正理解"暖"这个词,我们还必须将其与"冷""冰""凉""热""烫""温"等有关温度的词相联系,而人脑中词义信息的组织安排就具有这种系统上的联系。诚如 Fromkin 和 Rodman 所著《语言导论》一书指出,"尽管没有一个说英语的人能认识韦氏词典中所收入的全部 45 万个词,但所有说英语的人对自己心理词典中所储存词的信息的了解要胜过业已出版的任何一本词典"①。因而语文辞书的编排方法与人大脑中组织信息的方式越接近,人们使用语文辞书来解疑释惑也就越方

① Fromkin V. A. & Rodman R. 1988. *An Introduction to Language*,沈家煊等译,北京语言学院出版社,1994 年,129 页。

便。理想中的语文辞书应在某种程度上体现人脑组织信息的这种机制，将词条及义项按意念分类，以网络形式排列，以类别词为网络核心，以放射形式显示各相关词条及义项，体现词与词的范畴关系和属性关系。

近年来在心理词汇学基础上诞生的认知词典学致力于探讨词义与概念间关系的心理表征，旨在从一个新的角度，即心理语言学的角度来探索词汇间的语义关系和人脑中“内在词典”的结构，力图从人的心理角度探讨词义系统和知识结构，使词典的编排及组织能最大程度地复写存在于人脑中的各种语义信息，以求符合人脑对词汇记忆和运用的心理现实。普林斯顿大学认知科学实验室所编的 WordNet 可以说就是这样一部基于心理语言学原理的新型词典，[①]它收录约 15 万个词，描写了名词、动词、形容词和副词四类词的近 10 万个概念节点和 500 多万个语义关系，形成了一个庞大的概念网络。这部词典与历来所编语文辞书的不同之处在于其不仅处理与所释语词相关的语义或语法信息，而且更注重于所释词语与相关词语之间的天然语义联系。其词义训释的编排组织基于物以类聚和词以义聚的心理语言事实，贯彻以义聚类的宏观编纂原则，大致以语义为本位，将在一般语文辞书中被随意散置于各处的一些意义上与所释词有关联的词语聚集在一起，根据所释词语与相关词语间包含的同义、反义、上下位义、整体部分义等多种语义关系进行描写，组成一个以每一个所释词语为中心的、发散性的、几乎描述该所释词语所有基本语义关系的语义网络。如 WordNet 中“人”即与“亲属”“家庭”“集体”“兄弟”“姐妹”“自然物体”“身体”“腿”“手臂”“肉”“骨头”“有机物质”“物质”等组成了一个名词网络。用户脑子里如果有一个特定的概念，那么就可以在相应的词语类聚中找到一个合适的词去表达这个概念。

---

① 参陈群秀《一个在线义类词库：词网 WordNet》和姚天顺等《WordNet 综述》，《语言文字应用》，1998（2）、2001（1）。

普林斯顿大学所编的WordNet在某种程度上可以说反映了人类的认知心理，致力于从一个崭新的角度，即心理语言学的角度来探索词汇间的语义关系和词义系统，从认知的角度建立动态语义关系数据库，全面描述词语间的各种组合信息，即词语间存在的基本语义关系，构成宏观、中观和微观词义系统之间的系联，尽量体现存在于人脑中的各种语义关系和大脑对词汇的自然记忆和认知过程。

二、网络词典的词义网络系统

在人脑的词库中，词义占有重要的位置。关于词汇的意义特征在人脑中是如何组织和表征的，目前的研究主要有“层次网络模型”“扩展激活模型”“原型理论”等假设。① 层次网络模型和扩展激活模型都基于语义网络基础之上，各节点之间由上下义、反义、属性等关系相联系。层次网络模型认为，任何词的意义都以与其他词的关系而定，储藏在语义结构中的词是由一些具有复杂关系的节点联结起来的，每一个节点代表一个词或一个概念，它们构成一个具有一定层次的系统。一些节点与其他节点处于同一水平层次上，但它们又处于一些节点之下以及另外一些节点之上。这些节点所代表的概念按照这种逻辑的上下级关系组织起来，构成了一个有层次的网络系统（参附图1）。

在这个模型中，概念按上下级关系组成网络，每个概念和特征在网络中都有其特定的位置，每个概念的意义或内涵则由该概念与其他概念和特征的关系来决定。

扩展激活模型认为词汇是以网络关系的形式表征的，但其组织不具有严格的层次性，而是以语义联系或语义相似性将概念组织起来的（参附图2）。

---

① 参杨亦鸣等《国外人脑词库研究概观》，《当代语言学》，2001(2)。

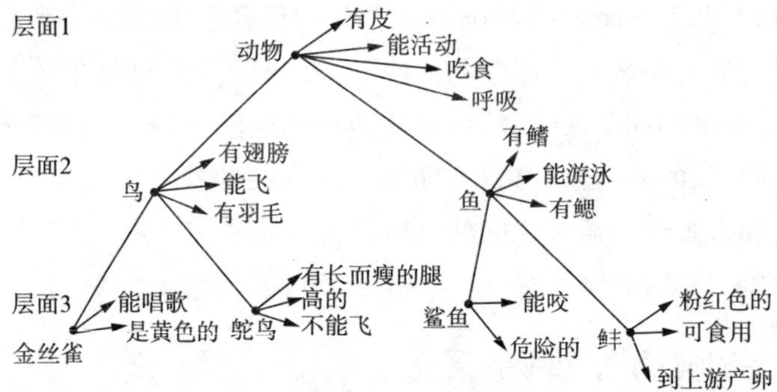

图 1　层次网络模型示意图(据 Collins、Quillian 1969：242)

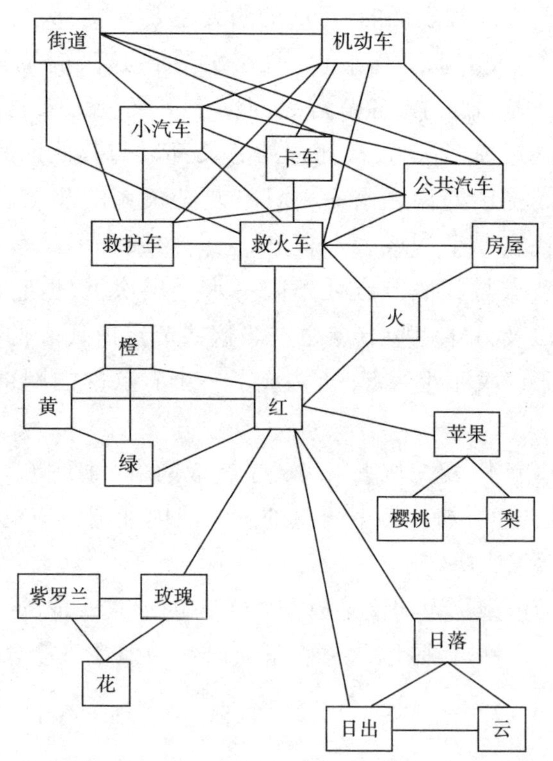

图 2　语义结构的扩展激活模型示意图(据 Collins、Loftus 1975：412)

在扩展激活模型中，概念的一个特征往往不只和某一级层面的概念相联。有些特征除了储存在高层次的节点上之外，还在和它们经常发生关系的词的节点上同时储存着。当激活一个概念时，该概念节点就被激活，然后沿着该节点的各个连线同时向所有方向扩展。

索绪尔在《普通语言学教程》一书中曾指出语言是有系统的。[①] 语言系统是一个包含了许多子系统的大系统，它的组成部分之间相互联系、相互制约，彼此处于一定的关系之中。这种系统性也表现在词汇方面。词汇不是一盘散沙或纯属不相联系的语言材料，而是如同语音、语法一样有其体系性联系。词汇是一个开放性系统，不同的词在词汇系统中各有自己的位置，互相联系而形成词义系统。词义系统中的各个词义按意义聚合成为若干有序的语义场，按照一定的关系联结成一个整体，每个词的意义取决于同一场内其他词的意义。

近年来心理语言学的研究成果表明大脑词库中的词语包括相互独立而又彼此联系的形码、音码、义码等下位成分，杨亦鸣和曹明《中文大脑词库形、音、义码关系的神经语言学分析》一文通过对12例汉语失语症患者的临床观察和测评研究，指出“中文大脑词库同样存在着相互联系而又彼此独立的形、音、义等下位库”[②]。Aitchison 在 *Words in the Mind* 一书中从语义联系的类型分析角度研究了人脑中词库的语义结构，指出处于同一语义场中的词似乎是储存在一起的，同一词类的词语间的联系比较密切。[③] 因此，我们可以说每一种语言都是由千百个不同层次的语义场组成的语义整体网络系统，这种语义网络系统类似于层次网络模型，可从词义的微观网络系统、中观网络系统和宏观网络系统

---

① 索绪尔《普通语言学教程》，高名凯译，商务印书馆，1980年。

② 杨亦鸣、曹明《中文大脑词库形、音、义码关系的神经语言学分析》，《中国语文》，1998(6)。

③ Aitchison J. *Words in the Mind: An Introduction to the Mental Lexicon*. Oxford：Basil Blackwell, 1987.

上进行描述。依循认知心理学的原理,网络词典的编纂可将这些网络系统建为相应的词义数据库,进而链接成一个大致反映词义间这种系统联系的语义网络系统。

1. 网络词典的微观词义数据库

词义微观系统的范围指一个词的意义范围和涵义的覆盖面。词义是通过词的声音形式表达的词的内容。从性质上说,它是外界事物在人的意识中的一种概括性的反映。词义一方面跟外界现象有密切的关系,具有客观性质;另一方面,它又跟人类的意识有密切的关系,它是通过人对客观事物反映在大脑中的表象进行加工概括等思维活动而形成于词中的。词义内容跟语音形式密不可分,词义内容凭借语音形式才能存在,才能得以表达。在实际的言语活动中,为了适应人类表达和交流思想的需要,词义在不改变或很少改变自己的语音形式的条件下,不断地变动自己的语义范围,不断地滋生出新的含义,不断地产生出词义上的差异,从而构成了词的本义、引申义、比喻义等多种意义纵横交错的复杂的语义网络。词的微观系统从共时平面划分,其核心是概念意义;从历时的纵面划分,其核心是本义,同一个词内部围绕本义这一核心而构成词的微观系统上的网络联系。

词义结构的最小单位是义位。一个义位总是由若干个有区别作用的意义因子构成的。这些有区别作用的意义因子就是词义的义素。一个或几个义素凝合在一起就构成一个独立的义位。一个词至少有一个义位,多的则可以有十几个,甚至几十个义位。任何一个多义词,其义项中总有一个主要的中心意义,由此引申和派生出其他意义。在现实的言语中,词语直接显示的并不是它的义位,而是各个义点。义位是人们在义点的基础上概括出来的。义位是人们头脑对词语义点进行加工的产物,而这种加工应当反映、符合语言的客观实际,因而它具有主观和客观的双重属性。张永言《词汇学简论》指出只有了解词的意义结构中的内部联系,才能把错综复杂的一词多义现象理出头绪,并贯串起来,科学地概括其义位,从而更好地掌握一个词的全部意义。词义微观结构系统的范围与义位的多少有关。汉语中绝大多数的词是多义词,这些多义词往往是由本义辗转引申左右旁通而产生了一串与本义相关的词义。词义引申是和人的思维活动相联系的,是由于语境的变换而引起的。词的本义与引申义所指的两种现象之间的某种联系,好像是一种伸展出来的语义的丝缕。人们在自己生活体验的基础上通过联想,从这两种不同的现象之间发现和利用某种相似之点,然后将其联系起来,并借助于特定的语境而使其滋生出新的含义来,把这些语义丝缕连接起来,从而使词的此一义位过渡到彼一义位,形成具有空间化和立体化的网络系联。如“饶”,《说文》:“饶,饱也。”《尔雅》:“饶,多也。”饱而多,则为添和增加。以己物添给别人,则为“让”,引申有“逊、减”义。李白《上皇西巡南京歌十首》之三:“柳色未饶秦地绿,花光不减上阳红。”例中“饶”和“减”同义。“让”则必恕之、怜之,引申有“怜、恕”义。“饶”作为关联词,又有“任、尽”义。网络词典的微观词义数据库即由这样的一个个词义组成。

2. 网络词典的中观词义数据库

词义的中观系统就是指词在词以上的单位中,凭借意义和形式的各种各样联系线索而组合在一起的词义类聚。这些词义类聚比词大,分别构成词义系统中的子网络系统。如同义词、反义词是对词的意义或同或异的归纳比较;同音词、同素词是对具有某种相同结构的词作的归纳比较;基本词汇、非基本词汇是对词在词汇系统中的地位、作用、影响力、义域范围的划分;实词和虚词是对词的语法意义的划分;古语、今语是对词汇的时间断代做的划分;口语、书面语、俗语、雅语是对词汇的语体色彩做的划分;歇后语、谚语、惯用语、行业语是对词语使用中的特殊结构和特殊使用环境做的划分。这些词语的划分类型从词义的系统结构关系来看,在显示词义的静态结构和动态结构、共时结构和历时结构方面各具有不同的价值。

网络词典的中观词义数据库即由词义系统中的这些子网络系统组成。如复音词中大部分是以词素为构词成分构成的双音复合词,即以一个基本词为核心而繁衍出的众多的派生词。这个基本词在派生词中成为词根词素,形成以其为联结点的一种同素词词义的中观网络系统。如以“家”为联结点有家荡(财产)、家法(传统)、家怀(一家人)、家活(家产)、家伙(日用器具)、家计(家业;朋友;安排)、家间(家中;家眷)、家具、家里(妻子)、家门(门第)、家舍(妻室)、家事(家产)、家数(风格;流派)、家似(家什器物)、家下(妻子)、家缘(家务;妻子)、家长(丈夫)、家主公(丈夫;家长)、家主婆(妻子)、作家(内行)、当家(出色)等,组成一个同素词词义系统,在网络词典中又与其他的同素词系联成一个中观同素词子数据库。

又如声同义近的一组同源词也构成一种中观词义网络系统。如“椅子”最早见于日僧圆仁《入唐求法巡礼行记》卷一:“相公及监军并州郎中、郎官、判官等皆椅子上吃茶。”这是圆仁在唐文宗开成三年所写的日记。“椅”和“倚”是同源词,宋黄朝英《缃素杂记》卷三:“今人用倚卓字,多从木旁。”“倚卓之字,虽不经见,以鄙意测之,盖人所倚者为倚,卓之在前者为卓。”同源词的形成使词的音义联系由无理性趋向有理性,反映了词与词间的有机联系,[①]将语言中的同源词系联在一起就构成了网络词典的一个中观同源词子数据库。

再如《现代汉语词典》(第六版)收释有表示“期望、等待”义的一组词:

【期待】(动)期望;等待:~着你早日学成归来。

【期盼】(动)期待;盼望:~你们早日归来。

【祈盼】(动)恳切盼望:~他早日康复|发展经济,过上幸福生活是山里人的~。

【翘盼】(动)翘首盼望,指急切地盼望或期待:~和平。

---

① 许威汉《汉语词汇学引论》,商务印书馆,1992 年。

【切盼】(动)急切地盼望;殷切地期望:~他早日归来|~你们取得更好的成绩。

这组词构成表“盼望”义的中观词义系统,释义着重指出这几个近义词的同中之异。如“祈盼”含有“恳切”义,而“翘盼”“切盼”突出了“急切”义。

3. 网络词典的宏观词义数据库

一个系统表现为一定的内部组织网络结构,同时也表现出一定的外部功能。词义系统实际上是整个客观世界与人类主观精神凝结的体系,具有反映外界客观世界的功能。在语言交际中,反映主观精神与客观事物结合的所有的词义则构成了词义的宏观网络系统。汉语词义的宏观网络系统是建立在中观网络系统基础上的。在不同的理论支配下,凭借不同的建构线索,在词义的不同层次上可以建构出不同的词义宏观系统。如以时间和空间为基点系联客观物质世界和人的主观精神意识可组成词义的时空网络系统,以物质或人伦等为基点系联所有的词义则可组成物质网络系统或人伦网络系统等。世界万事万物是错综复杂的,同时又有其内在的联系。反映世界万事万物的词义也相应地既错综复杂又具有内在的联系,成为有序性和无序性的统一体。有序性是反映世界万事万物的语言的主要方面,词义的宏观系统即建立在其有序性上。如《尔雅》的前三卷解释普通语词,后十六卷解释天文、地理、植物等百科语词,构成了反映“古代中国人在正字法、百科和观念形态方面知识的总规范”的宏观系统。[①]《说文》全书排列“立一为耑。方以类聚,物以群分。同条牵属,共理相贯。杂而不越,据形系联,引而申之,以究万原。毕终于亥,知化穷冥”[②],构成了反映儒家认为事物变化

① 杰尼索夫《语言学描写的几个理论问题》,载《词典学论文选译》,商务印书馆,1981年,215页。

② 许慎《说文解字叙》,中华书局,1963年,319页。

始终循环思想观点的“知天下之至啧而不可乱也”的汉语词义宏观系统。[①] 北京语言文化大学语义信息处理研究所和清华大学计算机系部分研究者为供计算机识别语言而启动的“九〇五语义工程”，其语义分类系统将词义分为运动和事物两大类。“运动”类又分为主体、客体、邻体、属体、因果、状况、时间、空间八类和状态、关系、变化、行动四类。各类下再分有细目。“事物”类又分为事、物、时间、空间、属性五类。每一类皆如一棵分出多义的树而包含着若干层级结构下的小类，共同组成了一个能供计算机识别汉语词义的宏观网络系统。[②]

由于语言是客观世界和人的主观意识的反映，研究一种语言的词义系统，实际上不仅涉及客观世界的内在系统，也涉及人的主观意识，即语言⟷人⟷客观世界的错综复杂的关联。因而如何客观地揭示出词义的宏观系统尚有待进一步的探索，但以词义的系联为基本方法，以词的义位为基本单位，以一定的哲学观、伦理观、认识观为参照背景，大致还是可以勾勒出词义相互联系和沟通的轮廓，建立起网络词典的宏观词义数据库，反映汉语词义发展演变的概貌。

三、网络词典的特点

任何语言的词汇都是一个开放的系统，词汇系统的开放性体现在词汇不是凝固不变的，而是不断地发展变化着的。词汇的发展表现为新词的大量产生、旧词的逐渐消亡和词义的不断演变。词义的演变则是一种语言语义变化的核心。一般的词典只能对词义演变作静态的描述，网络词典则能动态地反映词义的演变。与词汇的开放性相适应，网络词典也是一个开放的系统，其语料库随着词汇的发展而发展，在量级上和时间跨度上都没有限制。

---

① 参拙文《儒家经学与中国古代辞书编纂》，《辞书研究》，1991(2)。

② 陈力为、袁琦《中文信息处理应用平台工程》，电子工业出版社，1995 年。

词义系统由词义及词与词间的各种关系相互联接而构成，其存在又反过来使具体的词义得以确立。这两者是相互依赖并互为前提的。“在某种程度上说，大多数词的意义和用法，是受另一些词在语言中的存在或可用性制约的。”①如“奥妙、玄妙、微妙”“精妙、巧妙、神妙”两组词中“妙”的意思不完全相同，而每组的三个词的词义也不完全相同。又如“惶恐”与“惊恐”，“恐惧”与“忧惧、畏惧、惊惧”等词彼此之间在意义上也有差别。词义反映的是一类切分了的事物或现象，这种切分是主观的。客观世界中的万事万物是不存在这种切分的。既然客观世界是一个整体，那么要充分认识切分了的某一部分，就必定要将这一部分放到与整体的关系中去分析。词义间的各种关系，实际上是客观世界中各种关系在主观精神世界中的反映。因此，网络词典解释词义，也就需要将词义放在词义系统中与其相关的词义关系中进行考察。

网络词典不同于一般语文辞书之处即在于可通过点击不同的超级链接，采用类似于人脑中语义结构的扩展激活方式，将彼此之间具有关联的词语系联在一起，在共时和历时交叉的焦点纵中有横、横中有纵地对所释词义进行全方位的描述。当我们在网络词典的检索程序中输入一个主题词(可以是一个字、一个词、一个人名或地名等)时，其在各个相应数据库中的情况及有关的匹配项目，就可迅速地显现出来。如输入“睡”，网络词典不仅显示一般语文辞书所释的“睡觉”“打盹”“躺”等义，而且还显现与“睡”的词义有关的“寝”“卧”“眠”“觉”等词。点击“寝”“卧”“眠”，可知先秦汉语表示“睡觉”最常用的词是“寝”，战国开始出现“卧”“睡”“眠”三个新词。从战国后期起，“卧”逐渐战胜“寝”并在两汉时期成为表“睡觉”义的主导词。东汉三国时期，“卧”“眠”“睡”三者混用，但“睡”始终处于次要的地位。晋代以后，“眠”渐占上风，到南北朝后期基本取代“卧”，口语和书面语都以用“眠”为主了。

---

① 罗宾斯《普通语言学概论》，李振麟、胡伟民译，上海译文出版社，1986年。

在唐以后的近代汉语阶段,"睡"又替代了"眠"而表"睡觉"义。[①] 点击"觉",则又显现与"觉"有关的"醒",可知"觉"的本义是"睡醒","醒"本义是"酒醒",引申而有"睡醒"义。"醒"的"睡醒"义产生后逐渐取代了原来表"睡醒"义的"觉",从而引起词义系统的调整。古代汉语中,"睡"和"觉"常对举连用。直至晚唐五代,"睡觉"一直作为词组,表"睡醒"的意思,尚未凝固成词。由于"觉"在语境上总是后发生,形成"睡"和"觉"语法位置上的先后,在语言的具体使用过程中"觉"渐演变为补充"睡"的语义,成为动补结构,其词义也渐由实变虚。在这个动补结构中,"睡"处于主要语义的地位,"觉"处于次要语义的地位。"睡"和"觉"的并用使"觉"受"睡"的影响而有"睡眠"义,由表"醒悟"义的动词虚化为表"从睡着到睡醒的睡眠"义,随着"觉"词义的虚化,"觉"由表"醒悟"义的动词虚化为表示"睡眠"的名词和"睡一觉"的动量词,随着"觉"表示"睡眠"的名词和"睡一觉"的动量词词义的产生,至宋明时,"睡觉"这一词组中"觉"表"睡醒"的词义已大致消失,虚化为构成表示"睡眠"义的并列复音词的一种语法功能上的补足构词成分,从而凝固成一个偏义复合词,同时"觉"由"睡"衍生所获的"睡眠"义使"觉"由表"睡醒"的动词变成了表"睡眠"的名词,"睡觉"由并列结构经由"睡一觉"和"一觉睡"的形式而演变为动宾结构。[②]

又如表达"用手接触物体"这一概念,可分为:手的形状是拳还是掌或指;运动方向是向前、向上、向内,还是向后、向下、向外;双手还是单手;用力还是不用力;连续还是瞬间;施行动作目的的不同;等等。对这些不同的表达交际要求,词义都会显示出不同的意义侧重点而区分为如下这些词义的类别:打、击、揍、擂、捶、捣;拍、抚、拊、扑、摸、搔、抓、

---

① 汪维辉《东汉—隋常用词演变研究》,南京大学出版社,2000 年。

② 参拙文《"睡觉"词义衍变蠡测》,《中国语学研究·开篇》第 19 期,日本好文出版社,1999 年;《再论词组结构功能的虚化》,《汉译佛典语言研究》,语文出版社,2013 年。

挠;叩、敲;拉、推、拖、搡、排、操;抬、找、举、擎、托、捧;揿、摁、压、按、掐、扼;拿、执、持、握、攥、提、拎、撮、拈、揪;搀、挽、抱、搂;拔、摘、剥、撕、抽;折、掰、劈;挖、剔、掏、抠;等等。网络词典将这些词的词义系联成“用手接触物体”的语义场,根据这些词在语义场中的位置,就可了解这些词之间的区别。

一般语文辞书处理相关词语时往往采用参见的方法,即在主条下释义,副条下注明参见主条。网络词典则可从汉字形音义三者综合表义的特点出发,建立若干相应的辅助数据库,把词目词、短语、读音、词类、语法语用和文化信息以及同义、反义、褒义、贬义等各种语义关系储存在相应的数据库中,充分利用计算机超级链接功能,编制相应的计算机程序,组成相关数据库的链接网络,在相关词语间建立链接,读者可以从不同角度点击检索,顺循各自的认知心理特征查阅相关的信息。如点击“鼎”字时就可与“鬲、釜、镬”等字链接,点击“鬲、釜、镬”等字时亦同。点击“鼎”,可知“鼎”作为炊具,早在新石器时代已经出现,距今八千年前的河南新郑裴李岗文化出土有斜形三足陶鼎。[①] 甲骨文中,“鼎”是象形字,字像三足两耳硕腹的形状。点击“鬲”,可知鬲是鼎的一种,三足中空。新石器时代遗址的河南陕县三里桥出土有陶鬲。点击“釜”,可知是无足鬲,《说文》作“鬴”,吴大澂《窸斋集古录》二十四册释“鬴”云:“釜本从鬲作鬴。古人从鬲从瓦从缶之字往往相通。”新石器时代仰韶文化的河南陕县庙底沟遗址出土有卷口张腹尖底的釜,大汶口文化的滕县北辛遗址出土有敞口深腹圆底的釜,浙江河姆渡遗址出土有鼓腹、扁腹、筒腹等形制多样的釜。点击“镬”,可知“镬”在殷商时期也已出现,殷墟小屯村遗址曾出土有镬。[②] 镬亦为无足鼎。上古鼎镬相配,主要用镬烧煮,煮熟后盛在鼎中调味而食。点击“锅”,可知锅原指车釭,即车毂穿轴用的金属圈。据《方言》卷九云:“车釭,燕、齐、海

---

① 开封地区文物管理委员会等《裴李岗遗址一九七八年挖掘简报》,《考古》,1979(3)。

② 马承源主编《中国青铜器》,上海古籍出版社,1980 年,84 页。

岱之间谓之锅,或谓之锟;自关而西谓之釭。盛膏者,乃谓之锅。”钱绎《方言笺疏》说:“锅亦以中空得名,与釭同也。中空而盛之以物,亦谓之锅,义相因也。”“膏施于车釭,故釭亦得锅名,而锅自别有物。”读者由此可了解鼎、鬲、釜、镬等字的词义演变。

又如点击“臭”一词,在“臭”一词的语义场中可查到“臭(嗅)”作为动词在五官的通感功能作用下,后来同“闻”构成了同义关系。又可从嗅觉系统的语义场中了解到古代表示嗅觉的动词缺少了相应的表感知的动词,因而借用同类的感知动词“闻”来兼表“嗅到”的词义。“臭”又引申为名词,可以指一切嗅到的气味。在具体的语境里有时指香气,有时指臭气,后又缩小范围,排除了香气,与“香”构成反义关系。点击与“臭”有关联的“闻”,可查到“闻”的初义为奏报上达,由“奏报上达”的通达义进而产生“听见”义,由“听见”的通达义引申而有“知道”和“接受”义,由“知道”的通达义引申有“嗅到”和“知识;见闻;消息”义。同时由“奏报上达”的通达义又产生有“传布;传扬;传告”义,指使君主听见,或向君主报告,亦泛指向上级或官府报告。由“奏报上达”的通达义还可产生“有名;著称”和“趁”义。网络词典不仅显现了“臭”和“闻”各自词义间的联系,而且通过有关的链接还揭示了这两个词所表听觉义和嗅觉义之间的关联。同时,由“闻”与“婚”声相近,又可通过相应的链接显现其假借为“婚”的有关词义及“婚”与“昏”之间的关联。如点击“昏”,可知昏义为日暮之时,引申可指昏昧,也指结婚。《诗·邶风·谷风》云:“宴尔新婚。”《说文》释“婚”说:“婚,妇家也。礼,娶妇以昏时,妇人阴也,故曰婚。”读者可从“昏”“婚”所表的形音义了解婚俗由早期氏族社会抢劫婚到纳聘亲迎的演变。

网络词典与一般语文辞书的不同之处还在于其可在某种程度上遵循人的认知心理来组织安排有关的词义。如一般语文辞书释“帐”为一种张挂或支架起来作为遮蔽用的器物,又同“账”,指关于货币、货物出入的记载和账簿等。从认知客观事物的角度而言,人们自然想进一步了解“帐”与“账”关联演变的信息。一般语文辞书往往对此语焉不详，而网络词典则可依循人的认知心理，通过与其相关的词“计”及有关史实的链接，揭示出“帐”与“账”之间词义上的联系。如从“计”的“上计”义可知先秦至两汉，各诸侯国和郡县对其经济的收入、户口的多少、土地面积的数量、耕地的增减以及社会治安情况等都有记录，并定时将这些统计数据上报中央政府，以便中央政府掌握全国的情况，作为征收赋税、征发徭役、制订开支计划等的依据。古代按人户征收赋税，我国古代北方游牧民族逐水草射猎，帐篷是这些民族的主要居室，每户住一顶帐篷，帐也就成为古代北方游牧民族计算人户的单位。“帐”在北方游牧民族中由“帐篷”义引申而有“户数”义，又由计量人户的单位名词引申可指按人户缴纳的赋税或人户赋税的记录。隋唐统一了南北后，上计渐流于形式，“帐”遂取代了“计”而有了计帐、计簿等涵义。如唐魏徵等撰《隋书·高祖纪下》：“凡是军人，可悉属州县，垦田籍帐，一与民同。”例中“籍帐”即“户籍和按人户缴纳的赋税”。“帐”泛指钱物等的记录义则由“登记人户、赋税等的记录”义进一步引申而来。

网络词典具有人机互动的功能，在词典的每个词语下可建立一个供读者反馈信息的附录栏目。这也是其与一般语文辞书的不同之处。读者除了查阅所要了解的词语的词义外，还可将自己的想法通过因特网反馈到词典的附录上，以便集思广益，充分发挥信息时代编读者双向交流的优势。如输入汉语“白马”一词，与汉藏语系的有关语言建立链接，可了解到“白马”与梵语“莲花”具有对音关系，王士元《白马非马：一个俗语源的考察》一文指出梵语词“莲花”padma 的 pad 对译为汉语“白”是由于入声-t 和-k 的合并。由于入声-t 和-k 的合并，所以在翻译梵语 pad-时用 bak-对音，①读者由此尚可进一步探讨素有中土释源祖庭

① 《语言的探索——王士元语言学论文选译》，北京语言文化大学出版社，2000 年，298—304 页。

之称的“白马寺”最初以“莲花”命名的语义和文化上的原因。又如点击“农”,可知“农”的声韵有“多、厚”义,而“侬”作为“农”的后起字,其义与其声符义“农”亦有关。历史比较语言学认为人类的语言都是从原始母语逐步发展而来,而“农”声在文字没有产生前的原始语言中具有约定俗成的“多”义。古百越族用“农”声作族称词,其词义正是取的“多”义,寓义繁衍兴旺,即“人丁兴旺”义。因而,汉语中的“农”、古越族中的“侬”、吴语中的“侬”似有着亲属语言间的关联。尽管这还仅仅是一种推测,但网络词典的超链接功能可以扩大我们对“农”和“侬”字同源关系的研究视野,从而为进一步多角度地探讨原始母语的形成和分化以及汉藏语系的分类提供一些有益的线索。再如“农”声所具有的“用力”义在有些方言的演变发展中还产生有“勉强将就、用力凑合”等敷衍、对付义,其在写法上虽无定字,但亦与“农”所表之义具有一定的关联。当点击与“农”声有关的方言词“脓”时,则可显示相应的方言词义和用例。如顾起元《客座赘语·诠俗》云:“家败而姑安之,事坏而姑待之,病亟而姑守之,凡皆曰脓。”又《金瓶梅词话》第四十一回:“姐姐,你知我见的,将就脓着些儿罢了,平白撑着头儿,逞什么强!”点击“浓”,可显示有《醒世姻缘传》第八十四回:“大家外边浓几年,令亲升转,舍亲也或是遇赦,或是起用的时候了。”“脓”在北京方言中又变读为“能”,[①]故点击“能”,又可显示有《红楼梦》第三十七回:“这绢包儿里头是姑娘上日叫我作的活计,姑娘别嫌粗糙,能着用罢。”

网络词典具有多功能检索、人机互动和资源共享等优势,从词典中选取任意一个词汇成分作为辐射点,沿着其聚合关系辐射开去,就会形成无数个以该词汇成分为核心而聚合其他词汇成分所形成的聚合网络。每个辐射点可以是一个词汇成分,也可以由多个词汇成分构成。

---

① 参徐世荣《北京土语辞典》,北京出版社,1990 年;陈刚等《现代北京口语词典》,语文出版社,1997 年。

构成辐射点上的每一个词汇成分又都可以作为一个新的辐射点形成一个新的辐射聚合。所有的辐射聚合联系在一起就构成了网络词典开放性的聚合网络系统,每一个词汇成分就像在人脑中一样,在这个聚合网络系统中都有一个确切的位置。乔姆斯基 1982 年在哥伦比亚大学所作学术报告中曾指出,"随着研究重心由人为结构的'外表化语言'转向现实世界上存在的客体——语法和普遍语法,语言学在原则上成为生物学的一部分"。[①] 如果我们能在认知语言学的研究上取得更多的突破性进展,进一步了解人脑如何接收、存储、加工和提取语言信息以及语言习得、言语生成和言语理解的内在机制,那么"生物学世纪"的新型语文辞书或许会随着基因的破译和计算机技术的进一步发展而由无声的老师变为与读者心声相通的老师。

---

① 乔姆斯基《乔姆斯基语言哲学文选》,徐烈炯等译,商务印书馆,1992 年,228 页。

第五章

辞书与社会发展

辞书编纂是一种语言文化现象,社会的发展和科学的进步是辞书发展的动力,辞书则是文化传承的重要载体。一部辞书是一个语言文化产品,又是一定时期的思想、科学、文化和语言发展状况的重要见证。如《说文》:“车,舆轮之总名,夏后时奚仲所造。”根据《说文》的说解,可以见证在夏代已有“车”这种交通工具。又如《说文》释“姓”字从“女”和诸如“姜”“姬”“姚”等一系列从“女”旁的姓,从中可以窥测到古代母系社会的痕迹。辞书的宏观、微观结构的某些方面,特别是选词、释义以及用例或多或少透露出社会意识和价值观念。如侯敏、周荐主编《2008 汉语新词语》中的“范跑跑”看似只是个很普通的新词语,却记录了“5·12”汶川地震这一历史灾难,既忠实记录了这次灾难催生的社会现象,也折射了人们对“范跑跑”事件的认识态度,范美忠临“震”一“跑”和挑战国民容忍度的言论,引发了一场道德伦理大讨论,用“范跑跑”来“泛指那些标榜自由主义,遇到险境不顾他人、一心自保的人”,明显可以看出国人对此事的认知评价态度。又如“山寨”反映了当下人们日趋通俗化和大众化的审美取向,代表了基层人民的心声,形成了一种特殊的草根文化,折射出民众的心理状态。中外辞书发展史表明,一定时期内辞书的数量、种类和规模都是与当时社会的经济、政治、学术思潮和科学技术发展水平息息相关,辞书编纂也反映了文明演进与社会发展的轨迹。

第一节　辞书编纂的时代烙印

“一社会学术之消长，观其各种辞典之有无与多寡而知之。”[①]辞书的编纂是以特定的文化背景为依据的，某个时代的社会思潮、哲学思想对辞书的编纂必然也有着重大的影响。如 1911 年辛亥革命推翻了封建君主专制制度，中华民族迎来一个新的时代，中国社会发生了天翻地覆的巨大变化，我国的辞书编纂也无论从内容上还是从数量上都进入了一个全新的发展阶段。辛亥革命至今，相继出版的辞书有《辞源》《辞海》《国语辞典》和《新华字典》《新华词典》《现代汉语词典》《汉语大字典》《汉语大词典》《中国大百科全书》等，这些辞书的编纂和出版见证并反映了中国社会百年来的巨大变化。下文以《辞海》从 1915 年酝酿编纂至 1936 年初版及以后的历次修订为例略作论述。

一部囊括上下五千年的《辞海》可以说也是一部中国现代史，《辞海》的编纂和续后每一新版的修订都留下其所处时代的深深印迹，反映了祖国的命运，从中可见民族大义和生民哀乐。兹举其荦荦大者以见一斑。

一、1936 年版《辞海》的民族气节

1936 年在确定《辞海》是否收“一·二八”及“上海事变”、“塘沽协定”等条目时，主编舒新城认为：“我国积弱，不能与强邻抗衡，彼诬我者我不与辩，已属屈辱，而彼加于我之事实亦默然不提，未免不近人情。《辞海》出版于今日，应是今日的东西，绝不能单提往事而不及今日之事，尤不能不提今日人人伤心之事。如恐外交上有问题，则以政府公布之事实为准绳，不加臆测之辞可也。故我主张将此类词目如实叙述录入之。”指出：“再将日本近出词典检阅，既有上海事件之辞目，且叙述甚

① 蔡元培《植物学大辞典》序，上海商务印书馆，1918 年。

详,颠倒是非之处尤多。我以立场不同,绝不能将日人诬我之词一一抄入,替政府增罪名,替强邻造反证。但中华民国国民之观点万不可移动。”最终达成一致,“众皆以为然,遂一一收入”。[①]

在初版的《辞海》里,一大批政治词目收入其中,表达了中国人的立场。如“塘沽协定”:“日军自九一八(参阅九一八之役条)起,侵占我国辽、吉、热、黑四省后,又陆续向关内进兵,威胁平津……”[②]又如“山东问题”:“民国四年,欧战初起,日本以对德宣战为名,占领胶州青岛以及胶济路……”皇皇巨典,有无这几个条目本不损《辞海》的篇幅和分量,然这些词条本身蕴含着民族尊严和一代知识分子的凛然正气,《辞海》昭示了民族危机关键时刻正义之所在,体现了编者的爱国情怀和忧患意识,从中可感受到国家民族救亡图存时代脉搏的跳动。

二、1965年版《辞海》(未定稿)的集体失声

1959年辞海编辑委员会成立,第一次会议确定以政治性、科学性、通俗性为修订《辞海》的指导方针,1960年又提出了知识性、稳定性、正面性,在初稿基础上形成《辞海》二稿,1963年《辞海》(未定稿)在内部发行,而1965年4月出版的《辞海》(未定稿)却删去了原稿中“平江起义”“百团大战”“项英”等条,“八路军”条中删去了“彭德怀”的名字,“五卅运动”中删去了“瞿秋白”和“李立三”的名字,“中国共产党”中不写陈独秀是首任党的总书记,“湖南起义”和“井冈山会师”中林彪成为起义和会师的领导人等。[③]《辞海》尊重历史事实的文化气节在政治威

---

① 钱炳寰编《中华书局大事纪要》,中华书局,2002年,143页。

② 《塘沽协定》是中国政府和日本侵略军于1933年5月31日在塘沽签订的九一八事变的停战协定。规定中国军队撤至延庆、通州、宝坻、芦台所连之线以西、以南地区,以上地区以北、以东至长城沿线为非武装区,实际上承认了日本对东北、热河的占领,同时划绥东、察北、冀东为日军自由出入地区,从而为日军进一步侵占华北敞开了大门。

③ 巢峰《忆编纂出版新辞海1979年版》,载《我与上海出版》,学林出版社,1999年,19页。

权面前丧失殆尽，一批中国最有权威的文化知识分子被迫无可奈何违心地集体失声。

此后“文革”的荒谬绝伦更给中国知识分子带来皮肉和心灵的双重苦难，中华民族陷入史无前例的水深火热中，《辞海》（未定稿）也难逃厄运，一下子变成了集古今中外封资修之大成的大毒草，而“文革”大革文化命造成知识的牺牲是以一个国家和民族发展的停滞和落后为代价的。“文革”期间重新修订《辞海》（未定稿）以“把无产阶级专政落实到每个词条上”作为准则，出现了大量贴标签的释义，肆意歪曲历史真相，甚至颠倒黑白，混淆是非，导致仅仅在1975年出版了《辞海·生物分册》，因为该分册没有政治性条目。这是一个时代的悲哀，从中也折射出人性的畸形变态和违心的灵魂扭曲，而历史自有其发展规律，曾几何时，俱往矣，“永远健康”早已折戟沉沙，“万寿无疆”也自有公论，跳梁小丑为人所唾弃，而“不废江河万古流”。

三、1979年版《辞海》的敢为天下先

1979年版《辞海》以“未定稿”为基础修订，客观上承担了改革开放初期所需要的思想解放动员任务。主编夏征农“不唯书、不唯上，只唯实，只唯真”，编辑部同仁更是敢为天下先，匡误纠谬，坚决贯彻以历史史实为唯一原则，提出《辞海》合订本处理稿件的意见共8条39款，否定了“以阶级斗争为纲”“无产阶级专政下继续革命”等说法，凡“文革”所肯定的事物一律不收，凡“文革”所否定的事物则收录并予以肯定。如对孔子的学术地位和成就给予恰如其分的评价，一扫“文革”中“批孔”的胡言乱语。[1]

这一版的修订把《辞海》编纂带入了正确的时代发展轨道上来，充分体现了鲁迅所说中国脊梁的辞海精神。如释“文化大革命”最初为

---

① 李春平《辞海纪事》，上海辞书出版社，2000年。

“1966年毛泽东鉴于苏联叛变为修正主义的历史教训，为了反对和防止修正主义而发动的政治运动。但运动一开始就遭到林彪、‘四人帮’等阴谋家、野心家的严重干扰和破坏。1976年10月以粉碎‘四人帮’为标志宣告结束。”1980年出版的缩印本释为：“毛泽东发动和领导的政治运动。1966年5月开始，1976年10月以粉碎‘四人帮’为标志宣告结束。由于领导者对我国阶级形势以及党和国家政治状况的错误估计，并被林彪、江青两个反革命集团所利用，使这场运动成为给党、国家和各族人民带来严重灾难的内乱。”1989年版《辞海》进一步明确释为“1966年5月到1976年10月由毛泽东错误发动和领导，被林彪、江青两个反革命集团所利用，给党、国家和各族人民带来严重灾难的内乱。……”从1979年版《辞海》中可见那一时期人们劫后余生良知未泯，痛定思痛，意识到集体失声的惨重代价而敢于直面邪恶捍卫真理，还历史真面目，客观上反映了当时思想解放百废待兴，拨乱反正尚处于蓄势欲发而又有诸多顾忌还未能秉笔直书的时代大背景。

由《辞海》各版的时代烙印可见辞书作为文化产品，也和其他文化产品一样，受一定社会条件制约，同时也反映一定时期的社会状况。辞书编纂不可能不受社会历史条件的制约，也不可能不作用于人并从而对社会的精神文明和物质文明的发展起一定的作用。蔡东藩《五代史演义》自序说到他生活的年代，曾慨叹“今则距五季已阅千年，而军阀乘权，争端迭起，纵横捭阖，各戴一尊，几使全国人民，涂肝醢脑于武夫之腕下，抑何与五季相似欤？况乎纲常凌替，道德沦亡，内治不修，外侮益甚，是又与五季之世有同慨焉者。殷鉴不远，覆辙具存。告往而果能知来，则泯泯棼棼之中国，其或可转祸为福，不致如五季五十余年之扰乱也欤?”欧阳修《新五代史・伶官传》序指出“盛衰之理，虽曰天命，岂非人事哉！”《辞海》在辛亥革命以来的内乱外乱、天灾人祸、动乱风波中编纂和修订，历经风风雨雨，从中可见辞书编纂与中国社会发展休戚相关，发人深省，引人深思。

第二节　辞书编纂的价值观念

辞书本质上是一套价值系统和意义系统，辞书释义的内容反映了人们对世界的认识和价值观念。

如《现代汉语词典》试用本、1978 年版（第 1 版）和 1983 年版（第 2 版）释“同性恋爱”：

> 男子和男子或女子和女子之间发生的恋爱关系，是一种心理变态。

1996 年版释“同性恋”改为：

> 男子和男子或女子和女子之间发生的恋爱关系，是一种心理变态。也说同性恋爱。

2005 年版（第 5 版）改为：

> 同性别的人之间的性爱行为，属于性心理障碍。

2012 年版（第 6 版）改为：

> 同性别的人之间的性爱行为。

《现代汉语词典》1996 年版、2005 年版和 2012 年版对“同性恋”释义的修订体现了现代社会对不同的人生观点和生活方式渐趋宽容的心态。

《辞海》各版实质上也是通过解词释义形成了反映百年中国不同时期的文化知识和价值观念系统，尤其是对同一个词的释义的变化客观上也展示了中国政治、经济和社会所发生的深刻变化。兹择举数例以略见百年来文化沧桑和观念变迁尽寓其中。

1. 民主

《辞海》1936 年版：“民主：详民主国条。”“民主国：一国主权在于全体人民者，曰民主国，一称共和国。”

《辞海》1979 年版：“民主：① 民主的原意是多数人的统治。这一概念有其阶级内容和发生、发展的历史过程。在古希腊，民主指人民（自由民）掌握国家政权。资产阶级民主是指议会制度和公民在形式上享有选举权和被选举权以及言论、出版、集会等民主权利，实际上它是维护资产阶级专政的方法。马克思主义认为，民主属于上层建筑，属于政治这个范畴，是为经济基础服务的。世界上只有具体的民主，没有抽象的民主。在剥削制度下，有了剥削阶级的民主，就没有被剥削阶级的民主。只有在社会主义国家，废除了生产资料私有制，广大劳动人民摆脱了剥削和压迫，成为社会的主人，才真正享有广泛的民主权利；但对敌人则实行专政，不给以民主。民主是相对的，不是绝对的。在人民内部，民主是对集中而言，人民既享受着民主和自由，又必须以社会主义的纪律约束自己。参见‘资产阶级民主’‘社会主义民主’。② 古指君主；治民者。《书·多方》：‘乃惟成汤，克以尔多方，简代夏作民主。’《左传·襄公三十一年》：‘赵孟将死矣，其语偷，不似民主。’”

《辞海》1989 年版：“民主：① 原意指人民的权利。民主用于国家形式，即成为一种国家制度。与‘专制’相对立。民主不仅指政体，首先指国体，指哪个阶级掌握国家政权、管理国家，对内实行民主制，对其敌对阶级实行专政。平常所说的民主作风，民主原则、言论自由等民主权利，都从民主的上述含义派生而来。马克思主义认为，民主属上层建筑，由一定的经济基础决定，并为其服务。是一个历史的阶级的范畴，有其具体的阶级内容和发展过程。在原始社会，没有私有制，没有阶级，没有国家，也就没有‘民主’。随着私有制的出现，产生了阶级和国家，也产生了作为政治制度的民主。作为一种国家制度，民主总是体现统治阶级的意志，具有鲜明的阶级性。世界上从来没有抽象的超阶级的民主，只有具体的阶级的民主。② 庶民之主宰。《书·多方》：‘乃惟成汤，克以尔多方，简代夏作民主。’《左传·襄公三十一年》：‘赵孟将死矣，其语偷，不似民主。’”

《辞海》1999 年版：“民主：① 庶民之主宰。《书·多方》：‘乃惟成汤，克以尔多方，简代夏作民主。’《左传·襄公三十一年》：‘赵孟将死矣，其语偷，不似民主。’② ‘专制’的对称。统治阶级中的多数人掌握国家权力的国家形式、政治制度。参见‘民主政治’。③ 解决人民内部矛盾的方法。即讨论的方法，批评的方法，说服教育的方法。④‘集中’的对称。指领导征求意见，了解下情，群众发表意见，开展讨论，上下通气。民主和集中的统一，就是民主集中制。⑤ 中国共产党党员和领导干部的一种优良作风。即密切联系群众，有事同群众商量，虚心向群众学习，以平等的态度待人，允许别人发表不同的意见，甚至是反对自己的意见。”

《辞海》2009 年版所释与 1999 年版相较，只是改最后一句“甚至是反对自己的意见”为“甚至是反对自己的意见等”，加了一个“等”。

汉语的“民主”一词是由偏正结构的“民之主”义经重新分析而变为主谓结构的“民作主”义，当其用来称西方民选的最高国家元首，进而用来指西方现代政治制度时，才最终由词组凝固成词。从“民主”一词所反映的人们民主观念的变迁，可以看到中国传统价值观念在西方现代思想冲击下变迁的复杂性。[①] 比较《辞海》各版所释，1936 年版所释还相当简略，自 1979 年版至 2009 年版由两个义项扩展为五个义项。1979 年版指出“民主的原意是多数人的统治”，强调只有在社会主义国家，广大劳动人民才真正享有广泛的民主权利。1989 年版指出“原意指人民的权利”，后与“专制”相对立。这两版都用较多篇幅说明“世界上从来没有抽象的超阶级的民主，只有具体的阶级的民主”。1999 年版和 2009 年版删去了前两版繁冗的说明，较为客观地释为“‘专制’的对称。统治阶级中的多数人掌握国家权力的国家形式、政治制度”。在此基础上增释了三个义项，反映了改革开放以来对“民主”这一观念词的具体理解。

2. 科学

《辞海》1936 年版：“科学：广义，凡有组织有系统之知识，均可称为

---

① 参拙文《“民主”的成词及其词义内涵考》，《上海师范大学学报》，2007(4)。

科学。狭义则专指自然科学。”

《辞海》1979年版:“科学:关于自然、社会和思维的知识体系。它适应人们生产斗争和阶级斗争的需要而产生和发展,是实践经验的结晶。每一门科学通常都只是研究客观世界发展过程中的某个阶段或某一种运动形式。‘科学研究的区分,就是根据科学对象所具有的特殊的矛盾性。因此,对于某一现象的领域所特有的某一种矛盾的研究,就构成某一门科学的对象。’(《毛泽东选集》第1卷人民出版社1968年版第284页)科学可分为自然科学和社会科学两大类,哲学是二者的概括和总结。科学的任务是揭示事物发展的客观规律,探求客观真理,作为人们改造世界的指南。”

《辞海》1989年版:“科学:关于自然、社会和思维的知识体系。它适应人们改造自然和社会的需要而产生和发展,是实践经验的结晶。科学可分为自然科学和社会科学两大类,哲学是二者的概括和总结。科学用逻辑和概念等抽象形式反映世界。科学的任务是揭示事物发展的客观规律,探求客观真理,作为人们改造世界的指南。科学的价值随社会的发展而与日俱增。‘在马克思看来,科学是一种在历史上起推动作用的、革命的力量。’(《马克思恩格斯全集》第19卷第375页)科学可以转化为直接生产力,离开科学知识,就不会有生产的现代化和社会的现代化。科学发展的动力是生产发展和社会发展的需要。现代科学正沿着学科高度分化和高度综合的方向蓬勃发展。”

《辞海》1999年版:“科学:运用范畴、定理、定律等思维形式反映现实世界各种现象的本质的规律的知识体系。社会意识形式之一。按研究对象的不同,可分为自然科学、社会科学和思维科学,以及总结和贯穿于三个领域的哲学和数学。按与实践的不同联系,可分为理论科学、技术科学、应用科学等。科学来源于社会实践,服务于社会实践。它是一种在历史上起推动作用的革命力量,在现代,科学技术是第一生产力。科学的发展和作用受社会条件的制约。现代科学正沿着学科高度分化和高度综合的整体化方向蓬勃发展。”

《辞海》2009 年版：“科学：运用范畴、定理、定律等思维形式反映现实世界各种现象的本质的规律的知识体系。社会意识形式之一。按研究对象的不同，可分为自然科学、社会科学和思维科学，以及总结和贯穿于三个领域的哲学和数学。按与实践的不同联系，可分为理论科学、技术科学、应用科学等。科学来源于社会实践，服务于社会实践。它是一种在历史上起推动作用的革命力量，在现代，科学技术是第一生产力。科学的发展和作用受社会条件的制约。现代科学正沿着学科高度分化和高度综合的整体化方向蓬勃发展。社会主义现代化建设，必须吸取和掌握一切先进的科学技术。”

比较《辞海》各版所释，1936 年版所释平实而简略，1979 年至 2009 年各版则都用较多篇幅予以褒扬的表述，强调科学揭示事物发展客观规律、探求客观真理、改造世界和推动生产力的作用，体现了凭藉科学摆脱蒙昧而振奋图强的价值观念系统。

3. 人权

《辞海》1936 年版：“人权(Right of man)：人民固有之权利，即人民在法律上有自由平等，有绝对不受任何人或团体非法侵犯之权利也。保障人权，为近世民主主义运动之目的。”

《辞海》1979 年版：“人权：指人身自由和其他民主权利。……”

《辞海》1989 年版：“人权：人身自由和其他民主权利。……”

《辞海》1999 年版、2009 年版：“人权：人们应当平等地享有的权利。……人权问题已进入国际领域，但主要是一个国家主权范围内的问题。中国的人权三个显著特点：广泛性、公平性和真实性。”

“人权”指人作为人而应享有的权利，维护和保障人权是最基本的道义原则。《世界人权宣言》提出：“人人生而自由，在尊严和权利上一律平等；人人有资格享受本《宣言》所载的一切权利和自由，不论其种族、肤色、性别、语言、财产、宗教、政治或其他见解、国籍或其他出身、身份。这些权利和自由可分为公民权利和政治权利以及经济、社会和文化权利两大类。”同时规定，权利和义务不可分离，个人在享受权利时，应依法尊重他人的权利，并服从道德、公共秩序和普遍福利的需要。然而世界各国在具体评判标准以及保障人权的具体方式上还存在不少争议有待探索。比较《辞海》各版所释，1936 年版所释平实而简略，1979 年和 1989 年版指出人权是人身自由和其他民主权利，1999 年版和 2009 年版进一步明确人权是人们应当平等地享有的权利，并阐述了中国的人权具有“广泛性、公平性和真实性”的三个显著特点。从《辞海》各版可见中国有关人权的基本立场和实践的不断完善，值得指出的是“文化大革命”中没有人权可言。如一大批青年人连上大学学习的最基本权利也没有，1977 年恢复了已停止了十二年的高考，每一个愿意进一步深造的高中毕业生才享有了做人应有的这项权利。《辞海》各版所释可以说或多或少反映了百年来尤其是改革开放以来中国在人权方面发生的深刻变化。

4. 父母官

《辞海》1936 年版：“父母官：旧时称州县官为父母官。王禹偁诗：‘西垣久望神仙，北部休夸父母官。’《池北偶谈》：‘今乡官称州县官曰父母，沿明代之旧也。’”

《辞海》1979 年版：“父母官：旧时称州县官为‘父母官’，大抵始于宋初。王禹偁《谪居感事》诗‘万家呼父母’自注：‘民间多呼县令为父母官。’《水浒传》第十四回：‘本待便解去县里见官，一者忒早些，二者也要教保正知道，恐日后父母官问时，保正也好答应。’”

《辞海》1989 年版、1999 年版同，《辞海》2009 年版未收。

“父母官”意谓一个好的地方官应该像爱护子女一样爱护老百姓，即“爱民如子”。本可说是老百姓对地方官的一种赞誉，但今天人民早已是国家的主人，领导干部不过是人民的公仆。如果我们再习惯于称领导为“父母官”，难免有些人品素质低劣的官僚会以父母官自居，以为给老百姓吃上了肉过上了好生活是自己执政所施恩典,颠倒了主次位置。2009 年版《辞海》或作为陈旧词删除此条可以说顺应了新时代要求的新官民关系,反映了改革开放以来人民要求真正当家作主的主人意识。

5. 辛亥革命

《辞海》1936 年版:"辛亥革命: 民国纪元前一年(清宣统三年),岁次辛亥,革命军起义于武昌,世称辛亥革命,又称武昌起义。先是,同年三月间,……已而孙中山先生至南京,创建中华民国,组织临时政府,清廷知大势已去,亦遂宣告逊位;故中华民国之创成,实由此役奠其始基也。"

《辞海》1979 年版:"辛亥革命: 1911 年(清宣统三年,辛亥年)10 月 10 日爆发的中国资产阶级民主革命。……辛亥革命推翻了清政府和中国两千年封建君主专制,使民主共和国的观念从此深入人心,但它没有也不可能完成中国人民反帝反封建的民主革命的伟大任务。"

《辞海》1989 年版:"辛亥革命: 1911 年(清宣统三年,辛亥年)10 月 10 日爆发的中国资产阶级民主革命。……辛亥革命推翻了清政府和中国两千年封建君主专制,但它没有也不可能完成中国人民反帝反封建的民主革命的伟大任务。"

《辞海》1999 年版:"辛亥革命: 1911 年(清宣统三年,辛亥年)10 月 10 日爆发的中国资产阶级民主革命。……辛亥革命推翻了清政府和中国两千年封建君主专制,但它没有也不可能完成中国人民反帝反封建的民主革命的任务。"

《辞海》2009 年版:"辛亥革命: 1911 年(清宣统三年,辛亥年)爆发的中国资产阶级民主革命。……辛亥革命虽未完成中国人民反帝反封建的民主革命的任务,但推翻了清王朝的统治,从而结束了中国两千多年的封建君主专制制度,为中国的进步打开了历史的闸门。"

《辞海》1936 年版详述了辛亥革命的起因和整个过程,指出"中华民国之创成,实由此役奠其始基也”。1979 年版、1989 年版和 1999 年版相承强调辛亥革命推翻了清政府和中国两千年封建君主专制,但它没有也不可能完成中国人民反帝反封建的民主革命的伟大任务,2009 年版改为“辛亥革命虽未完成中国人民反帝反封建的民主革命的任务,但推翻了清王朝的统治,从而结束了中国两千多年的封建君主专制制度,为中国的进步打开了历史的闸门”。辛亥革命推翻了封建君主专制制度,开创了中华民族的新时代,从各版释文可见评价辛亥革命打开中国进步新途重大意义的认识过程。

6. 虎

《辞海》1936 年版:“虎:① 动物名。(Felistigris)哺乳类食肉类,形略似猫,体长五六尺。毛黄褐色,具黑色波纹。四肢皆俱五趾,有钩爪。性凶悍,力猛,吼声宏大。夜出捕食鸟兽,兼袭人。东三省、蒙古、西伯利亚、印度等皆产之,而西伯利亚所产为最大。”

《辞海》1979 年版:“虎:① 动物名。学名:Pantheratigris。哺乳纲,食肉目,猫科。头大而圆。体长 1.6 ~ 2 米,尾长达 1.1 米余。……肉可食,骨可做药,毛皮可做褥垫和地毯等。”

《辞海》1989 年版:“虎:① 动物名。学名:Pantheratigris。哺乳纲,食肉目,猫科。头大而圆。体长 1.4 ~ 2 米余,尾长达 1.1 米余。……均为国家一级保护动物。骨可做药,毛皮可做褥垫和地毯等。”

《辞海》1999 年版、2009 年版:“虎:① 动物名。学名:Pantheratigris。哺乳纲,食肉目,猫科。头大而圆。体长 1.4 ~ 2 米余,尾长达 1.1 米余。……均为国家一级保护动物。”

《辞海》各版在提供有关“虎”的知识上大致相同,1979 年版的释文中有“肉可食,骨可做药,毛皮可做褥垫和地毯等”,1989 年版增“均为国家一级保护动物”,删“肉可食”,1999 年版、2009 年版又删“骨可做药,毛皮可做褥垫和地毯等”,体现了近年来保护动物的环保理念。

7. 鲸

《辞海》1936 年版："鲸：动物名。古名鱷，属哺乳类游水类。大者长六七丈。……普通所云鲸，多指露脊鲸言。"

《辞海》1979 年版："鲸：哺乳纲，鲸目。水栖哺乳动物。外形似鱼，大小随种类而异，最小的只有 1 米左右，最大的可达 30 米。……世界各海洋都有分布。鲸是重要的经济动物，肉可食，脂肪是工业原料。种类很多，有抹香鲸、蓝鲸等。"

《辞海》1989 年版："鲸：哺乳纲，鲸目。水栖哺乳动物。体形似鱼，大小随种类而异，最小的只有 1 米左右，最大的可达 30 米。……世界各海洋都有分布。经济价值很大。种类很多，可分两类……。"

《辞海》1999 年版、2009 年版："鲸：哺乳纲，鲸目。水栖哺乳动物。体形似鱼，大小随种类而异，最小的只有 1 米左右，最大的可达 30 米。……世界各海洋均有分布。分布于中国的鲸类均为国家一级或二级保护动物。"

《辞海》各版在提供有关"鲸"的知识上大致相同，1979 年版的释文中有"肉可食，脂肪是工业原料"，1989 年版改为"经济价值很大"，删"肉可食"，1999 年版、2009 年版又删"经济价值很大"，增"分布于中国的鲸类均为国家一级或二级保护动物"，强调了在我国的鲸类都是受保护的动物，反映了我国保护鲸类动物的态度。①

第三节　辞书修订的与时俱进

辞书是语言和知识的信息载体，而语言和知识按其本质和实际而言，历来是个开放的体系，不断接受人类社会发展中不断出现的新信

① 2009 年版《辞海》释文的修改量更多也更趋于客观，详可参"中国人民抗日战争"条等，限于篇幅，此不赘。

息。现代社会需要辞书及时反映这些新信息，实现内容的现代化和形式的多样化。辞书是社会学术发展状况的一面镜子，辞书的进化反映着人类的进化，人类的进化显示在辞书的进化，辞书在某种意义上可以说是人类一切进程最浓缩也最具体的反映。辞书的内容在定义、解释外部世界的同时，外部世界的变化也在形成着辞书的内容。某一时代人们对具体事物的理解认识，一定程度上体现在当时所应用的词之中，而这又在一定程度上借助于辞书反映出来。如黎锦熙等编《国语辞典》释“改革”为“去故更新”，《现代汉语词典》释“改革”为“把事物中旧的不合理的部分改成新的、能适应客观情况的”。1936 年版《辞海》未收“改革”。1960 年试用本《辞海》收录“改革”，释为：“改去；革除。《后汉书·黄琼传》：‘复试之作，将以澄洗清浊，复实虚滥，不宜改革。’现常用为[1]改变旧制度、旧事物。如：土地改革；文字改革。”1979 年版和 1989 年版《辞海》增补了鲁迅《华盖集续编·空谈》“改革自然常不免于流血，但流血非即等于改革”一例。1999 年版《辞海》将“文字改革”更换为“教学改革”。2009 年版《辞海》删去了“改革”一词，而增收了“改革开放”，释为：“中国共产党在社会主义初级阶段基本路线的两个基本点之一，中国特色社会主义现代化建设的一项根本方针。1978 年 12 月，中共十一届三中全会召开，开创了当代中国改革开放的新时期。邓小平多次阐发，中共十三大正式概括为改革开放总方针。改革，是要从根本上变革束缚生产力发展的经济体制，建立和完善社会主义市场经济体制。与此相适应，进行政治体制改革和其他领域的体制改革。开放，主要是对外开放，就是积极参与经济全球化条件下的国际经济合作和竞争，扩大与各国的交流，吸收和借鉴人类社会所创造的一切文明成果。改革开放是中国共产党在新的历史条件下带领人民进行的新的伟大革命，开辟了中国特色社会主义道路，并形成了中国特色社会主义理

① “用为”，1979、1989、1999 年版改作“指”。

论体系。"[①]《现代汉语词典》第 6 版也增收了"改革开放",释为:"改革主要指经济体制改革和政治体制改革;开放,主要指国内市场对外开放,加强对外交流和合作。是我国社会主义初级阶段的基本国策。"《国语辞典》《现代汉语词典》和《辞海》所释反映了"改革"一词从"去故更新"到"把事物中旧的不合理的部分改成新的、能适应客观情况的"和"现常用为改变旧制度、旧事物"的词义演变,而 2009 年版《辞海》和《现代汉语词典》第 6 版增释"改革开放"则更体现了与时俱进的鲜明时代特色。

语言随世顺时而变,作为语言生活的反映者——语文辞书,也就有了跟上语言的发展变化而永不停息的修订使命。语文辞书的编纂可以说是一门遗憾的艺术,自出版之日起,就可能会发现原来精雕细琢的释义还存在着这样或者那样的问题,所以任何辞书都不免存在着时空的局限,特别是在社会发生重大变革以后。随着社会的发展变化,一些词消失了,一些新词产生了,一些词的意义发生了变化,人们对某些词所指的客观事物的概念在认识上有了发展,因此再好的辞书也只能代表当时的认知水平,也要随着时代的发展,"体察用者之需要,恰如其所需以予之"[②],进行必要的修订,较为全面地反映当前语言的词汇面貌,在收录词语方面与时俱进,更具时代性、科学性和实用性,更好地满足读者的需求。如《辞海》问世至今,尤其是改革开放以来,国际形势变化很大,国内经济体制转变,科学技术突飞猛进,知识创新速度大大加快,信息时代的特征显现于社会生活的各个层面,产生了大量新概念,出现了

---

① 中国共产党第十八届中央委员会第三次全体会议通过的《中共中央关于全面深化改革若干重大问题的决定》指出"改革开放是党在新的时代条件下带领全国各族人民进行的新的伟大革命,是当代中国最鲜明的特色","实践发展永无止境,解放思想永无止境,改革开放永无止境。面对新形势新任务,全面建成小康社会,进而建成富强民主文明和谐的社会主义现代化国家、实现中华民族伟大复兴的中国梦,必须在新的历史起点上全面深化改革";"改革开放的成功实践为全面深化改革提供了重要经验,必须长期坚持"。

② 陆费逵、舒新城《辞海编辑大纲》,中华书局,1936 年。

不少新词语，影响着人们生活的方方面面。《辞海》作为人类知识结晶的载体，1936 年出版后历经多次重大修订，自 1979 年后形成了每十年重大修订一次的惯例，不断地推出新的版本，1979 年到现在已经修订出版有 1989 年版（第四版）、1999 年版（第五版）和 2009 年版（第六版）《辞海》，及时吸纳了新的知识，反映了时代的发展新面貌。又如 1993 年出齐的 74 卷本《中国大百科全书》于 2009 年推出了全新的 32 卷本，2011 年又开始了第三版的修订。1990 年初版的 8 卷本《汉语大字典》在 2010 年推出了第二版。1993 年出齐的 12 卷本《汉语大词典》虽以其释义准确、义项齐备、书证翔实、体例严谨，能够反映汉语词汇发展演变的面貌等特点而成为我国汉语语文词典史上的一座里程碑，但也存在漏立条目、重复立条、归属失误、引文字句不确、引文标点失当、引证源流倒置、书证单薄、同义词释义矛盾等不足。如收录了“不公、不友、不切、不中訾”等松散的词组，又如收了“中沙群岛”而未收“南沙群岛”有失照应等。释义用语也有“本称、本谓、本指、也称、也叫、也说、也指、也作、亦称、亦指、亦作、又称、又叫、又谓”等重复交叉而造成功能混乱，而统一这些程式用语则有裨于释义表述体系的规范和完善。2010 年上海辞书出版社出版了《汉语大词典订补》，收单字条目和多字条目 3 万余条，从条目新增、条目订讹、条目补义、条目补证等四个方面进行了订补。《汉语大词典》第二版的编纂也在 2012 年正式启动。

一部优秀的辞书必须不断修订，修订就是继承与发展。一部为社会所认可的高质量的语文辞书也是在不断修订中逐步完善的，可以说语文辞书的生命在于精益求精的修订，修订就是继承与发展，不断修订是语文辞书与时俱进的有效手段。修订包括收词、正字、正音、正义、查检和结构调整等，重点在纠谬补阙。语文辞书的修订是一项细致而又烦琐的工作，尤其是大中型语文辞书的修订不仅是一项费时费力的大工程，而且更是一个逐渐完善的大工程，往往要经过一代又一代人的努力，一次修订一个飞跃，一次修订一个台阶，一版又一版的打磨锤炼才能达到精品之“典”。

传统辞书的修订主要体现在校正，注重准确性和权威性。如《说文》系列的修订有唐李阳冰刊定的《说文》，宋代徐锴的《说文解字系传》和徐铉的《校定说文解字》，明代毛晋、毛扆父子的《仿北宋刻改大字本说文解字》。清代校勘考证的有严可均《说文校议》、钱坫《说文解字斠诠》、田吴炤《说文二徐笺异》、承培元《说文引经证例》等，匡正的有孔广居《说文疑疑》、俞樾《儿笘录》，研究阐发的有段玉裁《说文解字注》、桂馥《说文解字义证》、朱骏声《说文通训定声》、王筠《说文句读》等，补充订正的有严章福《说文校议议》、钮树玉《段氏说文注订》、徐灏《说文解字注笺》等。又如《康熙字典》系列的修订有王引之的《字典考证》十二卷，校正了部分《康熙字典》引书方面的错误，其中引用书籍讹误共2 588条。日本明治初期学者渡部温《康熙字典考异正误》，订误达11 700多条。近人高树藩《新修康熙字典》以现代辞书的格局，对《康熙字典》作了正内容，订讹误，审音读，增句读等方面的修订。2002年汉语大词典编纂处又整理出版了《康熙字典》标点整理本。

现代辞书的修订包括形式的改动和内容的更新。形式的改动包括词目编排、索引结构和装帧排版等，具体涉及立目形式、注音形式、部首设置、字形繁简转换、义项设置与排序、例证设置方式、标点形式、附录设置等方面。内容的更新主要为纠误、增删、补漏和精炼四个方面。纠误包括形音义的补正等，增删包括收词的增删，义项的增减，释义的删改，例证的删补，释义方式的改换等，补漏包括补充漏收的词和义项及补全例证等，精炼指对释义用语和例证的斟酌推敲。

如1953年人民教育出版社初版的《新华字典》（后由商务印书馆出版），开始为注音字母音序本，1954年改成部首排列本，1959年变为汉语拼音字母音序本，1962年修订为重排音序本，又有1957年、1962年、1965年、1966年、1971年、1979年、1990年、1992年、1998年、2004年的修订重排本,2011 年出版了第 11 版修订本。历次修订在保持原有特色基础上均有不同程度的调整,主要修订内容可概括为:1. 调整字形;2. 调整字序编排;3. 调整部首;4. 改正注音;5. 增删字头;6. 增删和修改义项与例证;7. 补正与完善释文;8. 增删插图和附录;9. 改进版式设计与印刷装帧。

现代语文辞书的修订,尤其是大型语文辞书的修订,校正和补阙还只是一个基础性工作,更重要的是着眼于适应时代发展和社会需求的推陈出新和吐故纳新,即删去已经淘汰过时且查检率不高的旧词旧义,有所选择地增加近年来产生的大量新词新义。这不仅需要本着实事求是的科学态度,忠实地记录史实,而且还需要展望未来,预测发展趋势,具有与时俱进的时代意识和独具匠心的识断能力。这是语文辞书的生命力之所在,也是《辞源》《辞海》等大型辞书各版注重反映语言中的词汇发展变化状况而成为经典的生命力之所在。

《辞源续编说例》称:"《辞源》一书自民国四年出版,不觉转瞬已十余年。此十余年中,世界之演进,政局之变革,在科学上、名物上自有不少之新名辞发生,所受各界要求校正增补之函不下数十通。"《辞源》的编纂始于 1908 年,1915 年由商务印书馆出版。1931 年续编本重点是增补新词语,1939 年合编正续编重点是查证引书出处,1947 年简编本重点是缩减篇幅。1958 年开始的修订是由百科辞书向古汉语辞书的转型。1964 年出版了修订的第一分册,因"文革"的爆发而中止。1976 年恢复修订工作后,以修订稿第一册和未出版的其他各分册初稿或资料为基础作了全面修订。1979 年至 1983 年分 4 册由商务印书馆陆续出版。修订内容定位在成为阅读古籍用的工具书和古典文史研究工作者的参考书,主要包括增删词目,增补内容,变革体例和纠错正谬。2007 年商务印书馆出版了纪念《辞源》编纂 100 周年的激光照排重排本,对字形、注音、释义、引文、出处、标点以及体例格式等技术性方面的问题作了一定的修改。2008 年商务印书馆又全面启动《辞源》的修订工作,新的修订重点是充分有效地采集、整理语料和运用语料，进一步实现“溯源及流”的目标，加深古汉语语词探源，在内容上进一步补充古代百科知识，增加名物百科词条，如涉及典章制度、官职等的词条。冀在内容方面反映当今学术研究的最高水平，编纂方面达到当代辞书编纂工艺的最高水平。

《辞海》修订的吐故纳新具体表现在减少和增加条目，而这一减一加不仅体现着人们的思想观念和生活方式及态度的演变，而且也活生生地反映了一个时代文化的发展。如1999年版《辞海》在1989年版的基础上修订而成，所收单字由16 534个增加到19 485个，所收词目由12万条增加到122 835条，全书篇幅比1989年版增加约400万字。新增“邓小平理论、有中国特色社会主义、宏观调控、因特网、多媒体、数字出版、数码印刷、转基因动物、克隆、社会主义市场经济、休闲、超市”等词条，充实了一些词条的释义内容，如“市场经济”条从30余字增加到400字。又如2009年版《辞海》总字数约2 200万字，总条目近12.7万条。其中删去“太平门、天花板、生活噪音”等约7 000条，新增“三个代表重要思想、科学发展观、以人为本、西气东输工程、青藏铁路、东海大桥、神舟号宇宙飞船、嫦娥工程、人类基因组、基因诊断、可燃冰、氢燃料汽车、虚拟局域网、网吧、电子政务、电子商务、听政制度、知情权、合同法、物权法、知识产权、按揭、磁浮列车、动车、杭州湾跨海大桥、网关、上传、下载、闪客、黑客、博客、播客、闪存、下岗、下课、黑哨、AA制、电子眼、三审制、大杂烩、投机倒把、大众传媒、大众行为、代偿、代理关系、贷款合同、代理商”等1万多条，首次收入“网民、互联网”等网络用语，尤其是还突破了《辞海》历版只收古汉语词的惯例，增收了“机制、基本、激化、极限、极端、集体、季节、纪念、家底、家长、尖锐、剪彩、瘦身、僵局、僵化、交代、解决、愿景”等5 000条现代常用词语和“秀”的“表演；展示”义，“赖”的“诬赖”“责怪”“不好”“无赖”“当离开而不肯离开”等2万个常用义项，体现了科教兴国在科学技术、法制建设和人民日常生活等方面取得的新发展、新成果。①

《辞海》从1936年初版至2009年修订版，忠实记录了历史发展和时代前进，每一个条目都是知识的高度浓缩，体现了传承中华文明的与时俱进，而每版改动的释文和增收的新词新语展现了富有时代气息的社会进步和变革，凸显了科学技术日新月异的发展轨迹和人民生活的变化，可以说是中华民族前进的缩影和写照，在某种程度上也反映了典雅的精英文化与通俗的平民文化相融合的价值取向，为社会史、文化史和汉语词汇史的研究提供了珍贵的语言实录。

与《辞源》《辞海》一样，《现代汉语词典》也忠实记录了历史的发展和现代社会日新月异的变化。

如《现代汉语词典》从第1版开始收释了“电话”一词，第4版增收了“手机”一词，释为“掌上型移动电话机的简称”。随着“手机”这新事物的出现，人们将传统的“电话”称为“座机”。第5版相应增收了“座机”一词，释为“指固定在一处的电话机(区别于‘手机’)”。由于“手机”相对“座机”而言具有可移动性，人们称之为“移动电话”，第5版也相应增收了“移动电话”一词，释为“不固定在一处，可以变换地点使用的电话，如手机、对讲机、车载电话等”。近年来为了与“移动电话”相区别，人们将传统的固定在一处的电话机称为“固定电话”，简称“固话”，第6版又相应增收了“固定电话”和“固话”二词。从《现代汉语词典》各版收释的与“电话”相关的词语可见语言和社会的发展变化。

又如《现代汉语词典》第5版收词约6.5万条，修订时删去了第4版中的“携贰、阉寺、蕲艾、乾造、强告化、綮、丘脑、蜷局、白相人”等2 000余词，增加了“抢镜头、俏卖、俏销、打拼、到位、轻轨铁路、禽流感、

---

① 毋庸讳言，金无足赤，《辞海》2009年修订版尚有一些不足，有待进一步完善。详参拙文《略论语文辞书的修订》，《辞书论集》(二)，上海辞书出版社，2012年。

倾情、清仓、情商、全职、缺考、群星、强档、期房、期货、期价、企改、企管、企划、洽购、签单、抢点、侨资、劝退、气候带、驱动器、齐心协力、恰到好处、窃窃私语、轻装上阵、轻手轻脚、情真意切、求真务实、曲终人散、缺斤短两”等6 000余条新词和常用词，增释了“前台④ 指酒店、旅馆、歌舞厅等负责接待、登记、结帐工作的柜台”“启动②（法令、规划、方案等）开始实施或进行；③ 开拓；发动”“枪毙② 比喻建议等被否定或文稿等不予发表（含诙谐意）”等词义。增收的新词新义有些源自普通话，如“建设性、可行性、格式化、数字化”等；有些源自我国港台地区和内地方言及外来词语，如“按揭、搞笑、面膜、穿帮、非礼、峰会、卖点、另类”等源于香港，“比拼、层面、互动、新锐、作秀、取向、认同、资深、愿景、体认”等源于台湾，“蹦迪、大款、托儿、侃大山、玩儿命、宰客、砸牌子”等来自北京话，“买单、花心、入围、生猛、煲电话粥、爆满、炒鱿鱼”等来自广东话，“搞定、跟进、派对、套牢、动迁、割肉”等来自上海话，“酷、克隆、黑客、伊妹儿”等从英语音译而来，“料理、人气、卡拉 OK”等源于日语；还有些是由专业学科的术语或行业用语转化而来，如“板块、并轨、转轨、擦边球、越位、二传手、菜单、冲顶、点击、拐点、聚焦、抢滩、时间差、缩水、硬着陆、主旋律”等。释义的修订主要包括以下三种情况：一是词义发生了变化（如某些词产生了新的意义或新的用法），二是词义所反映的客观事物发生了变化，三是原来的释义不够准确或完善。如“淘汰”，原为“去坏的留好的；去掉不适合的，留下适合的”，其中“留好的”“留下适合的”都是羡余成分，第5版修改为“在选择中去除（不好的或不适合的）”。例句的修改，除考虑更准确地体现词语的意义和用法外，更多地是考虑使例句内容更切近现实生活，更具时代气息。如“咱”的例句原来是“咱穷人都翻了身”，第5版改为“运动员为咱中国争了光”。

《现代汉语词典》第6版修订遵循引导规范的一贯宗旨，着力提高科学性、时代性、规范性和实用性，在全面正确贯彻以往国家有关语言文字和科学技术等方面的规范和标准的同时，还注意吸收和反映近些年来国家语委组织专家学者制定、修订的有关字形、字音等方面的规范标准的最新成果；除了常规性的增、删、改外，还对一些以往历次修订尚未触及的问题进行了系统的调查研究和处理。主持第 6 版修订的江蓝生表示，"历次修订都遵循促进现代汉语规范化的宗旨，本着精益求精的态度，修订错误，改进不足，积极稳妥地吸收学界的相关研究成果和广大读者的意见，力求跟上时代的发展和社会语言生活的变化，从而使这部词典的质量不断提高"。

主要内容包括 9 个方面。一是依照规范标准审慎确定字形、字音；对字头的简繁、正异关系进行梳理；增加单字 600 多个（以地名、姓氏及科技用字为主），共收各类单字 1.3 万多个。如删去了"按"字头后的异体字"案"，增补了"肥"等字。二是增收新词语和其他词语近 3 000 条，增补新义 400 多项，删除少量陈旧的词语和词义，共收条目约 6.9 万多条。如"才"字下增收"才赋、才俊、才貌"，"搭"字下增收"搭台、搭戏"，"发"字下增收"发飙、发颤、发怵、发光"，"拉"字下增收"拉不开栓、拉吹、拉风、拉活儿、拉皮、拉票、拉网式、拉下马"，"杂"字下增收"杂阵、杂色、杂谈、杂忆、杂役、杂症"等。又如"还是"增加了"表示倾向性选择，含有'这么办比较好'的意思"的副词义和"连接无须选择的若干事项（跟'不管、无论'等搭配使用）"的连词义两个义项。三是参照国家语言文字工作委员会《汉语拼音正词法基本规则》修订课题组和《普通话轻声词儿化词规范》课题组的意见，对条目的注音做了修订。四是以意义为主要标准，对同形同音条目的分合做了调整；根据学理和语言使用的实际，调整了一批异形词的主副条。如第 5 版列为主条的"答理、娥眉、夹肢窝、压宝"调整为副条，而副条"搭理、蛾眉、胳肢窝、押宝"在第 6 版中调整为主条。五是按类别（如"口语词、方言词、文言词、专科词、外来词、西文字母词"等）对释义进行全面的检查和修订，对释义提示词（以"比喻、形容、借指"为主）也做了统一的修订。如第 5 版"才"

的释文是“才能；才智”，第6版释文改为“才能；天分”。第5版“发财”的第2义项释文为“旧时客套话，问人在哪里工作说在哪里发财”，第6版改为“客套话，用于问人在哪里工作”。六是复查了词类标注，在保持原有词类标注体系的基础上，对少数词的词类标注做了修订。如“垃圾”，第5版的两个义项都标为名词。第6版改为第1义项为名词，脏土或废弃物；第2义项为形容词，比喻失去价值的或有不良作用的。又如“怕人”，第5版第1义项为动词，见人害怕；怕见生人；第2义项为形容词，使人害怕；可怕。第6版把第1义项也改为形容词。七是本着更好地配合释义，体现用法以及扩大词汇信息量等原则，对例词、例句做了相应的增删和修改。八是配合释义增补了近百幅古代器物等方面的插图。九是根据有关标准和新的研究成果对检字表和附录做了修订。

《现代汉语词典》第6版的修订贯彻了“植根学术、跟进时代、贯彻规范、系统稳妥”的方针，既反映了社会发展带来的语言演变，又促进了语言的规范。第6版中收录的新词、新义、新用法充分反映了我国新时期特别是近几年来涌现的新事物、新概念、社会生活的新变化和人们的新观念。新增词语涉及社会生活多个领域。其中与经济有关的有“产业链、环比、负资产、第一桶金、民营企业、非公有制经济、文化产业”等；与社会建设和管理有关的有“医疗保险、医改、民调、首问制、调峰、限行、摇号、调节税”等；与大众日常生活相关的有“产权证、房贷、群租、二手房、廉租房、两限房、动车、屏蔽门、高铁、轨道交通、车贷、车险、代驾、酒驾、醉驾”等；反映时下新的生活方式的有“首付、拼车、拼购、团购、网购、网聊、瘦身、塑身、茶叙、自驾游、自助游、背包客”等；与计算机、互联网有关的有“播客、博客、博文、跟帖、超媒体、电子书、电子政务、内联网、物联网、网评、网瘾、微博、云计算”等。

有些新词语真实地记录了当代社会生活。如源自西方的“父亲节、母亲节、感恩节、情人节”等词语，反映中西文化的交流与融合；“低碳、减耗、减排、减碳、新能源、光伏效应、电子污染、二手烟”等可以看出我国的社会建设正在稳步推进，民众环保意识也大大增强；“北漂、草根、社工、达人、高管、愤青、名嘴、香蕉人、小皇帝、蚁族、月光族、全职太太”等名词直观地反映了一些新的社会群体及其特点；“拜金主义、傍大款、买官、贪腐、碰瓷、吃回扣、潜规则、封口费、关系网、冷暴力、霸王条款”等词语反映了进入社会转型期，市场经济在促进生产力发展的同时也给社会风气和人们的价值观带来一些负面影响。

一些词语的新义新用法体现了词义的发展变化，从而反映了社会的变迁和人们对事物认识的变化。如“宅”的新义为“待在家里不出门（多指沉迷于上网或玩电子游戏等室内活动）”；“奴”的新义为“称失去某种自由的人，特指为了偿还贷款而不得不辛苦劳作的人（含贬义或戏谑义）”，体现了当下不少年轻人的生活状态；“山寨”的新义为“仿造的；非正牌的”和“非主流的；民间性质的”；“漂白”的新义为“比喻通过某些手段，把非法所得变成合法所得”，反映了市场经济下一些人的生产经营行为；“大使”的新义为“借指为推动某项事业的开展而做推介、宣传等工作的代表性人物”，可以说是一些公众人物影响力的写照。

《辞海》和《现代汉语词典》各版修订增删的词语展现了富有时代气息的社会进步和变革，凸显了科教兴国在科学技术、法制建设和人民日常生活等方面的发展轨迹和人民生活的变化。

辞书编纂和修订的与时俱进，不仅反映在辞书的收词列目和编写内容上，还体现在彻底改革以往抄卡片、排铅字等传统编纂方法，建立、利用动态语料库储存的大量语言实例，藉因特网为媒介，运用数字化技术，组织一批专家在定量统计和定性分析相关数据的基础上进行修订，进而提高修订的效率和释义的水平。

辞书编纂是一种终身的事业，也是需要一辈人接一辈人前后相继的事业。辞书修订必须面对现在的读者，满足现在的社会需求，与时俱进，常修常新，不断完善，成为真正的“典”。一部辞书的修订是在继承原有基础上不断趋于完善的过程,最初的修订内容往往比较多。如《新华字典》初版部首为126部,1957年修订版增为187部,1962年修订版又增为191部,1966年后减为189部,2004年至今调整为201部。一般来说,中小型的辞书修订周期相对大型而言要短一些,如《新华字典》的修订较频繁,《辞海》自1979年版后则十年一修订。辞书的修订多以初版的编纂宗旨为基准,既保持相对的稳定性,又常修常新而与时俱进。辞书的修订规模可大可小,根据修订的要求采用形式大致有整体型、增补型、附录型等。如《辞海》的修订版对1936年版作了全面修订,属于整体型;《辞源》1931年的续编本校正旧词和增补新词,属于补编型;《现代汉语词典》第4版以附录形式增收一些新词新义,属于附录型。同一辞书的历次修订可以采用不同的形式或同一形式,不同辞书的修订也可以采用不同的形式或同一形式。如《新华字典》有些版的修订采用挖改型,《现代汉语词典》采用挖改型和附录型,《汉语大词典订补》采用补编型,而拟于2020年问世的《汉语大词典》第二版则采用整体型修订。

一部辞书经不断修订而历久弥新,反映了语言的发展和演变,也折射出社会各方面发展变化的动态轨迹。语文辞书修订的历史启示我们,只有适应社会的需求才能保持旺盛的生命力。由于语言的古今演变,社会政治、经济、文化以及人们思想观念的不断变化,新概念新词的不断衍生,语言研究的不断深入,辞书必须在继承传统的基础上不断进行修订才能适应时代的发展和满足社会的需要。

中编

传统辞书

我国是一个历史悠久的文明古国，也是一个辞书大国，辞书的编纂可谓源远流长。先秦时文字教育催生了《史籀篇》《仓颉篇》等识字课本，形成语文辞书萌芽的雏形。秦汉时经传的注释衍生出我国现存可考知的最早一部语词兼百科辞书《尔雅》，文字和方言的歧异催生了我国第一部析形解义的字典《说文解字》和我国第一部方言词典《方言》，文白雅俗的异同催生了我国第一部收释习俗词语的《通俗文》，词义理据渊源的探求催生了《释名》。魏晋时考事征引的需求催生了我国第一部类书《皇览》，楷体取代小篆催生了我国第一部楷体字典《玉篇》，反切的发明和四声的分辨催生了我国早期的韵书《声类》和《韵集》。魏晋后适应社会不同需求的各类辞书相继问世，①编纂理论和体例渐趋完善。隋唐出现了正形正音正义和解释经籍词语的《字样》《切韵》《经典释文》等，元代虚词的研究催生了我国第一部虚词辞书《语助》，明代的《永乐大典》作为古代的大型百科全书而为世人公认，清代的《大清全书》是我国第一部满汉双语辞书，张玉书、陈廷敬等奉康熙之命编撰的《康熙字典》则上承《尔雅》和《说文》等古代字书，下开近代《辞源》和《辞海》等新型词典，成为我国传统语文辞书编纂集大成的标志和楷模。

传统汉语语文辞书的编纂在长期的发展过程中从萌芽到逐渐完善趋于成熟，大致可分为先秦时期的萌芽、秦汉时期的开创、魏晋南北朝时期的探索发展、隋唐五代时期的成熟、宋辽金元时期的兴盛和明清时期集大成的总结定型六个时期。

---

① 据《隋书·经籍志》，自秦至隋有字书近百部。

第一章 先秦萌芽时期

第一节 概　　述

先秦的春秋战国时期是我国历史上思想活跃和学术繁荣的百家争鸣时期,也是我国语言文字研究和辞书编纂的的萌芽时期。相传汉字是黄帝的史官仓颉所造,仓颉,又写作“苍颉”。《淮南子·本经》说:“昔者仓颉作书,而天雨粟,鬼夜哭。”许慎《说文解字叙》云:“黄帝之史仓颉见鸟兽蹏迒之迹,知分理之可相别异也,初造书契。”当然,这只是传说而已,因为文字是社会文化发展到一定的阶段,人们需要用文字来记事,于是在生产劳动过程中通过观察自然事物,根据所要表达的思想内容而创制并约定俗成为记录语言的工具,而不可能由一个人独创。据《周易·系辞下》载:“上古结绳而治,后世圣人易之以书契,百官以治,万民以察。”结绳是原始先民用以帮助记事的方法,还不具备文字的性质,故后来则有书契。《周易》所说的“后世圣人”就是对人们约定俗成所造的文字进行整理和规范的人,而这种整理和规范已开后世辞书编纂之先声。

汉语和汉字是中华传统文化自公元前3000年一直延续至今而始终呈现为一个统一体的重要标志。文字的规范和统一,古称“书同文”。黄帝史官仓颉造字的传说,正反映了当时黄帝统一中原,由于社会的发展,人们需要有文字来记录语言,仓颉很可能就是在那时将人们已创制的文字搜集在一起,对这些出自众手有着较大随意性的文字进行了整理和约定俗成的规范工作。据许慎《说文解字叙》说其时“郡国亦往往于山川得鼎彝,其铭即前代之古文,皆自相似”。从出土的两周钟鼎铭文的大体规整相似,可推知周代已作过“书同文”的工作。

有了文字,适应人们需求对文字所载词义进行解释的字表也随之产生,由汇集常用词的识字字表到类聚同义词解词释义的识字字表,史游《急就篇》提出“分别部居不杂厕”的编纂理念,逐渐形成了语文辞书的雏形。

第二节　《史籀篇》与《仓颉篇》

语文辞书是人类文明和语言文字发展到一定阶段的产物。据现有文献记载,相传周宣王法文、武、成、康之遗风,史称“宣王中兴”,其时汉字演变为大篆,文字使用难免歧异,太史籀遂编有《史籀篇》。据许慎《说文解字叙》说:“及宣王太史籀,著大篆十五篇,与古文或异。”又据《汉书·艺文志》小学类后叙说:“《史籀篇》者,周时史官教学童书也,与孔氏壁中古文异体。”周宣王时(公元前827—前782年)的太史籀可以说是继仓颉之后又一个整理规范文字使用的史官,《史籀篇》汇集常用字编成识字课本则为我国语文辞书编纂的嚆矢。

春秋诸霸挟天子令诸侯,战国七国分立,群雄逐鹿,文字异体。秦统一中国后,丞相李斯奏罢六国文字不与秦同者,以秦国文字为基础,又一次对汉字进行了整理和规范,确定小篆作为标准字体,参《史籀篇》体例撰《仓颉篇》。秦始皇二十八年(公元前219年)在琅邪刻石所记“同书文字”即记载了这次文字的整理和规范。

春秋至汉初的一些童蒙识字课本收录“诸物名姓”和“泛施日用”的常用词,编排“分别部居不杂厕”,把同义或同类的词聚合成一组韵语,既是启蒙教科书,也可以说已略具语文辞书立目释词以便查检的雏形。除《史籀篇》和《仓颉篇》外,还有赵高的《爰历篇》、胡毋敬的《博学篇》、史游的《急就篇》、扬雄的《训纂篇》等。据《汉书·艺文志》小学类后叙说:“《苍颉》七章者,秦丞相李斯所作也。《爰历》六章者,车府令赵高所作也。《博学》七章者,太史令胡毋敬所作也。文字多取《史籀篇》而篆体复颇异,所谓秦篆者也。是时始造隶书矣。起于官狱多事,苟趋省易,施之于徒隶也。汉兴,闾里书师合《苍颉》《爰历》《博学》三篇,断六十字以为一章,凡五十五章,并为《苍颉篇》。”

《仓颉篇》共收 3 300 字,原本已佚,仅存于汉唐著作的引文和敦煌、居延、阜阳出土的汉简中。今有任大椿、孙星衍据《玄应音义》的辑录本、陶方琦据《慧琳音义》的补辑本和王国维的《重辑苍颉篇》。从汉唐著作和出土汉简的佚文大致可推知此书是秦汉时的识字教科书,四字一句,尽可能以意义类聚词义相近的字,如“开闭门闾”都与“门”有关。基本上二句一韵,间有一句或三句一韵,每章一韵到底。首句是“仓颉作书”,故以“仓颉”两字命名。所收多为当时日常使用的基本字词,如“仓颉作书,以教后嗣”“汉兼天下,海内并厕”等。篇中还有字词的说解,如《慧琳音义》和《希麟音义》引《仓颉篇》计 1 470 余条,除去重复,计有近 600 条。这近 600 条每条都有说解,主要是以同义词训释。如“厕,次也”“安,静也”“谨,信也”“憔悴,忧愁也”“饵,食也”等。因而,可以说李斯所撰《仓颉篇》是我国第一部字书。

继《仓颉篇》后,据《汉书·艺文志》小学类后叙说,武帝时,司马相如作《凡将篇》;元帝时,黄门令史游作《急就篇》;成帝时,将作大匠李长作《元尚篇》,皆《苍颉》中正字也。“至元始中,征天下通小学者以百数,各令记字于庭中。扬雄取其有用者,以作《训纂篇》,顺续《苍颉》,又易《苍颉》中重复之字,凡八十九章。”《训纂篇》共收 5 340 字,东汉章帝时,班固又作续篇,计十三章,780 字。和帝时,贾鲂又续作《滂喜篇》。至晋代,张轨合《仓颉篇》《训纂篇》《滂喜篇》为上中下三卷,称为《三仓》。《仓颉篇》这一类的字书可以说是当时人们识字的范本和依据,也可以说是对秦汉时代使用的汉字进行的规范。

史游的《急就篇》今有传本,又名《急就章》,相当于一部识字课本,以首句“急就”二字作为篇名。全书三十四章，按姓名、衣服、饮食、器用等分类编成韵语，分三部分。第一部分列举了132个姓；第二部分叙述了锦绣、饮食、衣服等各类事物的名称；第三部分是有关五官方面的词。多数为七字句，用来教儿童识字，共2 016字。开头五句为“急就奇觚与众异，罗列诸物名姓字，分别部居不杂厕，用日约少诚快意，勉力务之必有喜”，说明了编这本书的目的。结尾部分以四字句歌颂汉代的盛世。[①]

① 唐太宗和宋太宗都曾亲书《急就篇》。

第二章 秦汉开创时期

第一节 概　　述

秦汉时期是我国语言文字研究的发轫时期,也是语文辞书的开创期。语义的解释是人认识世界、体验世界的一种重要方式,体现了人对林林总总、五色驳杂的客观物象的概括和理解。随着时代的推移和语言的发展,古人将自己对世界万象聚散离合、有机统一的理解透过语义训释的汇通有条理地显现出来。先秦文献中已有许多对词语直接释义的内容,至秦汉时较为系统的研究则形成了《尔雅》《方言》《说文》和《释名》等解词释义的语文辞书。

这一时期先秦诸子名实之学中荀子的"约定俗成"说、"循旧作新"说,墨子关于名的"达、类、私"分类说等理论都被引进辞书的编纂。如《释名》以先秦语言哲学的名实论为标的来论述"日称"常用词的"指归";《尔雅》以先秦名实哲学中的义类观来分类布篇;《说文解字》"始一终亥"的540部首则暗含义类分部;荀子的"雅方沟通"观对《方言》的编纂也有重要指导作用。① 汉武帝独尊儒术,设置五经博士。汉章帝时诸儒论五经于白虎观,通过论争,古今文经学趋于融合,出现了以古文经学重训诂考证为主导的《说文解字》和以今文经学重章句义理为主导的《释名》。

---

① 《荀子·正名》篇:"散名之加于万物者,则从诸夏之成俗曲期。远方异俗之乡,则因之而为通。"

从某种角度可以说，《尔雅》《方言》《说文》和《释名》等解词释义的语文辞书虽然只是一种有序整理后的小学材料研究成果的载体，但已经形成了义类体例、部首体例、释义原则等基本模式，开创了雅系义类辞书、方言类辞书、字书类辞书和词源类辞书的四大核心辞书类型，奠定了汉语辞书本体的基本原理和宗旨以及释义原则和方法。如《说文解字叙》运用“六书”理论阐述了辞书的编纂宗旨、性质、功能、结构与方法，《释名序》运用先秦诸子的名实理论探究词义语源的训释，开辞书编纂理论探讨的先河。

第二节　《尔雅》

由于语言文字随着社会的发展不断演变，先秦经典文献中的一些词语到了汉代已不易为一般人所读懂，需要用当时的实际语言去诠释这些文献中的难词难句，领会附着在语言文字中的意义和文化内涵，社会的需求促使了《尔雅》的问世。

《尔雅》是我国现存最早的训释群书语义的语文辞书，作为儒家经典收入十三经，也是我国各类辞书的鼻祖，由秦汉儒生缀集先秦旧文递相增益而成。《尔雅》突破了文献训诂的随文注释离散性状态，把先秦大量的随文训释按事类分编，在各篇中又综合同义词分条“释古今之异言，通方俗之殊语”，解释了先秦至西汉初年所用词语的意义和用法，同时还包含了有关自然和社会方面的一些知识，可以说是对春秋至秦汉名物释义的大汇编，充分体现了辞书解读古籍以沟通古今的功能。据《汉书·艺文志》说：“古文读应尔雅，故解古今语而可知也。”又在“《尔雅》三卷二十篇”下注引张晏说：“尔，近也。雅，正也。”“尔雅”的意思是接近和符合雅言，即“彰明雅言”，以雅正之言解释古今方俗之语，使之接近规范。《尔雅》的书名也是由此而来。

《尔雅》的作者历来说法不一。有的认为是孔子门人所作，有的认为是周公所作，经后人增益而成。后人大都认为是秦汉时人所作，经过代代相传，各有增益，在西汉时被整理加工而成。

《尔雅》采用以义类聚的体例，把义同义近的词归在一起，以简驭繁，以一义率多词，首创按词语意义分类释词的体例，开辞书分类排检法的先河。全书按事类分为十九篇，以语言——人——自然——生物为序，前三篇释诂、释言、释训解释普通词语，后十六篇释亲、释宫、释器、释乐、释天、释地、释丘、释山、释水、释草、释木、释虫、释鱼、释鸟、释兽、释畜解释百科名词。共收释了4 300多个词，对基本词与一般词、通用词与专用词、方言词与全民词之间的异同作有简明的辨析。其中释诂多举古今词，释言多举动词、形容词，释训则多为联绵词，释诂、释言、释训诠释了2 000多个常用词。百科名词部分为各种名物的解释，包括天文、地理、植物、动物等自然万物的专名和人的社会关系及日常生活器用等专名。每篇都自成一个知识系统，反映了秦汉时的文化知识结构，类似后来的百科名词词典。如《释亲》从宗族、母党、妻党、婚姻四个方面诠释古代的亲属制度、家族构成，反映了上古社会的氏族制度和婚姻制度。《释地》诠释了古代地理区划及各地的物产等，反映了古人的地理观和世界观。

《尔雅》解释词语的方法是前三篇把同义的词放在一起，用一个单词来解释；后十六篇则多用定义式来解释。释词一般以今语释古语，以通言释方言，用来解释的同义词与被解释的词之间往往是通用词语与古词语或是雅言与俗语的关系，旨在将不同地域的方俗用语统归于雅言通语，具有规范语言使用的功能。《尔雅》首创以类相从的分类编排体例，把所收的词分为常用词、专门词两大类，采用“释雅以俗，释古以今”的训诂方式贯通古今方俗，开创了以雅言释方言的先声。

在《尔雅》以前，词义的训释多局限于具体语言环境，只是就某书或某句中的词义进行解释，训释方法是因文为训，即通于此而不必尽通于彼。这种解释是对词义的感性认识，可以因人因文而异。《尔雅》的编纂是在前人感性认识的基础上，经过分析比较，融会贯通，抽绎其共同的语义，用一个表示基本的常用义的词语来解释一组同义词，简明准确，既适于此，也适于彼，可以举一反三，比类而推知，具有对词义系统的理性认识。大致有两种方法：一是将许多意义相同或相近的词归并为一条，每条下面用一个通用词作解释。如《释诂》："初、哉、首、基、肇、祖、元、胎、俶、落、权舆，始也。"《释言》："殷、齐，中也。"另一种是把内容有关的一类词放在一起，分别加以解释。如《释亲》："男子先生为兄，后生为弟。"《释器》："木豆谓之豆，竹豆谓之笾，瓦豆谓之豋。"在《尔雅》中，词义的训释居于首位，或"举古言，释以今语"；或"约取常行之字，而以异义释之"；或"道物之貌以告人"，反映了古人对语言意义的高度重视，开我国传统语言文字学源远流长的"雅学"之先河。

《尔雅》之后，仿其训释方式和分类方式体例而作的雅学著述很多，形成"群雅"系列语文辞书。最早的是汉末孔鲋所撰《小尔雅》，原本不传，今所传本抄录自《孔丛子》第十一篇。《小尔雅》的体例完全依照《尔雅》，分《广诂》《广言》《广训》《广义》《广名》《广服》《广器》《广物》《广鸟》《广兽》等十章，增广了《广度》《广量》《广衡》三章，共十三章，收词语 374 条，补充了《尔雅》未收的一些词语。如《尔雅·释诂》"大也"条共收 35 字，而《小尔雅·广诂》又补充了"封、巨、莫、莽、艾、祁"6 个字。

第三节 《方言》

方言是一种语言的地方变体，也是语言分化的结果，在语音、词汇、语法方面各有其特点。我国幅员辽阔，地域广大，方言极为丰富。周秦时中央王朝每年八月派使者到各地调查方言，了解各地的风俗民情。不同地域方言的差异造成人们彼此间交往的不便，满足不同地域人们沟通的需要，产生了以通语解释不同地域方言词语的辞书。

《輶轩使者绝代语释别国方言》是第一部记载各地方言俗语与通语异同的语文辞书，简称《方言》，西汉扬雄撰。輶轩是一种轻便的马车，绝代语释指从时间上看词语的历史演变，别国方言指从空间上看词语的地域变体，书名意思是皇帝派遣的使者乘车周游四方所收集的古人之语和各地方言。书中记载了古代不同方域的词语，地域东起东齐海岱，西至秦陇凉州，北起燕赵，南至沅湘九嶷，东北至北燕朝鲜，西北至秦晋北鄙，东南至吴越东瓯，西南至梁益蜀汉，差不多覆盖了当时全国的各主要方言区。不仅记载了汉语的方言，而且也记载了一些少数民族的语言。如东齐青徐方言包括夷语，南楚方言包括蛮语，西秦方言包括氐羌语，秦晋北鄙方言包括狄语，燕代方言包括朝鲜语。

全书收释了 2 300 多个词，分十五卷（今本十三卷），共 675 条。体例上以《尔雅》为蓝本，大体是以类相从，分类编排收录古今各地同义的词语。先列出若干方言词、古语词，再用一个常用词加以诠释，然后逐一说明某词为某地方言或古语词，尤其注重从实际口语出发考察不同方言表达同一意义的词汇间的细微区别，即异求同，同中辨异，条分缕析每一个同义类聚中各词的古今之异和地方之别，以通语释各地的殊语（方言或异族语言），反映了不同地域方言之间的接触和关联。如卷一："嫁、逝、徂、适，往也。自家而出谓之嫁，由女而出为嫁也。逝，秦晋语也。徂，齐语也。适，宋鲁语也。往，凡语也。"既说明了"逝、徂、适"三词的地域分布，又阐明了"嫁"的引申义。其中通语、凡语、凡通语、通名指通行地域较广的共同语，某地某地之间通语、四方之通语、四方异语而通者指通行地域较广的方言，古今语、古雅之别语指在实际语言中沿用的古代方言，某地语、某地某地之间语指不同地域的方言。又如卷一："修、骏、融、绎、寻、延，长也。陈楚之间曰修。""修"在战国时是楚方言，屈原《离骚》中有"路曼曼其修远兮"，据扬雄所记，西汉时已渗透到北方。扬雄认为由于社会和语言发展的不平衡，古语的演化或多或少存活在今语的方言俗语中，通过方言的调查、对比和考察，发现表达相同词义的古今方俗词的差异是由时代或地域的不同而产生声韵的差异,已认识到许多词在时间上和地域上的差异实际上仅仅是语音上的细微变化,首创了“转语”的概念来表示方言语音的差异。

据刘歆《与扬雄书》说“属闻子云独采集先代绝言,异国殊语,以为十五卷”,扬雄《答刘歆书》亦说“又敕以殊言十五卷”,其原本应为十五卷。郭璞《方言注序》说:“盖闻方言之作,出乎輶轩之使所以巡游万国,采览异言,车轨之所交,人迹之所蹈,靡不毕载,以为奏籍。周秦之季,其业隳废,莫有存者。暨乎扬生,沈淡其志,历载构缀,乃就斯文。是以三五之篇著,而独鉴之功显。”由郭璞序可知,晋时《方言》的传本尚为十五卷。又据应劭《风俗通义序》说《方言》凡九千字,沿至清代,戴震《方言疏证序》说有一万一千九百多字。现存最早的《方言》本子是南宋宁宗庆元六年(1200)李孟传所刻晋郭璞的注本,凡十三卷。大体上说,前三卷和第六、七、十各卷多释一般词语,第四卷释衣服类,第五卷释器具类,第八卷释禽鸟走兽类,第九卷释兵器类,第十一卷释昆虫类,第十二和十三两卷中的词大多尚未作方言的比较,可能是个未完稿,还只是一个调查的提纲。从今传本可见此书前详后略,且有些词条分见于数卷中,可能在扬雄去世前还未及最后写定,因而刘歆《七略》和班固《汉书·艺文志》都未著录。

任何一个民族的语言,随着历史的发展,都会出现古今的差别和地域的歧异。前者是古语和今言的不同,后者是方言和共同语的差异。方言和共同语的分歧,不仅属于共时的范畴,同时也具有历时范畴的属性,因为方言也有历史发展的过程。在历史发展中方言和共同语在词汇方面,总是经常互相渗透补充的。正是由于现代汉语同古代汉语、共同语同方言之间有历史继承和亲属的渊源,它们之间就形成了一种错综复杂的关系。扬雄的《方言》可以说是我国也是世界上第一部以活语言为研究对象的比较方言词典,书中记载了古代不同方域的词语,反映了当时的生活面貌,描写了各个词语的具体地理分布,提出了方言的分区问题，注意到语言在时间上的变化和地域上的转移，不仅提供了有关词语的地理差别信息，而且还对有些词的历史用法作有说明。如指出此词往昔使用，现已为彼词取代等，使我们知道了两千年前中国的语言状况和演变线索，表明了我国的方言尽管分歧很大，但都是统一的民族语言的地域变体，而不是各自独立的不同语言。

第四节 《说文解字》

当一个民族的文化发展到了一定的高度，必然会对语言文字提出规范化的要求，产生相应的社会需求，要求编纂确定本民族语言文字规范的辞书。一部以语言规范化为主要目的的辞书，可使人们在使用语言文字时有所遵循，有利于民族共同语的健康发展。中国文化发展到汉代已达到一个历史性高度，国势强盛，经济繁荣，今文经学派与古文经学派的论争推动了语言文字的研究，社会需要能对语言文字做正本清源的规范作用的辞书，《说文解字》于是应运而生。

《说文解字》是我国第一部按部首编排、系统地辨形记音析义的语文辞书，简称《说文》，东汉许慎撰。约成书于东汉永元八年至十二年(96—100)间，共十五卷，其中包括序目一卷。全书以小篆为规范字体，兼收古文、籀文等作为异体字，共收释 9 353 个字，重文 1 163 字，顺应了统一规范汉字的时代要求，根据“方以类聚，物以群分，同牵条属，共理相贯，杂而不越，据形系联”的原则，以字形为纲，因形立训，将汉字中相同的形旁作为分类的基准，分 540 个部首排列，[①]统摄各字，若网在

① 部首是给同一形旁的汉字所立的类目。如木、杜、李等字都属木部，木就是部首。有两种性质不同的部首：一种是文字学原则的部首，依照六书体系，只有同一意符的字才可隶属同一部首。另一种是检字法原则的部首，按字形结构，取其相同部位，作为查字依据，分部排列，其相同部位称部首。如“甥”“舅”二字，《说文解字》根据六书体系都归“男”部；《康熙字典》则依检字法原则，以“甥”入“生”部，“舅”入“臼”部。

纲，如裘挈领，开部首之先河，凡同从一个偏旁的字都列在一起，讨原以纳流，执要以说详，措意于揭示词语的内在规律和词义系统。

《说文》以周秦书面语言为训释对象，从字形出发，阐明篆体文字结构，追溯造字源流，以形为经，以义为纬，探求与字形结构相合的本义，阐述形音义三方面的关系，在以形归类的表象下，旨在寻求义类的确立，即通过一个个形类的分辨达到一个个义类的聚合。释义主要采用同义词或近义词解释被释词，或标示义界作定义式的诠释，或阐述语源。每一个字的说解，一般先分析探求其本义，再根据六书理论剖析形体结构，说明词义，用形声字声符或“读若”说明读音，解释字形与字义或字音之间的关系，用“一曰、或曰、又曰”分列义项。如：“林，平土有丛木曰林。从二木。”其中“平土有丛木”解释“林”的意义，“从二木”说明“林”字的形体构造，木与木相连属表示树林的意思。又如：“氓，民也。从民亡声，读若盲。”释义中还往往引经、引群书、引通人说来加以补充阐发。如：“公，平分也。从八从厶。八犹背也，厶音私。韩非曰：自营为私，背私为公。”“泺，齐鲁间水也。从水，乐声。《春秋》曰：公会齐侯于泺。”《说文》征引的经书古籍中不仅有《诗》《书》《礼》《易》《春秋》，还有《老子》《墨子》《韩非子》《国语》《逸周书》《楚辞》《史篇》《山海经》《司马法》《太乙经》等，涉及天地、鬼神、山川、草木、鸟兽、昆虫、杂物、奇怪、王制、礼仪等不同学科的知识。

《说文》在总体继承甲金文的基础上对小篆作了全面的整理，以“六书”体例描写 9 353 个汉字的字形结构属性，用以形索义辅以声训、义训的方法阐明字形与本义之间的关联，以声训、读若等方法描写汉字读音属性，反映了秦汉词汇的概貌，提供了较为完善的汉字构成理论和条例，体现了对文字学宏观理念的把握和文字分析方法的运用。《说文》部首的语义分类和同部属字的语义分类实际上构成了一张对客观世界的认识图，如在木部中，先列树名，次列树木的各个部分，然后列木制品等，大致上反映了古人对周围世界的看法。

《说文》是我国字书的开山之作，开创了字书编纂体例的先河，首创据形系联以义相属的部首法和义项划分，为以后的部首笔画检字法和分列义项奠定了基础。唐代科举考试规定要考《说文》。今通行本为宋徐铉所校定。

现存《说文》最早版本为唐写本，已皆非完帙。其一为口部残简，存十二字。[①] 其二为木部残卷六纸，存木部字的半数，计一百八十八字。卷末有宋人俞松宝庆初年（1225）四月三日题记，称此残卷为唐人书篆法《说文》六纸，由米友仁鉴定。清同治二年（1863）莫友芝访得此残卷，刻印有《仿唐写本说文解字木部笺异》。[②]

第五节 《释名》

《释名》可以说是我国第一部以因声求义的方法系统探讨词源的语文辞书，东汉刘熙撰，[③]又别称《逸雅》。[④] 全书体例仿《尔雅》，分八卷二十七篇：卷一释天、释地、释山、释水、释丘、释道，卷二释州国、释形体，卷三释姿容、释长幼、释亲属，卷四释言语、释饮食、释采帛、释首饰，卷五释衣服、释宫室，卷六释床帐、释书契、释典艺，卷七释用器、释乐器、释兵、释车、释船，卷八释疾病、释丧制。刘熙认为语言是约定俗成的，

---

① 口部残简今藏日本，共有三种：一为平子尚氏藏本，凡六字；一为西川宁氏藏本，收十二字；一为著录于《古典籍下见展观大入札会目录》的六字，为东京古典会所藏本。三种本子篆楷书写风格相似，排列次第一致。

② 周祖谟《唐本说文与说文旧音》，载《问学集》，中华书局，1966 年。

③ 据《后汉书 · 文苑传》载刘珍曾撰《释名》三十篇，然今已失传。《释名》一书有可能始作于刘珍，成书于刘熙。毕沅《〈释名〉疏证序》云："疑《释名》兆于刘珍，踵于刘熙。"钱大昕《跋〈释名〉》则认为："蔚宗（范晔）以《释名》为刘珍所撰，今据《吴志》则为熙撰无疑，承祚去成国未远，较之蔚宗为可信矣。"

④ 明代郎奎金将《释名》与《尔雅》《小尔雅》《广雅》《埤雅》合刻，改《释名》为《逸雅》，称《五雅全书》。

“或典礼所制，或出自民庶”，有各种变体，“名号雅俗，各方多殊”，语言作为一种交际工具，“崇易简，省事功”。指出“名之于实，各有义类”，事物的命名都有迹可寻，“百姓日称而不知其所以之意，故撰天地、阴阳、四时、邦国、都鄙、车服、丧纪，下及民庶应用之器，论叙指归，谓之《释名》”，从义理入手，探求事物命名的理据。刘熙认为“名，明也，名实事使分明也”，凡是同音或声音相近的词语在意义上有相应的联系，因而主要采取当时盛行的声训方法，集声训方法之大成，有意识地用同声相谐来解释词义，力图说明一切词的“所以之意”。

《释名》共释词 1 500 多条，大多是当时的常用词，重于日常名物事类，涉及社会生活面广，从天文、地理到人事、习俗都有所反映。如《释天》：“日，实也，光明盛实也。”“月，阙也，满则阙也。”《释地》：“土，吐也，吐生万物也。”《释衣服》：“裲裆，其一当胸，其一当背也。”汉代的裲裆，相当于后代的背心。刘熙在《释名》中力图探究词语得名的原由，指出事物的得名往往与其形体、特征、功用、产地等相关。如《释山》说：“石载土曰岨；岨，胪然也。土载石曰崔嵬。因形名之也。”认为事物的性状、功用、特征等方面的变化引起词义的变化。如“饼”有很多不同的名称，《释饮食》有胡饼、蒸饼、汤饼等，“皆随形而名之”；“盾”有步盾、子盾、犀盾等，“皆因所用为名”；《释山》称“山东曰朝阳，山西曰夕阳”，“皆随日所照而名之”。书中有些解释反映了一些词语的同源关系。如《释水》：“山夹水曰涧。涧，间也，言在两山之间也。”又如《释宫室》：“仓，藏也，藏谷物也。”有些解释则往往有牵强附会之嫌。如《释天》：“雨，羽也，如鸟羽动则散也，雨水从云下也。雨者，辅也，言辅时生养也。”

《释名》还对一些词的读音作有描写，并利用方音进行比较研究。如《释天》：“天，豫、司、兖、冀以舌腹言之。天，显也，在上高显也。青、徐以舌头言之。天，坦也，坦然高而远也。”又“风，兖、豫、司、冀横口合唇言之。风，氾也。其气博氾而动物也。青、徐言风，踧口开唇推气言之。风，放也。气放散也”。从发音部位和发音方法上对不同地域读“天”“风”的语音作了描写。《释名》因声求义，以声训解释名物，促使了韵书的产生。

由于时代的局限，《释名》的释义有不少望文生义处，但《释名》从语音上全面探寻事物命名的原理，并运用“声同则义同，声近则义近”的原则解释词义的来源，探求语音和语义的具体联系，可以说是我国第一部自觉地从语言学的角度研究词源的语文辞书，其探索和创新精神是可贵的，对后人研究语音与语义的关系具有积极作用。

现存《释名》的最早版本是明嘉靖年间吕柟翻刻南宋临安府陈道人书籍铺本，今有《四部丛刊》据明嘉靖翻宋本影印本。清代毕沅据前代典籍所引《释名》之文校订明本之误，撰有《释名疏证》，并附以《续释名》和《释名补遗》二卷。王先谦又因毕氏所撰，参酌吴志忠据顾千里《〈释名〉略例》所作校正、成蓉镜《补证》、吴翊寅《校议》和孙诒让《札迻》等，撰有《释名疏证补》。

第六节　《通俗文》

语言有雅俗之别，民间日常说的话中往往有许多难解的习语俗词。东汉服虔所撰《通俗文》是第一部收释习俗词语的语文辞书。《通俗文》收录汉代出现的新词，补《说文》之阙，书中所收的俗语俗词，反映了汉代实际生活所用词语的面貌。唐人著述中往往征引其训释，而成书于北宋的《旧唐书 · 经籍志》和《新唐书 · 艺文志》等已不见著录有此书，稍后的《崇文总目》和《郡斋读书志》等也未提及此书，可见其时此书已失传，今有任大椿辑录、王念孙校正的《小学钩沉》本上、下两卷，臧镛堂、顾震福、马国翰、段书伟等也有辑本，存有佚文数百条。

据我们比勘，这些佚文多为一条释一词，如“雨止曰霁”。也有分事类或义类一条释两个词或数个词的，如“鸟居曰巢，兽穴曰窟”；“合绳曰纠，单展曰纫，织绳曰辫，大绳曰缏”；“容丽曰媌，形美曰婧，容媚曰媗，南楚以好为娃，肥骨柔弱曰婐娜，颊妍美曰妩媚，容茂曰嬫”。又有解释双音词的，如“言不通利谓之謇吃”“淅米谓之洮汏”“理乱谓之撩理”。有些释义还说明物之所用，如“所以理发谓之刷”“张帛避雨谓之伞盖”等。

从这些佚文来看，《通俗文》大概采用隶书俗体，一字一形，承《尔雅》采用义训的释义方式，又承《方言》实录方俗口语词，收释的词语有一半以上与《说文》不同，显示了收释俗语词的特色。如“辛甚曰辣”，“辣”为其时产生的新词，逐渐代替“辛”而沿用至今。又如“去汁曰滗”，“滗”为东汉时俗语，即挡住容器中的固体物（渣滓等），只将液体倒出。今有些方言中仍存此义，如上海话有“滗米汤”“滗西瓜露”等。[1]

① 参拙著《玄应众经音义研究》，中华书局，2005年。

第三章

魏晋南北朝探索发展时期

第一节 概　　述

魏晋南北朝是我国辞书史上的探索发展时期，其时政权更迭频仍，战乱连绵，语言也随之而有较大的变化。一方面，由于战乱，北方的士族纷纷南迁，带来了黄河流域的文明，也带来了北方的中原雅音，从而使中原雅音与江南各地的语音发生了一定的交融。此后的几百年间由于南朝的政治相对来说比较稳定，江南的语音基本上循着各自方音的方向发展；另一方面，北方的语音却向着偏于"革新"的方向发展。这首先是连年战乱造成的兵祸、天灾、瘟疫和人口大迁徙使黄河流域地区人口锐减。例如公元 311 年前赵刘曜攻占长安，其时幸存者不足百分之一、二。[①] 这显然客观上使中原旧的音韵系统的同化力受到削弱，与此同时流民群的迁移在不同程度上又加速了北方各地方言的交融；其次由于北方人口剧减，为了补充人力，少数民族迁入与汉族杂居的人数越来越多，以至到了南北朝时，关中人口百余万，其中氐、羌、鲜卑等族竟占半数。[②] 这一时期中华民族在社会的动荡中进一步融合，汉语中出现了许多新词新义，语音也南染吴越和北杂夷虏。儒释道三家讲经论道"竞开异义"，经传解说纷歧不一。汉字在由篆隶到楷书的演变过程中产生大量俗字和异体字，出现了"六书八体，今古殊形"的现象。为适应

① 范文澜《中国通史简编》第二编，人民出版社，1965 年，317 页。

② 同上，328 页。

社会的需要,辞书编纂承汉代以及汉代以前的辞书编纂思想和编纂方法,又有一定的改进,沿着雅书、字书、韵书和类书系四个方向发展,出现了一系列标志性语文辞书,具有承上启下和多元文化融合的性质。如李登《声类》和吕静《韵集》等韵书,在《说文》形义结合和当时反切注音的基础上,以义为核心,倡导音义结合的训释新模式。魏文帝时编成的《皇览》是我国第一部类书,南北朝时又有徐勉等编《华林遍略》和北齐祖珽等编《修文殿御览》。北齐沙门道慧撰有解释佛经音义的《一切经音》。张揖《广雅》《埤仓》和《古今字诂》,何承天《纂文》,梁元帝《纂要》,阮孝绪《文字集略》,冯幹《括字苑》,顾野王《玉篇》,江式《古今文字》,阳承庆《字统》和吕忱《字林》等一批旨在反映语言新变化的辞书也相继问世,体现了字书类型的多样化,顺应了新词俗语涌现的时潮,满足了社会交际的需要,而《玉篇》和《字统》一南一北可谓反映其时语言实况的双璧。其中《玉篇》一改《说文解字》以六书析形解本义的原则,而以大量经籍书证语例为基础,扩大收词范围,以楷书作字头,标注反切,列出一个词的多个意义,采用先音后义和音义结合的训释方式,说明古今词义,注重查考功能,开古今意义兼收的查考型语文辞书之先声,体现了理解型语文辞书的特征,使传统的字书形成《说文解字》系和《玉篇》系的分野。《说文解字》系发展为《六书故》《班马字类》和《字通》等专门释形义的字典,《玉篇》系则下开《字汇》《正字通》和《康熙字典》而成为普通语文辞书的原型。

这些辞书中有一些今已失传,如据《魏书》记载,江式《古今文字》是收释汉魏文献中涉及古今不同用字的辞书,收词以许慎《说文》为主,爰采孔氏《尚书》、《五经》音注、《籀篇》、《尔雅》、《三仓》、《凡将》、《方言》、《埤仓》、《广雅》、《古今字诂》、《三体石经》、《字林》、《韵集》以及诸赋文字有六书之谊者,将收词范围由经史子集拓宽到碑文、词赋和俗语。江式还制订了"音读楚夏之声,并逐字而注"的注音条例,形成"逐字而注"的辞书注音传统。《古今文字》早已失传。又如《古今字诂》原本已佚,所幸《一切经音义》等后世辞书中多有引用,可藉以略窥其原貌。清代学者辑有67条,从这些佚文可略窥此书以今字为字头分部编排,在汉代古今字研究基础上,训释具有古今对应关系的字。再如人们一般认为"字典"之名是《康熙字典》首次使用的,[①]考《慧琳音义》中引用《字典》一书有如下九处:

1. 嫉悭:"下坑闲反。《字典》云:贪也。"(卷一)

2、3、4. 缺减:"下咸黯反,坤咸反。《字典》曰:自耗欠下曰减。"(卷五、卷七、卷十一)

5. 疵秽:"上音慈,下咸卫反。《字书》、《字典》云并恶也。"(卷三十四)

6. 铅锡:"《字典》云:锡似镴,镴黄白,锡青黑。从金易声。"(卷三十五)

7. 不耐:"《字典》云:有罪能忍而不髡也。"(卷四十一)

8. 猥多:"《字典》:猥,从也。"(卷四十三)

9. 砰大:"《字典》:砰,大声也。"(卷五十五)

其中"猥多"条是慧琳转录《玄应音义》卷四释《大方便报恩经》第二卷之文,文中"《字典》"今传本为"《字林》";"砰大"条是慧琳转录《玄应音义》卷十三释《修行本起经》之文,文中"《字典》"今传本《玄应音义》为"《字书》"。《字林》为晋吕忱所撰,今已佚。《字书》今亦不传,谢启民《小学考》云:"陈鳣叙录曰:《隋书·经籍志》列字书之目凡三。一曰《古今字书》十卷,二曰《字书》三卷,三曰《字书》十卷。不言

① 刘叶秋《中国字典史略》说:"以'字典'为书名的,《康熙字典》是第一个。"钱剑夫《中国古代字典辞典概论》开卷第一句就是:"字典这个名称是清代《康熙字典》最初使用的。"赵振铎《古代辞书史话》说:"辞书命名为'字典'的,就现有的材料看,当推《康熙字典》。"戴镏龄在《字典简论》一文中对"字典"二字用于辞书曾有考证说:"旧所谓小学类书中之《群玉韵典》(《隋书·经籍志》)殆字书中之最早名'典'者,至'字典'二字连称,《辞源》编者谓清圣祖敕编字书,始定今名是也。总之,清季以前,凡单称'字典'者,皆即指'康熙字典'。"修订本《辞源》云:"字典之名,始于清康熙年间张玉书等纂修的《康熙字典》。"

何人《字书》，亦不知何时《字书》也。尝考《颜氏家训》引《字书》云‘䂊即旄丘之旄也’，知六朝间人固常用，今一无所存，惟见于群籍所引，而陆氏《经典释文》、李氏《文选注》、释氏《一切经音义》引之尤多。”①考今所存晋吕忱《字林》佚文中亦有引用，又考《字书》有引三国魏张揖《广雅》，如《希麟音义》卷九释《根本说一切有部毗奈耶破僧事》第十卷样来之样：“样音羊。《广雅》云：槌也。《字书》引《广雅》作椎字。”可证此书当早于《字林》而晚于《广雅》，成书年代似在三国魏以后晋以前，作者则无从考知。据《隋书·经籍志》载，《字书》有三卷和十卷之异，历代典籍所引《字书》似不出于一书，而古代典籍中有时也泛称《尔雅》《说文》等为字书。如《魏书·江式传》载江式“撰集字书，号曰《古今文字》”，故“字书”一词有时也可能是泛指释字词的书。由于《字林》和《字书》今皆不传，已无从核检玄应所引之文，然根据慧琳的转录，我们推测有两种可能：一种可能是慧琳其时所见《玄应音义》的传本原文也为“《字典》”，今传本《玄应音义》已为后人传抄误改，而慧琳所录则存其原貌；另一种可能是慧琳转录时作了改动。不过即使是慧琳转录时所改，慧琳所引其余七条也可说明唐代或已流传有《字典》一书。魏晋至唐宋旨在反映语言新变化的辞书相继问世，《字典》可能也是其中之一，撰者则已无从考知。尤其值得指出的是，慧琳在释“疵秽”一词中

---

①　龙璋《小学搜逸》辑有《字书》一千二百五十四条，顾震福《小学钩沉续编》辑有《字书》一千零九十一条，任大椿《小学钩沉》辑有《字书》三百零一条，黄奭《黄氏逸书考》辑有《字书》三百零九条，然尚有漏辑，且往往把泛指的字书也辑录为《字书》。如龙璋《小学搜逸》漏辑“娆、镕、褊、涸”等四十三条。又如《慧琳音义》卷九十九释《广弘明集》第二十四卷泫露：“玄犬反。《文字典说》云：泫谓露光。从水玄声。集从贝作贙。字书皆云狩名也，非泫露义。”慧琳所引为泛指的字书，龙璋《小学搜逸》则据以辑有“贙，兽名也”。据许启峰《字书研究》（上海师范大学硕士论文，2008 年）统计，《玄应音义》《慧琳音义》和《希麟音义》引用字书约有一千六百二十四条。其中属泛指的字书约一百六十七条（玄应七条，慧琳一百四十八条，希麟十二条），特指的《字书》一千四百五十七条（玄应二百零三条，约一百二十二个词；慧琳一千零三十五条，约六百九十个词；希麟二百十九条，约二百零八个词），约有八百四十个词。

并举“《字书》、《字典》”，如果慧琳所说的《字书》《字典》不是专指某一部字书或字典，那么至少可证其时“字典”一词已出现，其词义与“字书”一词相当，故慧琳用来泛指《字林》一类的字书。因而根据慧琳所引，可知早在《康熙字典》以前，“字典”一词已出现，且很可能唐以前已有用“字典”作为书名的辞书问世，①这在研究我国辞书史时是不可不提及的。

第二节 《广雅》《要雅》

雅书主要有三国魏张揖撰《广雅》和南朝梁刘杳撰《要雅》。《要雅》今已佚。《广雅》是增广《尔雅》的雅系语文辞书。张揖《上〈广雅〉表》认为辞书具有规范语言和指导正确使用的作用，应按“学问之阶路，儒林之楷素”的标准来编纂，而辞书音义训释应做到“文约而义固”，“精研而无误”。此书曾于隋炀帝（杨广）年间为避其讳而被改称为《博雅》。共分十九类，仿照《尔雅》体例，“择撢群艺，文同义异，音转失读，八方殊语，庶物易名，不在《尔雅》者，详录品覈，以著于篇”。集百家之训诂而不限于儒家经典，采八方之殊语，详录品核，补所未备，“其自《易》、《书》、《诗》、《三礼》、《三传》经师之训，《论语》、《孟子》、《鸿烈》、《法言》之注，楚辞、汉赋之解，谶纬之记，《仓颉》、《训纂》、《滂喜》、《方言》、《说文》之说，靡不兼载”，形同《尔雅》的续篇而取材范围更广泛。收释了 2 343 个词语，多为《尔雅》未及的内容和不见于《尔雅》的新词新义。如《尔雅·释诂》中列举“始”义的同义词为“初、哉、首、基、肇、祖、元、胎、俶、落、权舆”十一个，《广雅》又增补了“古、昔、先、创、方、作、造、朔、萌、芽、木、根、孽、鼁、萌、昌、孟、鼻、叶”十九个。《释山》：“泰山为东岳，华山为西岳，霍山为南岳，恒山为北岳，嵩山为中

① 参拙文《我国最早以“字典”命名的辞书考辨》，《上海师范大学学报》，1988（3）。

岳。”《广雅》增为：“岱宗谓之泰山，天柱谓之霍山，华山谓之大华，常山谓之恒山。”补释了四座大山的异名。清代王念孙《广雅疏证叙》称“盖周秦两汉古义之存者，可据以证其得失；其散逸不传者，可借以窥其端绪”。

第三节　《字林》《玉篇》《字统》

一、《字林》

《字林》是继《说文》后的又一部字书，《隋书·经籍志》题晋弦令吕忱撰。收字 12 824 个，比《说文》多 3 000 多字，兼有异体，仿《说文解字》540 部首排列，“集《说文》之漏略者凡五篇”①。《魏书·江式传》说：“晋世义阳王典祠令任城吕忱表上《字林》六卷，寻其况趣，附托许慎《说文》……文得正隶，不差篆意也。”又唐代封演《封氏闻见记》说：“（晋吕忱）撰《字林》七卷，亦五百四十部，凡一万二千八百二十四字。”

唐代《字林》与《说文》并重，而且以此考取书学博士。《字林》承《说文》而启《玉篇》，在字书发展史上很重要，可惜宋末以后就亡佚不存了。清乾隆间任大椿辑有《字林考逸》八卷 1 500 余条，光绪间陶方琦又据隋代杜台卿《玉烛宝典》和唐代慧琳《一切经音义》等书补辑有《字林考逸补本》。据这些佚文可见其以收录单音节词为主，兼收部分双音节词。释文由字头、音注、字形分析、释义和书证组成，如：“诊，止忍反，视也。”“跼蹐，行不申也。”“憝，恶也。《尚书》云：元恶大憝。徒对反。”

二、《玉篇》

《玉篇》是我国现存第一部楷书字典，南朝梁大同九年（543）黄门侍郎兼太学博士顾野王撰，卷首有野王自序和进《玉篇》启。《玉篇》按

① 宋陈振孙《直斋书录解题》卷三，上海书店出版社，2005 年，89 页。

汉字形体分部编排，分 542 部，与《说文》相同的部首 529 个，不同的 13 个。部首的顺序则和《说文》大不相同，除去开首的几个部首和最后的干支部首与《说文》一致，其他都是重新安排的。顾野王似乎想把意义相近的部首排在一起，例如卷三包括有人部、儿部、父部、臣部、男部、民部、夫部、予部、我部、身部、兄部、弟部、女部。

据《梁书 · 萧子显传》云："先是时，太学博士顾野王奉令撰《玉篇》，太宗嫌其书详略未当，以恺（萧恺）博学，于文字尤善，使更与学士删改。"可知《玉篇》成书后，萧恺等学士作有删改。唐高宗上元元年（674），又有孙强的增字减注本及《玉篇抄》一类的节本流行。至宋大中祥符六年（1013），陈彭年、吴锐、丘雍等复据孙强本加以修整，成《大广益会玉篇》（简称《宋本玉篇》）。

《玉篇》增收了《说文》漏收和当时新产生的字，据唐代封演《封氏闻见记》载，《玉篇》收 16 917 字，现存本则为 22 561 字。又据《宋本玉篇》后所载祥符牒称，全书总字数旧一十五万八千六百四十一言，新五万一千一百二十九言。二者的异同大致是孙强等后人陆续的增字减注而形成。

顾野王作《玉篇》的宗旨是要综合众书，从民间传说、志怪逸事、北朝乐府与南朝骈赋中收释了一批民间用语、俗字俚语与奇字僻语，辨别形体意义的异同，网罗训释，以成一家之言。自序说："五典三坟，竞开异义；六书八体，今古殊形。或字各而训同，或文均而释异，百家所谈，差互不少。字书卷轴，舛错尤多，难用寻求，易生疑惑。猥承明命，预缵过庭，总会众篇，校雠群籍，以成一家之制，文字之训以备。"

据今传《宋本玉篇》，其较《说文》作有改进处如下：（1）顺应时代要求，以楷书取代《说文》的篆体作为正体。（2）广采苍雅字书，收词范围扩大到碑文、俗文和诸赋文字，增收了大量俗字、冷僻字、奇字，且单独立目，通过互见揭示异体俗体间的音义关系，反映了当时的实际用字，体现了汉字由繁到简和从雅趋俗的演变过程。（3）部首不依《说文》的"据形系联"排列，而将意义相关的部首如"人、儿、父、臣、男、民、夫、子、我、身、兄、弟、女"等比次一起。(4) 注音一般先出反切，再释义，并引证群书，有时加按语，后附异体字。如："托，他各反。《公羊传》：'托不得已。'何休曰：'因托以也。'《论语》：'可以托六尺之孤。'野王按：《方言》托，寄也。凡寄为托。《广雅》'托，依也，托累也。'或为侂，在人部。"(5) 重视常用义，注意到一些词的多义现象，详析每一个词的多个义项，举凡引申和假借无不网罗。(6) 广引典籍为例，加案语作考证。《玉篇》还常引用《说文》和古书来训释词义，有时没有明引。如"吮，欶也"和"极，栋也"出自《说文》，"噎忧不能息也"出自服虔《通俗文》，"极，中也"出自《书·洪范》"建用皇极"伪孔传。书后还附有"分毫字样"，收列"袖、柚""椿、椿"等形近易混的字248个，且注音义，加以辨别。

又据原本《玉篇零卷》可知，《玉篇》有别于《说文》以说明字形为主，而以说明字义为主，先音后义、附列异体，不再像《说文》那样说"从某，某声"，同时也不限于本义，注重解释常用义，往往列举一词的多个意义，开后代字典义项划分的先河。大致的体例是先注音、次释义并引证、次案语、次广证、次异体，约为五个部分，但并不一定每字注释皆具备。每字下不仅注明字义，而且举出见于古籍的例证和前人的注解，先经传，后子史文集，最后是字书、训诂书，极其详备，字有异体也分别注明。

顾野王《玉篇》标注反切，详列义训，广引典籍例证，有凭有据，体现了理解型语文辞书注重查考功能的特点，承《说文》而别开生面创立了新的模式。

日僧空海所撰《万象名义》的体例内容承《玉篇》原貌，引顾氏原有义训甚多，但作有删简，不引经传和野王案语。[①]《宋本玉篇》是在孙强

---

① 《篆隶万象名义》有日本高山寺所藏鸟羽永久二年(1114)传写本，1927年日本崇文院据以影印收入《崇文丛书》第一辑，中华书局1995年据《崇文丛书》影印。据周祖谟《万象名义中之原本玉篇音系》考证，《篆隶万象名义》与原本《玉篇》相同处甚多。参见周祖谟《问学集》。

的增字减注本上重修，删去注文中野王案语和引证，与《玉篇残卷》相比，增少减多，详略差别较大。如“滌”：

《玉篇零卷》：“达的反。《尚书》：‘九州（川）滌源。’孔安国曰：‘滌，除也，除原泉无雍塞也。’《周礼》：‘视滌濯。’郑玄曰：‘濯滌祭器也。’《毛诗》‘十月滌场’传曰：‘滌，扫之也。’《公羊传》：‘帝牲在于滌。’何休曰：‘滌，宫名，养帝牲之舍也，取其洁净也。’《礼记》：‘逖成滌滥之音作。’郑玄曰：‘逖滌，往来疾貌也。’又曰：‘滌荡其声。’郑玄曰：‘滌荡，犹摇动也。’《大戴礼·夏小正》：‘寒曰滌冻涂滌也者，变也，变而煖之也。冻涂也者，冻下而泽上多也。’《说文》：‘滌，洒也。’《广雅》：‘滌，洗也。’”

《万象名义》：“滌，洗，洒，除。”

《宋本玉篇》：“滌，音迪，洗也。”

顾野王《玉篇》原本今已佚，清光绪初年黎庶昌与杨守敬出使日本，发现日本尚存有顾野王《玉篇》的残本，计二千一百三十四字，每字注文都很详细，内有野王案语，后将其称为《玉篇零卷》影印刊入《古逸丛书》内，并参照《宋本玉篇》和大、小徐本《说文解字》进行校勘，对其认为错误之处作有校改。民国时期，罗振玉在日本亦访求原卷，影印出版有《原本玉篇残卷》。日本东方文化学院于昭和七年到十年（1931—1934）间又将原本《玉篇》残卷收入《东方文化丛书》，以原装卷子形式影印出版。①

孙强增字减注本今亦已佚。1124 年金王太以《玉篇》为基础撰有《类玉篇海》，1164 年祕祥等重修为《增广类玉篇海》，1184 年邢准又在祕祥等所撰基础上“彖音引证”，撰成《新修彖音引证群籍玉篇》。王太

---

① 详丁锋《大广益会玉篇删改玉篇增补内容考》，《海外事情研究》第 32 卷第 2 号，2005 年。《续修四库全书》收入的原本《玉篇》据《东方文化丛书》本影印，上海古籍出版社，2002 年。敦煌写卷中 ДX. 1 399 背 + ДX. 2 844 背、S. 6 311 背等的《玉篇抄》是根据顾野王原本《玉篇》删略改编的抄本。

《类玉篇海》和祕祥《增广类玉篇海》虽已佚，但邢准《新修絫音引证群籍玉篇》所载王太《梁顾博士玉篇序》云："唐上元元年甲戌岁四月十三日，南国处士富春孙强增加字凡五百四十二部，二万二千八百七十二言，注一十八万六百四十字。"祕祥《大定甲申重修增广类玉篇海序》亦云："《玉篇》元数大字二万二千八百七十二言，又八家篇内增加大字三万九千三百六十四言，经及音训计六十万余字，集成一书号曰《增广类玉篇海》。"[①]据杨正业和魏现军等比勘《新修絫音引证群籍玉篇》和《原本玉篇残卷》及《大广益会玉篇》，认为王太、祕祥和邢准所据《玉篇》是孙强《玉篇》的"二万二千八百七十二言"。从规模上看，《大定甲申重修增广类玉篇海序》中的"二万二千八百七十二言"的《玉篇》，字数本来就多于收16 919字的顾野王《玉篇》，更不可能是萧恺删改之后的《玉篇》或《玉篇抄》之类的节本，[②]《类玉篇海》《增广类玉篇海》和《新修絫音引证群籍玉篇》是在孙强《玉篇》基础上撰成。杨正业、冯舒冉、魏现军已据《新修絫音引证群籍玉篇》辑出孙强增订的《上元本玉篇》，从中可见孙强所增的不少新义和新的用法。[③] 如："怡，以之切。悦也，乐也，和也。""存，在昆切。恤问也，有也，察也，在也。"

据《四库全书总目提要》，《永乐大典》"每字之下皆引顾野王《玉篇》云云，又引宋重修《玉篇》云云，二书并列，是明初上元本犹在"。丁治民《〈永乐大典〉小学书辑佚与研究》从《永乐大典》中辑有孙强增字减注的上元本《玉篇》四百二十九字，"其中不见于《篆隶万象名义》的有一百四十五字"，[④]如"泸、坏、桩、弧、怔"等，这些字应是孙强所增。

① 邢准《新修絫音引证群籍玉篇》，北京图书馆出版社，2005年。

② 杨正业，冯舒冉，魏现军《孙强〈玉篇〉辑校论》，《辞书研究》，2009(6)；杨正业，魏现军，冯舒冉《〈古佚三书〉辑校概论》，《西华师范大学学报》，2010(4)；魏现军《〈新修絫音引证群籍玉篇〉之〈玉篇〉蓝本考》，《暨南学报》，2011(5)。

③ 杨正业，冯舒冉，魏现军《古佚三书》，四川辞书出版社，2013年。据可洪《大藏经音义随函录》所引《西川玉篇》和《新修絫音引证群籍玉篇》所引《会玉川篇》等，当时还有一些《玉篇》改编本，《新修絫音引证群籍玉篇》当也有所参照而在这些改编本基础上撰成。

④ 丁治民《〈永乐大典〉小学书辑佚与研究》，商务印书馆，2015年，278—282页。

现存《大广益会玉篇》为宋大中祥符六年(1013)陈彭年、吴锐、丘雍等重修。[①] 有宋本,又有元本。宋本有清代张士俊泽存堂刻本和曹寅扬州诗局刻本。元本有《四部丛刊》影印本。宋本卷首在野王序和进书启之后有"神珙反纽图"及"分毫字样",而元本多《玉篇广韵指南》一卷。宋本注文繁富,而元本则大都减略,排比整齐,因而部中字的排列次第与宋本不相同,现在通用的是张士俊泽存堂刻本。

三、《字统》

《字统》是北朝语文辞书的代表作,阳尼与阳承庆祖孙共同编撰而成。《魏书·阳尼传》载:"阳尼,字景文,北平无终人。少好学,博通群籍,与上谷侯天护、顿丘李彪齐名。幽州刺史胡泥以尼学艺文雅,乃表荐之,征拜秘书著作郎,奏佛道宜在史录,后改中书学为国子学,时中书学监高闾、侍中李冲等以尼硕学博识,举为国子祭酒。""有书数千卷,所造字释数十篇,未就而卒。其从孙太学博士承庆遂撰为《字统》二十卷,行于世。"《魏书·阳尼传》所说承庆,即阳承庆,文献记载又作"杨承庆"。[②] 据唐代封演《封氏闻见记》卷二《文字》载,"后魏杨承庆者,复撰《字统》二十卷,凡一万三千七百三十四字,亦凭《说文》为本,其论字体时复有异"。又据马国翰在《玉函山房辑佚书》所辑《字统》前称:"《隋志》《字统》二十一卷,止题杨承庆,叙次在宋吴恭《字林音义》、陈顾野王《玉篇》之间。顾氏《玉篇》亦引之,当是齐梁时

① 若将孙强增订的《上元本玉篇》与今本《玉篇》、敦煌残片 S. 6311 和 ДX. 1399、吐鲁番残片 TIDIO13、原本《玉篇》残卷及日僧空海的《篆隶万象名义》加以比勘,再与李善《文选》注和李贤《后汉书》中引用的《玉篇》《一切经音义》所引《玉篇》以及日本的《源顺和名类聚钞》和释信瑞《净土三部经音义》等引用的《玉篇》加以对照,大致可窥顾野王《玉篇》的原貌及唐本《玉篇》与今传《宋本玉篇》的异同。

② 杨、阳本一姓。明人杨慎《羊杨扬阳本一姓》说:"晋有羊舌氏叔向之子伯石食邑于扬,曰杨食我。晋既灭羊舌氏,分羊舌氏之田为三县,曰平阳,曰杨氏,则羊也,杨也,阳也,同出一姓。扬子云自以为蜀无他扬,其扬字不从木,而杨修云,吾家子云亦同关西之杨,特子云好奇之过,独自标异耳。"台湾商务印书馆影印文渊阁《四库全书》第一二七〇册《升庵集》卷五十,424 页上栏。

人。"《字统》是阳承庆在其祖阳尼所撰基础上扩充内容而成。

据《隋书·经籍志》载,《字统》二十一卷,杨承庆撰,《新唐书·经籍志》和《旧唐书·艺文志》则载《字统》二十卷,杨承庆撰,可能全书正文为二十卷,另有目录一卷。[①] 此书唐以后史志虽未见记载,但宋修《广韵》、陆佃《埤雅》、辽释行均《龙龛手镜》尚引用此书,可知此书宋辽时尚存。明代杨慎解说字词和清代段玉裁注《说文》亦曾引用此书,[②]但今已无从考知其所据为原书抑或为佚文。清人马国翰始从《玉篇》、《广韵》、《集韵》、《篇海》、《龙龛手镜》、《埤雅》、《太平御览》、《玄应音义》、《国语补音》、慧苑《华严经音义》、《通志》中辑得 39 条编入《玉函山房辑佚书》中。[③] 此后,黄奭辑有 42 条编入《黄氏逸书考》,[④]任大椿亦辑得 40 条,编入《小学钩沉》。[⑤] 光绪初年杨守敬于日本书肆访得《慧琳音义》和《希麟音义》后,顾震福又据以续辑有《字统》佚文 100 条,编入《小学钩沉续编》。[⑥] 龙璋亦辑有 147 条,编入《小学搜逸》。[⑦] 据我们比勘和董理各家所辑,除去重复后共有 155 条。从这些佚文来看,《字统》说解大体与《说文》相同。如:

芜 荒薉也。(慧琳卷八十《开元释教录》第十八卷芜穢)

龀 女七月生齿,七岁而龀;男八月生齿,八岁而龀也。(慧琳卷八十九《高僧传》第三卷髫龀)

段 击物也。(慧琳卷七十九《经律异相》第四十九卷段段)

---

① 古书往往除正文外,另有目录。如《慧琳音义》今本为一百卷,据《册府元龟》载为"一切经音并目录一百三卷"。

② 刘铭恕《王安石字说源流考》(《师大月刊》1933 年第 2 期)一文说到,《字统》一书,明杨慎《升庵外集》字说类犹引用,知明时尚存。

③ 《玉函山房辑佚书》,上海古籍出版社,1990 年影印本,2348 页。

④ 载《黄氏逸书考》第四七册,民国丁丑年据怀荃堂藏版印本。

⑤ 载《小学钩沉》卷十六,光绪甲申龙氏重刊本。

⑥ 载《小学钩沉续编》卷五,光绪壬辰刊本。

⑦ 《小学搜逸》,载《甓勤斋遗书》第二册。

翠 青羽雀也。出郁林。(慧琳卷七十七《释迦谱》第一卷翡翠)

嫠 微画也。(《广韵》上平声七之"嫠"字注)

騩 马浅黑色也。(慧琳卷九十九《广弘明集》第二十九卷魏阙)

抟 圜也。(慧琳卷六十二《根本说一切有部毗奈耶杂事律》第二十卷抟不)

摽 击也。(《广韵》下平声四宵"摽"字注)

婬 私逸也。(慧琳卷十八《大乘大集地藏十轮经》说一切有部二卷淫欲)

马国翰《玉函山房辑佚书》序认为《字统》:"说'衍'字云'水朝宗于海,故从水行'。'窳'字云'懒人不能自起,如瓜瓠在地不能自立,故字从瓜。又懒人恒在室中,故从穴也'。'便'字云'人有不善,更之则安,故从更从人'。'规'字云'丈夫识用必合规矩,故规从夫也'。诠解字义,新而不诡于理。"今考《说文》释"衍"亦为"水朝宗于海,故从水行"。《字统》的释义与《说文》完全一致。《说文》释"便"为"安也。人有不便,更之"。《字统》的释义与《说文》亦相似。《说文》释"规"为"有法度也","有法度"亦即"合规矩",《字统》的释义亦与《说文》相合。至于"窳",王筠《说文释例》指出:"'窳'字下,铁桥以为捝'一曰懒也'。然所捝不止此。当云'一曰懒也。草木皆自竖立,惟瓜瓠之属,卧而不起。似若懒人常卧室,故字从穴,音眠。'"考《毛诗·召旻》:"皋皋訿訿,曾不知其玷。"毛亨注:"皋皋,顽不知道也;訿訿,窳不供事也。"陆德明《释文》云:"窳音庾。裴骃云:'病也。'《说文》云:'懒也。一本又作众。'"郑珍《说文逸字》认为《说文》原有窳字,与穴部训汙窳之窳不同。"㼌,本不胜末,微弱也。读若庾。此从㼌,会意兼谐声。窳从㼌,止取谐声,二字音同义别。"①孔颖达《毛诗正义》释"窳"则称:"《说文》云:'窳,懒也。草木皆自竖立,唯瓜瓠之属卧而不起,似若懒人常卧室。'"邢昺注《尔雅》:"翕翕,訿訿,莫供职也。"释"窳"亦

---

① 郑珍《说文逸字》,光绪九年(1883)福山王氏刊天壤阁丛书本。

称:"《说文》云:'窳,懒也。草木皆自竖立,惟瓜瓠之属卧而不起,似若懒人常卧室。'"[①]据此可知其时"窳"与"窳"相混,亦可知《字统》的释义与《说文》有相承关系。[②]

《字统》上承《说文》,同时亦兼收博采《尔雅》及诸家注释之说而有所选择和斟酌。如《说文》云:"跟,足踵也。"《释名》则释为"足后曰跟。"《字统》采用了《释名》的说解。又如《说文》:"翔,回飞也。"郭璞注《尔雅·释鸟》"其飞也翔"中的"翔"云:"布翅翱翔也。"[③]《字统》释为"飞不动翅曰翔",揭示了"翔"不动翅而回飞的特征。

《字统》的有些释义在《说文》所释的基础上又有所斟酌而较《说文》所释更为确切。如《说文》:"栅,编树木也。"《字统》释为"竖木如墙曰栅。"考王筠《说文句读》云:"树,一作竖。""谓立木而编绾之以为栅也。"《字统》所释揭示了栅的形状。又如《说文》:"敛,收也。"《字统》释为"敛犹收也"。考《说文》:"收,捕也。"收的本义为捕,聚则为收的引申义。《尔雅·释诂》:"敛,聚也。"《字统》以"犹收也"释"敛",指出了"敛"与"收"相似,但不完全相同。

《字统》适应社会的发展,在承《说文》所释字词本义的基础上又进一步说解字词的引申义和假借义。如《说文》:"袒,衣缝解也。"《字统》释为"肉袒也"。"肉袒"义由"衣缝解"引申而来。又如《说文》"霸,月始生

---

① 《十三经注疏》,中华书局,1979 年影印本,579 页下栏和 2591 页上栏。董恩林《"窳"、"窳"辨正》(《文史》2001 年第 1 辑)一文指出"窳"字是"窳"字之讹,然云:"考现存《一切经音义》各本卷九、卷十、卷十一、卷十四、卷十五、卷十七、卷十九,凡七处引《字统》均作'窳'。"检《玄应音义》中唯卷十四释《四分律》中"窳惰"一词引"承庆云",并无董文所云"凡七处引《字统》",董文所说似误以引《尔雅》之文为《字统》之文。

② 《汉语大词典》收释了"窳",未收"窳"。《汉语大字典》则收释了"窳",亦收释了"窳"。其释"窳"所加按语云:"今本《说文》脱'窳'字。《说文·穴部》有'窳'字,注云'污窬也'。与'窳'异义。唐以来'窳'、'窳'二字多相混用。"根据《字统》所释"窳"的词义,可知"窳"本作"窳",实为"窳"的讹字,后人往往混用。

③ 《十三经注疏》,中华书局,1979 年影印本,2650 页上栏。

魄。"《字统》释为"霸,长也"。"霸"为"伯"的假借字,有"王霸"义。

《字统》也有些释义与《说文》所释不同,故段玉裁说"《字统》每与《说文》乖异"。如:《字统》:"笑,从竹从夭。竹为乐器,君子乐,然后笑。"《说文》释为:"笑,喜也。从竹,从犬。"段玉裁《说文解字注》称,徐铉说此据孙愐《唐韵》所引《说文》的释文。"考孙愐《唐韵》序云:'仍篆隶石经勒存正体,幸不讥烦。'盖《唐韵》每字皆勒《说文》篆体,此字之从竹犬,孙亲见其然,是以唐人无不从犬作者。《干禄字书》云:'咲,通;笑,正。'《五经文字》力尊《说文》者,亦作笑,喜也。从竹下犬。《玉篇·竹部》亦作笑。《广韵》因《唐韵》之旧亦作笑,此本无可疑者。"《字统》所释"盖杨氏求从犬之故不得,是用改夭,形声"[①]。又如《字统》:"麤,警防也。鹿之性相背而食,虑[②]人兽之害也,故从三鹿。"《说文》释为:"麤,行超远也。从三鹿。"段玉裁《说文解字注》云:"鹿善惊跃,故从三鹿,引申之为卤莽之称。《篇韵》云不精也,大也,疏也,皆今义也。"《字统》的这些解释虽不一定正确,但亦不乏有其创新立异之处,与《玉篇》并为南北朝辞书中的双璧。[③]

第四节 《声类》《韵集》

一、《声类》

《声类》是具有韵书性质的语文辞书,三国魏李登著,今已佚。据

---

① 《说文解字注》,上海古籍出版社,1981 年版,198 页下栏。检《慧琳音义》卷十五释《大宝积经》第一百一十三卷"笑之"云:"《说文》阙",又卷七十释《阿毗达磨俱舍论》第十一卷"笑视"之"笑"引《字林》:"笑,喜也。"也可能《说文》本无"笑"字,唐传本以《字林》释"笑"为《说文》之文。

② 虑,希麟《续一切经音义》卷三引作"虞"。

③ 参拙文《阳承庆〈字统〉考探》,《长江学术》,2002(3);《北朝字书〈字统〉佚文钩沉》,《中国文字研究》第十七辑,2013 年。

《隋书·经籍志》载,《声类》十卷,魏左校尉李登撰。《隋书·潘徽传》载:“李登《声类》、吕静《韵集》,始判清浊,才分宫羽,而全无引据,过伤浅局,诗赋所须,卒难为用。”又据唐代封演《封氏闻见记》云:“魏时有李登者,撰《声类》十卷,凡一万一千五百二十字,以五声命字,不立诸部。”据《隋书》和《封氏闻见记》以及清代马国翰《玉函山房辑佚书》所辑《声类》一卷,可知其收字11 520个,大致按宫、商、角、徵、羽五声编排,承许慎《说文》的方法析形释义,解释了不少双音词,注重异体字的收集与辨正。一般认为其以声调为纲,以韵部为经,用反切注音,以声音系联同音字,已具韵书的雏形。①

二、《韵集》

《韵集》是仅晚于《声类》的早期韵书,西晋吕静撰。据《魏书·江式传》中江式《上古今文字源流表》载,吕忱的弟弟吕静仿李登《声类》之法,“作《韵集》五卷,宫、商、角、徵、羽各为一篇”。《韵集》今已佚。据《隋书·经籍志》载,《韵集》有吕静撰,六卷②;段宏撰,八卷;佚名,十卷。考《玄应音义》引用此书共59条,其中标明吕静《韵集》的为如下两条:

吕静《韵集》云:“蓖麻其生似树者也。”(卷二蜱麻)

吕静《韵集》云:“萞麻其生似树者也。”(卷二十萞麻)

此两条所释为同一词。《玄应音义》引《韵集》有注音的有12条,其中3条重出,共有如下9字:

酵 《韵集》音古孝反。酒酵也。谓起面酒也。(卷二酵暖)

戇 都绛反。《说文》:愚,痴也。戇,愚也。《声类》、《韵集》音丑巷反。(卷

① 李建国《汉语训诂学史》:“《声类》是字书向韵书的过渡形式,它的训诂可补《说文》,它的音读可证《唐韵》。”上海辞书出版社,2002年,73页。

② 《旧唐书·经籍志》和《新唐书·艺文志》著录为五卷,《隋书·经籍志》可能误为六卷。

四愚戆）

竹巷反。李登《声类》、《韵集》音丑巷反。赣亦愚也。（卷十八愚赣）

匾㔸 《韵集》方殄、他奚反。《纂文》云：匾㔸，薄也。今俗呼广薄为匾㔸。关中呼㔸匾。（卷六匾㔸）

齝 又作齝，《三苍》作䶖，《诗》传作呞，同。丑之反。《韵集》音式之反。（卷九牛齝）

又作齝，《毛诗》传作呞，同。勅之反。《尔雅》：牛曰齝。郭璞云：食已复出嚼之也。《韵集》音式之反，今陕以西皆言诗也。（卷十四齝食）

菸 《韵集》一余反。今关西言菸，山东言蔫。（卷十菸瘦）

袈裟 举佉反，下所加反。《韵集》音加沙。（卷十四袈裟）

吮 似兖反。《韵集》音弋选反。（卷十八使吮）

似兖反。《说文》吮，嗽也。《韵集》吮音弋选反。（卷十九嗽吮）

礧 《韵集》音力辈反。谓以石投物也。（卷十七礧石）

掐 口狭反。爪伤曰掐。《韵集》作剳，口洽反，入也。（卷十八掐啮）

据玄应所引可略窥《韵集》概貌。

第四章 隋唐五代成熟时期

第一节 概 述

隋唐五代时期是汉语古今演变的一个重要发展时期，也是我国辞书史上的成熟期。这一时期儒释道三教合流，新词新义大量出现，语言文字规范理论也在不断发展，口语词汇逐渐进入书面语，形成文白此消彼长的趋势。适应社会的需要，一批旨在反映语言的新变化并对其加以规范统一的辞书相继问世。如陆法言《切韵》、元庭坚《韵英》、张戬《考声切韵》、武玄之《韵诠》等韵书，颜愍楚《俗书证误》、颜元孙《干禄字书》、张参《五经文字》、唐玄度《新加九经字样》等字样书，《俗务要名林》《杂集时用要字》和李商隐《蜀尔雅》等俗语方言辞书，还有将典籍注音释义的资料汇编成册的陆德明《经典释文》、玄应《众经音义》、慧琳《一切经音义》等。隋唐间虞世南编《北堂书钞》是现存最早的类书。唐欧阳询等奉敕编有《艺文类聚》，张说、徐坚等奉敕编有《初学记》。据《旧唐书·艺文志》载隋诸葛颍撰有《桂苑珠丛》一百卷、天圣太后《字海》一百卷，《新唐书·经籍志》载颜真卿撰有《韵海镜源》三百六十卷，皆为辞书中包罗宏富、内容详备的鸿篇巨帙。

汇集一种语言里的词语，用另一种语言来进行对译或加以解释，这是双语词典的特性。陈炳迢在《我国民族语言对照词典简史》一文中认为："我国现存最早收有梵语词汉译的，是北齐沙门道慧的《一切经音义》、唐沙门慧苑的《华严经音义》、玄应的《一切经音义》等佛典辞书。”[1]实际上北齐沙门道慧的《一切经音》今已不存。根据现有史料，南朝梁释宝唱撰《翻梵语》一卷，[2]梁代还有扶南胡书一卷。[3] 唐释义净撰《梵语千字文》，列举了约千来个词，此书可以看作是梵汉对照读本。义净在序言中说其书：“不同旧《千字文》，若兼悉昙章读梵本，一两年间，即堪翻译矣。”此外，还有全真的《唐梵文字》和礼言集的《梵语杂名》。《唐梵文字》同《梵语千字文》差不多，《梵语杂名》按照分类先列汉文，后列梵文，[4]据此，可以认为我国双语词典的雏形至迟在唐代已产生。

第二节　《古今正字》《字样》《干禄字书》

一、《古今正字》

张戬撰《古今正字》、《文字典说》、《考声切韵》、《文字释要》、《集训》等，惜后世均不传。所幸佛经音义征引张戬著作中的内容较多，特别是《考声切韵》《古今正字》《文字典说》，为佛经音义释音和释义的主要来源。如《玄应音义》、慧琳《一切经音义》和希麟《续一切经音义》征引《古今正字》共 1 655 条，或释义，或析形，或说明异体字、俗字、古字等。

《古今正字》是一部为了规范汉字而编写的楷书字典，大致成书于公元 660—755 年间，既收古字，还收一些魏晋之后新产生的俗字。[5] 承《说文》和《玉篇》的体例，每字之下先释义，然后标注出该字的异体字、

① 陈炳迢《我国民族语言对照词典简史》，《辞书研究》，1982(1)。

② 丁福保《翻译名义集新编序》，佛学书局，1921 年。

③ 《隋书 · 经籍志》，中华书局，1973 年，945 页。

④ 参季羡林《我是怎样研究起梵文来的》，载《风风雨雨一百年》，华艺出版社，2009 年。

⑤ 丁喜霞、王方《略论〈古今正字〉的文字学研究价值》，《中国文字研究》第十九辑，2014 年。

俗字、古字等，说解字形，释义重视古义，也兼顾通行义和引申义，广征博引前代字书和文献的内容作为佐证。后由于安史之乱等原因而渐失传。

《古今正字》与《文字典说》各有所侧重，《古今正字》重在规范汉字，收录前代字书或经典中出现的汉字，并附带一些解释；而《文字典说》则侧重在“典说”，更注重从前代的字书或经典中搜集对汉字的训释。

二、《字样》《干禄字书》

汉字的书写形式随时代改变，如隶变和楷化，致令字体样式也不断变易，同字异体，莫衷一是。六朝战事频繁，社会动荡，汉字讹变丛生，异体纷呈，据北齐颜之推《颜氏家训》所说，“北朝丧乱之余，书迹鄙陋，加以转辄造字，猥拙甚于江南”。唐统一南北后，颜师古奉唐太宗诏撰成《五经定本》，编有辨析正字俗字的语文辞书《颜氏字样》和《匡谬正俗》。张参奉代宗李豫敕编《五经字样》三卷，旨在辨五经文字的异同，设部首160部，其中27部设有附部。如人部下附“亻”，水部下附“氵”。唐玄度奉文宗李昂诏编《新加九经字样》一卷，收字421个，分76部，旨在辨经书中文字形体，分析字的古今写法异同。

敦煌文献中存有依颜师古《字样》进一步增删考定的辨形字书。如S.388《字样》写卷主要以《说文》《字林》为准辨别正字和异体字，其中包括正、同、通用、相承共用、俗、非等类型。接抄于《字样》后的郎知本所撰《正名要录》也是刊定正俗字形和辨析同音异义字的语文辞书。又如S.6208、S.5731、S.11423、S.6117等《时要字样》辨别同音异义字，又称“新商略古今字样撮其时要并行正俗释”。

继《颜氏字样》，唐代还有杜延业的《群书新定字样》、欧阳融的《经典分毫正字》和颜元孙的《干禄字书》等辨形字书。颜元孙《干禄字书》以颜师古《颜氏字样》和《匡谬正俗》及杜延业《群书新定字样》为基础，收录唐代章表、书判中所用的俗文字，加以辨析，以便官吏查检识别和正确使用，求取禄位，故曰“干禄”，成为辨形字典的早期范本。全书以平上去入四声编排，又以206韵排比各字的先后，开启字书按平上去入四声编次之例。每字根据适用场合分俗、通、正三体，共收异体字1 465个，分为707组。每组有二至三字，依俗、通或正排列。如“聡聰聪：上中通下正”，其中“聡”和“聰”皆为通字，“聪”则是正字；又如“剪翦：上俗下正”，“剪”俗而“翦”正。自序指出：“所谓俗者，例皆浅近，唯籍帐、文案、券契、药方，非涉雅言，用亦无爽。傥能改革，善不可加；所谓通者，相承久远，可以施表奏、笺启、尺牍、判状，固免诋诃；所谓正者，并有凭据，可以施著述、文章、对策、碑碣，将为允当。”认为俗字多为后起字，写法较简，可用于民间通俗文书、日常生活“非涉雅言”的场合。通字常见于公文，历代沿用。正字则渊源久远，或见于《说文解字》，或见于经书典籍，可在雅言的场合使用。① 除了辨明俗通正三体，颜元孙也分析形似而义异的字，略说其义或读音。如“彤肜：上赤色，徒冬反；下祭名，音融”。又如“俳徘：上俳优字，音排；下徘徊字，音裴。”既说明词义，又标示读音。

第三节 《切韵》《唐韵》《韵英》等

一、《切韵》《唐韵》

《切韵》是现存最早的韵书，隋陆法言据颜之推、萧该、魏彦渊、薛道衡、刘臻、李若、卢思道、辛德源的讨论，以帝王都邑金陵和洛阳的读书

① 唐代宗大历九年(774)，其侄颜真卿出任湖州刺史时，书录《干禄字书》摹勒上石，立于湖州刺史院东厅。唐文宗开成四年(839)，杨汉公以刻石损泐已甚，资助颜真卿之侄颜頵依早年拓本重刻。宋高宗绍兴十二年(1142)由潼川府尹宇文公主持再度刻石，称为蜀本。

音为基础,参较方俗,考核古今,参酌南北韵书从分不从合而编定。由今存敦煌遗书中的《切韵》写卷与宋本《广韵》的反切基本一致可见其语音系统与《广韵》相似。[①] 全书收字 12 158 个,以韵目为纲,分 193 韵编排,韵又按声归入平、上、去、入四部分,同韵的字再以声类、等呼排序,因而同音字归在一起。注释方式是各字之后先释义,然后标示反切,引文注明出处,既是着重韵部归类的韵书,同时也具有字典的功能。《切韵》问世后,唐人又续有增补修订。据《广韵》卷首所载计有长孙讷言、郭知玄、关亮、薛峋、王仁昫、祝尚丘、孙愐、严宝文、裴务齐和陈道固等诸家,《新唐书·艺文志》载有李舟《切韵》及僧猷智辨体补修加字《切韵》,《通志·艺文略》载有李邕《唐韵要略》,无名氏《唐切韵》,张参《唐广韵》,《汗简》和《佩觿》引有李审言《切韵》,《汗简》和《古文四声韵》引有义云《切韵》。唐昭宗大顺时(891),日人藤原佐世撰《日本国见在书目录》载有韩知十、蒋鲂、麻杲、孙伷、弘演寺释氏和沙门清彻所撰韵书。日释菅原是善集唐各种《切韵》撰有《东宫切韵》,中算承隋昙捷《法华经字释》和唐窥基《法华音训》所作《妙法莲华经释文》中亦引有《切韵》十三家,并提到新《切韵》和新《唐韵》。[②] 目前完整保留下来的有宋濂跋本王仁昫《刊谬补缺切韵》。[③] 周祖谟《唐五代韵书集存》编录有包括唐五代的写本和五代及宋初的刻本韵书共三十种。大体分为七类:(1)陆法言书的传写本。(2)长孙纳言笺注本《切韵》。(3)增字增训本《切韵》。(4)王仁昫《刊谬补缺切韵》。(5)裴务齐正字本《切韵》。(6)孙愐《唐韵》。(7)五代和宋初刻本《切韵》。比较这些韵书的体例和内容既可以从中看出唐代韵书发展的情况,同时也可以了解宋修《广韵》与唐五代韵书的关系。

---

① 《切韵》有 P. 3798、P. 3695 + 3696、S. 6187、S. 2683 + P. 4917 等敦煌写卷。周祖谟编有《唐五代韵书集存》,姜亮夫撰有《瀛涯敦煌韵书卷子考释》。

② 王国维《唐诸家切韵考》,载《王国维遗书》,上海古籍书店,1983 年。

③ 王仁昫《刊谬补缺切韵》有 P. 2129、P. 2011 等敦煌写卷。

《切韵》建构按韵编排的体例，上承上古音，下启近代音，既是继承前代韵书的总结，又是后世传统韵书演变的基础，既是传统韵书初步体系化的开山之作，也是音序字典与同音字典的早期范本，不仅在汉语语音史上占有重要地位，而且也是我国辞书史上一部具有划时代意义的辞书。自《切韵》问世，前代所作韵书陆续亡佚，后出的孙愐《唐韵》和陈彭年等增修的《广韵》则都承《切韵》而有所因革，形成《切韵》系的韵书。

《唐韵》是《切韵》的一个增修本，唐代孙愐撰。约成书于唐玄宗开元二十年(732)之后。虽是私人著述，因曾献给朝廷而带有官书性质，故宋代范镇《东斋记事》说："自孙愐集为《唐韵》，诸书遂废。"原书已佚，据清代卞永誉《式古堂书画汇考》所录唐元和年间《唐韵》写本的序文和各卷韵数的记载，全书五卷，共 195 韵，与王仁昫《切韵》同，上、去二声都比陆法言《切韵》多一韵。

《唐韵》似在《切韵》基础上有所增补而有不同传本。如《慧琳音义》卷八十释"经莂"之"莂"："彼列反。案莂，分别之谓也。《埤仓》云：莂谓种穊分移莳之也。字书无此字。《考声》或从竹。《广切韵》从草从别。"例中所引《广切韵》释文，王仁昫《刊谬补缺切韵》未收。考蒋斧本《唐韵》载："莂，种穊移莳之。出《埤苍》。"宋本《广韵》："种穊移莳也。"可见唐时在《切韵》的基础上已有不同的增补本，慧琳所引《广切韵》似为《唐韵》别本。又如《慧琳音义》卷九十九释"甘蝳"之"蝳"："怛太反。《考声》：蝳，蛇也。《唐韵》亦蛇也。或作带也。"检故宫博物院藏本王仁昫《刊谬补缺切韵》："蝳(都计反)，蝳蝀。亦作蝃。"裴务齐《正字本刊谬补缺切韵》："蝳(都计反)，蝳蝀。虹别名。"蒋斧本《唐韵》："蝳(都计反)，蝳蝀。"宋本《广韵》："蝳(都计切)，蝳蝀。"慧琳所引《唐韵》释"蝳"有"蛇"义，音"怛太反"，似亦为别本。

清末(1908)蒋斧在北京得到的一部唐写本《唐韵》，存有去声(有阙漏)、入声两卷。其中去声分 59 韵，比《切韵》的去声多出 3 韵；入声分 34 韵，比《切韵》的入声多出两韵。由此推知其平声、上声的分韵也应有增加,全书可能分204韵,已接近于《广韵》206韵的分韵。

《唐韵》注释详细,辨析偏旁点画,引用书证训解注有出处,尤详于官制、地名、人名和姓氏,兼有字典的性质。

二、《韵英》《韵诠》《考声切韵》

唐代随着我国语言文化的核心地域从南朝以来的江南转移到关中,又出现了一个以当时长安音为标准的新音系,称为秦音,故其时往往以《切韵》为吴音。王国维在《天宝〈韵英〉、元廷坚〈韵英〉、张戬〈考声切韵〉、武玄之〈韵诠〉分部考》一文中指出:"唐人韵书皆祖陆法言,虽部目有增损,次序有移易,要皆以法言为本,然法言之书用六朝正音,至唐时已稍变易,于是有根据唐时音以作韵书者,其分部乃不得不与法言大异,此从来音韵学家所未尝留意也。"认为:"陆韵者六朝之音也,《韵英》与《考声切韵》者唐音也。六朝旧音多存于江左,故唐人谓之吴音,而以关中之音为秦音,故由唐人言之则陆韵者吴音也,《韵英》一派秦音也。厥后陆韵行而《韵英》一派微,则由音韵之书用于属词者多,而用以辨声者少。唐宋于二百余部之韵犹病其窄,许其就近通用,卒变为一百六部之今韵。然则《韵英》诸书之不行于世固其所也,然欲考唐时关中之音固非由《韵英》及《考声切韵》不可。"①王国维所说《韵英》与《考声切韵》及《韵诠》皆为唐时与《切韵》并存于世的后出韵书,这类韵书主要依据实际语音编撰,反映了唐时语音的演变。研究古代辞书中韵书的发展,显然不可不提及《韵英》这一派韵书。

---

① 王国维《天宝〈韵英〉、元廷坚〈韵英〉、张戬〈考声切韵〉、武玄之〈韵诠〉分部考》,载《观堂集林》卷八,中华书局,1959年,385—388页。"元廷坚"应为"元庭坚"。据段志凌、刘东平《新出唐〈元庭坚墓志〉与〈韵英〉作者考》(《文博》2015年第5期),2012年入藏西安碑林博物馆的唐贞元三年(787)所刻陈翃撰《元庭坚墓志》载,"天宝中,玄宗以文字舛错,诏公直翰林院。乘以厩马,供以尚膳,俾刊而正之,成卅卷,传于秘阁。拜国子监丞、义王友,出入宫禁十五余年"。

《韵英》《韵诠》《考声切韵》三书今皆不存。《韵英》有天宝《韵英》、元庭坚《韵英》等。据明杨慎《升庵集》卷四十四《凤台铺》载:“唐学士元庭坚左迁遂州参军,读书郊居。忽见有人身而鸟首来造者,曰:‘吾众鸟之主也,闻君好音律,故来见君。’因留数朝,教以音律清浊,庭坚遂著《韵英》。今遂宁凤台铺,其遗迹也。”王国维在《天宝〈韵英〉、元廷坚〈韵英〉、张戬〈考声切韵〉、武玄之〈韵诠〉分部考》一文中指出慧琳撰佛经音义所注反切实本《韵英》及《考声切韵》,“苟能取而类之,虽不能见四百余部之全,亦可得其大略及其所以分析之故,此亦音韵学上一大事业而有待于后人为之者也”①。黄淬伯根据《慧琳音义》对慧琳所释反切作有系联考证,他在《慧琳一切经音义反切考韵表》中认为,“慧琳引据之《韵英》,其根据之秦音,今定为晚近音之导源也”。由《慧琳音义》注音的依据可证宋人所编《广韵》并非全部袭用陆法言《切韵》,而是博采了唐人众家之说,且《广韵》之外,尚别有记一时一地音的韵书系统,②《韵英》就是唐时新兴起的一种韵书,《慧琳音义》和《龙龛手鉴》等都参照《韵英》来注音,颇为当时人们所引用。③

《考声切韵》,张戬撰。据《旧唐书·张文瓘传》所附其兄《文琮传》载:“子戬官至江州刺史,撰《丧仪纂要》七卷,行于时。戬弟锡,则天时为凤阁侍郎,同凤阁鸾台平章事。”“中宗时,累迁工部尚书,兼修国史。”又据《新唐书·宰相世系表》载:“戬,江州刺史。”“锡,相武后,温王。”可知张戬是初唐武后和中宗时人。其所撰《考声切韵》亦为当时新兴起的记录一时一地实际语音的韵书,与陆法言根据南北朝旧音而撰的《切韵》不同。王国维认为“据今音为韵书,实自戬始,故以考声名其书”。

---

① 王国维《观堂集林》卷八,中华书局,1959年,388页。

② 参姜亮夫《瀛涯敦煌韵书卷子考释》,浙江古籍出版社,1990年。

③ 赵诚《中国古代韵书》未提到《韵英》这一类韵书。考《隋书·经籍志》载“《韵英》三卷,释静洪撰”。《古今图书集成》所收《汉书·艺文志》《宋史·艺文志》亦载有“《韵英》三卷,释静洪撰”。可证除元庭坚和天宝御纂《韵英》外,尚另有以《韵英》命名的韵书。

此书历代史志目录皆未著录,慧琳撰《一切经音义》时尚能见到,引用此书颇多。王国维在《天宝〈韵英〉、元廷坚〈韵英〉、张戬〈考声切韵〉、武玄之〈韵诠〉分部考》一文中对张戬《考声切韵》一书考证颇详。丁山曾撰有《切韵逸文考》,[①]其叙曰《慧琳音义》"其引《切韵》百有余名,校今所传各本,则有契合者,有截然不同者;大抵迥异之辞,法华音训为多,契合者不出玄应、慧苑二本。彼二本者《慧琳音义》之所因也,《法华音训》者,窥基所造,慧琳所'再详定'也;自其'再详定'者观之,所引盖非法言《切韵》,乃张戬《考声切韵》也;自其所因者观之,所引盖皆陆君原本"。据我们逐条比勘《慧琳音义》,考得《窥基音义》所引八十六条《切韵》中有三十多条与今存《切韵》相同,有近十条与《切韵》大略相近。又据我们统计,《正续一切经音义》中引用《考声切韵》有四千三百九十八条,其中《考声切韵》与《切韵》皆有训释的字有三百十九个,我们将《考声切韵》与《切韵》对这三百十九个字的训释作了比较,发现《考声切韵》与《切韵》的训释几乎都不相同。[②] 由此可知张戬《考声切韵》与陆法言《切韵》并无相承关系。

《韵诠》,武玄之撰。《新唐书·艺文志》著录为:"武玄之《韵铨》,十五卷。"尉迟治平《武玄之韵诠考》一文考定《韵铨》应为《韵诠》,《新唐书》"铨"为欧阳修所误。书成于开元、天宝年间。[③]《韵诠五十韵头考》一文考证了其所载《悉昙藏》中的五十韵头,指出:"《韵诠》将四声隶属于韵头之下,声调不同而韵腹相同,并且韵尾相同或阳入相配的字,都属一个韵。所谓韵头,性质跟《中原音韵》和清代古音学家的

---

① 丁山《切韵逸文考》,《国立中山大学语言历史学研究所周刊》第三集第二十五、六、七期合刊《切韵专号》,1928年。

② 参拙文《佛经音义引切韵考》,《中国语学研究·开篇》VOL. 22,日本好文出版社,2003年。

③ 尉迟治平《武玄之韵诠考》,《语言研究》1994年增刊。黄耀堃《日本所藏我国韵目资料研究》(《中国语文研究》1984年第5期)一文说,"据日本《和汉年号字抄》所引'武、国'两字,《韵诠》均称'大周',疑《韵诠》成书于武则天称帝期间(690—704)"。

'部'、'韵部'相近,跟《切韵》系韵书的'韵'不一样。这种对《切韵》体制的改革,早于《中原音韵》(元泰定元年,1324)约六个世纪。周德清不分立四声,是元曲四声通押的客观归纳,而武玄之归并四声,是基于对四声相承韵部元音音值的分析和辨识以及对汉语语音系统性的认识,二者不可同日而语。因此,武玄之《韵诠》是汉语音韵学史上的一部重要文献,其可贵之处在于它'以口声为证'(《韵诠·反音例》),反映当时的实际语音。"[①]黄淬伯《唐代关中方言音系》一书认为从《悉昙藏》卷二中所存的五十韵部来看,《韵诠》"仍然是陆法言《切韵》的系统",而据日释安然《悉昙藏》卷二所载《韵诠》五十韵头和序所说"李季节之辈定《韵谱》于前,陆法言之徒修《切韵》于后",且所分五十韵头与《切韵》相比,无脂、殷、痕、删、衔、凡韵等七韵,但又由齐韵分出移韵,由侵韵分出岑韵,[②]可推知《韵诠》是一部承李季节《韵谱》和陆法言《切韵》而有所变革的后出韵书。[③] 据《慧琳音义》所引佚文,大致可知《韵诠》主要收释单音词。如:

操 执志雅正也。(卷八十《西域记》第二卷其操)

搏 手击也。(卷十三《大宝积经》第四十一卷搏逐)

且所释多为汉以来的新词,如《慧琳音义》卷十三释《大宝积经》第四十一卷逃迸之迸:"迸,散走也。"检《说文》未收,见于徐锴的《说文新附》。又如卷三十八释《金刚光焰止风雨陀罗尼经》岚飚之岚:"《韵诠》云:'岚,山风也。'"岚,《说文》未收。[④] 据《玉篇》所释为:"力含切。大

① 尉迟治平《韵诠五十韵头考》,《语言研究》,1994(2)。

② 周祖谟认为"可能是脂併入之,殷併入文,痕併入魂,删併入山,衔併入咸,凡併入严","由齐分出移,因移臡一类字韵与齐不同;由侵(即琴)分出岑,与《切韵》中臻不与真同韵相似。"《唐五代韵书集存》,中华书局,1983年,986页。

③ 葛毅卿《隋唐音研究》认为"唐时《韵铨》的韵部基本上和玄应的韵类合"。南京师范大学出版社,2003年,11页。

④ 《说文新附》:"岚,山名。从山,葻省声。"《汉语大字典》:清人多以为"岚"即"葻"的俗字。

风也。又岢岚山名。”《玉篇》收录在山部“峡”和“崥”之间。考日释空海据原本《玉篇》所编《篆隶万象名义》“峡”和“崥”之间无“岚”，可证原本《玉篇》亦未收“岚”，此为唐孙强上元本《玉篇》或宋代重修《玉篇》时所增。又考《玄应音义》卷二释《大般涅槃经》第四十卷婆岚之岚云：“力含反。案诸字部无如此字，唯应璩《诗》云‘岚山寒折骨’作此字。”玄应的案语指出当时诸字书皆未收录“岚”，由此亦可证今本《玉篇》所收“岚”是后代增入。考应璩为汉末魏初诗人，据玄应所引其诗，“岚”字至迟在汉魏就已产生，《韵诠》则早于宋本《玉篇》收录了此词。

《韵诠》也收释了一些联绵词和叠音词。如：

参差者　不齐之皃。（卷十《新译仁王经序》参差）

仿髴　时欲至之词也。（卷七十八《经律异相》第八卷仿髴）

杳杳　空远也，深幽也。（卷一百《惠超往五天竺国传》卷上杳杳）

《韵诠》还收释了一些百科词。如：

鲸鲵　海中最大鱼也。（卷八十五《辩正论》第一卷鲸鲵）

螽斯　蝗虫之类也。（卷四十九《大庄严论》第十卷螽斯）

珂　白玉佩也。（卷四《大般若波罗蜜多经》第三百八十一卷逾珂雪）

此外，《韵诠》也收释了一些外来词和虚词。如：

醍醐　酥之至精醇者。（卷六十《根本说一切有部毗奈耶杂事律》第十三卷醍醐）

哉　语助也。（卷一百《肇论》卷下汪哉）

《韵诠》释词大致包括注音、析形和释义三部分。据《悉昙藏》卷一载其反音例称：“服虔始作反音，亦不诘定。臣谨以口声为证。”可见武玄之注音的依据是“以口声为证”，注重反映当时实际语言的状貌。又据《悉昙藏》卷二所载明义例规定：“凡为韵之例四也。一则四声有定位，平、上、去、入之例是也。二则正纽以相证，令上下自明，人、忍、仞、日之例是也。三则傍通以取韵，使声不误，春、真、人、伦之例是也。四则虽有其声而无其字，则阙而不书，辰、蜃、脣例也。”可见《韵诠》按韵编排,依平、上、去、入四声定位排序,凡声调不同而韵腹韵尾相同或阳入相配的字都属同一个韵,同一声纽又相互照应。《韵诠》的这种编排方式对早期韵图模式的形成当有一定影响。又据《悉昙藏》卷一载其缮写例称:"自大篆小篆之后即有隶书,后人亦破楷书为行书,破行书为草书。所以氵冫相乱,扌寸相杂。"可见其大体依据历代相承的篆隶楷等正体辨析字形,亦注重对后出新字俗字字形的辨析。如:

帓 从巾作帓。(卷九十四《续高僧传》第二十五卷袜额)

又据《悉昙藏》卷一载其正名例称:"书有六体,一曰形声,二曰会意,三曰象形,四曰假借,五曰指事,六曰转注。但诸儒异见,穿凿者多。"可见其析形以六书为标准,致力于文字的规范,纠正诸儒的异见和穿凿。如《慧琳音义》卷十五释《大宝积经》第一百零九卷鞋韈之韈:"下晚发反。《说文》云:足衣也。从韦,蔑声也。或从革作韈。今俗用或从衣从巾从皮,作襪袜幭(帓)韎(韤)六字,《韵诠》云皆时俗穿凿作之,并不可依据也。"慧琳指出,《韵诠》认为"韈"为正字,从衣从巾从皮作"襪、袜、幭、帓、韎、韤"的六字皆为俗字。

《韵诠》不仅解释所释词的本义,也解释词的引申义和假借义。释本义的如:

谨 慎也。(卷八十九《高僧传》第六卷形谨)

聆 听也。(卷九十三《续高僧传》第十一卷伫聆)

释引申义的如:

拒 违也。(卷六《大般若波罗蜜多经》第五百卷拒逆)

检《广雅》:"拒,捍也。""拒"有"捍"义,引申则有"违"义。又如:

枨 触也。(卷六十五《五百问事经》枨食)

枨,本义为木柱,《说文》:"枨,杖也。"《尔雅·释宫》:"枨谓之楔。"枨,作动词有"支撑"义。如汉王褒《僮约》:"犬吠当起,惊告邻里。枨门柱户,上楼击鼓。荷盾曳矛,还落三周。"枨由"以物支撑"义引申则有《韵诠》所释"碰触、撞触"义。如:

此亦如窃钟枨物，铿然有声，恶他人闻之，因自掩其耳者也。（《抱朴子内篇·勤求》）

不枨人之所讳，不犯人之所惜。（《抱朴子外篇·疾谬》）

释假借义的如：

冀　望也。（卷八《大般若波罗蜜多经》第五百七十七卷希冀）

检《说文》："冀，北方州也。"段玉裁注云："假借为望也，幸也。盖以冀同觊也。"

也有分释一个多义词的几个义项的，如：

嘱　付也，对也。（卷三《大般若波罗蜜多经》第三百四十六卷嘱累）

遽　急也，速也。（卷五十六《本事经》第六卷惶遽）

嫌　恨也，疑也。（卷八《大般若波罗蜜多经》第五百六十六卷嫌恨）

有时还往往连类而及，释一词而兼及与此词相关的一些词的释义。如：

炊米干曰餅，湿曰飡。（卷六十二《根本说一切有部毗奈耶杂事律》第十七卷饼麴）

《韵诠》的说解大体承前代辞书而又有所创新。其释义源自前代辞书的如：

摭　拾也。（卷六十九《阿毗达磨大毗婆沙论》第一百十五卷摭多）

检《说文》，二者所释同。

亡身从物曰殉。（卷一百《荆州沙门无行从中天附书于唐国诸大德》殉命）

检《玉篇》为："亡身从物为殉也。"

自破曰坏。（卷五《大般若波罗蜜多经》第四百五十一卷弊坏）

检《慧琳音义》卷三十五释《菩提场所说一字顶轮王经》第一卷沮坏之坏引《字统》，二者所释同。

《韵诠》的有些释义在前代辞书所释的基础上又有所斟酌而更为确切。如《说文》："噤，口闭也。"《通俗文》："口不开曰噤。"《慧琳音义》卷十八释《大乘大集地藏十轮经》第七卷舌噤之噤引《韵诠》则释为："噤，口急不开也。"《韵诠》所释增一"急"字，更好地描写出了急切间开不了口的状态。又如《说文》:“漱,荡口也。”《慧琳音义》卷八十九释《高僧传》第四卷漱流之漱引《韵诠》释为“含水搜洗牙齿间也”。《韵诠》所释较《说文》更为具体。

《韵诠》释词“谨以口声为证”,记录了当时的实际语言。如《慧琳音义》卷六十一释《根本说一切有部苾蒭尼律》第十二卷拐行之拐:“拐,把头杖也。”其释义也多以当时语来诠释古语。如《慧琳音义》卷二十九释《金光明最胜王经》第八卷象蹈之蹈:“陶到反。《韵诠》云:蹈,践也,踏也。从足,舀声。”表明“用脚踩”义先秦用“蹈”或“践”,唐代可用“踏”。《韵诠》还颇注重诠释一些词的方言义。如《慧琳音义》卷十释《新译仁王经序》遏寇之寇:“下口遘反。《考声》:寇,贼也。《韵诠》:盛多也。《说文》:暴也。《文字释要》云寇从攴从完,是也。”检《方言》卷一载,齐宋之间“凡物盛多谓之寇”。据《韵诠》所释,此义唐代仍沿用。又如《慧琳音义》卷六十一释《根本说一切有部毗奈耶杂事律》第三十一卷砂潬之潬:“坛懒反,上声字也。《韵诠》云:潬,水中沙推出曰潬。江东语也。从水,单声。”检《尔雅》:“潬,沙出。”慧琳指出《韵诠》所释为江东语。

《韵诠》的释义颇注重描写,往往具体而又形象。如《慧琳音义》卷十五释《大宝积经》第一百二十卷垂皱之皱:“皱,皮不展也。”又卷七十五释《坐禅三昧经》上卷皱眉之皱:“面皮聚也。”描写了“皱”的具体状态。又如《慧琳音义》卷四释《大般若波罗蜜多经》第三百九十八卷铺绮帊之铺:“铺,设床褥也。”描写了“铺”的具体动作对象。

据宋代孙光宪《北梦琐言》云:“曾见《韵诠》,鄙薄《切韵》,改正吴音,亦甚覈当。”可见《韵诠》是以秦音为正音的韵书,研究语文辞书史亦不能不提及《韵诠》。

《韵英》《韵诠》与《考声切韵》三书虽已亡佚,然《慧琳音义》中引用《韵英》五百五十三条,引用《考声切韵》三千余条,引用《韵诠》三百零八条,从中尚可窥其概貌。据《玄应音义》和《慧琳音义》等文献记载,唐时关中或中原一带音系和《切韵》的差别已相当明显,故有《韵英》《韵诠》和《考声切韵》

等记一时一地之韵书问世,《韵英》还作为御撰,[①]玄宗曾于天宝十四载指令付诸道令诸郡传写。只是由于同年安禄山反于范阳而未及施行。战乱之后由于音韵之书用于属辞者多,而用以辨声者少,《韵英》一派渐趋于式微,而《切韵》则续有增补,加注释义,成为《唐韵》,宋代又进而修订为《广韵》。

第四节　《经典释文》与佛经音义

"音义"本是古书注释的一种形式,也是传统训诂学中的一个术语。"音"为辨析字音,"义"为诠释词义,以"音义"为名的书即专指解释字的读音和意义的书。根据文献记载,最早的音义著作是汉末魏初孙炎所撰的《尔雅注》和《尔雅音》,颜之推将其合称为《尔雅音义》。魏晋以后,音义类著作颇为流行一时,有时一部书由于师承不同而往往有好几家为之注音释义。这些解释字的读音和意义的音义类著作在传统小学著作中独成一类,某种程度上颇类似于专为研读儒家经典、佛经经文和道家典籍而编纂的专书辞典。

据《大唐内典录》和《开元释教录》著录,北齐沙门道慧著有《一切经音》,此书今虽已佚,无以考证其内容及体例,然在某种意义上可以说此书是后世为研读经典文献编纂的专书辞典之嚆矢。此后,陆德明所撰《经典释文》博采汉魏六朝以来二百三十余种著作中关于《周易》《尚书》《庄子》等十四种文献典籍文字的音切和训诂,汇为一书,可以说是汉魏南北朝以来群经音义的总汇,也可以说是南北学术交流与语言文字统一规范的产物,成为我国现存第一部儒道典籍专书辞典。[②] 继《经

① 《韵英》有释静洪撰、元庭坚撰和天宝御纂之别,天宝《韵英》可能据释静洪所撰而加广。玄宗《韵英》或即元庭坚《韵英》。唐兰认为:"元庭坚是那时的翰林学士,又是精通声韵的,唐玄宗改撰《韵英》,捉刀的人,除了他还有谁?""断定玄宗《韵英》就是元庭坚《韵英》,因安史之乱没有流行。只有慧琳因秦音系统而采用过,后来就亡佚了。"《申报》,1948 年 5 月 29 日第七版《文史》第 25 期。

② 吴旭民、徐永真《陆德明和〈经典释文〉》,《辞书研究》,1986(3)。

典释文》后，唐代史崇、崔湜、沈佺期等又撰有《一切道经音义》一百十三卷，[①]玄应、慧苑、慧琳等也相继撰成《玄应音义》《慧苑音义》和《慧琳音义》等佛经音义。这类集众家字书之长而注释经典文字的训诂类专书辞书在一定程度上满足了读者的需要，成为我国传统语言学中和辞书史上创新的划时代的著作。

一、《经典释文》

汉魏六朝的音义著作今多已佚，而陆德明的《经典释文》可以说是汉魏六朝音义著作的集大成者。陆德明历仕陈、隋、唐三代，以文学与经学著名。《经典释文》始撰于陈后主至德元年(583)，完成于隋灭陈(589)之前。[②]

陆德明在《序录》中说："夫书音之作，作者多矣。前儒撰著，光乎篇籍。其来既久，诚无间然。但降圣以还，不免偏尚，质文详略，互有不同。汉魏迄今，遗文可见，或专出已意，或祖述旧音，各师成心，制作如面。加以楚夏声异，南北语殊，是非信其所闻，轻重因其所习，后学钻仰，罕逢指要。夫筌蹄所寄，唯在文言，差若毫厘，谬便千里。夫子有言：必也正名乎。名不正，则言不顺，言不顺则事不成。故君子名之必可言也，言之必可行也。"面对当时纷繁的音义训解和"楚夏声异，南北语殊"，他"研精六籍，采摭九流，搜访异同，校之苍雅"[③]，撰成《经典释文》三十卷，为《周易》《尚书》《毛诗》《周礼》《仪礼》《礼记》《左传》《公羊》《穀梁》《孝经》《论语》《老子》《庄子》《尔雅》等先秦诸书注音，不但解释经典，而且还疏通经注，旨在循孔子之言而"正名"，以正确的"音

① 史崇《妙门由起序》，《全唐文》卷九百二十三。元宗《一切道经音义序》称"凡有一百四十卷"，《全唐文》卷四十一。

② 钱大昕《潜研堂文集》卷二十七说："细检此书，所述近代儒家，惟及梁陈而上，若周隋人撰音疏，绝不一及，又可证其撰述，必在陈时也。"

③ 陆德明《经典释文序》，上海古籍出版社，1985 年，1 页。

义”来“释文”，阐释传统经典文献中的微言大义。如：

斩衰　七回反。字又作縗，后皆同。斩者，不缉也。縗以布为之，长六寸，广四寸，在心。前縗直言摧也，所以表其中心摧痛。（卷十《仪礼音义》）

毋不敬　音无。《说文》云：止之词。其字从女，内有一画，像有奸之形。禁止之勿令奸。古人云毋，犹今人言莫也。案毋字与父母字不同，俗本多乱读者，皆朱点母字以作无音，非也。（卷十一《礼记音义之一》）

《经典释文》建构了古今兼顾、纵横交互的专书辞书编纂体例，大致按诸书原卷次摘录单字、单词或句子，用反切或直音法注音，广采博收汉魏六朝二百三十余家的音切，把“典籍常用，合理合时”的音切标之于首，其他音切罗列于后，兼载各家训诂来解释文义，并考正各本文字异同。训释罗列诸说，考证斟酌，辨明正误，阐明自己的看法。凡陈代以前的音义著作，一般只给经典正文难字注音。着重在考订字音的过程中，考镜语音的源流变化，指出古今方言、众家师说不同的读音，保存了汉至六朝有关经典文字的音读，反映了汉至六朝的语言变迁。

二、《玄应音义》《慧苑音义》和《慧琳音义》

承道慧《一切经音》、智骞《众经音》和昙捷《妙法莲华经》字释，唐代出现了专门解释佛经中难读难解字词音义的《玄应音义》《慧苑音义》和《慧琳音义》等佛经音义，[①]帮助人们读经，从而引导人们“迷方而得路，慧灯而

① 唐代这一类的著作还有云公《大般涅槃音义》、窥基《法华音训》、郭迻《新定一切经类音》、湛然《止观辅行传弘决》、善遇《一切经音》、桂轮《大藏经音》、江西谦大德经音、西川厚大师经音等。郭迻《新定一切经类音》今已佚，见日僧智证《请来录》（《大正藏》第五十五册第1105页），中算的《法华经释文》中引有此书（《大正藏》第五十六册第2189页）。据顾齐之《新收一切藏经音义序》说：“国初有沙门玄应及太原郭处士并著音释”，可知此书作于唐初。日本宫内厅书陵部藏有《四分律音义》一卷，据筑岛裕《四分律音义解题》说，他曾从“脱文”“重文”“注文本应为小字之处误为大字”“词目位置颠倒”以及“词目误写”五大方面比勘此卷与《玄应音义》《慧琳音义》中《四分律音义》的异同，发现其中尚有玄应和慧琳都未收释的一些词条。如第六十卷“傎蹶”释文后，还有“遣羯磨”等六十六个词条及其释文。《古辞书音义集成》第二卷，日本汲古书院，平成八年(1996)第二版。

破暗”,适应了社会的需要。

唐释玄应所撰《众经音义》是现存最早集释众经的佛经音义,又名《一切经音义》,简称《玄应音义》,约撰于唐太宗贞观末年,二十五卷,集释佛经四百六十五部。编排体例与《经典释文》相似,注释更为详细。

《慧苑音义》是慧苑为华严宗据以立宗的《大方广佛华严经》所撰,仿《玄应音义》体例,诠释经文中的难字难词,用反切或同音字注音,援引群典以释义,间叙偏旁、通假、异体以辨字形,有时也作有一些考证。

唐宪宗元和二年(807),又有慧琳集已有佛经音义之大成,撰《一切经音义》一百卷,简称《慧琳音义》,音注佛经共计一千三百部,五千七百余卷,始于唐太宗的《大唐圣教序》、高宗的《述三藏记》和大乘的《大般若波罗蜜多经》,终于小乘的《护命放生法》。此书释义以《说文》《字林》《玉篇》《字统》《古今正字》《文字典说》《开元文字音义》七部字书为据,注音参照《韵诠》《韵英》《考声切韵》等反映当时实际语音的韵书,辨析形体,考证音切,广征博引各种古籍为证。

佛经音义为佛经中的词语注音释义,其中除一些佛教的专门用语外,还有不少是六朝至隋唐普遍使用的方俗口语词,反映了当时对这些方俗口语词研究的成果。

佛经音义集释三藏,注重指出经文中词语在形音义上的错讹和外来词音译的规范,实际上是对佛经词语的一次大规模整理。佛教词语是汉语词汇中极具特色的一部分,随着佛教逐渐中国化,有相当一部分佛教词语在实际运用中逐渐由宗教意义的外来词融入汉语词汇中,有的已经成为汉语词汇的有机组成部分,佛经音义记载了这些词语的演变线索。如“魔”是梵语“么罗”(Māra)的略音,由其语根 mr(死)变化而来,意思是破坏者,也可指致死者。汉语里本无此字,译经时借用“魔”字。《正字通·鬼部》引译经论云:“古从石,作磨。”佛经中的魔与人们想象中力大无比、变化莫测的鬼神相似,梁武帝改为“魔”,从鬼,颇能体现其本意,具有相当的表意功能。王力在《汉语史稿》中认为:“古人单用‘魔’字，直到现代汉语里，才说成‘魔鬼’。”[1]其实，“魔鬼”早已是汉译佛经中的常用词，佛经音义也有具体的训释。如《玄应音义》卷二十一释《大菩萨藏经》第一卷中“天魔”之“魔”云：“梵言魔罗，此翻名障，能为修道作障碍故。亦言煞者，常行放逸，断慧命故。或云恶者，多爱欲故。”又如《慧琳音义》卷十二释《大宝积经》第十三卷中“魔鬼”之“魔”云：“正梵音么罗，唐云力也。即他化自在天中魔王波旬之异名也。此类鬼神有大神力，能与修出世法者作留难事，名为么罗，以力为名，又略去罗字。”“魔”字成为汉语词汇的有机组成部分后，汉语中以它为词根产生了一大批新词，如“魔鬼、魔王、魔障、魔宫、魔病、魔力、魔术、诗魔、书魔、病魔、妖魔、魔爪、魔掌”等，成语还有“妖魔鬼怪、群魔乱舞、邪魔外道”等。它的构词力极强，从“魔鬼”的意思，又产生出“神秘的、奇异的”引申义，为汉语增添了不少新词语。佛经音义可以说是对汉文佛典词汇研究的一个总结，在传统语言文字研究和语文辞书编纂中有其独到之处。

第五节　《俗务要名林》《杂集时用要字》《字宝》

敦煌文献中存有大批唐、五代字书写本。这些字书写本种类繁杂，体式多样，大多采取通俗类书的编排形式，收录民间日常生活中各种常用词汇，分别部居，标明类目，以便寻检。主要有《俗务要名林》《杂集时用要字》和《字宝》等。

《俗务要名林》是汇聚日常生活中通俗常用词语的辞书，见于敦煌文献中的 P. 2609、P. 5001、P. 5579、S. 617 等写卷。所谓“俗务”指世俗间的诸种事物，“要名”指常用词，“林”指汇聚编排成林。该书采用依据事务名称按义类聚的编撰体例，分类辑录当时日常用语，标明部类，如田农部、养蚕及机杼部、女工部、彩帛及绢布部、珍宝部、香部、彩色

① 王力《汉语史稿》(下册)，科学出版社，1958 年，522 页。

部、数部、度部、量部、秤部、市部、果子部、菜蔬部、酒部、肉食部、饮食部、聚会部、杂畜部、兽部、鸟部、虫部、鱼鳖部、木部、竹部、车部、火部、水部等。大义类下又分小义类，如杂畜部，先列马、牛等畜名词 11 条，依次承接关于马的词目 41 条、关于驴的词目 8 条，关于牛的词目 15 条，关于羊的词目 6 条，关于猪的词目 14 条，最后是关于狗的词目 4 条，共七小类 99 条。每条语词下或标反切，或注直音，有的还兼注词义。这种按义类聚的编纂方法是六朝以来民间习用的类书体式，具有以类书体式编纂辞书的独特性。此书收录日常生活中惯用的“俗”语，记录时人口头常说的“俗”音，又多用当时通行的“俗”字，承《尔雅》按义分类编排而无“释天”和“释乐”相对典雅偏于社会上层的部类，却列有田农部、饮食部、聚会部等相对通俗偏于中下层平民的部类，反映了唐代社会生活和民俗的大致面貌，内容简明，功能实用，具有通俗化与大众化的价值取向。

《杂集时用要字》见于敦煌文献中的 S. 610、S. 3227、S. 6208、P3391、S. 3836、P. 3776、S. 5514 写卷。体例与《俗务要名林》相似，分类编纂，收录当时日常生活使用的词语。如“昏暗”“虹霞”“叫唤”“合格”等。

《字宝》是一部唐人编纂的口语俗字典，见于敦煌文献中的P. 2058、P. 2717、P. 3906、S. 619、S. 6204 等写卷，具体作者不详。书名含义正如 S. 6204 卷所附的赞诗所云：“墨宝三千三百余，展开胜读两车书。人间要字应来尽，呼作零金也不虚。”据 P. 2508《字宝》序云：“余今讨穷《字统》，援引众书，《翰苑》、《玉篇》、数家《切韵》，纂成较量，缉成一卷，虽未尽天下之物名，亦粗济含毫之滞思。号曰字宝，有若碎金。”[①]全书按四声排列，一共收有民间口头词语 400 多条。

---

① 据张金泉、曹方人《敦煌古字书考略》一文，敦煌遗书中这类古字书约有 211 种，738 个写卷。《辞书研究》，1993(3)。

敦煌文献中的《俗务要名林》和《字宝》等是民间广为传用的俗字书，收录的大多是唐代前后的口语词或日常生活用语，保存了数以千计的唐代俗语词和名物词，不仅是中古汉语研究不可多得的第一手资料，而且对了解当时社会风俗和日常生活也大有裨益。

第六节　《桂苑珠丛》

《桂苑珠丛》卷帙浩繁，似成于众手，非一人之力所能成。①

据《旧唐书·经籍志》载："《桂苑珠丛》一百卷，诸葛颖撰。《桂苑珠丛略要》二十卷。"《新唐书·艺文志》则载："诸葛颖《桂苑珠丛》一百卷。"《旧唐书·经籍志》源于唐毋煚《古今书录》，四十卷的《古今书录》实际上是二百卷的《群书四部录》的修订简编本。毋煚为开元含象亭十八学士之一，精目录学，其撰《古今书录》时《桂苑珠丛》尚能见到。诸葛颖似为诸葛颍之误。据《隋书·诸葛颍传》载，诸葛颍，字汉。丹阳建康人。八岁能属文。炀帝即位，为著作郎，甚见亲幸，"帝每赐之曲宴，辄与皇后嫔御连席共榻"。炀帝曾赠诗曰："实录资平允，传芳导后昆。"

又据《旧唐书·曹宪传》载："曹宪，扬州江都人也。仕隋为秘书学士。每聚徒教授，诸生数百人。当时公卿已下，亦多从之受业。宪又精诸家文字之书，自汉代杜林、卫宏之后，古文泯绝，由宪，此学复兴。大业中，炀帝令与诸学者撰《桂苑珠丛》一百卷，时人称其该博。"曹宪是隋唐之际重要的《文选》学研究家，撰有《文选音义》，②据说唐太宗读书遇奇文难字，遣使问之，曹宪皆能为之注音并作答。教授弟子至数百之

① 桂苑本义指栽有桂树的林园，唐代引申指科举考场。《桂苑珠丛》书名可能意谓科举考试的精华荟萃。

② 曹宪曾在扬州太傅街建文选楼，旧名选楼巷，曹宪弟子李善撰有《文选》注。

众。据《隋书·经籍志》和《旧唐书·经籍志》载，撰有《博雅音》《古今字图杂录》和《文字指归》等。[①]《文字指归》是刊正归雅的字书，树立了文字匡谬正俗规范的楷模。《文字指归》今已失传，佛经音义亦有引用。如《希麟音义》卷五释《菩提场所说一字顶轮王经》第三卷“为幓”引《文字指归》云：“幷张画缯也。从巾窨声也。”又如《慧琳音义》卷七十六释《百千诵大集经地藏菩萨请问法身赞》“芭蕉”云：“文字指云生交阯郡，叶如席，煮可以纺绩为布，汁可以沤麻也。”其中“文字指”有可能是晋李彤撰《字指》，[②]也可能是《文字指归》。再如《慧琳音义》卷二十三转录慧苑释《大方广佛华严经》第六十八卷“泉流萦映”云：“字指归曰：映，不明也。”其中“字指归”有可能是《字指》，[③]也可能是《文字指归》。

据《旧唐书·曹宪传》，曹宪精通诸家文字之书，又深谙文字学，《桂苑珠丛》似为炀帝令曹宪与诸学者所编，又由诸葛颖总其成，故明代盛仪辑《(嘉靖)惟扬志》卷十二《经籍志》称：“《桂苑珠丛》一百卷，曹宪、诸葛颖同撰。”[④]清代赵绍祖《新旧唐书互证》卷十八《儒学传》认为“诸葛颖《桂苑珠丛》一百卷，颖当是总其事者”[⑤]。

值得指出的是，《桂苑珠丛》还东传入日本。据藤原佐世所撰《日本国见在书目录》经部小学类著录有《桂苑珠丛抄》十卷，“李思博撰。第一帙。件文本一百卷，而见在只第一帙，其余未知在否云云。”《日本国见在书目录》是一部记录实存图书的目录，成书约在宽平三年(891)藤

① 曹宪《文字指归》四卷，已佚，有任大椿、马国翰、黄奭、顾震福、龙璋五种辑本。明王圻《续文献通考》载隋刘善经亦撰有《文字指归》一卷。

② 《隋书·经籍志》：“《字指》二卷，晋朝议大夫李彤撰。”《字指》今亦失传，《慧苑音义》引有3条，《慧琳音义》引有28条(其中转录《慧苑音义》3条)，《希麟音义》引有2条。

③ 字指归，检《中华大藏经》所收《慧苑音义》作“字指”，又检《慧琳音义》卷九十八释《广弘明集》“映蔚”引《字指》：“映谓不明皃也。”

④ 盛仪《嘉靖惟扬志》，《天一阁藏明代方志选刊》，上海古籍书店，1981年。

⑤ 赵绍祖《新旧唐书互证》，嘉庆十八年古墨斋刻本。

原佐世赴任陆奥之前，可以说是奈良、平安时期的“将来目录”的集大成，可信度很高。[①] 其书名曰“见（现）在”，就是宽平三年“见在”所存图书的意思。此书为一百卷，可是“见在”仅存第一帙的前十卷。据藤原佐世《日本国见在书目录》，《桂苑珠丛》的主要编撰者或抄辑者实际上还有李思博。李思博虽不像曹宪和诸葛颖有史志记载，但藤原佐世所见当时“见在”的《桂苑珠丛抄》卷首当有编撰者或抄辑者署名和序文，其著录撰者为李思博，并指出原书为一百卷，应是依据卷首署名和序文所记。

阮元《揅经室集》称：“《桂苑珠丛》久亡佚，间见引于他书。其书谅有部居，为小学训诂之渊海。”[②]据《旧唐书》和《新唐书》载《桂苑珠丛》皆为一百卷，而据宋陈思撰《书小史》卷九载，“曹宪，扬州江都人，官至秘书学士，精诸古字，于小学家尤邃。自汉杜林、卫宏以后古文泯绝，至宪，此学复兴。撰《桂苑珠丛》一百二十卷，体制拟顾野王《玉篇》，以小篆、八分、隶书三体正御本甚精”[③]。《桂苑珠丛》似还有一百二十卷的传本。

《桂苑珠丛》成书后士人藉以释疑解惑，何超《晋书音义》、宋庠《国语补音》、《慧苑音义》、《慧琳音义》和《希麟音义》和李昉等编《太平御览》皆有引用，而佛经音义引用尤多。《希麟音义》是辽代燕京崇仁寺沙门希麟对唐释慧琳《一切经音义》成书后新翻译的佛经所作的阐释，[④]约撰于宋雍熙四年（987），[⑤]可见其时《桂苑珠丛》尚存世，且在契丹也有流传，希麟承慧琳而有引用。《希麟音义》后未见引用，可能因《桂苑

① 孙猛《浅谈日本国见在书目录》，《中国索引》，2004（3）。

② 阮元《揅经室集》二集卷二，《四部丛刊》景清道光本。

③ 陈思《书小史》卷九，清光绪二十二年武林往哲遗著本。

④ 王仁俊《辽文萃》卷三收录《希麟音义序》，并考证其为统和（983—1011）时人。

⑤ 希麟在《希麟音义》卷五释“旃蒙岁”条下云：“旃蒙为唐代宗永泰元年乙巳，到今统和五年丁亥，得二百二十三年。”

珠丛》篇幅太大，传刻不易，似至元代已佚。据我们比勘和董理，除去重复，辑得《桂苑珠丛》146 条。从佚文可知《桂苑珠丛》旨在规正文字，体例仿顾野王《玉篇》，按汉字形体分部编排。主要收释单音词，且多为汉以来的新词，还收释了一些复合词。有些释义在前代辞书所释的基础上又有所斟酌而更为确切。如《说文》："热，温也"，《桂苑珠丛》释为"温暑曰热"，增一"暑"字，更好地描写出了"热"的感觉。又如《说文》："妊，孕也"，《桂苑珠丛》释为"妊谓妇人怀孕也"。《说文》："缮，补也"，《桂苑珠丛》释为"凡治故造新皆谓之缮也"。《说文》："量，称轻重也"，《桂苑珠丛》释为"分多少度长短曰量也"。所释皆承《说文》而更为具体明晰。

《桂苑珠丛》的释义颇注重描写，往往具体而又形象。如释"拯，救拔出溺也"，描写了"拯"的具体场景和动作。又如"惋，惊叹而藏于心也"，"冀，谓心有所希求也"，描写了"惋"和"冀"的心理动态。再如释"以衣被车谓之巾也"，指出了"巾"的动词用法。①

① 参拙文《佛经音义引〈桂苑珠丛〉考》，《佛经音义研究——第三届佛经音义研究国际学术研讨会论文集》，上海辞书出版社，2015 年。

第五章 宋辽金元兴盛时期

第一节 概　　述

随着农业、手工业尤其是商业的发展和都邑的发达以及社会阶级结构的变动，宋辽金元时期整个上层建筑包括职官、铨选、科举、教育、军事、法律等制度，乃至哲学、宗教、艺术、文学、学术等意识形态以及风俗习惯都出现了相应的变革，辞书编纂也渐由自发实践转向有理论条例指导的新阶段。在疑古思潮的影响下，形成以周敦颐为代表的濂学，以张载为代表的关学，以程颢、程颐为代表的洛学，以朱熹为代表的闽学，以陆九渊为代表的心学等，“大抵以格物致知为先，明善诚身为要，凡《诗》《书》六艺之文，与夫孔、孟之遗言，颠错于秦火，支离于汉儒，幽沉于魏、晋、六朝者，至是皆焕然而大明，秩然而各得其所”①。朱熹又博采诸家之说阐发经书义理而集理学之大成，理学的格物致知使辞书编纂注入了理论规范的因素，注重理论的指导和体例的制订，往往拟有凡例，阐发编纂方针，释义由形义结合走向音义结合和形音义并重，力求创发新义和揭示语言规律，编排方式也由“以形相从”向“以音相从”扩展，趋于形音义多种方式并用以方便读者查检使用。

辽金时契丹、女真统治北方，元代蒙古族入主中原，人民大量迁徙，北方系官话通行到大河南北，南方系官话向南引退。② 就宋元时北方的语音而

---

① 《宋史》卷四二七《道学一》，中华书局，1977 年，12710 页。

② 吕叔湘《释景德传灯录中“在”、“著”二助词》：“话本系白话大致可信其依据汴京与临安之口语，金、元系白话则其初殆限于燕京一带而渐次南伸。”《汉语语法论文集》，科学出版社，1955 年。

言，一方面是整个北方地区方音的交融和接近，相互间的差异减少，从而为今天北方大方言区的形成奠定了基础；另一方面是各民族间的交融导致了中原原有的语音系统的调整，从而在原有语音系统基础上产生了一个反映当时口语的新系统。各民族间的交融也加强了语言的交流，其实质是不同地域语言文化间的相互交流传输，物质生活和精神生活的丰富则促使语言变得更加丰富，出现了大量俗语词、方言词、行话市语，文言与白话分流，白话成为上至皇帝下至庶民彼此交流沟通的应用语体，客观上推动了文白此消彼长由量变向质变的转化，初步形成文白转型的雏形。语言文字研究不再墨守前人陈说而敢于提出异议，辞书编纂也相应有所变革而进入了兴盛期。

这一时期雅书系有罗愿《尔雅翼》和陆佃的《埤雅》等；字书系有徐锴《说文解字系传》，徐铉等校定《说文解字》，陈彭年等据孙强本修整的《大广益会玉篇》，王安石《字说》和司马光等编《类篇》，李从周《字通》，张有《复古编》，郭忠恕《佩觿》，娄机《广干禄字书》和《班马字类》，行均《龙龛手鉴》，李文仲《字鉴》等；韵书系有陈鄂等校订《切韵》所编成的《雍熙广韵》，陈彭年再次校订《广韵》而编成的《大宋重修广韵》，丁度等编的《集韵》和《礼部韵略》，刘渊《壬子新刊礼部韵略》，阴时夫《韵府群玉》和熊忠《古今韵会举要》等；训诂类辞书有辽释希麟仿续慧琳未释佛经所撰《续一切经音义》，卢以纬则撰有《语助》。俗语辞书有张云翼承旧本《碎金》所编《重编详备碎金》，[①]以名物、事类分门立类，排比编纂，注音释义。如气候下："温燠：郁。"又如乾象下："雾露：天气下曰雾，地气上曰露。"类书有宋代李昉等编《太平御览》《太平广记》和《文苑英华》，王钦若等编《册府元龟》，王应麟编《玉海》；金代王

---

① 日本天理图书馆藏有宋理宗时刻《重编详备碎金》，天理大学出版社昭和五十六年七月影印于《天理图书馆善本丛书汉籍之部》第六卷。王重民《中国善本书提要·碎金一卷》："日人长泽规矩也等所编佚存书目，载宋本《重编详备碎金》三卷，题宋张云翼编，并有嘉熙戊戌双桂书院序。"

明寿编《类林杂说》;元代赵世延编《经世大典》等。

《类篇》与《集韵》同时编修,《集韵》按韵编字,《类篇》接部首编字,两书相辅而行。《类篇》《集韵》之后,又有《余文》《省篇韵》《塌本篇韵》《会玉川篇》《奚韵》等一些韵书和字书问世,其中金代编有《类玉篇海》《四声篇海》和《五音集韵》等。1130 年左右,王太以《玉篇》为基础,采用依笔画多少为顺序编成《类玉篇海》,成为我国最早按笔画编排的辞书。1164 年祕祥等重修为《增广类玉篇海》,1184 年邢准又在祕祥等所撰基础上"粲音引证",撰成《新修粲音引证群籍玉篇》。1196 年韩孝彦编有《四声篇海》,其子韩道昭又仿《集韵》同《类篇》之例,编成《五音集韵》。

从中国传统的韵书看,自隋代的《切韵》后 130 多年,有了唐代的增修本《唐韵》;又过了将近 280 年,有了宋代的增广本《广韵》,再不到 30 年则有《集韵》。四部书体例递相承袭而形成《切韵》系韵书,所谓增广无非是增加所释汉字的字数。在这个系列中《广韵》就韵系的完整性和后来的影响度来说具有代表性,而元代中原的语音与《广韵》系统则有较大的不同,《古今韵会举要》和《五音集韵》在编制的体例和韵部的分合上已呈现新的变化。随着北曲创作的兴盛,需要有符合当时实际读音的用韵规则,周德清的《中原音韵》顺应了人们的需求,反映了语音的演变。

学者一般认为"从隋唐至元明这一时期都没有方言研究的专著"[①],然据宋代编的《秘书省续编到四库阙书目》载:"王浩撰《方言》十四卷,阙。"[②]鲁国尧《"方言"的涵义》一文指出"王浩《方言》乃南宋以前著作"。又据我们近年考证,明李贤等撰《明一统志》卷十三《淮安

① 何耿镛《汉语方言研究小史》,山西教育出版社,1984 年,3 页。

② 叶德辉《观古堂书目丛刻》,参鲁国尧《"方言"的涵义》,《语言教学与研究》,1992(1)。

府·人物》载有："王资深，山阳人，第进士，累官尚书郎。初擢御史，首论在廷大臣，草具将上，蔡京遣所亲谓曰：'慎勿言，当以此位相处。'不答。翌日出知扬州，寻改明州。尝著《周书》及《方言》。"清《江南通志》卷一百四十三《人物志·宦绩·淮安府》亦载云："宋王资深，字取道，山阳人。第进士，为御史。首论大臣，草将上，蔡京遣所亲谓曰：'谨勿言，当以此位相处。'资深不答。明日出知扬州，寻改明州。所著《周书》及《方言》二十卷。"①据《明一统志》和《江南通志》所载，可知北宋王资深亦曾著有《方言》。因而宋代还是有一些承扬雄《方言》的语文辞书，只是今已失传。

第二节　《埤雅》《尔雅翼》

雅书主要有宋代陆佃的《埤雅》《尔雅新义》和罗愿的《尔雅翼》，元代牛衷《埤雅广要》。

《埤雅》主要是动植物方面的名物解释，共296条。全书分释鱼、释兽、释鸟、释虫、释马、释木、释草、释天等八类，所释名物，或形状，或特点，或性能，大多解释较为具体，且注意探寻得名的因由，还引用古书和俗说加以考证和诠释。如《释兽》卷五"羝"字注："羝性好觝突，故从抵省。字从抵省，音从低者，以低其角，然后能觝突故也。"

《尔雅翼》是《尔雅》的羽翼之意，内容也主要是动植物方面的。全书分草、木、鸟、兽、虫、鱼等六类，阐释广征博引，既征引古书故实予以说解，又结合文字训诂和常识加以阐释，探微求源，贯通古今。

---

① 载《景印〈文渊阁四库全书〉》，台湾商务印书馆1983—1986年据故宫博物院所藏文渊阁《四库全书》影印。据《京口耆旧传》卷七《王瀓》载："王瀓从弟资深游太学，升上舍，以易学为时所宗。既免省归，会常润合两州开举场，群从强令入试，亦占首选。与瀓同入对大廷，中乙科。以羸疾，不候胪唱而归。卧病积年，政和七年卒。"又邹浩《道乡集》卷十六载有《王资深等并除监察御史制》。

陆佃撰《埤雅》和《尔雅新义》常引用王安石《字说》的说解，解释名物，详于名义，寻究偏旁，比附形声，曲征旁稽，推阐名理，释义善于抓住事物的本质特征，注重探讨语源。如，狼："狼大如狗，青色……豺祭狼卜，又善逐兽，皆有才智者。故豺从才，狼从良作也。"采纳了《字说》"豺亦兽也，乃能获兽，能胜其类，又知以时祭，可谓才矣"的说解。王安石在《熙宁字说》序中以"天之将兴斯文也，而以予赞其始"自命，陆佃在《尔雅新义》序中亦称"天之将兴是书，以予赞其始"。两人一以振《说文》为己任，一以兴《尔雅》为己任，解释字义的方法颇相似。南宋罗愿撰《尔雅翼》亦常引用《字说》的说解，辨析名物，考证精博，一枝之木，一茎之草，鸟兽鱼虫，靡不别其疑似，究其归宿，往往与自来成说不合。

第三节　《校定说文解字》《字说》《类篇》等

一、《校定说文解字》

许慎《说文》成书后，学者竞相传抄，流传中或有讹误。唐代宗大历年间(766—779)李阳冰以己意窜改，唐末遂有改本流传。① 南唐徐锴撰《说文解字系传》，有"袪妄"一篇，专驳李阳冰。锴兄徐铉说："唐大历中，李阳冰篆迹殊绝，独冠古今。""于是刊定《说文》，修正笔法，学者师慕，篆籀中兴。然颇排斥许氏，自为臆说。夫以师心之见，破先儒之祖述，岂圣人之意乎？"②宋初徐铉奉诏校定《说文》，其《进说文表》称"集书正副本及群臣家藏者备加详考"，就李阳冰改本和当时所见各本重加整理而成今天的通行本。

---

① 阳冰书不传，散见于二徐书中者，尚存数十条。黄侃《说文略说》录有其最奇者。载《黄侃论学杂著》，中华书局，1964 年，43—44 页。

② 见徐铉《进说文表》，载《说文解字》，中华书局，1963 年，320 页。

徐铉的《校定说文解字》以孙愐《唐韵》的反切注音，增释《说文》未收而经典相承传写的402字，改定篇幅设置，增加标目，方便读者查检。宋大中祥符六年(1013)，陈彭年、吴锐、丘雍等据孙强本所编《大广益会玉篇》多有参引。

二、《字说》

《字说》，北宋王安石撰，共二十卷。[①] 曾盛行于当世，有不少人为之音注训释和引用。如陆佃《埤雅》引用《字说》20条，叶大庆《考古质疑》引用21条，杨时《字说辩》引用23条，朱翌《猗觉寮杂记》引用2条，袁文《瓮牖闲评》引用4条，黄朝英《靖康缃素杂记》引用1条。明代著述也有转引《字说》文字的，如李时珍《本草纲目》曾引用10条，赵南星《南星全集》、王世贞《苏长公外纪》也有所引用。《宋史·王安石传》称："(王安石)作《字说》，多穿凿附会，其流入于佛、老，一时学者无敢不传习，主司纯用以取士，士莫得自名一说，先儒传注一切废而不用。"后来新政既罢，此书遭禁而湮没不传。[②]

(一)《字说》的编纂体例和特点

《字说》的编纂宗旨是解字析词，探讨文字义理，"以同道德之归，一名分之守"[③]，窥一斑可见全豹，从各家著述中引用《字说》的佚文尚可考知其编排的体例和特点。

1. 按韵编排，以韵系联

据袁文《瓮牖闲评》卷四载"《字说》于'種'字韵中入'穜'字"，可

---

① 王安石《进〈字说〉表》称"二十四卷"。

② 《字说》的辑佚主要有胡双宝《王安石〈字说〉辑佚》，《古籍整理与研究》，1987(2)；朱瑞熙《王安石〈字说〉钩沉》，《抚州社会科学》，1987(3)；拙文《王安石〈字说〉钩沉补》，《抚州学刊》，1991年，总第13期；张宗祥《王安石〈字说〉辑》，福建人民出版社，2005年。

③ 《临川先生文集》卷五十六《进字说表》，中华书局上海编辑所，1959年，608页。下凡引用《进字说表》，不再一一注明。

知《字说》采用按韵编排的方法。又据杨时《王氏字说辨》所引《字说》佚文,可考知《字说》大致按《广韵》四声排列各字,如:

天示,牺牲,戏,置罢。

同时或以上一韵或以下一韵系联叠解了一些联绵词、专名词和意义相近的词。有以义相合而系联的,如:

懿徽,崇高。

有按《说文》部首以形系联的,如:

松柏,置罢。

当时为了方便士子学习查检这些叠解词,有人特地编了《字说叠解备检》一书,供读者学习查检使用。

2. 采用小篆,辨形析义

钱剑夫《中国古代字典辞典概论》第六章余论根据《埤雅》所录的《字说》佚文,认为《字说》都是从楷书释义。然考《字说》成书后,神宗曾召王寿卿篆写,王寿卿是当时写篆书的名手,《籀史》称赵明诚撰《古器物铭碑》十五卷,寿卿为他篆写,"得二李用笔意,字画端劲未易及"。又据徽宗敕王黼所撰《宣和博古图》卷一释"商秉仲鼎"的按语云:"王安石《字说》秉作秝,从又从禾。"又考《考工记注》卷上释"農"字云:"从臼,从囟,欲无失时,故从辰。"①《说文》"農"字亦写作農。可知《字说》收录的字头采用篆体,王安石是根据小篆来解说字义的。

---

① 《字说》佚文散见于各家著作中,本书所引佚文的出处如下:1. 杨时《龟山集》;2. 晁公武《郡斋读书志》《郡斋读书后志》;3. 王黼《宣和博古图》;4. 王安石《考工记注》《周官新义》;5. 沈括《梦溪笔谈》;6. 周煇《清波杂志》;7. 陆佃《埤雅》《尔雅新义》;8. 罗愿《尔雅翼》;9. 李时珍《本草纲目》;10. 刘惟永《道德真经集义》;11. 黄朝英《靖康缃素杂记》;12. 叶大庆《考古质疑》;13. 梅膺祚《字汇》;14. 陈善《扪虱新话》;15. 王观国《学林》;16. 曾敏行《独醒杂志》;17. 朱翌《猗觉寮杂记》;18. 洪迈《容斋随笔》;19. 楼钥《攻媿集》;20.《朱子语类》;21. 罗大经《鹤林玉露》;22. 邱汉生《诗义钩沉》;23. 曾慥《高斋漫录》;24. 蔡卞《毛诗名物解》;25. 马端临《文献通考》;26. 李纲《梁溪集》;27. 刘克庄《后村先生大全集》;28.《宣和书谱》;29. 陶宗仪《书史会要》;30. 张世南《游宦纪闻》;31. 黄承吉《字诂义府合按》和《梦陔堂文集》。

王安石在英宗时研读"许慎《说文》古字","究释其意",[1]认为文字"上下内外,初终前后,中偏左右,自然之位也;衡邪曲直,耦重交析,反缺倒𠂈,自然之形也","其形之衡从曲直,邪正上下,内外左右,皆有义",[2]十分遗憾"秦烧《诗》、《书》,杀学士,而于是时始变古而为隶",慨叹字体由古文演变为隶书"盖天之丧斯文也,不然,则秦何力之能为"。他已看到文字是在不断演变中发展的,意识到最早的汉字是根据字义来绘形的,相当一部分汉字的字形和字义有关联。从字形分析入手,可以探寻到字的语源,了解字的本义,但是文字发展的结果是逐渐符号化了,字形和字义的联系逐步隔断,不容易看出来,因此主张根据早期的汉字古文来研释字义,稽古而通今,认为汉字作为一种信息载体,反映了中国的文化,虽时移世变,字形有了很大的变化,但辨析文字所表达的意义"则虽非即此而可证,亦非舍此而能学"。他在《字说》中往往先辨析字形,然后根据字形释义,解释形义间的关系。如:

举 从手从与。以手致而与人之意,献酬之意也。

美 从羊从大。谓羊之大者方美。

3. 据声考源,声符表意

王安石认为"人声为言,述以为字。字虽人之所制,本实出于自然","发敛呼吸,抑扬合散,虚实清浊,自然之声也","其声之抑扬开塞,合散出入",亦皆有义。他已意识到文字组合的书面语反映了语音组合的口语,语音传达了语言,本身是表达意义的,而在书面形式上表现为文字,文字自然也就表达了语音表达的意义。因而他解释字义往往与语音结合起来,从语音的角度来释义。如:

桧 柏叶松身,则叶与身皆曲。枞,松叶柏身,则叶与身皆直。枞以直而从

① 见《临川先生文集》卷四十三《进字说札子》,中华书局上海编辑所,1959 年,456 页,下文凡引用《进字说札子》,不再一一注明。

② 见《临川先生文集》卷八十四《熙宁字说序》,中华书局上海编辑所,1959 年,456 页。

之，桧以曲而会之。以直而从之，故音从容之从；以曲而会之，故音会计之会。

王安石还常采用传统的声训方法来释义。如：

芥者　界也。发汗散气，界我者也。

琮　宗也。万物祖天，而地为之宗。

形声字是六书中的大宗，汉字中大约十分之六七是形声字，大部分转注、假借字也是从形声字转变而成。研究、解释汉字的字义，形声字是一个重要部分。按照传统"六书"的说法，形声字主要起表音的作用，但正如杨树达所指出："盖文字之未立，言语先之，文字起而代言，肖其声则传其义。中土文书，以形声字为夥，谓形声字声不寓义，是直谓中土语言不含义也。"[①]王安石对形声字的声符有所研究，独具只眼地看出，《说文》中许多形声字的声符实际上都是表义的，而许慎未能加以辨析。因而他释义往往兼从声符上着眼辨析，把《说文》中许多形声字改从会意字来解释。如：

欲　谷能受也；欠者，不足也。能受而能当，患不足者，欲也。

《说文》释为："贪欲也。从欠，谷声。"段玉裁注《说文》亦指出"欲从欠者，取慕液之意；从谷者，取虚受之意。"又如：

茨　次草谓之茨。

《说文》释为："茅盖屋，从艸，次声。"段玉裁亦指出："次草为之也。此形声包会意。"

《字说》采用按韵排列的编排方法，已注意到从语音的角度来考察字义间的关联。人类语言发展的初期，事物的命名是任意的，词的音和义之间没有必然的联系。但是，在词不断增多的过程中，随着词义的引申，就要在原有词的基础上孳乳出新词来，新产生的词由于是旧词派生出来的，语音上必然与旧词相同或相近。从语源上来说，词义在演变过程中与语

① 杨树达《积微居小学金石论丛》自序，中华书局，1983 年，13 页。

音是有关系的。王安石认为声符也具有表义的功能，声义本相衔而具备，注意到同声符的字往往意义相关，指出，“字者，始于一二，而生生至于无穷，如母之字子”，初步意识到汉字中的同源字现象。如释“农”字，先辨形析义，然后指出：“农者，本也，故又训厚。浓，水厚；醲，酒厚；襛，衣厚。”阐明了具有“农”声符的字往往有“厚”的意义。[①] 王安石还对一些字采用直音法注音，帮助读者从语音上来理解字义。如：

柽 知雨而应，与于天道。本性虽仁圣矣，犹未离夫木也。小木既圣矣，仁不足以名之。音赪，则赤之贞也。

4. 正名百物，注重实际

王筠《说文释例序》认为：“古人之造字也，正名百物，以义为本，而音从之，于是乎有形。”[②]提出了编纂字典必须以义为本的精湛见解。《字说》的编纂可以说体现了这一精神。王安石认为文字“可视而知，可听而思，自然之义也”，“盖儒者所争，尤在于名实，名实已明，而天下之理得矣”[③]，明确指出名是“义之所出”[④]，认为“人生而有情，情发而为声”，语言是因情而生，已朦胧地意识到先有思维后有语言，语言是表达人类思想感情的工具。他看到了语言的这一本质特征，因而认为词义是语言内在的决定因素。汉字的形是标志，音是外壳，义才是核心。从《字说》佚文中可以看到王安石解字无论是从形还是从音出发，都始终把字义的解说和辨析放在首位。他解释字义往往穷根究源，从文字的字义以正概念的涵义，力图使每个词的名与实基本相符，词义与其反映的事物相吻合，廓清释义上的淆乱分歧，提高辞书传播语言信息的效力。《字说》撰成后，他曾赋诗称：“正名百物自轩辕，野老何知强讨论。

---

① 参拙文《试论“农”与“农”声字的关系》，《汉语史研究集刊》第三辑，2000 年。

② 王筠《说文释例》序，中华书局，1987 年，1 页。

③ 《王文公文集》卷八《答司马谏议书》，上海人民出版社，1974 年，96 页。

④ 《周官新义》卷四《天官四》，《丛书集成》本，50 页。

但可与人漫酱瓿，岂能令鬼哭黄昏。"[①]抒发了他意在正名百物的志向。他对一些字的解释往往在《说文》的基础上有所补充。如《说文》释"革"为"兽皮治去其毛……从三十。三十年为一世而道更也"；《字说》释为："三十年为一世，则其所因必有革，革之要，不失中而已。治兽皮，去其毛，谓之革者，以能革其形。……不从世而从廿从十者，世必有革，革不必世也。"认为"革"有"变更、改革"的意思，而治兽皮去其毛，因改变了兽皮的外形，故去毛后的兽皮亦谓之革。段玉裁注《说文》也认为根据"革"的古文，"则革之本训更，后以为皮去毛之字"。又如王力在《同源字论》中指出："《说文》云：'左，手相左助也。'又：'右，手口相助也。'段注：'以手助手，是曰左；以口助手，是曰右。'这样讲'左、右'的本义，是错误的。"认为："'左、右，都是手，用作动词时，写成'佐、佑'，本义都是以手助人。"[②]王安石《字说》亦释为："以左助之为佐，以右助之为佑。"

王安石注重从形态特征、功能习性等方面来解说名物词，辨其殊异，析其渊源，探其义理。如：

藕　藕藏于水，其自处卑，无所加焉。其所与污，洁白自若，中有空焉。不偶不生，若此可以偶物矣。

鸲鹆　鸲从勾，鹆从欲。鸲鹆多欲，尾而足勾焉。

有时还往往连类而及，释一字而兼及与此字相关的一些字的字义。如：

芦　芦谓之葭，其小曰萑；荻谓之蒹，其小曰苇。其始生曰菼，又谓之薍。荻强而葭弱，荻高而葭下，故谓之荻。菼中赤，始生末黑，黑已而赤，故谓之菼。其根旁行，牵揉槃互，其行无辨矣，而又强焉，故又谓之薍。薍之始生，常以无辨，唯其强也，乃能为乱。

---

① 《王荆文公诗笺注》卷四十一《进〈字说〉》，中华书局上海编辑所，1958年，538页。

② 王力《同源字典》，商务印书馆，1982年，13页。

释"芦"字而兼带说明芦、葭、荻、萑、蒹、苇、虈等字之间相关而相别的情形。有时还辨析一些近义字,同中析异,指明字与字间意义上的联系和区别,由彼而及此,互相见义。如:

国(國) 从或从囗,为其或之也,故囗之。故凡言国,则以别郊野。

邦 从邑从丰,是邑之丰者。故凡言邦,则以别于邑都。亦或包邑都而言焉。

指出国与郊野、邦与邑都的异同。对一些形体相近的字往往也加以辨析,如:

士 与工与才皆从二从丨。才无所不达,故达其上下。工具,人器而已,故上下皆弗达。士非成才,则宜亦皆弗达,然志于道者,故达其上也。

王安石看到随着时代的发展,语言也有一定的发展变化,解释字义注重语言的实际应用状况,辨析了一些《说文》未作解释的后起义和引申义。如:

除 有阴有阳,新故相除者,天也。有处有辨,新故相除者,人也。

戏(戲) 自人道言之,交则用豆,辨则用戈,虑而后动,不可戏也。戏实生患。自道言之,无人焉用豆,无我焉用戈,无我无人,何虑之有?用戈用豆,以一致为百虑,特戏事耳。戏非正事,故又为于戏、倾戏之字。

《说文》释"除"为"殿陛也",《字说》则解释其由殿陛的拾级更易之义引申出来的"去旧更新"义。"戏"字,《说文》释为:"三军之偏也。一曰兵也。"《字说》解释了"戏"字由兵械的舞弄相斗之义引申而得的"戏谑"义。

据邵博《河南邵氏闻见录》卷二十载,有客问王安石:"覇字何以从西?"他答:"以西在方域主杀伐。"又有人说:"覇字从雨,不从西。"他随口就说:"如时雨化之耳。"邵博据此断定他"其学务凿无定论类此"①。然考《说文》释"霸"为"月始生魄,从月䨣声"。后代魄行而霸废,俗用为"王霸"义,实际上是"伯"的假借字。覇是霸的异体字,王安石解释

① 邵博《邵氏闻见后录》卷二十,涵芬楼版线装本,3页后。

的是后起义。他随口释义看似没有定论，实际上表明他认识到异体字形体虽不同，但这些不同的形体所要表达的意思是相同的。他在释义时往往指出一些字的异体。如“锺”：“又或从童。……于锺从金从重，则皆其体也。”

一个词往往有几个词义，这是语言发展中的普遍现象，这些词义的产生往往是本义引申的结果。王安石看到汉字的形体往往是对其所记词义的描绘，一个词的意义有时也可以从不同的侧面和它的形体发生联系，多义词的各个义项之间彼此有一定的联系。他已意识到一个字“不论有几个词义，都可用同一字形来说明”[①]，往往辨一字形体而兼释该字的几个义项，体现了辞书对多义项词词义的概括和区分的特点。如：

创　刀用于当敛之时，虽杀不过也。用于方发之时，则为创焉。创则惩矣，故又为“予创若时”之字。仓言发，刀言制，故又为创业垂统之字。

概括区分出“创伤、惩戒、开创”三个义项。王安石还看到虚词和实词词义的不同，从句法功能的角度对一些虚词进行解释，如：

乃　继事之词。

阴阳五行相配的学说是我们祖先用来认识物质世界的重要手段，这种学说包含着一些质朴客观的唯物主义成分。阴阳五行作为中华民族传统文化的一部分，已经渗透到语言中，古代辞书常运用阴阳五行来释义，王安石也常结合阴阳五行来推衍字义。如：

金　正西也，土于此终，水于此始。

羔　从羊从火。羊，火畜也。羔，火在下，若火始然，可进而大也。

5. 兼收博采，唯是是从

王安石一生好学不倦，不耻下问，“自百家诸子之书，至于《难经》、《素问》、《本草》、诸小说，无所不读。农夫女工，无所不问”[②]。他以博

---

① 陆宗达《训诂简论》，北京出版社，1980 年，102 页。

② 《临川先生文集》卷七十三《答曾子固书》，中华书局上海编辑所，1959 年，779 页。

学多闻的才识，考字画奇耦横直，深造天地阴阳造化之理，著《字说》包括万象，兼收博采了儒释道及诸子百家的学说，训释有据，语简意深。“如‘天一而大’，盖出《春秋说》题辞。‘天之为言填也，居高理下，含为太一，分为殊形，故天字一而大’，见《法苑珠林》。如‘星’字，‘物生乎下，精成于列’。‘精成于列’，晋《天文志》张衡论也。‘鸜鹆勾其足而欲’，见《酉阳杂俎》‘鸜鹆之交勾其足，往往堕地，人掩之以为媚药’。‘季’字，‘禾一成为季’，《书正义》孙炎曰：‘季，取禾谷一熟’。”①释“伍”，采用《周礼》“五人为伍”的说法；释“伪”，采用徐锴“人为为伪”的解释；释“艾”，参考了《孟子·离娄上》“七年之病，求三年之艾”的说法。释“空”，初作“工能穴土，则实者空矣，故空从穴从工”。后采纳《维摩诘经》《法华经》和《楞严经》的说法改为：“无土以为穴，则空无相；无工以穴之，则空无作。无相无作，则空名不立。”他解释字义虽博取诸家学说，但并不是一味地无选择地盲从其中的任何一家，而是唯是是从，从当时的社会实际出发，采纳足以充实和弘扬儒家义理的说法。凡是他认为符合义理的，“则樵牧之言犹不废；言而无理，周、孔所不敢从”②。认为：“苟合于理，虽鬼神异趣，要无以易。”③

他在《字说》中还广征博引各家成说作书证来佐证释义。如“鸿”下引《易》：“随时之义，大矣哉！”“鹅”下引《禽经》：“鹅见异类，差翅鸣；鸡见同类，拊翅鸣。”“无”下引《老子》：“有无相生。”又如引《礼记》释“牷”；引《玉篇》释“牟”；引郑氏《诗》注释“芼”和“仔”等。他解释字义还常常“因任众智”，与谭掞、蔡肇等门人亲友共同探讨，洞幽烛微，“博尽所疑”。

王安石志在有所作为，不愿意一切不事事，守前所为而已。同时他

---

① 朱翌《猗觉寮杂记》卷上，丛书集成本，31页。

② 《冷斋夜话》卷六《曾子固讽舒王嗜佛》，四库全书本，261页。

③ 《续资治通鉴长编》卷二百三十三，中华书局，1986年，5660页。

又能谦虚接受正确意见,勇于改正自己的错误看法。他认为:“文辞义理,当与人共,故不敢专守己见为是。”《三经新义》诏令颁行后,他又认真考证误失,虽小有未尽之处,仍感到义难自默,上疏要求改正。[1] 如解《诗经》中“八月剥枣”为“剥枣者,剥其皮而进之,养老故也”。后在蒋山郊野亲耳听到村民称为“扑枣”,始悟前非,即具奏乞删去。又如初解“鹤鸣于垤”的“垤”为“自然之丘”,不信蚁封之说,后过北方亲见有之,遂改前说。

王安石不但苦心揣摩推敲文献记载的有关资料,力求做到立论有据,而且十分注意观察自然现象。有些字虽百思不得其解,但他并不轻易作出解释,而是终日苦思冥想,脑子里时刻萦绕着这些字,直到悟出其义理来。如他解“蔗”字,不得其义。一日经过园圃,见园丁横着栽种甘蔗,从而受到启发,认为“蔗”是“草之庶生者”,颇似踏破铁鞋无觅处,得来全不费功夫。他诠解《尚书》,不释其中的《洛诰》,认为“其间煞有不可强通处,今姑择其可晓者释之”,颇似许慎《说文》叙所称“其于所不知,盖阙如也”,对于不可强通处不强作解人,宁缺不滥。[2]

6. 附托经义,经世致用

王安石结合社会的实情研究儒家经术,探索道德性命义理,为了适应政治上的要求,统一学术思想,使所推行的新法合于圣贤经传,他主持编定了《三经新义》,颁于学校,作为学生的必读教材,又附托经义,撰成《字说》,与《易》相表里。他释“同”字称:“彼亦一是非也,此亦一是非也,物之所以不同。冂一口,则是非同矣。”欲以《字说》来“同文字,一道德”,常自以为平生精力尽于此书,可亚六经,[3]认为:“教学必自此

---

① 《临川先生文集》卷四十三《论改诗义札子》,中华书局上海编辑所,1969 年,460 页。

② 《朱子语类》卷七十八:“荆公不解《洛诰》,但云:‘其间煞有不可强通处,今姑择其可晓者释之。’今人多说荆公穿凿,他却有如此处。若后来人解《书》,又却须要解尽。”中华书局,1986 年,1987 页。

③ 《豫章黄先生文集》卷二十七《书王荆公骑驴图》,《四部丛刊》本,9 页后;《鹤林玉露》甲编卷三,中华书局,1983 年,53 页。

始。能知此者,则于道德之意,已十九矣。"《字说》充分体现了王安石的政治主张和哲学思想,在王氏之学中具有重要的位置,以至连撰写《王氏字说辨》的杨时也认为元祐更化时诏书"既已禁学《字说》,则王学之名虽未废而实废之矣"。明确指出"王氏之学,其精微要妙之义,多在《字说》"①。可以说,《字说》不仅是宋代一部解释字义的辞书,而且也是当时一部探索研究道德性命义理的辞书。

王安石注重实际,他治经术是为了经世务,治文字是为了明义理,力求名实相符,符合社会发展的实际情况,故解字多从会意出发,往往借辨析字形和训释字义来阐明一种哲理和政治主张。如:

终 无时也,无物也,则无终始。

阐明了离开时间和物质就无所谓终始的哲理。

戈 从一,不得已而用,欲一而止。

弓 象弛弓之形,欲有武而不用。

反映了他主张在军事上保持实力,不到万不得已不使用武力的思想。又如借释"鸿"字,阐明"小者随时,以知去就为义","大者随时,则能以其智兴事造业",反映了他根据社会发展的实况治理国家的政治主张。借释"除"和"革"字,则阐明了自然和社会都是在不断发展的,新事物代替旧事物是自然和社会发展的必然规律,提出了新故相除的观点,具有朴素的辩证法思想。

(二)《字说》的渊源和影响

王安石认为文字与"伏羲八卦,文王六十四,异用而同制,相待而成《易》。先王以为不可忽,而患天下后世失其法,故三岁一同",并"立学以教之,设官以达之,置使以谕之,禁诛乱名"。② 他有感于字学的残缺

---

① 《龟山集》卷十七《答吴国华》,四库全书本,273页。

② 《临川先生文集》卷八十四《熙宁字说序》,中华书局,1959年,879页;《临川先生文集》卷五十六《进字说表》,中华书局,1959年,608页。

弗嗣，撰成《字说》。历史表明，学术文化的发展，离不开对已有学术传统的继承与批判。《字说》的释义虽融入了王安石的主观意识，缺乏辞书释义要求的稳定性，或多或少地偏离了词义的训释，以致这部辞书随当时政局的更替而浮沉兴衰，值得我们今天编纂辞书时引以为训，但作为一部辞书，它是当时社会思潮和人们生活情况的忠实记录，从学术史的角度看，它仍可以说是宋时继《说文》之后效法先王之道对汉字词义进行的又一次较为系统的整理和规范。它在《说文》的基础上根据社会发展的实际需要诠释了一些词的后起新义，从形、声、义三方面考探字的词义，弥补了《说文》的一些不足，在我国辞书史上起了承先启后的作用。

1.《字说》对前代辞书的继承

王安石眼光敏锐，富于探索精神，同时也很重视前人的研究成果。他的学生陆佃说他研读孔颖达注释的《毛诗正义》，朝夕不离手，以致书上的字磨损得大半不可辨认。他对《说文》颇有研究，研读《说文》古本后，发现了书中的一些舛漏之处。王力在《中国语言学史》中谈到《字说》时，特地加了个注解，指出有人力诋《字说》不本《说文》，妄自杜撰，认为王安石以变法事遭人嫉妒，可能有人过甚其辞，借此打击他。其实王安石在语言文字上造诣颇深，受到时人的钦佩。他读苏轼《宝相藏记》，认为文中“日胜日贫”不若改为“日胜日负”，苏轼以为一字之师。[①]古字“窥”写作“闚”，有不识古字者将杜甫诗句“天窥象纬逼”中“天窥”改为“天阙”，诗意变得索然无味，王安石纠正为“天阅”，苏轼和黄庭坚都极表赞同。[②] 他撰《字说》，力求在《说文》的基础上作出更正确的解释。《字说》中许多字的说解可与《说文》相参证。如“鼓”，《说文》释为：“击鼓也。”王安石进一步指出“鼓以作为事”，“故凡作乐皆曰鼓”。

① 参王楙《野客丛书》卷六，中华书局，1987年，58页。

② 参丁福保《历代诗话续编·升庵诗话》卷三，中华书局，2014年，693页。

又如“门”,《说文》释为“闻也。从二户,象形”,王安石进一步阐明为“二户相合而为门”。

宋初徐铉等奉诏重订《说文》,往往对一些“形声相从之例增入会意之训”,清代学者钱大昕曾指出其妄以意说,大半穿凿附会,认为“王荆公《字说》,盖滥觞于此”。[①] 王安石以会意诠解《说文》中的形声字显然受到徐铉的影响,而其渊源尚可上溯至北魏阳承庆所撰《字统》。《字统》诠解字义,新而不诡于理,大致以会意解字。[②]《字说》的释义也受到此书的影响。如,鹿:“鹿性惊防,相背而食,以备人物之害,盖鹿群居善走者也。分背而食则相呼,群居则环其角外向,以备物之害已。故《诗》以况君臣之义,而《诗草虫经》曰:‘鹿欲食,则皆鸣相召,志不忌也。’盖鹿爱其类,发于天性。”考陆佃《埤雅》卷三《释兽》载《字统》所释与《字说》相似,可证王安石《字说》与《字统》间渊源相承关系之一斑。

2.《字说》对后世辞书的影响

《字说》注重探讨字的义理,问世后引起学者的浓厚兴趣,当时说字成俗,推动了语言文字的研究。徽宗时《字说》盛行,学校经义论策悉用《字说》,以《字说》取士。“故相吴元中试辟雍程文,尽用《字说》”,援据精博,徽宗特予免除省试,让他直接参加殿试。“门下侍郎薛肇明作诗奏御,亦用《字说》中语。”[③]重和元年(1118),提举成都府路学事翟栖筠奏称“王安石参酌古今篆隶,而为《字说》,此造道之指南,而穷经之要术也”,认为字形书画纤悉委曲,咸有不易之体,而当时人们书写经文往往从俗就简,转易偏旁,不知字之正形,提议召集儒臣,修定经文,“去其讹谬,存其至当,一以王安石《字说》为正,分次部类,号为《新定五经字样》,颁之庠序”[④],于是徽宗诏令太学官根据《字说》修定五经。当时还

① 参钱大昕《潜研堂文集》卷二十七《跋说文解字》,四部丛刊本,13 页。

② 参马国翰《玉函山房辑佚书·字统序》,文海出版社,1967 年,2319—2320 页。

③ 参陆游《老学庵笔记》卷二,中华书局,1979 年,25—26 页。

④ 参杨仲良编《资治通鉴长编纪事本末》卷一百三十,文海出版社,1967 年,3927 页。

有太学博士唐耜和韩兼"皆作《字说解》数十卷,太学诸生作《字说音训》十卷。又有刘全美者,作《字说偏旁音释》一卷,《字说备检》一卷,又以类相从为《字会》二十卷"[①]。唐耜的《字说解》注明《字说》释义的出处,受到时人的称赞。

在《字说》的影响下,蔡卞撰《毛诗名物解》,大旨皆以《字说》为宗。沈括也常用《字说》的理论来解字。当时一些士大夫酷好《字说》,有的洗澡时也在琢磨《字说》的解说;有的每相见,必谈《字说》;有的生病时还拥被指画,诵说《字说》不稍辍。集理学之大成的朱熹讲论《周易》时也引用《字说》。李纲称《字说》发明义理之学甚深,刘克庄则赋诗赞"半山《字说》行,精义极贯穿"。明代李时珍搜罗百氏,采访四方,读万卷书,行万里路,撰著《本草纲目》,达尔文誉之为16世纪中国的百科全书,书中解释药草名义往往采纳引用《字说》的解说为证据。如释"生薑"引《字说》云:"薑,能彊御百邪,故谓之薑。"梅膺祚编纂《字汇》和张自烈编纂《正字通》,注重通俗实用,当时风行一时,书中也都引用了《字说》的解说来析字释义。《字说》作为宋代一部标新立异的专门以义释字的语文辞书,可以说在已有辞书的基础上反映了当时语言发展的状况,对一些词语的释义从新的角度作了探索。它在探索文字义理方面的编纂经验和教训对后代辞书的编纂也有一定的借鉴作用。

3. 《字说》对后人的启发

王安石意识到汉语的词是形音义三者的综合体,研究文字应该形音义三者并重,这无疑是正确的。但他在一些字的解释中自己违反了形音义三者并重的原则,仿佛文字就是直接表示词义的,过多地拘牵于依形辨义。要知道,语言的产生远在文字之先。在原始社会数千万年的漫长岁月中有语言而无文字,哪来文字的形体?而且,虽然声音相近的词往往意义相通,但是词的音与义在约定俗成之前毕竟没有必然的

① 陆游《老学庵笔记》卷二,中华书局,1979年,25—26页。

联系，同音的字不同义，同义的字不同音，这更是汉字中大量存在的事实。王安石对于形体已经发生很大变化的汉字一律说之以会意之法，甚至对一些译音字也以会意来解释，望形生训，如释佛经中“揭帝”为“揭其所以为帝者而示之”，[1]对一些造字之意已不可考知的汉字也硬要找出义理来，往往流于主观臆断，曲意附会，故难免遭受人们的讥笑。正如段玉裁所指出：“声与义同原，故谐声之偏旁多与字义相近，此会意、形声两兼之字致多也。《说文》或称其会意，略其形声，或称其形声，略其会意。虽则省文，实欲互见，不知此则声与义隔。又或如宋人《字说》，只有会意，别无形声，其失均诬矣。”[2]人类历史的发展是迂回曲折、不断由低级到高级呈螺旋形上升前进的，辞书的编纂也是在不断总结经验教训中逐步探索而发展成熟的。王安石解字析义的不足引起后人的注意，后人渐渐认识到“故训音声，相为表里”，从而在释义时注重强调疑于义者，以声考之；疑于音者，以义证之。[3]

王安石好做翻案文章，别出新论，不受旧框框老套套的束缚。如世人皆称孟尝君能得士，他则不以为然，认为孟尝君不过是鸡鸣狗盗之雄罢了。鸡鸣狗盗之徒出其门，又哪里谈得上能得到真正的有识之士呢？[4] 他这种敢于冲破成说的大胆怀疑的精神使他看出了《说文》的一些舛阙，意识到声符亦表义，运用音近义通的原理辨析声符形体，开了声符研究的先声，推动了字学研究的深入，形成一股不迷信《说文》来解字释义的风气。其时，有王子韶也撰成《字解》二十卷，沈括称他治字学，演其义以为右文。[5] 他也看到声符表义的功能，注重研究一组同从一声母的形声字与这声母在训诂上的关系，力图归纳出声母与同声系

---

① 《朱子语类》卷一百三十，中华书局，1986年，3100页。
② 《说文解字注》，上海古籍出版社，1981年，2页。
③ 戴震《戴震文集·六书音均表序》，中华书局，1980年，153页。
④ 《王文公文集》卷三十三《读孟尝君传》，上海人民出版社，1974年，395页。
⑤ 《梦溪笔谈校证》卷十四，上海出版公司，1956年，492页。

的形声字中共有的词义。宋高宗时王观国又将声符视为形声字共有的字母。宁宗时张世南亦指出形符以类相从,声符亦多可以类相求。明末黄生著《字诂》,认为"凡谐声字以所从之声为纲义,而偏旁其逐事逐物形迹之目"。段玉裁注《说文》,亦认为《说文》中从某为声必同是某义,形声字的声符包有会意,形声字含有此义是由于声母有此义。近人章炳麟进一步看到同声符的字"取义于彼见形于此者,往往而有。若'农'声之字多训厚大,然'农'无厚大义","盖同韵同纽者别有所受,非可望形为譣"①。他注意到语根的研究,作《文始》以明语源。刘师培认为文字之义象均属于声,而六书谐声之字必兼有义,若所从之声与所取之义不符,则所从得声之字,必与所从得义之字声近义同。② 梁启超认为凡形声之字,不唯其形有义,即其声亦有义。直言之,则凡形声字什九皆兼会意也。"旧说谓其形有义,其声无义,实乃大误。其声所表之义,盖较其形为尤重耳。"③沈兼士认为声符与形声字意义有相应者,亦有歧别者,并指出:"同音符字,有兼含义者,有仅取声者,其含义字所含之义,又复多涂(途),未可以其同一音符,辄意必其定为一义。"④王力也明确指出:"在汉字中,有所谓会意兼形声字。这就是形声字的声符与其所谐的字有意义上的关联,即《说文》所谓'亦声'。"认为"亦声"都是同源字,⑤在前人研究声符的基础上,认识到汉语的一些词也像语音、语法一样有其系统性,并编纂了我国第一部《同源字典》。从《字说》到《同源字典》可以看到声符研究上一脉相承的进展关系。王安石《字说》虽然存在许多不足,但他对声符表意的探索给后人以启发,自有其

---

① 章炳麟《文始·叙例》,载《章氏丛书》,文物出版社,1982 年,5 页。

② 刘师培《左盦集》卷四《字义起于字音说》,《刘申叔先生遗书》,宁武南氏刊本,1934 年。

③ 梁启超《饮冰室文集》卷六十七《从发音上研究中国文字之源》,中华书局,1936 年。

④ 沈兼士《右文说在训诂学上之沿革及其推阐》,载《沈兼士学术论文集》,中华书局,1986 年。

⑤ 王力《同源字论》,载《同源字典》,商务印书馆,1987 年,10—11 页。

筚路蓝缕的开创之功。

王安石撰《字说》，冀图法先王之道，拯斯文之衰，出入百家，兼取博采，博尽所疑，不盲从《说文》和前人成说，唯是是从。正因为王安石在主观上是尽了全力的，所以他除了自叹"湖海老臣无四目，谩将糟粕污修门"①，表示除没有传说中仓颉那样的造字本事外，别无后悔，也不在乎别人的挖苦和讥讽。事实上，一部《字说》诠解字义不下数千条，而攻击王安石《字说》最有力的杨时所撰《王氏字说辨》亦仅辨得 30 余字，且所辨多可商榷。如杨时驳"除"字云："一日之顷、一身之中，而有阴中之阳、阳中之阴，新新不穷，未尝'相除'也。'有处有辨'，与阴阳异矣。"他承认万事万物本身包含着阴阳两面，并且承认事物不断更新，但却否认旧事物消失而代之以新事物的发展过程，从而恰恰从反面证明了王安石解释的精当。王安石《字说》力图阐明字的义理，"解字虽有某些穿凿附会的地方，但主要的意图在于剖析汉字组织和字义的关系，以及为了使人易于了解汉字字义，这个基本精神是应当予以肯定的"②。尽管《字说》确有不足之处，但毕竟不是率尔之作。它对当时一代人的思想有很大的影响，对后世辞书的编纂也有一定的影响，在我国辞书发展史上自有其一定的价值和地位。

王安石的《字说》注重义理，往往借字义、字形的训释来阐明一种哲理和政治主张，偏离了词义的训释而颇多臆解，但这部分解释实际上也是一种文化现象的反映，具有一定的思想意义。陈寅恪曾指出："世间往往有一类学说，以历史语言学论固为谬妄，而以哲学思想论未始非进步者，如《易》本卜筮象数之书，王辅嗣、程伊川之注传虽与《易》之本谊不符，然为一种哲学思想之书，或竟胜于正确之训诂。"辞书和文化是相互依存的，一方面，每个民族的文化都必然在其辞书中有所体现，人们

---

① 《王荆文公诗笺注》卷四十一《成字说后》，中华书局上海编辑所，1958 年，538 页。

② 胡道静《梦溪笔谈校证》序的注文，上海出版公司，1956 年，21 页。

的社会生活和社会思想总是或多或少地反映到辞书中来；另一方面，辞书也不能脱离民族文化的背景而存在。

三、《类篇》《类玉篇海》《四声篇海》

（一）《类篇》

《类篇》，司马光等撰。宋仁宗宝元二年（1039）十一月丁度等奏称："今修《集韵》，添字既多，与顾野王《玉篇》不相参协，欲乞委修韵官将新韵添入，别为《类篇》，与《集韵》相副施行。"仁宗命王洙、胡宿等人相继修纂，到英宗治平三年（1066）由司马光接代，治平四年缮写成书。[①]《类篇》依据《说文解字》分为十四篇，又目录一篇，共十五篇。每篇又各分上、中、下，合为四十五卷。全书承《说文解字》按540部首编排，同部的字依韵排列，体现了"篇韵"辞书"相副施行"的编纂意图。[②]其中"艸""食""木""水"四部各分为上下，故共有544部。收31 319字，其中21 846个是多音字。除收录经典传承字外，收录了大量随时代需要而孳乳产生的字，比《玉篇》增加了近一万字。

训释承《说文解字》和《玉篇》，每字下先列反切，后出训解；如果字有异音异义，则分别举出，可与《集韵》相印证。《集韵》遗漏的字都尽量收入，但《集韵》中冗杂的重文就不尽采录，体例比较严谨。编纂凡例分为九项：凡同音而异形者分别收入两部，凡同义而异声者则只收入一部，凡古义之不可知者仍从《说文》所释，凡变古而有异义者皆从今，凡变古而失真者仍从《说文》所释，凡字之后出而无据者皆不另行标出，凡假借甲字作乙字或形体传写讹误者皆说明缘由，凡《集韵》之所遗者皆全部收入，凡无部可归的字就以类相聚放在一起。

---

① 《类篇》一书是司马光和王洙等集体智慧的结晶，司马光继王洙总纂此书近两年，除缮写总成外，还以"臣光曰""臣光按"等形式补《集韵》之缺，广收隶变后异字、俗字及武则天自造字，探究隶变的原因等。

② 杨小卫《〈类篇〉编排特色析论》，《辞书研究》，2013（5）。

旧刻有清代曹寅所刻《楝亭五种本》，现在通用的是后来姚觐元的翻刻本，即一般所说的《姚刻三韵本》。

（二）《类玉篇海》

《类玉篇海》是我国古代收字最多的字书，金代王太在《玉篇》的基础上撰成。《类玉篇海》共收字 62 167 个，上承《玉篇》的分部方式，又有诸多创新之处，下启《新修玉篇》和《四声篇海》。据书前无名氏序所说，《余文》《省篇韵》《塌本篇韵》《会玉川篇》《古龙龛》《奚韵》这些字书、韵书"收字颇有不同"，而且《古龙龛》《会玉川篇》"唯明梵语，余无所载"，"各司一端，篇秩众异"，更为严重的是"终无统纪，难于检寻，故寻一字，有终朝而不能得者"。然而众家篇韵又各有所长。因此，王太集众家篇韵，编成此书。"大要仿顾野王《玉篇》分部"，各部下的字按照笔画数的多少排列，部中字有若叶之从条，珠之在贯，开语文辞书笔画检字法的先声。

（三）《四声篇海》

《四声篇海》是现存收字最多的字书，金代韩孝彦于 1196 年依据宋辽时流传的《川篇》《省篇》《类篇》《余文》《龙龛手镜》和《搜真玉镜》等字书汇编而成。① 此后其子韩道昭承父之志，仿《集韵》同《类篇》之例，编成《五音集韵》，又改并增补重编了《四声篇海》，增"杂部"二百余字，于 1212 年编定。约收 5.6 万字，分十五卷。

《四声篇海》上承《说文》《玉篇》《龙龛手镜》，下启《字汇》《康熙字典》，在编排体例上有因有革，创新颇多。共分 444 部首，采用部首法和音序法相结合的编排方法，各部首先按五音三十六字母顺序排列，同一声母下的部首再按平上去入四声的顺序进行排列，同部首的字头则按笔画多少为序排列，故又称《五音类聚四声篇海》，简称《篇海》。整个检索系统呈现出立体结构，方便实用。在内容的收列上，《四声篇海》不仅注重古代

---

① 《类玉篇海》无名氏序云："有阴祐者，取其《韵》有《篇》无者，编之以为《余文》。"阴祐所编《余文》收释《集韵》收录而《玉篇》未收录的字。

文字的收列，而且对当时民间社会上通用的俗字也多有收释，[①]尤其是收录了“刘、齐、宝、过、双”等现代仍沿用的很多简化字，保存了大量民间流传的简俗字。

《四声篇海》今有明成化七年刻本，明正德十年和十五年刻本等。明成化三年(1467)，文儒、思远等将《四声篇海》同《五音集韵》合并刊行，名为《篇韵类聚》，又名《五音篇韵》。

四、《六书故》

《六书故》，南宋戴侗撰，共三十三卷。又有通释一卷，阐述文字学理论。以六书理论来分析汉字，排列六书的次第为：一指事、二象形、三会意、四转注、五谐声、六假借。从“文生于声”的观点出发，提出“因声以求义”，解释形声字的声与义的关系，辨析引申义和假借义，用金文作证，旨在匡正历代文字和注疏名实紊乱的现象，正名而贯通群经典籍。收释7 603个字，按“方以类聚，物以群分”的原则分为“数、天文、地理、人、动物、植物、工事、杂、疑”九类，又分为479个细目，每目之下把偏旁相同的字叙列于后。如“月”字为目，“月”下列“夕”为指事字，“夕”下又列会意字“多”，“多”下又列谐声字“夥”，后面又列从“夕”的谐声字“夜”“梦”。

今有党怀兴、刘斌整理本，收入中华书局出版的“古代字书辑刊”系列丛书。

五、《龙龛手鉴》

《龙龛手鉴》是为佛教徒研读佛典查检佛经词语形音义的语文辞书，原名《龙龛手镜》，辽僧行均撰，成书于公元997年。龙龛象征着佛

① 梁春胜《从〈类玉篇海〉到〈四声篇海〉——我国字典编纂史上的一个转折点》，《中国典籍与文化》，2004(2)。

经，序称“（佛经）流传岁久，抄写时讹，寡闻则莫晓是非，博古则徒怀惋叹”，收录了佛经写本中的俗字、异体字26 430个，这些俗字大多不见于先前的字书韵书，充分反映了当时汉字用字情况。说解一般是先辨字形的类别，详列俗、正、或体、误、变体、古、今、通、通俗各体，次注音切，再释义，最后给出字的异形数目。如木部“栖，俗；棲，正。音西，息也，又鸟棲木也”。分部编次不囿于许慎《说文解字》“据形系联”“始一终亥”的体例，集部首法和音序法所长，创立了音序与部首相结合的检字编纂法，按平上去入四声顺序排列部首，共242部，其中平声97部，上声60部，去声26部，入声59部，在字书编纂史上具有独特地位。

《龙龛手镜》辽刻原本已佚，现传最早的有沈括《梦溪笔谈》所录的宋刻本，因避宋太祖赵匡胤祖父“翼祖”赵敬的嫌讳（敬与镜音同）而改名为《龙龛手鉴》。

六、其他

（一）《佩觿》《复古编》《字通》《字书误读》《字鉴》

承《干禄字书》体例的语文辞书有宋代郭忠恕的《佩觿》、张有的《复古编》、李从周的《字通》、王氛《字书误读》、元代李文仲的《字鉴》等。《佩觿》三卷，上卷阐述编纂宗旨，中卷和下卷按平上去入四声分为十部，把形、音易混的字两两成对排在一起，注明音义的不同。如“杭、抗”，注曰：“上户刚翻，杭州；下苦浪翻，抗举。”《复古编》二卷，收字3 000多个，按平上去入四声编排，每字正体用篆文，附注别体和俗体，加以辨别。《字通》旨在推究字源，收释601字，按楷书点画分为89部，根据《说文解字》的说解进行辨析，着重解说隶楷同形异源构件和形近构件来源。《字书误读》序称旨在纠正信口讹传的误读，共注释了170组常见字词的正确音读及误读。《字鉴》五卷，按平上去入四声和206韵编排，也是根据《说文解字》的说解辨析俗体之讹。

(二)《集篆古文韵海》

宋杜从古《集篆古文韵海》五卷,自序称"博求三代之字","以所集钟鼎之文、周秦之刻,下及崔瑗、李阳冰笔意近古之字,句中正、郭忠恕碑记集古之文,有可取者,摭之不遗,犹以为未也;又爬罗《篇》《韵》所载古文,详考其当,收之略尽。于今《韵略》,字有不足,则又取许慎《说文》,参以鼎篆偏旁补之,庶足于用,而无阙焉。比《集韵》则不足,校《韵略》则有余。视竦所集,则增广数十倍矣"。该书是宋代继郭忠恕《汗简》和夏竦《古文四声韵》后又一集录当时所见传抄古文和出土器铭的文字汇编,收录了三代钟鼎文字,以韵书的体例加以编排集录当时所能见的篆体和古文,补出了《集韵》里的许多重文的古文写法。

第四节　《广韵》《礼部韵略》《集韵》等

一、《广韵》

《广韵》是我国古代第一部官修韵书,也是集汉魏以来韵书之大成的语文辞书,全名是《大宋重修广韵》,宋真宗大中祥符元年(1008)陈彭年等人奉诏根据《切韵》和《唐韵》等修订而成。据《广韵》卷首记载,共收26 194字,注文共191 692字。先释义,后注音,再附列异体。所收之字按平、上、去、入分成四部,平声因字多分上、下两卷,上、去、入各一卷,共五卷,按206韵平上去入四声顺序排列,平声57韵(上平声28韵,下平声29韵),上声55韵,去声60韵,入声34韵。每韵再分小韵,共9 300多小韵。每一个声调中的每一个韵部和其他声调中相应的韵部,有一定的搭配关系。入声韵只和有鼻音韵尾的阳声韵相配,不和阴声韵相配。这样,原则上每一个阳声韵部都有平上去入四声相配。每一个阴声韵部都有平上去三声相配。

《广韵》的名称本来就有增广隋唐韵书的意思,其韵数、小韵数、字数都比以前的韵书多。每卷的韵目下面或注明为某韵字“独用”,或注明与其他某韵相同字“同用”,反映了唐宋的实际语音,在某种程度上也可以看成是一部按韵编排的同音字典。

《广韵》自纂成至今,刻本、钞本达百种之多。如按注文详略之分,可分为详注本和略注本。如果按照刊刻的源流来看,详注本又可分为两类,一类是福建私刻的《钜宋广韵》,称“钜宋本”,一类是临安国子监刊刻的《大宋重修广韵》,称“大宋本”。较通行的有康熙年间张士俊校刻的“泽存堂本”、光绪年间黎庶昌校刻的“古逸丛书”本和民国初年商务印书馆影印出版的南宋“巾箱本”。①

二、《礼部韵略》

《礼部韵略》也是官修韵书。宋真宗景德年间,为适应科举应试的需要,主持科举考试的礼部颁行了比《广韵》较为简略的《韵略》,相当于《广韵》的略本,称为景德《韵略》。《礼部韵略》又是景德《韵略》的修订本。《韵略》是当时考官和应考的举子共同遵守的官韵,而官韵从唐代开元以来就由主管考试的礼部颁行,所以称为《礼部韵略》。士人作诗用韵,特别是科举考试,皆以《礼部韵略》作为依据。据李焘《说文解字五音谱叙》记载,宋仁宗景祐四年(1037),宋祁、郑戬上书批评《广韵》多用旧文,“繁省失当,有误科试”。又据王应麟《玉海》载,贾昌朝也同时上书批评景德年间编的《韵略》“多无训释”“举人误用”。于是仁宗下令由丁度等人重修这两部韵书,当年完成了《礼部韵略》的修订,两年后(1039)编成《集韵》。

《礼部韵略》承《广韵》分为206韵,收字9 590个。宋理宗淳祐十二年(1252),刘渊在此基础上修编为《壬子新刊礼部韵略》,增收了436字,为便于应试士人的记诵和掌握,又归并206个韵部为107部。因为

① 上海辞书出版社2000年出版有余迺永校注《新校互注宋本广韵》。

是在平水刊刻，所以也称为平水韵。此后，金代王文郁又撰《新刊韵略》，合上声的“拯”“迥”两部为一部而分为106韵。《礼部韵略》虽佚，但有毛晃、毛居正父子对其有所增补的《增修互注礼部韵略》（简称《增韵》）流传。

三、《集韵》

《集韵》是《广韵》的修订本，承《广韵》206韵依韵编排，只是韵目用字和部分韵目的次序以及韵目下面所注的韵字同用、独用的规定稍有不同，[①]收字比《广韵》多，且更正了《广韵》中一些字的反切，把《广韵》的类隔切改成音和切，力求使反切上字与所切之字声母相同，反切下字与所切之字的韵母和声调相同。训释以《说文解字》为根据，反切多采自《经典释文》。

《集韵》采用声、韵、调三维定位的方法编排所收的字，把声、韵、调相同的字归于一组，可据一字音而推知一组字音。在同一小韵中，又将词义相同的字集中统一释义，具有同音字典的功能。《集韵》和《广韵》主要的不同之处还在于《集韵》收字多，不仅收录古字、别体，而且还收了不少方俗字词。如：疤、叨（唠叨）、舔、缲（缲边）等。共收53 525字，[②]比《广韵》多收27 331字。《集韵》收了很多异体字，约有22 100个，反映了某些字形体的变异现象，一个字往往收有八九个写法，因而又有异体字字典的功能。每字下都有简单的释义，其中有不少词语是当时的口语词。如：“蹨，乃殄切。蹈也，逐也。或作跈，趁。”

《集韵》与《类篇》同时编修，《集韵》按韵编字，《类篇》接部首编字，

---

① 如明内府本《广韵》文韵下注“独用”，《集韵》文韵下注“与欣通”。覆元泰定本《广韵》吻韵下注“独用”，《集韵》吻韵下注“与隐通”。《广韵》问韵下注“独用”，《集韵》问韵下注“与焮通”。《广韵》物韵下注“独用”，《集韵》勿韵下注“与迄通”等。

② 杨正业《语文词典编纂史》：“经统计，《集韵》实收34 782个，那18 743个形体都是重音。”中国文联出版社，2006年，155页。

两书相辅而行。《集韵》说解内容丰富，书内包括古代天文、地理、名物、典制、音乐、医药、草木、禽兽以及异闻、传说等多方面的内容，代表了北宋时期人们对自然和社会认识的水平，它在一定程度上又带有百科词典的性质。

四、《五音集韵》《古今韵会举要》《韵府群玉》

宋辽金元时期汉语语音系统变化较大，特别是历来作为汉民族共同语的基础方言——北方话的语音系统变化更为显著。本来存有“古今方国之音”的《切韵》系韵书包括宋代重修的《广韵》《集韵》与实际口语的距离愈来愈远。适应语言的演变，金代韩道昭编有《五音集韵》，元代黄公绍、熊忠编有《古今韵会举要》，阴时夫编有《韵府群玉》。

《五音集韵》所收之字大抵以《广韵》为蓝本，而增入之字则以《集韵》为蓝本。据《至元庚寅重刊改并五音集韵》的第一篇序所记时间是“崇庆元年岁次壬申长至日”，即金卫绍王时(1212)，较刘渊《壬子新刊礼部韵略》的成书刊行还早 40 年。又据第二篇序所说，共收释 53 525 字，新增 27 330 字；注文 335 840 字，新增 144 148 字。全书按三十六字母排列，每一声类的字如有开合口分别的则分开排列，且注明等次。又合并《广韵》206 韵为 160 韵，平声 44 韵，上声 43 韵，去声 47 韵，入声 26 韵。韵部的归并及其在韵目下所注的独用、同用的规定与《广韵》不同，在一定程度上突破了《切韵》系韵书的体系，更接近于当时的语音，反映了中古以后北方语音系统(包括声母、韵母、声调)的演变。

黄公绍在元世祖至元时编有《古今韵会》，简称《韵会》。元成宗大德元年(1297)熊忠择要删繁而编成《古今韵会举要》。依照刘渊归并《礼部韵略》的方法，共分 107 韵。今传明刊本中载有《礼部韵略七音三十六母通考》，内中提到“韵书始于江左，本是吴音，今以《七音》韵母通考韵字之序，惟以雅音求之，无不谐叶”，大致反映了元代北方官话的读书音。

《韵府群玉》，二十卷。收单字 8 820 个，词语约 3 万余条。承《切韵》《广韵》等韵书的编排体例，以事系以平水韵，先分四声，声调下再分韵，共106韵。一韵之内，同音者各以类收，捃摭群书，采录典故词藻，以类相从，以标目末字分隶于各韵之下，标目之下注明所在之句及出处。首字之下均有训释。此外尚有“韵下事目”，分天文、地理、时令、岁名、人物、氏族、人名、身体、官职、性行、寿典、百谷、饮食、宫室等。又有“韵下类目”，分音切、散事、子韵、活套、卦名、书篇、诗篇、年号、岁名、地理、人名、姓氏、草木、禽兽、鳞介、昆虫、曲名、乐名等。其中“活套”一栏中所列都是一些常用词语。以韵编排的类书，始创于唐颜真卿的《韵海镜源》，而传至今日者则以《韵府群玉》为最早。滕玉霄所作序赞为：“经史子传搜猎靡遗，是又能以有穷之韵而寄无穷之事，亦奇矣！”赵孟頫题词誉为：“上涉群经，下苞诸子。”

五、《中原音韵》

《中原音韵》是我国第一部直接依据当时实际语音编成的韵书，元代周德清编。收5 876字，写成于泰定甲子年（1324），到至正元年（1341）刊行于世。全书由《韵谱》和《正语作词起例》两个部分组成。《韵谱》分为十九部，大致上只要韵腹和韵尾相同就可归为同一韵部，同部的字都可押韵。每个韵部一般包括一个到四个不同的韵母，作为北曲押韵的标准。《正语作词起例》论北曲语言艺术的法则。《自序》中称曲为乐府，“欲作乐府，必正言语，欲正言语，必宗中原之音”。又在《正语作词起例》中说，“世之泥古非今、不达时变者众；呼吸之间，动引《广韵》为证，宁甘受鴂舌之诮而不悔。亦不思混一日久，四海同音，上自缙绅讲论治道，及国语翻译，国学教授言语，下至讼庭理民，莫非中原之音。”此书以中原语音为标准，从实际口语和杂剧散曲作品的用韵中归纳押韵的字而编成，揭示了中古音的声调演变至元代已形成“平分阴阳”“入派三声”的规律，基本上如实反映了当时的语音系统。

第五节 《语助》

我国第一部研究虚词的语文辞书是元代卢以纬所纂《语助》。此书从辨别虚词在不同位置和不同作用所体现的声气轻重着手,探讨了虚词的规律,卢以纬自己认为是"乃文法之与授"①。全书收录100多个虚词,把义同、义近或相关的语助词放在一个条目中论述,分为67组,逐一释义,分析用法。如说"夫"处于句首是为发语词;处于句中时与"乎"相近,但"夫"字音婉而声衍;处于句末则为句绝之余声。又如说"且"有宽缓叙说之意,或有漫尔如此之意,或有苟且之意,或有将次之意。卢以纬还把虚词与俗语进行比较,如指出"尔,'尔'字有带'此'字意处,俗言'恁地'","甚矣,甚哉。'甚'字犹吴人俗语'曷'字。凡此二字在句首者,欲扬言下文事物太煞之意,故先以此发语"。

---

① 元胡长孺《语助序》,刘燕文《语助校注》,中州古籍出版社,1986年,1—2页。

第六章 明清集大成时期

第一节 概 述

明清时期城市经济繁荣，市镇人口增长，市民的审美趣味和平民化倾向在封建国家专制政权的束缚下潜滋暗长。清代满族入主中原，皇太极鼓励满人学习汉语，由初入关的满汉双语制到嘉庆时逐步通用汉语，其所学所用汉语主要是白话口语，这也在一定程度上促进了文白的演变，白话口语得到广泛的应用，古白话已由文言的附庸而蔚为大国，渐形成了以北京话为基础的通语。

明清时期，尤其是乾隆和嘉庆年间，名家辈出，倡导经世致用，讲求实学，治学注重考据，致力于名物训诂，言必有据，无征不信。语言文字的研究强调形、音、义的贯通和即音求义，多学科彼此证发，在传统语言文字研究的各个领域都取得了辉煌的成就。辞书编纂既讲求大而全，又趋于通俗务实，编纂的方法进一步完善，注重探求语言发展的内在规律。如一般都有凡例，涉及编排、字体、字音、引例、释义、收词等方面，尤其是形音义的关联；部首排列由《说文》的据形系联演变为《字汇》的以笔画多少为先后顺序；多义词采用"又"字分列义项，逐层释义；书证加录书名和篇名，便于核对等。

这一时期语文辞书约有500种，类型多样，出现了一系列标志性辞书。有雅书系的《骈雅》《汇雅》《通雅》《佛尔雅》《别雅》《比雅》和《叠雅》等，字书系的《字汇》《正字通》《康熙字典》《说文解字诂林》和《俗书刊误》《字学举隅》《金石萃编》《契文举例》等，《方言》系的《续方言》

《方言藻》《吴下方言考》《越言释》《新方言》和《京音字汇》等，韵书系的《洪武正韵》《音韵阐微》《韵律会通》《诗韵集成》和《诗韵合璧》等，[①]还有词藻典故类的《佩文韵府》和《骈字类编》，虚词类的《经传释词》《虚字说》和《助字辨略》，训诂类的《经籍籑诂》，类书类的《永乐大典》《渊鉴类函》和《古今图书集成》，俗语类的《迩言》《俚言解》《里语征实》和《通俗编》等。

随着西学的东渐，人们意识到世界上多元文明的共存，普遍需要学习和了解西方各国的思想、文化和科学知识。1862 年京师同文馆在北京建立，翻译西学著述与编纂各种外汉辞典，满足了人们汲纳新知识的需要。来华传教士也编有一批汉外和外汉辞书，如 1575 年西班牙奥斯定会修士拉达曾根据闽南话用西班牙文编有《华语韵编》，[②]1583—1588 年间意大利传教士罗明坚和利玛窦合编《葡汉辞典》，19 世纪末 20 世纪初英国传教士马礼逊参照《康熙字典》的体例和内容框架，编有《华英字典》。清末，中国历史进入转折期，现实要求人们参考国外辞书及其编纂方法编纂新的辞书。为适应新的社会需要，汪荣宝、叶澜编有《新尔雅》，曾朴、徐念慈编有《博物大辞典》，上海国学扶轮社编有《文科大辞典》，黄摩西编有《普通百科新大词典》等近 50 部专科或百科性质的新型辞书。[③]

西学东渐引进的国外辞书及其编纂方法对明清语文辞书编纂的影响，不仅直接表现在传教士所编汉外和外汉辞书，而且还从深层上影响了近代辞书的编纂思想，从而使我国语文辞书编纂在传统字书、韵书和类书等模式上借鉴融合欧美辞书的编纂体例，揭开了辞书现代化的序

① 宁忌浮《汉语韵书史》称“明代的韵书，冠以‘成就辉煌，特色鲜明’，也当之无愧。就韵书而言，现在有书名可查的就有 116 种，其中存世的 70 多种”。上海人民出版社，2009 年，526 页。

② 参吴孟雪《明清时期——欧洲人眼中的中国》，中华书局，2000 年。

③ 梁启超曾计划编撰《新释名》。

幕。如马礼逊所编《华英字典》以普及求知满足实用需求为宗旨，从学习者的需要着想，在汲取《康熙字典》代表的中国优秀文化的同时，打破了馆阁体的文风，用民间的白话替换了文言，大量选用宋、元、明的白话例句和当时的口语用法进行诠释，有意识地将当时的西学知识与中国本土知识相对应地进行诠释，突破了中国传统工具书的编纂模式，既有传承的内涵，又吸收了西方辞书编纂的长处，增添了许多创新的体例结构，开创性地编纂成一部新型的中英双语字典，构建了一座中西方双向通行的知识桥梁，[①]下启近代新式辞书编纂之先声。因而明清可以说是传统语言文字研究集大成的鼎盛时期，也是我国辞书史上传统辞书集大成的总结定型时期和新式辞书孕育的滋生萌芽时期。

第二节　《骈雅》《汇雅》《通雅》等和《新尔雅》

明清承《尔雅》而编的雅书类辞书体例更为规范，功能更为完善，类型也更为齐全，主要代表作有《骈雅》《汇雅》《通雅》《叠雅》《别雅》《说雅》《湖雅》《彬雅》和《佛尔雅》等。

《骈雅》七卷，明朱谋㙔编。骈，指二字相连的词语。从经史子集和诸家注疏中搜集了许多重言叠字，分释诂、释训、释名称等十三类，旁征博引，根据同义与否类聚分组，逐条释义，并加书证。

《汇雅》二十卷，明张萱编。每篇皆列《尔雅》，次以《小尔雅》《广雅》《方言》之属。下载诸家注疏，训释偶有发明。《续编》二十八卷，合陆佃《埤雅》和罗愿《尔雅翼》为一集。

《通雅》五十二卷，明末清初方以智编。分为释诂、天文、地舆、身体、称谓、姓名、官制、事制、礼仪、乐曲、乐舞、器用、衣服、宫室、饮食、算

① 参钟少华《从马礼逊的〈华英字典〉看词语交流建设》和《马礼逊的〈华英字典〉与〈康熙字典〉文化比较研究》，载《中国近代新词语谈薮》，外语教学与研究出版社，2006年。

数、植物、动物、金石、谚原等二十类，建构了通用词语、人文词语和名物词语相辅互补的分类框架，贯串“以训诂、声音、文字为主”的编纂原则，在传承前代雅书的基础上引进新学新知，探寻词源，辨释名物力求通达，以经史为本，旁及诸子百家、志书、小说等多方面材料为证。

《别雅》，清吴玉搢编。专门辨析意义相同而字音和字形不同的词语的同用、通用或转训、假借关系，对每一个词都列出其别字异体，比类合谊，一一注明出处。

《叠雅》，清史梦兰编。汇集经史子集和诸家注疏中所用的叠字，类聚意义相同的合为一条，逐条加以训释。如卷一中将“枚枚、绵绵、致致，沐沐”编排在一起，释其词义为“密”，再分别引用古书，一一加以疏解。

《比雅》，清洪亮吉编。辑录近义、对义或内容有关的词，罗列古书训诂，排比辨释。

《说雅》，清朱骏声编。附于《说文通训定声》后，取《说文》9 353字，分十九篇，仿《尔雅》体例而结合形音义重新编排。各篇以义为纲，把意义相同相关的字排在一起，意义相同相关的字再按形、音的区别分类排列。

《新尔雅》具有现代百科性质，汪荣宝、叶澜仿《尔雅》类聚同义词的体例而编，按新的学科分为释政、释法、释计、释教育等十四类，以关键词为中心进行解说，共2 442 条，主要训释新出现的名词术语，所收词语涉及政治、经济、法律、教育、社会学、逻辑学、数学、天文历法、地理、物理、化学、生理学和生物学等学科。基本上是用一句话解释一个词语。如“规定国家与国民之关系者，谓之公法”；“因磁电气感应电气之作用，而传声于远隔之处者，谓之电话”；“水成岩中，所含有之有机体遗迹，谓之化石”。每一部分先总释，再分释。如释“群”：“二人以上之协同生活体，谓之群，亦谓之社会。”然后分释“静群学”“动群学”“群理”。又如释“名”：“论人心知识之用于推知者，谓之名学，亦谓之论理学。”

然后分释“名词”“命题”“直接推理”“间接推理”。再如释“动物”：“生物界大别为动植物二类，有神经而感觉力，能自由运动者，谓之动物。”然后分释“原生动物”“海绵动物”“腔肠动物”“蠕形动物”“节足动物”“软体动物”“棘皮动物”“脊椎动物”等。《新尔雅》1903年由上海明权社出版，1914年改名为《适用新词书新辞典》再版。

第三节　《字汇》《正字通》《康熙字典》等

一、《字汇》与《正字通》

《字汇》，明代梅膺祚编。1615年成书，十四卷，收33 179字。从便于读者查检运用辞书的角度出发，在编排上更新了《说文解字》以来字典编纂的体例，依据楷体字形为检字法原则，删略了有部无属和部属字少的部首，合并相互包容的部首，简化为214部，按子、丑等地支分为十二集，各部首和同一部首中的所收各字承《类玉篇海》，都按笔画多少顺序排列，以便读者查检。每卷前列部首表，标明本卷中所有部首及其所在页数。每字先注音后释义。注音先列反切，后注直音。以“正俗兼收，重在通俗”为原则，除古书中常用字外，还收有许多俗字，而不收过于冷僻的怪字。如收释了“打”“搞”等俗用多义字。释义古今雅俗兼及而力求通俗易懂，义项收列注重完备，不仅有经典里的常见义，也有方言俗语和一些后代通行的新义。如“找”字下增收了“找零”一义，注云：“俗音爪，补不足曰找。”附录有“检字”（专收不易辨明部首的难查字）、“运笔”（说明一些字书写的笔顺）、“辨似”（分辨一些形体相近的字）、“醒误”（指出坊间书刻中经常出现的一些错字）、“韵法”（辨别四声，帮助读者掌握反切方法）等。

其后，袭用“字汇”书名或为其作补者不少，如《同文字汇》《玉堂字汇》《文成字汇》《字汇补》等。其中《正字通》亦为补正《字汇》之作，明代崇祯末年国子监生张自烈编。[①] 1671 年成书。收 33 549 字，依子丑寅卯等十二地支排列，共十二卷，编排方式基本与《字汇》同。释义广采众说，择善而从，引用佛道、医药、方技，乃至奇闻异事，考据详博，补正了《字汇》的一些缺漏，增加了不少新义项。

二、《海篇统汇》《同文备考》

明代丘兆麟编有《海篇统汇》，二十卷。后汤显祖又作有校订。[②]《重订〈海篇统汇〉序》称此书的要旨在于“本之以《正韵》，系之以《海篇》诸集，为昭代同文”。首卷述文字的源起和发展及语音的演变，其中《分毫字辩》分天文、地理、人物等类来对比形近之字。如《天文字辩》下有“早、旱”，《人物字辩》下有“仝、全”，《身体字辩》下有“叨、叼”等。还有《附录夷语音释》，分门类收录一些日语词汇，用汉字逐一标注发音。四书五经里面容易读错解错的字也分篇收列注音解释。如《大学》篇的第一个字“大”注为“音太”。托名汤显祖参编或校订的还有《篇海类编》和《五侯鲭字海》。[③]

明代王应电编有《同文备考》，旨在明文字形体源流，主张字由笔画产生，与象形、指事相系；字又生字，与会意相系；字以为声，是为声母，与形声相系。释字九千多，依“字声定母”顺序排列，计分天文、地理、人容、人道、人体、动物、植物、用物八部二百四十纲。每字下首列篆书或

---

① 旧本或题“明张自烈撰”，或题“国朝廖文英撰”，或题“自烈文英同撰”。考钮琇《觚賸・粤觚下篇》载此书本自烈作，文英以金购得之，因掩为己有，叙其始末甚详。然其前列国书十二字母，则自烈之时所未有，殆文英续加也。裘君宏《妙贯堂余谈》又称文英殁后，其子售板于连帅刘炳。有海幢寺僧阿字知本为自烈书，为炳言之，炳乃改刻自烈之名。

② 题头有《精刻海若汤先生校订〈海篇统汇〉》。汤显祖号若士，亦曰海若，临川人。万历辛丑进士，官至礼部主事。

③ 《篇海类编》二十卷，分 444 个部首，统摄天文、地理、时令、人物、身体、花木、鸟兽等二十个门类，题宋濂撰，屠隆订正。《续文献通考》和《四库全书总目》认为是明代坊间书贾伪托而作。

古文大字，采用了异部详略互见的释义方法。释义注重形音义贯通，揭示每个字的渊源流变，注音反映了时音和方音。

三、《康熙字典》

《字汇》和《正字通》通行百多年，到清代康熙时，清帝玄烨认为"《字汇》失之简略，《正字通》涉于泛滥"，于是指令文华殿大学士兼户部尚书张玉书及经筵讲官、文渊阁大学士兼吏部尚书陈廷敬等，[①]"增《字汇》之阙疑，删《正字通》之繁冗"，编一部所谓"兼善美具，可奉为典常"的字书。编纂始于康熙四十九年，成于五十五年(1716)。因成书于康熙年间，故名为《康熙字典》。

《康熙字典》集雅书系、字书系和韵书系之大成，承《说文解字》和《玉篇》等前代汉语辞书，并加注反切标音、字头字体变楷、增加各种词汇意义、广列书证，序称其"切音解义，一本《说文》《玉篇》，兼用《广韵》《集韵》《韵会》《正韵》，其余字书一音一义之可采者，靡有遗逸。至诸书引证未备者，则自经、史、百子以及汉、晋、唐、宋、元、明以来诗人文士所述，莫不旁罗博证，使有依据。然后古今形体之辨，方言声气之殊，部分班列，开卷了然，无一义之不详、一音之不备矣"。沿用《字汇》和《正字通》214 部首，按笔画排列单字，分为十二集，以十二地支标识。每集又分为上、中、下三卷，冠以"总目""检字""辨似""考异"，尾附"补遗""备考"。收释 47 035 字，字之别体、俗写均录，分为三个层次，既广博全面又主次分明。首先是常用字，其次是《正字通》未收的新增字，再有

---

① 张玉书(1642—1711)，字素存，号润甫，江南丹徒(今江苏镇江)人。生于明思宗崇祯十五年，卒于清圣祖康熙五十年，年七十。顺治十八年(1661)进士，精《春秋》三传，深邃于史学。历官凡五十年，为太平宰相二十年。康熙十八年(1679)主持修《明史》，先后出任《平定朔漠方略》、《佩文韵府》(1704—1711)、《康熙字典》的总裁官。著有《文贞集》十二卷。陈廷敬(1638—1712)，原名陈敬，字子端，号说岩，晚号午亭山人，泽州(今山西晋城阳城县)人，入仕五十三年。顺治十五年(1658)进士，改为庶吉士。初名敬，因同科考取有同名者，故由朝廷给他加上"廷"字，改为廷敬。历任经筵讲官、工部尚书、户部尚书、吏部尚书等职。

补遗收入一些冷僻字,备考收入"有音无义或音义全无"无可考据的字。每字采辑各韵书的反切来注音,训释先注本音本义,再注异音异义,由引申义到通假义,一一用"又"字标明,依时代先后广征《尚书》《孟子》《庄子》《荀子》《史记》《左传》等经、史、子、集典籍例句为证,追溯词源,注明历代的用法以佐证其变迁,且注有出处。凡一字所出现的形体和意义均条理清楚,注重对汉字结构的分析和词义的辨析。除单字外,还收录大量复词。书末附有《字母切韵要法》和《等韵切音指南》。

《康熙字典》体例大致传承明代的《字汇》和《正字通》,"实际就是《字汇》和《正字通》的增订本"①,然而后出转精,内容和形式皆比《字汇》和《正字通》更丰富更谨严。《康熙字典》比《字汇》和《正字通》增收一万多字,凡不见于以前字书的字,大多可在《康熙字典》中查到。在字目设立上,《康熙字典》列有《说文》所收小篆、古文、籀文,开楷书汉字字典标列古文字的先河。《康熙字典》还首创采辑各韵书的反切来注音,分合异同,供读者参考。②

《康熙字典》在解释多义单音词时,往往以此单音词组成的复合词来释义。如释"条"云:"又条理也""又条达也""又教条""又条例";释"筹"云:"又筹策";释"豫"云:"又参豫";释"盪"云:"盪突,亦作傏偀,通作唐突"等。《康熙字典》的这些解释在某种程度上也体现了词典的功能。

值得一提的是《康熙字典》从为读者解疑释惑出发,注重语言的实际应用,往往利用前人的注释或采用流行民间的一些俗词进行诠释。如释"盪"云郑熊《番禺记》:"广俗:壻未见妻之父母,先饮一大杯,曰盪

① 刘叶秋《中国字典史略》,中华书局,1983年,139页。

② 关于《康熙字典》在内容和形式上的创新和编纂理论上的建树,详参刘叶秋《中国字典史略》和邹酆《康熙字典编纂理论初探》等论著的论述,此不赘。

风。今俗有盪风冒雪之语。”释“除”云：“又易也。新旧岁之交谓之岁除。俗云除夕。”

《康熙字典》作为一部官方的正统字典，承我国辞书编纂传统而注重语言的实际应用，在辞书收释俗词俗语上又有所创新，这也是难能可贵的。康熙帝认为这部书“善兼美具”，可奉为“典常”，在宏观形序体例、微观释义编纂体例等方面代表了传统辞书编纂的典范。

由于时代等各种因素的局限，任何辞书都不可能是尽善尽美的。乾隆年间，王锡侯著《字贯》一书，第一次指出了《康熙字典》在引证、释义等方面的缺点，然因对皇帝私名未做避讳缺笔处理，照大逆律处斩，其著作也被付之一炬。据李圭景《韵学即音学辨证说》，朝鲜编《奎章全韵》时将《字贯》列为引用书目。[①] 又据李圭景《字学集成辨证说》称：“字书中集大成者，梅氏《字汇》、张氏《正字通》。取《字汇》、《正字通》折衷为书者，即《康熙字典》。而有王锡侯者，以《字典》为犹未尽善，纂集一书。《字贯》颇有发明，竟以此书被祸，然书则流行于世，更无雌黄云，世情可知也。”[②]李圭景是朝鲜李朝后期实学派思想家，据其所说，可知《字贯》在《康熙字典》基础上又有所发明。至道光七年（1827）王引之奉道光之旨对书中的错讹进行考订，撰《字典考证》十二卷，校正了部分《康熙字典》引文、释义和义项等讹误共2 588条。日本明治初期学者渡部温著有《康熙字典考异正误》，查出错讹达11 700多条。

正如英国词典编纂家约翰逊所说：“辞典就像钟表一样，最坏的钟表比没有钟表来得好，最好的钟表却不能指望它完全准时。”《康熙字典》也同样如此，然就辞书学的研究而言，此书承前代已有辞书传统博采众长而又有所创新，从方便读者使用出发，完善了辞书编纂的体例，

---

① 李圭景《五洲衍文长笺散稿》（上），韩国东国文化社，1959年，681—682页。

② 同上，675页。

充实了释义的内容，对《说文》以来历代所编字典作了一个总结，使汉语辞书的编纂渐趋于系统化和规范化，因此王引之誉其为“体例精密，考证赅洽，诚字学之源薮，艺苑之津梁”。《康熙字典》的编纂理论和经验是我国辞书学的宝贵财富，在我国辞书发展史上具有承先启后的重要地位，无愧为我国辞书史上一座巍峨的丰碑。

《康熙字典》自问世以来，版本众多，据不完全统计有100多种。有清代康熙五十五年武英殿本和王引之校改道光十一年武英殿本等，中华书局曾用同文书局的影印本为底本制成锌版，后重印时附有王引之的字典考证。上海书同文数字化技术有限公司制作有电子本，北京万方数据电子出版社2000年出版。2008年，社会科学文献出版社出版的《康熙字典》修订版，收录汉字57 557个，采用横排方式，对每个字除保留传统反切法注音外还标注了现代汉语拼音，并在文中加入标点以消除缺乏句读带来的阅读障碍。读者通过修订版的数据光盘，只需输入简体字，就能准确检索到该字的古字以及它出现在《康熙字典》原书中的位置，方便了查检和研究。

第四节　《洪武正韵》《韵略易通》《中州音韵》《五车韵瑞》等

明清韵书主要有《洪武正韵》《韵略易通》《中州音韵》《五车韵瑞》等。

《洪武正韵》是明太祖洪武八年(1375)乐韶凤、宋濂等奉诏编成的一部官韵，共十六卷。此书既重视中原的实际语音，以《中原音韵》为标准音，又考虑到南方人读书说话中还有入声，分平、上、去声各22部，入声10部，共76部，反映了官话的读书音。

《韵略易通》，明正统七年(1442)兰茂编。根据当时语音的发展把中古的“三十六字母”删定为二十个声母，用一首“早梅诗”来表示声母系统，这首诗是："东风破早梅，向暖一枝开。冰雪无人见，春从天山来。"诗中的每一个字代表了一个声母，与《中原音韵》的声母系统基本相合，也与现代北方话很相似，反映了明朝初期官话的语音面貌。

《中州音韵》，明王文璧编。此书为适应南曲创作演唱的需要而作，有反切和注解。共分韵 19 部，比《中原音韵》多收 3 000 余字，但平声不分阴阳、有全浊声母。

《五车韵瑞》，明凌稚隆编，一百六十卷。仿阴时夫《韵府群玉》，在每一韵之下先列出一小篆字，后以韵隶事。

清代还有沈乘麐的《曲韵骊珠》和李光地的《音韵阐微》等。《音韵阐微》是奉康熙之命编的一部《切韵》系官韵，共十八卷，按"平水韵"排列，各韵部中的字按"开齐合撮"四呼和三十六字母排列，根据当时北京官话的读音来定音切，所注反切与现代汉语的语音已很接近。

明清时还有一些记载方言的韵书，如明代记载闽北方言的《六音字典》，记载闽东方言的《戚参军八音字义便览》等。《六音字典》是明正德年间陈相所编，标注有许多"土音"，这些"土音"应是根据地方口音、方音而记，反映了 16 世纪初叶福建闽北的方言。[①] 清代樊腾凤等的《五方元音》记录了 17 世纪北京的语音系统。又有《汇集雅俗通十五音》《增补汇音》和《渡江书十五音》记载闽南漳州一带的方言。《汇集雅俗通十五音》是清嘉庆二十三年(1818)谢秀岚所编，反映了清末闽南的方言。[②]

《佩文诗韵》是《佩文韵府》的节略本，共收 10 235 字。分平上去入四声(平声分上下)106 韵。每韵中常用字列在前，罕用字排在后，每字都标有反切。当时，士子进考场作试帖诗必须遵守《佩文诗韵》。

---

① 马重奇《新发现闽北方言韵书六音字典音系研究》，《中国语文》，2010(5)。

② 马重奇《十九世纪初叶闽南三种韵书音系比较研究》，《古汉语研究》，2009(4)。

第五节 《佩文韵府》《骈字类编》

《佩文韵府》，张玉书、陈廷敬、查士升等奉康熙诏在元代阴时夫《韵府群玉》和明代凌稚隆《五车韵瑞》的基础上增补而成。收单字1.9万多个，典故大约有50多万条，其中《正编》《拾遗》各一百〇六卷，共二百十二卷。[①] 以单字统词语，按《平水韵》106韵的平、上、去、入四声编排；每个韵部排列同韵部的字，在字下列出以此字收尾的词。如东韵"红"下收"题红、剪红、映山红、烛影摇红"等，微韵"依"下收"依依、违依、冯依、因依、相依、属依、皈依"等。每字的字头下注明音训，词语下列载出典，以偶句和诗句为主。词条中标出的"韵藻"栏内，所列词语均录自《韵府群玉》和《五车韵瑞》两书。"增"字栏下词语为前两书所未收而增编的，以经史子集为序。"对语"所列系上下文两两相对的偶语。"摘句"所列则为一联的下句。

在辞书编纂史上，《佩文韵府》承《韵府群玉》的逆序编排方法，而在复音结构和书证设置方面又有所开创，"增"字栏目的设置体现了所收词藻的增补关系，这对辞书修订兼顾原有辞书的传承和自身的创新颇有借鉴意义。

《佩文韵府》等明清词藻类辞书在继承、完善、整合《韵府群玉》和《五车韵瑞》的基础上，采用以词藻立目、释词再出例证的方式，形成了以韵隶字、以字录事的编纂体例，体现了释文从词义、词用再到语句模仿生成的层序渐进过程。

《佩文韵府》编纂的同时还编纂了《骈字类编》。《骈字类编》，张廷玉等编，二百四十卷。广泛汇辑两字合成的双音结构同义词语，以类相聚，分天地、时令、山水、居处、珍宝、数目、方隅、采色、器物、草木、禽兽、

① 乾隆年间修《四库全书》时改为四百四十四卷。

虫鱼以及人事等十二门，以 1 604 个单字为字头，将所收骈字依首字按类分列于字头之下。如“天地”“天会”“天朝”“天皇”“天道”等 930 多条双音词语，依首字类入“天地门”，属列于“天”字之下，再逐条罗列古书用例，引文注有篇名题目。序言称“《易》曰：‘方以类聚’，则类之始也。今字则从骈，义虽不同而不妨于并列；编则从类，事虽互见而不致于混淆”。《骈字类编》“字则从骈”，以单字带复音词，收录首字相同的复合词，后成为普通语文词典的基本体例；“编则从类”，同义词以类相聚，后成为类义词典的基本体例；引用书证加注出处，以例证词后，也成为语文词典使用书证的基本模式。

《佩文韵府》采用逆序检索模式，以韵的音序编排，按韵部查词语的尾字检索；《骈字类编》承雅书的义序分类编排，采用正序检索模式，检索时按义类查词语的首字。《四库全书总目》称：“一齐尾字，一齐首字，互为经纬，相辅而行。”

第六节　《永乐大典》《古今图书集成》《经籍籑诂》

一、《永乐大典》

《永乐大典》是我国最大的一部百科全书式类书，《大英百科全书》称之为“世界有史以来最大的百科全书”，明永乐年间由解缙和姚广孝主持编纂。初名《文献大成》，历时六年（1403—1408 年）编修完成，惜篇幅过于庞大，难以刊行，只抄录了一部，即“永乐正本”。到嘉靖朝，又重录了一部副本，共二万二千九百三十七卷，一万一千零九十五册。今仅存嘉靖副本四百余册。① 《永乐大典》突破了类书“以类聚事”的按类

① 中华书局 1986 年影印出版《永乐大典》十册七百九十七卷，上海辞书出版社 2003 年出版《海外新发现〈永乐大典〉》十七卷。

编排方法，采用“用韵以统字，用字以系事”的依韵编排方法，在词目的检索字下面标明篆、隶、行、草、楷等各种书体和异体字，注明该字在《洪武正韵》中的音韵和最早的出处、训释，选录上自先秦，下迄明初历史地理、文学艺术、哲学宗教等约8 000种文献中与此词目相关的内容，除儒家典籍、史传百家、历代文集外，还兼及大量的方舆志乘、小说戏曲、医学方技、佛道典籍等，凡天文地理，人事名物，无所不包。

二、《古今图书集成》

《古今图书集成》是现存规模最大的综合性类书，原名《古今图书汇编》，清康熙时陈梦雷编，雍正时蒋廷锡校补。共一万卷，目录四十卷。采用多级分类和经纬交织的方法，分为历象、方舆、明伦、博物、理学、经济六编。编下分为典，共三十二典。典下分部，部下设汇考、总论、图表、列传、艺文、纪事、杂录、外编等项。全书按天、地、人、物、事次序展开，内容丰富，规模宏大，分类细密，举凡天文地理、人伦规范、文史哲学、自然艺术、经济政治、教育科举、农桑渔牧、医药良方、百家考工等无所不包，纵横交错，囊括万象，百科俱备，图文并茂，可以说是古代的百科全书。

《古今图书集成》收书范围广，经过分类筛选形成二次文献，作为集古今图书之大成的工具书，既可供专家学者查阅寻找资料或线索，又方便一般读者了解某一问题或某类事物，既具较高的学术性，又有广泛的实用性，雅俗共融，兼有提高和普及两种功能。

三、《经籍籑诂》

阮元《经籍籑诂》是一部汇辑经传子史注释的大型训诂类专书辞书，收字13 349个，按106韵分部，一韵为一卷；一字数读的，依韵分入各部。每字之下，罗列唐代以前经传子史文本与诸家注释，同时博采《说文》《尔雅》《方言》《释名》《小尔雅》《广雅》《字林》《一切经音义》

等辞书的说法，搜罗宏广，资料丰富，承《经典释文》而集前人训诂著述之大成，兼有字典和词典的双重功能。以东韵的"公"字为例，在这个字条之下，引了《荀子·解蔽》《文选·高唐赋》《礼记·礼运》《白虎通义》《释名·释言语》《淮南子·原道》《淮南子·修务》《仪礼·既夕礼》《孟子·滕文公》《仪礼·丧服》《公羊·昭五年传》等书训解计 106 条，加补遗 59 条，共 165 条，由此可见汇集古书训解之详备。王引之序称"展一韵而众字毕备，检一字而诸训皆存"，唐以前的文字训诂几乎全都囊括其中。

第七节　《元龙通考杂字》《土风录》《通俗编》等方俗辞书

方俗辞书是诠释汉语方俗口语的辞书。方俗语，或称言、里言、俚言、乡言、俗言、传言、常言、迩言、恒言，或称谚、里谚、野谚、古谚、乡谚、俗谚，或称语、里语、俚语、民语、常语、古语、直语、鄙语、谚语、俗语，或称俗话、古话、炼话、常谈、俗谈、方言土语、街谈巷语等。明清方俗辞书收录记载民间通俗常言和日常生活实用事物的词语，探索这些词语的最早用例、词源理据与文化内涵等。

明代诠释汉语方俗口语的辞书有杨慎《俗言》、陈士元《俚言解》、周梦旸《常谈考误》、陆嘘云《世事通考》、赵南星《目前集》、岳元声《方言据》、张荐绅《雅俗稽言》、李翊《俗呼小录》、金檀《诗词曲语正诠》、陈沂《询刍录》，还有大字本《应用碎金》二卷、行书本《碎金》一卷，《新刻增校切用正音乡谈杂字大全》。[①] 其中《俚言解》收录乡俗常语 300 多

① 明万历年间还陆续出版有"海篇"系列的俗字典。据计翔翔《十七世纪中期汉学著作研究》说："明代以来出版的名称中含有'海篇'字样的字典，至今海内外尚能见到的，不下 30 种。"上海古籍出版社，2002 年，132—133 页。

条，大致按时令、人事、酒食等分别辑录俗语词，所录以史传及笔记杂说为多，旨在说明所收词语的来源和意义。如“漏天”条云：“俗憾久雨不晴，谓之天漏。杜诗‘鼓角漏天东’；又‘猛欲诛云师，畴能补天漏’；又‘地近漏天终岁雨’，注云：‘梁益四时多雨，俗称漏天。’”

梵蒂冈图书馆藏有明代编的《元龙通考杂字》和《切要事类便览》。《元龙通考杂字》封面题：“徽郡原版万全世事元龙通考杂字古吴大成堂梓”，伯希和称之为“通俗百科”。分天文、地理、时令、人物、文职、公署、身体、花、木、竹、草、文册、农业、工艺、商贾、妇道、释道、病症、丧葬、讼狱、木料、宫室、杂货、珍宝、首饰、衣冠、丝帛、颜色、靴鞋、五谷、蔬菜、果品、荤食、素食、酒名、屠宰、农器、铁器、军器、乐器、玩器、酒器、瓦器、石器、磨器、木器、竹器、药材、禽类、兽类、马类、鳞类、虫类、祝寿、车、数目、外国、古书、字法、文契等门类，其中婚姻门收有“汤饼、相思病”等，俗语类收录有“奇异、蹊跷、稀罕、年纪、忒野、伸头、缩脑、抓痒、投机、遂心、混帐、哈嘻（言不诚实）、结果、比试、买弄、吃亏、那里、咱们、俺们、怎么、几乎、将就、你我、倘或、假使、没意思、不觉得”等。《切要事类便览》是一部类近小百科的书，①汇辑者署作“海阳雪芳斋”。分作两册，两卷。书前有钱吉士《小引》，写成于崇祯十二年（1639）夏日。第一卷的页面之上，五分之二篇幅为历代帝王纪，②以及各省所辖府州县等。页面下端，则是天文、地理、时令、人物之类。其中俗语类记录了当时的口语用词，如“什么、怎么、险些、伸头、缩脑、抓痒、雪片、没趣、没意思、不觉得”等，有些如今已成文语，如“果系、不啻、庶几、未曾、适才”。对“不尴不尬、奸介、不进不退、不三不四（非儒释道为不三，非士农工商为不四）”等词还用小字作有注音和解释。如“跳槽”一词收在娼家类，释

① 扉页题有“新刻音释古今”，德政堂梓行。

② 记至崇祯十三年庚辰，未及清代，可知此书确为明末刻本。

义为“子弟不专意于一家，在此娼家宿歇，又往彼家宿之，谓之跳槽”①。

《世事通考》，全称《新刻徽郡原板诸书直音世事通考》，共二卷，分天文、地理、时令、人物、文职公署、武职公署、身体、病症、俗语、百工、商贾、释道、农业、女工、婚姻、丧祭、数目、讼狱、花、草、竹、木、药名、五谷、蔬菜、果品、荤食、素食、酒名、屠宰、禽、兽、鱼、虫、马器名色、衣冠、首饰、靴鞋、丝帛、颜色、宝贝、银色、杂货、船只、宫室、木料、木器、竹器、漆器、酒器、瓷器、瓦器、石器、米器、乐器、玩器、文器、农器、铁器、军器等六十类。广泛收录当时俗语词并对部分词作了释义，颇能反映明代汉语词汇的实际面貌。长泽规矩也解题说：“此书虽非俗语专书，并有省略语义之处，但可窥见明代俗用汉字汉语。”

清代诠释汉语方俗口语的辞书有吕种玉《言鲭》、翟灏《通俗编》、李调元《方言藻》《通诂》《剿说》、梁同书《直语补证》、顾张思《土风录》、钱大昕《恒言录》、陈鳣《恒言广证》、伊秉绶《谈征》、郝懿行《晋宋书故》和《证俗文》、钱大昭《迩言》、史梦兰《燕说》、郑志鸿《常语寻源》、易本烺《常谭搜》、唐训方《里语征实》、平步青《释谚》、胡式玉《语窦》，王相《世事通考杂字》等。

《土风录》，顾张思编。共十八卷，收有一定数量的俗语词。大致按卷数分类，如卷一所收词多为岁时民俗，卷二为礼俗婚俗信仰，卷三为服饰器物，卷四为建筑交通果蔬，卷五为财经游戏虫鱼等。词目排序上主要是按语义相关，或按字数或诗韵编排。卷十四所录多为日常口语词，如：官役曰差、补偿曰赔、避人曰畔、守候曰等、满足曰够、放置曰安、买物曰置、出钱借物曰赁、以钱送礼曰折、竖棚架曰搭、以草盖屋曰苫、诳语曰赵、不认曰赖、微晒曰晾、记簿曰账、荡船曰划、补足曰找、以木横门曰闩、橛子曰桩、打桩曰孔、箸曰快、田畦曰棱、岸坳曰墈、食变味曰馊、手裂物曰斯、鼻就物曰齅、口吸物曰嗽、口取食曰嚜曰呷、物并和曰羼、待客曰款、得力曰亏、营谋曰钻、叹气曰欸、手按曰揿、手拗转曰捩、

① 参姚小平《梵蒂冈图书馆所藏若干明清语言文字书》，《语言科学》，2006(6)。

手提曰拎、手竖握曰掞、两手转物曰搓、以器取物曰打、背负物曰驮、振去余物曰抖、鸟理毛曰擞、花卉笋萌曰建、以物平推曰挡、以勺取水曰舀、手牵物曰扯、与犬豕食曰喂、皮冒鼓曰漫,等等。

《通俗编》,翟灏编。从经史子集以及字书、诗话、艺谈、佛经中搜集日常通俗词语 5 454 条,引用历代文献 2 700 余种,集汉语中的俗语、方言(包括词、词组、基本词汇和成语)于一体,三十八卷。每卷一类,分别为天文、地理、时序、伦常、仕进、政治、文学、武功、仪节、祝请、品目、行事、交际、境遇、性情、身体、言笑、称谓、神鬼、释道、艺术、妇女、货财、居处、服饰、器用、饮食、兽畜、禽鱼、草木、俳优、数目、语辞、状貌、声音、杂字、故事、识余等。每类下分别收录相关词目,逐条排列,引用书证,或有按语,探源溯流,明其演变。

《恒言录》,钱大昕编。收录常言俗语 800 多条,共六卷,分吉语、人身、交际等十九类,探其语源,考其流变。其中有些内容对《通俗编》作了补充和引申。陈鳣又作《恒言广证》补其未备,丰富了原作内容。

《方言藻》,李调元编。收诗词中口语词 108 条,或归纳考定某词某义,或分辨剖析词的不同义项,或归拢合并近义词加以通释,注意从多方位多角度观察考释方俗词义,开诗词曲词语考释研究的先河。

《俚俗集》,福申编。四十九卷,内容丰富,堪谓一部清代民间文化的百科全书。辑录方俗俚词和民俗语汇 2 500 多条。分天文、时令、节事、地事、国事、文事、试事、武事、杂礼、吉事、凶事、人事、妇事、戏事、官称、尊称、劣称、泛称、伦常、艺术、形体、疾病、药材、释道、神鬼、俗禳、俗忌、俗谚和俗言二十九大类。每大类下又根据具体事项细分为若干小类。如天文类下分天、日、星、云、风、雨、雷、雪等。其中卷四十五至四十六为《俗谚考》,卷四十七至四十九为《俗言考》。

明清俗语辞书多采分门别类的编纂方式,以便检索。如《世事通考》《异号类编》《称谓录》《通俗常言疏证》《谈征》《正音撮要》《官话汇解》《军语》《新名词训纂》《雅俗稽言》《目前集》《通俗编》等承《尔雅》按语义分类编排;《里语征实》和《常语寻源》按词目的字数分类分卷编排;《俗语考原》按词目的首字笔画编排。

明清俗语辞书收释的词语多为乡俗常语中的口语词,具有俚俗性。如《新刻增校切用正音乡谈杂字大全》,书名用"正音"和"乡谈"两个词。其中乡谈指地方俗语,正音指标准用语。如"天光——天亮、天暗——天黑、寒天——冷天"等,乡谈与正音相对应。《俚言解》卷一"顽皮":"古人骂老革,犹今人骂老顽皮耳。"《证俗文》卷六"鹘仑":"今人言物完具谓之囫囵。"《谈征·言部》"跁":"今俗谓小儿匍匐曰跁。"《通俗编》卷十四《境遇》"平白地":"按白犹言空,今俗以徼幸营求而空费心力曰'白白儿',同此。"《直语补证》"油头":"今俗'油头滑脑'之谓。"

明清方俗辞书有的以比较通行的方言俗语作为调查考证对象,如钱大昕的《恒言录》、陈鳣的《恒言广证》、孙锦标的《通俗常言疏证》、钱坫的《异语》、翟灏的《通俗编》、梁同书的《直语补证》、张慎仪的《方言别录》、钱大昭的《迩言》、平步青的《释谚》、胡式钰的《语窦》、郑志鸿的《常语寻源》、易本烺的《常谭搜》、顾张思的《土风录》、梁章钜的《称谓录》等;有的以某个区域的方言俗语作为调查考证对象,如孙锦标的《南通方言疏证》、李实的《蜀语》、张慎仪的《蜀方言》、胡韫玉的《泾县方言》、胡文英的《吴下方言考》、范寅的《越谚》、毛奇龄的《越语肯綮录》、茹敦和的《越言释》、刘家谋的《操风琐录》、詹宪慈的《广州语本字》、杨恭恒的《客话本字》等。①

第八节　《助字辨略》《虚字说》《经传释词》

承元代卢以纬的《语助》,清代张文炳撰有《虚字注解》,刘淇撰有《助字辨略》,王引之撰有《经传释词》,袁仁林撰有《虚字说》,俞樾撰有

① 长泽规矩也编《明清俗语辞书集成》,收有《俚言解》《世事通考》《雅俗稽言》《目前集》《常谈考误》《异号类编》《称谓录》《通俗常言疏证》《谈征》《俗语考原》等20种,多为稀见善本及流传不广的明清刻本。1974年由日本汲古书院影印出版,增附四角号码索引。1989年上海古籍出版社重新影印出版。

《虚字注解备考》等。

刘淇《助字辨略》共收释了476个虚词，按《广韵》韵部排列。此书把虚词分为重言、助语、断词等30类，已注意到虚词所表示的意义是语气和关系，各种虚词就是用来表示各种不同的语气和关系。其自序说："构文之道，不过实字虚字两端。实字其体骨，而虚字其性情也。"认为"文以代言，取肖神理，抗坠之际，轩轾异情，虚字一乖，判于燕越"，故"捃拾助字，都为一集"。采用正训（如"仁者人也"）、反训（如"故"训"今"）、通训（如"本，犹根也"）、借训（如"学之为言效也"）、互训（如"安"训"何"，"何"训"安"）、转训（如"容"有"许"义，故训"可"）六种方法解词。取材从先秦到宋元，从经史到诗词，范围广泛，且援俗证雅，引用口语为证。

袁仁林《虚字说》原是为蒙童编的，取经史诸子百家文中的虚词百余个，类聚分组而逐条辨析。

王引之的《经传释词》以解释经传中的虚词为主，共收254个虚词，分为"常语、语助语、叹词、发声词、通用词、别义"六类160条，以声为纲，按唐守温三十六字母顺序排列。释词一般是先说用法，后引例证；且追溯其渊源，再明其演变。不仅根据形、音、义的相互关系来考释词义，而且举同文以互证，举两文以比例，因互文而知其同训，即别本以见例，因古注以互推，采后人所引以相证，尽量追根溯源，说明各个虚词的意义和用法，有时还引其父王念孙的说法，用"家大人曰"字样标明。

第九节　《华英字典》

《华英字典》（又译为《中国语文字典》）是第一部英汉和汉英词典，[①] 马礼逊编。《华英字典》篇幅巨大，内容浩繁，开创了汉英双语词典编纂

---

① 法国考狄（Henri Cordier 1849—1925）编的书目（Bibliotheca Sinica）列出了数百部自16世纪至20世纪初的汉外词典。在近代中华印刷史上，《华英字典》是中国境内第一部用西方铅合金活字排印的中文书籍。

与出版的新局面。

《华英字典》的编纂始于1808年,1823年出齐,前后历时十五年,参考《康熙字典》《艺文备览》和叶尊孝的汉拉词典及陈荩谟和胡含一的《五车韵府》。① 封面上写有"博雅好古之儒有所据以为考究斯亦善读书者之一大助"。共有三大组成部分:

第一部分是1815年出版的三卷本《华英字典》。收释47 035个汉字,采用214个部首排序,从实用角度出发,首创自左至右横排的编排方法,方便中英的对照,又补充了一些字的行书和草书的字体,删略了《康熙字典》的一些解释和例证引文出处。最突出的一点是所有的词组、例证、短语都注了音,而且还收入了一些常用词的不同读音。马礼逊还根据自己的理解对义项的归纳和划分作有调整,释词既有文言词语和书面词语,也有口语和俚俗词语,有专名也有成语、谚语,增补了大量白话释义和例证,引文范围扩大到小说、戏曲等俗语。如"一"词条下有"第一、划一、他一听即答、专一、不一、均一、万一、逐一、太一、一致、一般、一经、一口水、一刻不息、一件小事、一劳永逸、一面、一品夫人、一生、一心、一霎时、一时、一时冒昧、一剂药、一箭路、一统、一统太平、一体、一次、一切、一概、一齐、一味、一样、一一、每一次拿出一个、一一扶起、得一望二"等;释"天"词条下有"天大事我办得来、今天、明天、昨

① 沙木编《艺文备览》一百二十卷,嘉庆间刻本。参杨慧玲《19世纪汉英词典传统》,商务印书馆,2012年,131—136页;杨慧玲《世界第一部汉英英汉词典的原创性——马礼逊的〈汉英词典〉、〈康熙词典〉和叶尊孝的〈汉拉词典〉的比较研究》,载李向玉、张西平、赵永新主编《世界汉语教育史研究》,澳门理工学院,2005年,225—226页。马礼逊的《五车韵府》中有不少例词和例句取自叶尊孝的书。如在"告"字头下两书都收了"原告""被告""告状""告假""告示""告祖"等词,但马礼逊在例词和例句中加上了自己独特的内容,特别是许多呈现出当时时代特点的用语。如在"公"字头下收列了"公司""公司船""英吉利国公班衙"等词语。此外还增加了许多四字成语和常用俗谚,如"车"字头下的"车载斗量","尺"字头下的"尺有所短寸有所长"。与叶尊孝的词典相比,马礼逊还在例词例句的拼音后面加上了汉字,使查阅者既能学汉语发音,又能学汉字书写。

天、天天、天天在学堂读书、成天讲、天晚、天亮”等；释“信”的词条下有“坚信、书信、失信、我不信、信口说”等；释“汁”选取了《康熙字典》“液也；雨雪杂下”等，又据自己的理解说到如何提取液状的“汁”以及常用的一个比喻义。书后还附有字母索引。

第二部分是1819年和1820年出版的两卷本《五车韵府》，①主要参考了清代陈荩谟和其门生胡含一编的《五车韵府》。② 陈荩谟和胡含一的《五车韵府》内容丰富，包括同义词、多音词，以及草书、篆书等在内，收释有四五万个汉字。③ 马礼逊的《五车韵府》选收了12 674个汉字，删略了大量古字和生僻字，内容包括汉字的发音、结构、声调以及释义，且释义和例证多增以时代性强的词语、短语和俚俗语。如释“天”的中文例句有“天气好、天下一家”等，释“理”的中文例句有“普遍的理就如汪洋之水，每人各取一份，有人多些，有人少些，但仍有属于汪洋之水，汪洋之水是至高无上的”“理会知晓或充分理解事物的原理或本理”等；④释“折”的中文例句有“折扣、折服、折中、折损、折罪、折断”等。和《字典》不同，《五车韵府》按照汉字音序编排而成，但从本质上而言，《五车韵府》仍是一部汉英字典。马礼逊解释道：“当学习者学习汉语时，对于陌生的汉字，他无法通过语音在字典中找到其相应位置，因为从汉字本身是无法断定其发音的，所以他必须使用部首检字法，《字典》正好满足了这种需要；但当学习者听到一个汉字的发音，又或他只知该字其声而不知其形时，按部首检字法编排的字典便失去其功效，因此，编纂一部按音序检字法排列的汉英字典就显得很有必要。”《五车韵府》

---

① Morrison R.《五车韵府》Vol. I, Preface. Macao: The East Indian Company's Press, 1819: vi.

② 陈荩谟、胡含一《五车韵府》，广东慎思堂，1708年。陈荩谟，字献可。胡含一为胡邵瑛的别字。

③ 冯锦荣《陈荩谟之生平及西学研究——兼论其著作与马礼逊〈华英词典〉之中西学缘》，香港大学《明清史集刊》第九卷，2007年，209—262页。

④ 参钟少华《从马礼逊的〈华英字典〉看词语交流建设》和《马礼逊的〈华英字典〉与〈康熙字典〉文化比较研究》，《中国近代新词语谈薮》，外语教学与研究出版社，2006年。

按照马礼逊自己制订的英语注音表检索排序,从A到Yung,共411个字音,后有按字母排序的英文索引表,既有"音检"又有"形检","音检"和"形检"有机结合,大大增强了检索功能和实用性。如Abacus后对应的汉字编号9521,9632,正文中分别在"数""算"汉字词目下,例证中有"算盘""他会算盘""这打算盘"等中文词句,附录中还把汉文书写体按拼音分别将楷书、行书、草书、隶书、篆书、古文六大类列出。①

第三部分是1822年出版一卷本《英汉字典》(*An English and Chinese Dictionary*),采用英文字母排序,内容包括单字、词汇、成语和句型的英、汉对照,解释颇为详尽,例句都有汉译。如Reason的中文解释是:天所赋之正理也。例句有:"道理;推论道理;论理;辩驳道理;明理之论;情虚理亏;理屈词穷;拿理去和他讲;有理压倒泰山;三人抬不动个理字;于情理尚无违碍;以理胜欲;理当制气;天理人欲交战不决。"又如释"法"的中文例句有"犯法、把这个法律写出来悬挂在各城门上"等。

《华英字典》旨在为西方传教士学习中国语言文化、了解中国社会政治、熟悉中国风俗习惯服务,所以尤注重华夏文化的独特之处,释义涉及宗教、神话、哲学、科学、文学、文化、艺术、教育、体制、传统、礼仪和风俗等方面。例如,在"孔"之下详细介绍了孔子和孔明。解释Actor为"做戏的、装扮做戏的人"之后,进一步讲到分作生、正生、武生、旦、丑、末、正旦、婆脚、花旦,并在Drama一词后将传统戏曲的"十二科"也

---

① 按照英文字母顺序,对应汉语词语,再用英文发音拼出汉语词语,然后还举出一些使用这个汉语词语的例句。这些繁多的例句中,有大量成语、土语、俗语、佛经、四书五经、诗词、小说等内容,尤其以《红楼梦》内容居多;还有官职、度量衡;也有西方宗教、科学方面的词语等等。据叶再生《中国近代现代出版通史》考证,《五车韵府》创下十项之最:该书是世界上第一部汉英字典(在1815年出版了该书的第一卷);第一部语言直译本;第一部中文铅活字印刷本;第一部中文左右排列印本;中国境内现代意义的第一家出版社首刊的第一套书籍;该书在装订上第一次采用中西合璧(单面印刷)向左翻阅;第一次在中国境内采用机制纸印刷;同时,作者马礼逊又是将铅活字印刷术传入中国的第一人。

一一列出，以与西洋戏剧相对照。

《华英字典》有上万条例证，除出自《康熙字典》外，多为马礼逊广泛采集所得。每一个词条都有丰富的例解，常引《论语》《红楼梦》为例证。如 Learn（学习）的例证是“学而不思则罔，思而不学则殆”；Face（脸）的例证是“平儿自觉面上有了光辉”。

《华英字典》早于《辞源》收录了成语和谚语。如收释了 53 条成语，其中“不三不四、诲人不倦、风流倜傥、兵荒马乱、一本万利、唯利是图、年富力强、佛口蛇心、夫唱妇随、忘恩负义、水底捞月”等 23 条《辞源》未收，多出自小说和戏曲。《华英字典》收释了 113 条谚语，其中“病从口入，祸从口出”“近朱者赤，近墨者黑”“百闻不如一见”等 8 条《辞源》亦收，“宁为鸡口，无为牛后”“路遥知马力，事久见人心”“巧妇难为无米之炊”“纸包不住火”等《辞源》未收。还有一些《辞源》《汉语大词典》皆未收。如出自小说和戏曲的“好事不出门，恶事传千里”“人善被人欺，马善被人骑”等。更有一些在民间口头流传的俗语，如“人凭神力，草望春生”“是是非非地，明明白白天”“大富由天，小富由勤”“做得成不要喜，做不成不要怪”“无冤不结夫妻，有债方成父子”等。① 当然，《华英字典》也有不足之处。马礼逊囿于其对中国文化的了解，他的有些评论存在不当之处；有些词句的汉译不准确甚至有错误。

马礼逊是来自欧洲的传教士，不受中土辞书编纂传统理念的约束，而以西学融入《华英字典》的编纂，注重实用、教育和启蒙的原则，开近代辞书编纂的新局面。马礼逊曾在 1819 年 11 月 25 日给传教会委员会的信中说：“一向被中国文人所忽略的俗语，并不意味是低级趣味的措词，只是对那种仅仅适合读书人的高雅、古典、佶屈聱牙的形式而言，是一种大众化的语言。就像欧洲的知识分子在黑暗时代认为每一本正统的书都应该使用拉丁文而不是俗语那样，中国的文人也一样。”指出“没

① 朱凤《马礼逊〈华英字典〉中的成语和谚语》，《国际汉语教学动态与研究》，2005（1）。

有比简单的语言更能准确地表达新思想的了”。[①] 马礼逊指出：“中国文人对于用俗语，即普通话写成的书是鄙视的。必须用深奥的、高尚的和典雅的古文写出来的书，才受到知识分子的青睐，因此只有极小一部分中国人才看得懂这种书。正如中世纪黑暗时期那样，凡是有价值的书，都必须用拉丁文写出，而不是用通俗的文字。朱熹在他的理学作品中，突破了这个旧传统，他很好地使用了简明的语体传达了他的新思想。”[②]马礼逊把自宋、元、明以来已经形成的白话文风引进辞书的编纂，且大量引进了过去不进殿堂的民间小说、戏曲、俗语等，如引用了不少《红楼梦》中的话语当作例证。解释词义也由“字”本位到“词”本位，打破了官方的馆阁体文风，深化了词义的解释。如“天”字的释义和例句比《康熙字典》多出 112 种，又如“理”字的解释融合了中西方的知识概念，大大拓展了词义的内涵，对现代汉语新词的创制和汉语从文言到现代白话的过渡也有先导之功。[③] 尤其值得指出的是，马礼逊以西学知识对“天”和“理”等词义的梳理，不仅是词义的简单对译，而且更是融合中西方知识概念的成功尝试，充分体现了语文辞书沟通古今中外的认知功能，适应了中西文化交流的社会需要。

就编纂体例而言，第一部分《字典》和第二部分《五车韵府》属于汉英字典，而第三部分《英汉字典》则是一部英汉字典。马礼逊在编纂《英汉字典》时，先列出英文单词及其英文解释，然后给出相应的中文，最后附上拼音。例如：“Abandon, to leave; to relinquish; to leave and cast of. 舍弃 shayke”。在每个词条下，马礼逊同时还收录了一些句子、格言和习惯用法，以加深学习者对该词用法的了解。

---

① Mrs Robert Morrison. *Memoirs of the Life and Labours of Robert Morrison, D. D.* (in two volumes), London, 1939, p7.

② 马礼逊夫人编，顾长声译《马礼逊回忆录》，广西师范大学出版社，2004 年，154 页。

③ 钟少华《略论近代辞书之文化传承与文化创新》，《中华字典研究》第一辑，中国社会科学出版社，2009 年。

在完成《华英字典》编纂工作后，马礼逊又着手编纂一部广东方言字典，目的在于帮助来华外国人掌握广东方言。1828 年《广东省土话字汇》在澳门正式出版，[①]这也是马礼逊最后一部有关汉语语言学研究的著作。全书由英汉字汇、汉英字汇和成语词组三部分组成，共收录词汇 6 100 余条。英汉字汇部分将字汇按照英文字母顺序排列，每个英文单词后给出其汉语对应词，以及该词在粤语中的发音，同时还附有例句加以说明；汉英字汇部分亦按英文字母顺序排列，先给出其粤语注音，再列出汉字及英文注释；成语词组则是该书内容最多的一部分，以广东话发音、汉字和英语释义的形式收录了大量民间俗语，分世务、天文气候、情分、亲谊、笑谈等 24 类。如“皂白不分”“弄假成真”“行得着方，企得着位”“若要人不知，除非己莫为”（世务类），“只见锦上添花，唔见雪中送炭”（情分类），“相公肚大好撑船”（品格类）等。[②]

继马礼逊《华英字典》后，又有麦都思的《华英字典》、卫三畏编纂《汉英韵府》和翟理斯编纂的《汉英词典》。[③]

这些词典采用汉语的部首检字法实现形、音、义的全面检索。马礼逊《五车韵府》中最重要的检索表是一个按部首排列的汉字表，所有汉字都有注音。卫三畏的《汉英韵府》也有注音索引表供检索汉字，又有一个按部首排列的总汉字表。翟理斯《汉英词典》又在按部首排序的汉字总表上添加了汉字编号，对应该词典正文中的汉字编号。

卫三畏的《英华韵府历阶》(*English & Chinese Vocabulary in the Court Dialect*, 1844 年)收词 14 146 条，每个词条下的译词为 1 至 2 个，

---

① 此书对于研究近二百年来粤语语音和词汇的历时变化很有用，2001 年伦敦的 Ganesha 出版社重印发行。

② 一些传教士也编有方言词典，如麦都思编有《福建话辞典》。

③ 麦都思(Walter Henry Medhurst 1796—1857) *A Syllabic Dictionary of the Chinese Language*, 1843 年。卫三畏(Samuel Wells Williams 1812—1884) *A Syllabic Dictionary of the Chinese Language*, 1874 年。翟理斯(Herbert Allen Giles 1845—1935) *A Chinese-English Dictionary*, 1892 年。

以多音词为主。1856 年卫三畏在《英华分韵撮要》(*A Tonic Dictionary of the Chinese Language of Canton Dialect*)序言说，没有一部汉语辞典能充分满足外国学习者学习汉语的需要。汉语的一个字既可以是动词，也可以是名词、小品词或者形容词，而这些通常在辞典中都没有标出。这主要是因为汉语的语法学家们习惯上不做如此区分。这些定义是通过其他的词，比如同义词来予以解释的，而并非通过考察该词的用法来解说。如"礼"是汉语文献中一个非常重要的词，《康熙字典》是这样解说的："跟从(或行事)；人们所做的任何效忠于神从而获得幸福的事情；养成习惯，获得(或者展示)某种行为习惯；一个姓氏。"①字典中没有给出重要和常见词语的隐喻义和派生义及其用法。②

翟理斯《汉英词典》收汉字 13 838 个，还收有大量口语，内容十分丰富。如在"爱"字条目中收了"爱抬杠""不爱理人"，在"气"字条目中收了"气死人""一鼻孔出气"等口语。

这些词典除马礼逊的《华英字典》收 4 万多字外，大多保持在 1 万多字，兼收标准楷书字形与异体字，酌收一些生僻字和古今字，还收有一些俗写字，释义除了列举英文对应词，还有描述性的句子释义，以及一些描述有关汉字文化信息和语法语用信息等的内容。③ 马礼逊主要

---

① 《康熙字典》原文为：《说文》礼，履也。所以事神致福也。《释名》礼，体也。得其事体也。《韵会》孟子言礼之实节文斯二者，盖因人心之仁义而为之品秩使各得其叙之谓礼。又姓。

② 沈国威编《近代英华华英辞典解题》，日本关西大学出版部，2011 年。

③ 马礼逊《五车韵府》的释文包含了下述信息：送气符号和声调符号；汉字顺序编号；汉字的构字信息；汉字和例词都标注读音和提供英文释义；英文对应词的词性特征明显；在一些词的释文中包含了文化背景信息；词的释文中提供了语用信息；绝大多数词目都辅有例证等。

卫三畏《汉英韵府》的释文包含：声调符号；汉字的构字信息；汉语例词例句都是中英文对照；英文对应词的词性特征明显；在一些词的释文中包含了文化背景信息；词的释文中提供了语用信息；绝大多数词目都辅有例证等。

翟理斯的《汉英词典》的释文包括：汉字顺序编号；声调；部分方言注音；一些汉字的构字信息；汉语例证双语对照；英语对应词的词性特征明显；一些释义中有文化信息和语用信息；绝大多数词目都辅有例证。

参考了《康熙字典》的释义,依据词性和语义上的区别,对它的义项重新进行了归类,这样的归类使得释文从形式和内容上更接近现代的词典释文方式。卫三畏的释义方式基本同于马礼逊,某些重复出现的义项显示出与马礼逊词典的关联性。翟理斯的释义方式基本同于马礼逊的做法,增删义项时多有他个人的理解。这些词典注重收集当时时代性强的词语和表达用作例证,每个例证都提供了中英文对译。

马礼逊的《华英字典》在宏观结构与微观结构方面与叶尊孝的手稿《汉拉词典》有一定的渊源关系,麦都思、卫三畏、翟理斯所编词典又与马礼逊的词典有渊源关系,可以说同源同法又各有特色,每一位词典作者都在词目编排、检索方式、译义、例证采选和翻译中做出了自己的贡献,在继承之外亦多有创新。①

这一类的词典还有1866年德国传教士罗存德在香港出版的《英华字典》,②内容较马礼逊的《华英字典》更广,包括政治、经济、地理、哲学、科学技术、语言、宗教等,涉及大量新词和新义。如审判、潮湿、亲嘴、单位、接吻、克服、新闻纸、写真景器、信托、厚面皮者等。释义往往选择多个汉语词来对应一个英语词,如以羞耻、羞惭、含羞、惭愧、羞愧、羞恶、害羞、抱愧、羞吝、见丑、忸怩、叼忝等对应ashamed,帮助、辅助、辅相、赞佐、赞助、裨辅、裨助、佑助、翼助、翼赞、帮手、相助、相弼、辅弼、援助、救助等对应assist。③

19世纪汉英词典是承载中西词汇交流的最重要的载体之一。其中也有中国人编的双语词典,如约编于1860年的《华英通语》(据何紫庭

---

① 杨慧玲《汉英双语词典的诞生及其早期设计特征》,《外语教学与研究》,2010(5);《世界汉外双语词典史的缘起》,《辞书研究》,2011(2)。

② 这是香港最早的双语字典。钟少华《从罗存德〈英华字典〉看词语交流建设》,《中华字典研究》第二辑(下),中国社会科学出版社,2010年。

③ 其中克服、新闻纸、写真景器、信托、厚面皮者的词义相当于征服、报纸、照相机、相信、无耻。

所作序称作者名为子卿)，1868年邝其照编的《英汉词典》(1875年修订刊行为《华英字典集成》[①])，1884年谭晏昌编的《华英字典汇集》等。《华英通语》分两部分，第一部分分为天文、地理、人伦等三十七类，释相关事物，如以"海股"译释gulf(今译为"海湾")；第二部分收释单词和简单的会话用语。如"随你便""卖完咯"等，多为商业贸易的内容。[②]

这些辞书可以说是两种语言和文化接触融合的中西合璧。

① 高永伟《邝其照和他的〈华英字典集成〉》，《复旦外国语言文学论丛》，2011(1)；司佳《邝其照与1868年〈字典集成〉初版》，《广东社会科学》，2013(1)。

② 周振鹤《逸言殊语》(增订版)，上海人民出版社，2008年，96—97页。

下编

新式辞书

清末民初是中国社会急剧发展变化的时期，中国从闭关锁国到被迫敞开国门，由一个两千多年超稳定的封建社会一下子在短短的几十年经历了封建社会的没落、资产阶级的改良、外来势力的入侵、西学的东渐、马列思想的传播等一系列重大的碰撞、激荡、汇通、融合，发生了巨大的变化，人们对西方思想、文化和科学知识也有了进一步的接触和了解。在中西文化的激烈对撞和交融中，"东亚的睡狮"从饱受帝国主义列强的凌辱中惊醒过来。人们意识到夜郎自大和闭关自守在帝国主义列强的长枪大炮前皆无济于事，中华民族到了生死存亡的危急关头，面临着新的整体变革，要自立于世界民族之林，只有自强；要自强，只有维新；要维新，则只有树起民主和科学这两面大旗，而要树起民主和科学这两面大旗，就必须要获取新知。在这种强烈的振兴中华的政治愿望感召下和科学文化新潮流的冲击下，人们渴求新的知识，旧有辞书已远远不能满足社会的需求，新时代需要新的辞书开启民智，昌明教育，《辞源》《辞海》等一批适应时代要求、旨在普及国民教育和提高全民族文化水平的新型辞书相继问世。① 这些辞书是中外文化交汇的结晶，包含了经典文献中最古的词语，同时又摄取欧美、日本诸国舶来的各种科学术语，"以补助知识为职志"②，突破传统汉语语文辞书以解经为目的的藩篱，

① 徐时仪《西学东渐与中国近代辞书编纂》，《辞书研究》，2010(3)。

② 陆尔奎《辞源说略》，《东方杂志》，1915年第12卷第4期。

“为一般人治学应用之工具，其职责在揭举固有辞类之意义及用法，期供给用者以确切、适当之解释，俾遇有疑难立得解决”①，既继承中国古代辞书编纂优良传统，又吸取了外国辞书编纂经验，而在内容和体例上皆有所革新和创造，从而推动了全民性的文化启蒙，起到了宣传进步思想、传播现代知识、提升国民素质、振奋民族精神的积极作用，给传统辞书带来一个里程碑式的变化，揭开了中国辞书编纂史上新的一页。

时代是前进的，文化是发展的，学术高峰的进一步发展实际上也就预示着有两种不同的发展道路，即或者是衰落，等待新的发展和高峰；或者是变革，走向新的发展之路。1906 年，章炳麟撰《论语言文字之学》，指出：“今欲知国学，则不得不先知语言文字。此语言文字之学，古称小学。”认为“小学之用，非专以通经而已”，明确“小学”“其实当名语言文字之学，方为确切”。② 预示着传统语言文字的研究渐由经学的附庸而进入以语言为研究对象的现代语言学新阶段。甲骨文与敦煌藏经的发现提供了验证形义训释的新材料，而自马建忠撰《马氏文通》始，大量西方的语言学理论特别是词汇学理论被引进国内，经赵元任、黎锦熙、王力、吕叔湘等前辈学者的研探，形成了由“字”的观念向“词”的观念的转化。辞书编纂运用字词区分、词性划分和义项分类等理论和方法，释义不仅辨析词的形音义，而且涉及每个词的词性以及语法功能和搭配特点。如王力《理想的字典》指出理想的释义应是“明字义孳乳”和“分时代先后”，词义的注释和义项的分合建立在理清词义历史发展脉络的基础上，先列本义，引申义次之，引申义的引申义又次之。又如黎锦熙在着手编纂《中国大辞典》时，曾设想编写《字典学》一书，主张充分吸收国内外辞书编纂理论的精华，“荟萃钩提，自创体例”，从而建立起现代中国的辞书学理论。

---

① 陆费逵、舒新城《辞海编辑大纲》，中华书局，1936 年。

② 章炳麟《论语言文字之学》，《国粹学报》，1906 年，《文篇》第 24 期。

1919 年的“五四”运动不仅是中国现代史的开端，而且也是中国现代学术史的开端。在中西文化的激烈对撞和交融中，以拼音化、提倡白话文的言文一致、国语统一为标志的现代语文运动促进了现代汉语的形成，秦汉以来的白话由文言的附庸借助时代的大变革取代文言而赢得了书面语的正统地位。[①] 传统辞书从《尔雅》《玉篇》《说文解字》到《康熙字典》本质上属于历史性辞书，收词以先秦文言为主，既不能反映语言共时层面的状态，又不能反应语言发展的历史变化。沈兼士《新文学与新字典》提出辞书编纂要与时代发展相适应。[②] 现实要求人们编纂新的辞书，以适应新的社会需要。符定一《联绵字典》自叙曾说：“觉字书逐字诂谊，鲜及联文，《尔雅》诸书，虽有《释言》《释训》等篇，然语焉不详，略而未备。”刘复在《编纂〈中国大字典〉计划概要》一文中也指出：“字书之体裁可分为三类：（甲）论单字之书，即一般人所称为‘字典’者。（乙）所论不限于单字，凡两字以上的词名，亦在收罗注解之列，即一般人认为‘词典’者是。（丙）专论专名及专门名物者，英人称为 Encyclopaedia，吾国及日本，或译为‘百科全书’，或译为‘百科辞典’。最幼稚之字书，大多属于甲种。近世欧美各国之字书，均已将甲乙两种合而为一。其将甲乙丙三种合而为一者，则有法国之《拉鲁司大字典》，即所谓‘百科全书性的字典’也。”刘复并举例说：“若依旧法，只编甲种之字书，则‘良’、‘知’二字可各得其解，而‘良知’二字之合义即无从收入。若将甲乙二种字书之界限打破，则‘良知’二字当然可得一位置，而创此‘良知’学说之‘王阳明’，又无从收入，是期待非将甲乙丙三种字书之界限完全打通，实不能收得完美之效果也。”指出“其目的盖不在于修补前人之书，实欲博采现代各国字书中最进步之方法，另行规划，以成一部极完备之字书”[③]。陆尔奎《辞源说略》则较为系统地阐述了现代化辞书编纂的意义、功能、

① 参拙著《汉语白话史》，北京大学出版社，2015 年。

② 沈兼士《新文学与新字典》，《新青年》，1918 年第 4 卷第 2 期。

③ 刘复《编纂〈中国大字典〉计划概要》，《辞书研究》，1979(1)。

类型及其编纂原理、原则和方法等，文中将辞书分为普通辞书（指后来所说的语文辞典和综合性辞典）和专门辞书（指后来所说的百科全书和专科辞典），成为今天所说“辞书是一切种类的辞典和百科全书的统称”的渊源。1915 年中华书局出版了徐元诰、欧阳溥存、汪长禄、陆费逵主编的《中华大字典》，商务印书馆出版了陆尔奎、傅运森等主编的《辞源》，开近代新式辞书编纂风气之先河。清末马礼逊编的《华英字典》可以说是西中的融合，《辞源》则是在传承我国古代辞书编纂传统基础上借鉴了外国辞书编纂经验的产物，可以说是中西的融合，贯通中西结合的编纂原则，“内则搜罗诸子百家，外则采集各种科学”，“由两字以至数字，凡成为正当通用之名词者，均一律采辑成帙”，[①]采用了一种新的综合型编纂方法，以单字为纲，单字下带出复词，兼收古今词语和各种学科的名词术语，有点像刘复所称的甲乙丙三种合而为一的百科全书型的综合性辞书，从而为后世的辞书编纂提供了借鉴，在中国辞书史上具有创新的划时代的意义。

社会的发展和科学的进步是辞书发展的动力，19 世纪以来有三种因素推动了我国辞书的发展：一是科学上的重要发现、发明以及各种学说、社会思潮对辞书学产生了影响；二是社会的需求促进了辞书编纂的发展演进；三是辞书学自身一系列编纂理论和实践的探索。三者之间相互联系相互制约促成了我国辞书在这一时期的长足发展，辞书编纂在内容、品种、数量、编纂方法等方面都有新的变革，不仅数量有所增加，而且由传统的模式逐渐转向近代的模式，由“官编敕撰”转向由民间学人主持编纂，由传统的字典到新型字典、词典和百科全书，辞书类型趋于多样化，收字范围不断扩大，编纂指导思想主张描写语言的运用，力求通俗明确地展示词义，新思想、新文化、新科学在辞书编纂中得到反映。如辞书音序体例由古代的韵部转型为现代注音标准，释义从传

① 陆尔奎《辞源说略》，《东方杂志》，1915 年，第 12 卷第 4 期。

统的训诂转型为以共时描写为主的引导性规范,由以同训、互训为主变为以定义式和说明式为主,义项排列注意从共时和历时两方面来体现词义的发展,注重词义和用法的辨析,例证兼用自编例,编排上多种方式并用等。又如黄钟瀛编《(词性分解红皮新式)中华字典》和王云五编《王云五大辞典》已尝试标注词性,《现代汉语词典》从第5版起也标注了词性。再如出现了以《辞源》为代表的古今兼收的泛时性词典与以《国语辞典》为代表的共时性、描写性、规定性词典的明确分野,实现了辞书类型的转型。

从1915年至今,据教育部语言文字信息管理司与鲁东大学共建的汉语辞书研究中心"语文辞书信息库"所载6 350部汉语语文辞书统计,字典有1 511部,其中普通字典1 051部,专门字典460部。专门字典中有形体字典201部、字音字典206部、字义字典5部、特种字典42部和信息字典6部。词典有2 618部,其中普通词典1 439部,专门词典1 179部。专门词典中有语音词典31部、语法词典209部、语义词典340部、修辞词典16部、词形词典8部、特种词典571部和信息词典4部。语典有1 468部,其中普通语典1 302部,专门语典166部。专门语典中有方言语典79部、语义语典72部、语源语典8部和新语语典2部等。句典有753部,按所收条目的时间大体有古代型128部,现代型196部,古今兼收型429部。① 从中可见近百年来汉语语文辞书出版之概观,大致而言,以《辞源》为嚆矢的新式辞书承前代已有辞书的传统而汲取西学新知,融会综合古今中外辞书编纂的经验于一体,不仅编纂体例续有变革,而且编纂理念不断更新,日趋系统化,从传统的以帮助理解为主的"消极型"向帮助使用的"积极型"转变,在传统语文辞书解释形音义的基础上进一步揭示词语的内在涵义,注重介绍有关的词汇知

---

① 王敏等《我国汉语语文辞书出版状况调查》,载王铁琨、李清山主编《辞书研究与辞书发展论集》,上海辞书出版社,2012年,222—225页。

识(如词形辨误、同义词辨析等)、语法知识(如词性标注、句法功能等)、修辞知识以及语用特征和语体区别等,揭示词语的外部联系,即词与词、词与其他成分之间的种种相关关系,从而标明这一词语在各种场合中的功用,如指出用词的对象和范围、词义的褒贬、文化色彩等,由意义重心渐转向用法重心,尤其是随着信息技术的迅猛发展,汉语语文辞书的编纂也在适应社会需要向数字化和网络化发展,不断地与时共进,满足不同文化层次的读者需要,日趋多功能多类别多元化系列化。

百年来汉语语文辞书的编纂按时代分,共时、历时齐全;按规模分,大、中、小型兼具;按读者对象分,普及型、提高型、研究型皆备;按内容则有普通性、综合性和专门性之分,其中专门性语文辞书还包括同义词词典、反义词词典、同音词词典、同源词词典、成语词典、典故词典、惯用语词典、歇后语词典、方言词典、俗语词典、名言警句词典、书信用语词典、词根词典、修辞词典、搭配词典、用法词典、词性词典、虚词词典、缩略语词典、外来语词典、口语词典、新词词典、字辨词典、正音正字法词典、字体书法词典、写作词典、专书词典、专人词典等。整体上呈现后出转精的趋向,载体从纸质到电子乃至网络,体制从不完善渐趋完善,收词立目渐趋科学合理,义项划分渐趋细密,注释渐趋明晓确切,条目编排从无序到有序乃至提供多维检索途径,品种从零星单册到成龙配套形成系列。就读者对象而言,《中华大字典》《新华字典》《实用汉字字典》《汉语大字典》与《国语辞典》《新华词典》《现代汉语词典》《汉语大词典》等既适应了不同文化层次读者的需要,也尽可能满足了同一对象的不同需要。就内容而言,《辞源》与《辞海》各有侧重分工,又可相互补充;《汉语大字典》与《汉语大词典》既有区别又有联系,配合使用有相得益彰之功效。大致可分为清末民初至中华人民共和国成立的新旧转型期、1949 年至 1977 年的探索变革期、1978 年至 2000 年的复兴发展期和新世纪伊始至今的开拓完善期四个时期。

第一章 概 述

第一节 新旧转型期

从清末民初到中华人民共和国成立是新旧交替和文化转型的大时代,这半个世纪也是我国辞书编纂承上启下的重要时期。

鸦片战争后,儒家思想不再是主宰中国社会的统治思想,辞书的编纂开始摆脱作为经学附庸的地位,走上独立发展的道路。王力在《理想的字典》一文中曾指出到了现代,为经而治小学的成见是应该取消了,咱们必须是为史而治小学。编纂字典的目的在于"令人彻底了解字的意义","字的形、音、义的变迁,乃是文化史的一部分。拿历史的眼光来看,经义和俗义的价值无轻重之分"。① 随着西学的东渐,"五四"运动所提倡的科学和民主的思想对人们产生了巨大的影响,介绍西方新事物的新名词和新术语大量出现,传统辞书已远不能满足20世纪科学文化发展的需要,学术界开始探讨新的辞书编纂理论,从而促进了新型语文辞书的编纂出版。

民国初年的切音字运动、国语运动、白话文运动三大语文现代化运动,对现代辞书编纂理论的转型起到了重要的推动作用,促进了新型语文辞书的编纂出版。如切音字运动后,经过大量理论和实践准备,最终产生了注音字母,为辞书音序体例由古代的韵部体例向现代标音转型奠定了基础。国语运动和白话文运动推动了以推

---

① 王力《理想的字典》,《国文月刊》第33期,1945年。

广国语为目的的现代汉语词典的编写。辞书编纂传统转向以共时描写为主、注重共时词义和用法，义项的概括由从古今典籍大量用例中归纳的方式，兼顾到根据实际交际用途设立义项、描写义项，例证也由书证转向可带有生成模仿功能的自编例。黎锦熙在《国语辞典》中提出了“词”的概念，我国的辞书编纂第一次有了“词”的概念。1937 年《国语辞典》由商务印书馆出版，《国语辞典》建立在“国语”的基础上，具有正音、定词、释义的功能。黎锦熙认为不同性质的辞书，具有不同的侧重点，像《国音辞典》需收录“古今字书、韵书所有文字及其韵读”“群书（古文献）中有言及文字与读音者”，规定了语音类辞书的收词标准；区分了单音词和复音词、联绵词、典故词、方俗词等的类别，采用不同的描写方式；提出了“正名辨物”的六条原则训释名物词；采用了以“国音”为主的音序编排法。黎锦熙还指出像《中国大辞典》这样的历时性语言描写辞典则需“依史则”作一番历史的整理，给四千年来语言文字的演变结算一个详密的总账，“以资保障而变因革，则具体化的工作，唯在‘辞典’，唯在‘大辞典’”；用正名辨物“谐声增文”的方式，使国人之精神渐趋于系统化、科学化，以为现代和将来所需要的一切文化学术等工作建设一个新的基础，“以资准确而便应用”；而对自然科学、社会科学等新的名词及学术用语则以“高级中学毕业程度及大学普通诸专科所宜参考者为限，过此以往，只好让诸专科大辞典了”，明确了语文辞书与专科辞书的区别。1928 年成立的中国大辞典编纂处和 1936 年成立的中山大辞典编纂处曾着手进行《中国大辞典》和《中山大辞典》的编纂，这两部大辞典尽管由于日寇入侵造成的时局动荡等种种因素影响未能最终完成，虽令人惋惜，但毕竟在《辞源》和《辞海》编纂实践的基础上又作了一些筚路蓝缕的探索，为后来编纂大型汉语词典提供了理论借鉴和实践经验。

据教育部语言文字信息管理司与鲁东大学共建的汉语辞书研究中

心“语文辞书信息库”，这一时期编纂的汉语语文辞书有216部。[①] 人们意识到“国无辞书，无文化之可言也”[②]，辞书于“国民之语言及思想，不无革新之影响”[③]，编纂出版了一批流传广泛、影响深远的辞书，有些辞书开始设立词条，也有些辞书开始运用注音字母注音，还有些辞书运用多种检索方法，体现了基于继承传统辞书理论的转型与发展。这些语文辞书既有对古代辞书编纂优良传统的继承，又有对编纂内容和方法的革新和创造；既有正音、辨析字形的，又有专收新名词、成语的，也有综合性的，形成了类型纷繁多样的特点。如综合性语文辞书有陆尔奎等主编的《辞源》，舒新城主编的《辞海》，王云五编的《王云五大辞典》和《中山大辞典“一”字长编》，黎锦熙、钱玄同主编的《国语辞典》；普通词典有周铭山《国语辞典》，马俊如等《国语普通词典》，瞿健雄《词典精华》，方宾观《白话词典》和《标准国音白话词典》；普通字典有教育部读音统一会编《校改国音字典》，陆依言《中华国音新字典》，陆尔奎等《新字典》，沈伏民等《新编中华字典》，杨誉龙等《实用大字典》，郭秉成等《新式大字典》，张雁《实用大众字典》，许啸天《国语新字典》，周策勋《永字八法号码检字国音字典》；辨字字典有顾雄藻《字辨》，周天籁《白话字辨》，陶友白《字别辞典》，李白英《四用辨字辞典》，许有成《标准辨字汇》；成语词典有庄适《国文成语辞典》，王野村《实用成语词典》，周如晖等《中国成语大辞典》；方俗语文辞书有章炳麟《新方言》，徐嘉瑞《金元戏曲方言考》，罗振玉《俗说》，胡朴安等《俗语典》，严芙孙《上海俗语大典》，史襄哉《中华谚海》，胡汉痴主编《切口大词典》；语音字典有赵元任《国语正音字典》和《国音新诗韵》，王恺予《诗韵大辞典》；虚

① 张志毅《辞书强国》一文称“这一阶段，平均每年出版38部辞书，掩映着国学余晖和西学晨曦”。《辞书研究与辞书发展论集》，上海辞书出版社，2012年，2页。

② 陈原在《〈辞源〉修订本问世抒怀》一文中誉为“在七十年前提出这样的警句，不能不认为是有识之士的前瞻”，《辞书研究》，1984(2)。

③ 蔡元培《〈新字典〉序》，《东方杂志》，1912年第9卷第4期。

词词典有施括乾《虚助词典》，顾福影《虚词典》，裴学海《古书虚字集释》，艮思氏《辞征》，杨树达《词诠》，吕叔湘《文言虚字》；还有朱起凤《辞通》，符定一《联绵字典》，许啸天《名言大辞典》，丁福保《说文解字诂林》和《佛学大辞典》，胡行之《外来语词典》，陈独秀《字义类例》，汪仁寿《金石大字典》，杨喆《作文类典》，金式如、杨镇华《作文辞典》，吴东园等《尺牍辞典》，叶许生《写信模范辞书》，文公直《公文用语大辞典》等。[①] 值得一提的是 1933 年连横编有《台湾语典》，又名《台语考释》。此书是日据时期为反抗日本语言殖民政策而编，收释台湾话的 1 100 多个词语，加以注音、解析、溯源和举例，分为四卷，台北中华书局于 1957 年出版。

随着西学东渐，人们普遍重视振兴实业，印刷出版业的发展也促进了辞书的编纂出版。如商务印书馆出版有《新字典》《校改国音字典》《实用学生字典》《辞源》《标准语大辞典》《袖珍英华成语辞典》《英华新字典》《英华大辞典》《汉英词典》《汉和词典》《俄汉新辞典》《中德字典》《模范法华字典》《德华成语辞典》《综合英汉大辞典》等 21 种，中华书局出版有《中华大字典》《中华新字典》《中华中字典》《实用大字典》《新式学生字典》《辞海》《英华双解字典》《英华双解词典》《英华辞典》《英华学生字典》《德华字典》等 14 种。此外还有北京民国书局的《京音字汇》；哈尔滨广告印书馆的《华俄合璧商务大字典》；上海中国图书公司的《国文成语辞典》，群学书社的《新编中华字典》，广益书局的《中华新字典》，求益书社的《日华成语辞典》，群益书社的《英汉双解辞典》，开华书局的《综合日华大辞典》；香港广智书局的《国音粤音新字典》等。

这一时期人们普遍需要学习与了解不同民族、不同国家的政治思

---

① 杨文全《近百年的中国汉语语文辞书》和曹先擢、陈秉才《八千种中文辞书类编提要》等相关著作中列举较详，此不一一赘述，下文同。

想和科学文化,这也促进了各种双语和外汉辞书编纂的发展。主要有徐锡华《注音新疆回文常用字表》,杨仲鸿《摩些文多巴字及哥巴字汉译字典》,李霖灿《么些象形文字字典》,张鹏云《汉英大辞典》,颜惠庆《英华大辞典》,陈家瑞《英汉双解辞典》,谢寿昌等《模范法华字典》,丁淑秋《汉法新辞典》,严毅《华班字典》,陈文元《德华成语辞典》,马君武《德华字典》,朱树蒸《袖珍英华成语辞典》,路大和等《新中俄大字典》,陈言《日华成语辞典》,赵立言等《综合日华大辞典》,黄士复和江铁《综合英汉大辞典》,周庄萍等《现代中文世界语辞典》,冯文洛《世界语中文大辞典》等。

第二节 探索变革期

1949 年至 1977 年是我国辞书编纂的探索变革期,由于十年“文革”浩劫,这一时期的语文辞书编纂可分为 1949—1965 年的初步崛起阶段和 1966—1977 年的休克停滞阶段。

一、初步崛起

1949—1965 年这一阶段的初期,为了满足人民群众日益增长的扫盲及学习文化的迫切要求,一些内容形式俱新的实用字典应需而生。如《人民小字典》《新字典》《常用字汇》《绘图注音小字典》《广州音国音中文字典》等。又如 1952 年中国大辞典编纂处专门为帮助群众学习文化而编的《学文化字典》,仅收一般读、写常用字。又如 1953 年新华辞书社编的《新华字典》,1954 年北京书店编的《学习小字典》,1955 年中国大辞典编纂处为适应中等文化程度人们的学习需要而编的《同音字典》和《新部首索引国音字典》,1958 年商务印书馆为适应农民学习需要而编的《农民词典》,1959 年商务印书馆编的供高小初中学生学习语文使用的《学生字典》。此外,香港商务印书馆 1950 年出版有《四角号码新词典》,1961 年出版有《常用新辞典》;台北华国书局 1950 年出版有《王云五综合词典》等。这些语文辞书的收字范围一般以现代汉语为限,注解和例句大多简明合度,其中《四角号码新词典》和《新华字典》是以语词为主,兼收百科的综合性语文辞书,自问世后续有多次修订,发行量甚大,影响较广。《汉语拼音方案》和《汉字简化方案》公布实施后,1959 年修订版《新华字典》改用按汉语拼音字母顺序排列字头,按普通话标准音注音,以简化字为正体,繁体字作异体处理,在扫除文盲、普及教育、提高语文教学水平、推广普通话及汉语规范化等各方面起到了重要的推动和促进作用,以汉语拼音字母注音的普通话和作为正体的简化字也自此进入辞书编纂领域。

这一阶段我国辞书编纂在继承传统辞书编纂的成功经验中有所探索,翻印了《说文解字》《康熙字典》和《中华大字典》等一批具有影响的传统辞书,注意借鉴国外辞书编纂的技术方法,且付诸编纂实践,着手组织修订《辞海》、《辞源》和编纂新辞书。这一阶段编纂的辞书虽然品种不多,总的情况是应付当时需要,缺乏长远考虑和整体规划,但"17 年间出版的数量几乎相当于 1911—1948 年近 40 年间出版数量的 2 倍"①,出版各类辞书 700 多种,②质量也有所提高,尤其是 1953 年至 1959 年这几年辞书的出版量逐年上升,语文辞书的编纂也开始走向兴旺,计有 263 部。③ 如 1953 年出版有张相《诗词曲语辞汇释》,1956 年出版有朱居易《元剧俗语方言例释》,1957 年重印有据《国语辞典》删节的《汉语词典》,1959 年出版有蒋礼鸿《敦煌变文字义通释》,1964 年出版有陆澹安《小说词语汇释》等考释性语文辞书。又如专书辞书有杨伯

---

① 何华连《我国中文工具书编纂出版分期概观》,《浙江师范大学学报》,1995(1)。

② 张志毅《辞书强国》一文称"这一阶段,平均每年出版辞书 125 部"。《辞书研究与辞书发展论集》,上海辞书出版社,2012 年,2 页。

③ 据教育部语言文字信息管理司与鲁东大学共建的汉语辞书研究中心"语文辞书信息库"。

峻《论语词典》和《孟子词典》，双语辞书有郑易里等《英华大词典》、陈涛主编《日汉辞典》、郭景天编《俄华词典》、刘泽荣主编《俄汉大辞典》、陈涛主编《日汉辞典》等，虚词辞书有1954年出版的杨树达《词诠》、1957年出版的吕叔湘《文言虚字》和杨伯峻《文言虚词》，成语词典有《汉语成语小词典》《现代汉语成语词典》《简明成语词典》等，方言俗语辞书有《汉语方音字汇》《汉语方言词汇》《北京话轻声词汇》《北京话单音词汇》《北京土语辞典》《北方话语汇》等。

1957年《辞海》和《辞源》的重新修订提到议事日程上，1958年中华书局设立辞海编辑所，1959年成立辞海编辑委员会，由舒新城任主编，组织了约5 000名专家参与《辞海》的修订编纂工作。1960年舒新城逝世，又由陈望道继任主编。1962年初出版了《辞海》试行本十六分册，1965年又出版了作有进一步修订的《辞海》(未定稿)，限于内部发行。《辞源》的修订经文化部组织专家讨论，确定了与《辞海》《现代汉语词典》分工的原则，要求将《辞源》修订为专收古代汉语，兼及古代文物、典章制度等方面词语的语文辞书，以解决阅读古籍的疑难问题。1964年商务印书馆出版了《辞源》第一分册，惜因“文革”的爆发，修订工作被迫停止。《辞海》的修订也同样陷于停顿。

值得一提的是1955年中国科学院主持召开的“现代汉语规范问题学术会议”论证确定了编写《现代汉语词典》的课题，明确了汉语规范化的标准是“以北京语音为标准音、以北方话为基础方言、以典范的现代白话文著作为语法规范的普通话”。“普通话”作为一个概念获得了汉民族共同语的标准语的地位。1956年2月6日国务院发布关于推广普通话的指示，责成中国科学院语言研究所(1977年5月改称中国社会科学院语言研究所)编写以确定词汇规范为目的的中型现代汉语词典，为推广普通话，促进汉语规范化服务。吕叔湘与罗常培为此合撰了《现代汉语规范问题》一文，从汉语规范化的角度，对汉语语文辞书的编纂做了初步规划。[①] 该文分析了编纂详解现代汉语词典所要解决的如下一些问题：区分词与非词；标注词类和词的语法方面的说明；流行词汇的搜集；词目的取舍；成语的安排；词义的分析说明；例句的搜集选取等。这对《现代汉语词典》的编纂具有重要的指导意义。该文指出除一般性的详解词典外，还需要各种有特定目的或范围的语文辞书。如同义词典、虚词词典、用法词典、成语词典和各种专科词典、外语和汉语的对照词典、少数民族语言和汉语的对照词典等。1956 年 7 月中国科学院语言研究所组建了词典编辑室，由吕叔湘任室主任和《现代汉语词典》主编，确定《现代汉语词典》是以词汇规范为目的的反映现代汉语词汇面貌的中型语文词典，“分析词义以现代汉语为准，不详列古义，而且特别注意分辨基本的常用的词的意义”[②]。《中国语文》1956 年第 7—9 期连续发表了郑奠、孙德宣等撰写的《中型现代汉语词典编纂法（初稿）》，就《现代汉语词典》编纂宗旨、结构框架、选词立目、注音释义、词目编排和查词检字等进行了论述，奠定了语文辞书编纂的理论基础。如收词，“以词为主，但同时也兼收构词能力很强的词素，以及非词而经常使用的成语、词组”；注音，“以现代的北京语音为标准音”；释义，“以现代实际使用的意义为主，尤其注重旧词的新义的发生与发展”；编排，“按音节编排而兼顾汉字字形”。

1958 年 2 月《现代汉语词典》开始试编，1959 年 10 月完成初稿，1960 年印出《现代汉语词典》试印本分送全国各大专院校和有关单位广泛征求意见。1961 年丁声树接任词典编辑室主任和《现代汉语词典》主编，1963 年完成定稿，1965 年 5 月印出《现代汉语词典》试用本送审稿。《现代汉语词典》是第一部现代汉语规范型词典，也是这一时期

① 吕叔湘、罗常培《现代汉语规范问题》，载《吕叔湘全集》第 12 卷，辽宁教育出版社，2002 年。

② 吕叔湘《谈谈现代汉语规范化工作》，《人民日报》，1959 年 11 月 26 日。

的辉煌代表成果，遗憾的是，1965 年底至 1966 年初正准备排印出版时因“文革”的爆发而夭折。

这一阶段“由于政治上和经济上某些失误的影响，从 1960 年到 1966 年，每年辞书出版的数量明显下滑，跌到了这一历史时期的最低谷，辞书事业处于徘徊不前的状态”。1953 年至 1959 年语文辞书编纂初步崛起的繁荣好景未能正常发展，已完成定稿的《现代汉语词典》未能如期付印出版，《辞源》和《辞海》的修订也被迫陷于停顿，导致出现大国小字典的尴尬局面，“一部小小的《新华字典》在建国后的近三十年时间里竟一度成为泱泱大国辞书的象征，却足见当时辞书极度贫乏状况之一斑”①。

二、休克停滞

1966—1977 年的“文革”十年是我国文化事业遭受史无前例摧残的年代，辞书编纂也处于休克停滞，正在编纂和正在计划中的辞书几乎陷于完全的停顿，出现“荒漠化”现象，仅出版各类辞书 100 种左右，其中语文辞书有 34 种，②不仅数量少，而且缺少有分量的辞书，当时的中央文革宣传出版组甚至于 1967 年 7 月 7 日还发布了所谓《关于辞海批判问题的指示》。这一阶段我国是一个辞书匮乏的国度，也是一个大学入学时订购的词典要到大学毕业时才能到货的时代，语文辞书的编纂出版在艰难困苦中寻求生存与发展，出版有《汉语常用字典》《小学生字典》和《英汉辞典》《新英汉词典》等。其中《新英汉词典》是当时一部内容较新又较切合实用的中型外汉语文辞书，收词 8 000 多个，1976 年由上海人民出版社初版，1978 年又由上海译文出版社出版新一版，后又有

① 杨文全《近百年的中国汉语语文辞书》，巴蜀书社，2000 年，256 页。

② 据教育部语言文字信息管理司与鲁东大学共建的汉语辞书研究中心“语文辞书信息库”。

1985年的增补版。

“文革”后期，辞书编纂出版总算出现了转机，1975年5月23日至6月17日国家出版事业管理局在广州召开了中外语文辞书编写出版规划座谈会，提出了编写出版《汉语大字典》《汉语大词典》以及《古汉语字典》《普通话闽南方言词典》和《古汉语虚词用法词典》等160种中外语文辞书的规划。

值得一提的是这一时期我国台湾省出版有何容编《国语日报辞典》和《重编国语辞典》、陆师成编《辞汇》、毛松年编《海外华文常用字字典》、吴淑蕙编《实用中国成语大辞典》、陆涌泉编《四用成语典》、蔡培庆编《国语闽南语对照常用辞典》和刘宗怡编《俄汉大辞典》等，尤其是1962年至1968年编纂出版了张其昀、林尹、高明主编的《中文大辞典》，1976年又出版有修订普及本。香港出版有周连璧编《新编中文大字典》、冯浪波编《两用中文字典》、冯田猎编《粤语同音字典》、黄元凯编《中华成语辞典》、高莫野编《中国成语大辞典》、张一渠编《现代用语大辞典》、冯式编《同义语辞典》和林语堂编《当代汉英词典》等。

第三节　复兴发展期

“文革”后到20世纪末，百废待兴，辞书编纂也进入发展期。《汉语大字典》，《汉语大词典》，《中国大百科全书》，《辞海》、《辞源》修订本和《中华百科全书》等大型辞书相继问世，“大国小字典”的窘状彻底改变，尤其是《汉语大字典》《汉语大词典》和《中国大百科全书》的出版结束了我国没有历史性详解汉语大型语文辞书与现代百科全书的历史。这一时期“平均每年出版600多部辞书，差不多是前一阶段的5倍，且不乏传世之作，如《现代汉语词典》、《辞海》(1979)、《辞源》(1979)、《汉语大字典》、《汉语大词典》、《中国大百科全书》、《英汉大词典》、《俄汉详解词典》等”[①]，语文辞书的编纂大体可分为1978—1987年初步发展的复兴和1988—2000年快速发展的兴盛两个阶段。

1978—1987年的十年是初步发展的复兴阶段，这一阶段出版了700多部语文辞书，既有大型的《辞海》、《辞源》修订本，中型的《现代汉语词典》、《新华词典》、《四角号码新词典》修订本、《古汉语常用字字典》等，规模较小的《汉语小词典》、《金文常用字字典》、《难字小字典》、《现代汉语小词典》和《新华字典》修订本，又有《同源字典》、《现代汉语词林》、《倒序现代汉语词典》、《现代汉语分类词典》、《现代汉语频率词典》、《现代汉语八百词》、《常用构词字典》、《实用解字组词词典》、《实用汉语图解词典》和各种成语词典、新词词典、搭配词典、缩略语词典、难字字典、典故词典、俗语词典、谚语词典、歇后语词典、惯用语词典、方言词典、写作词典、名言警句词典、类义词典、同义词典、反义词典、同音词词典和文学鉴赏词典等，如《汉语成语词典》《汉语成语大词典》《汉语成语分类词典》《歇后语大辞典》《汉语惯用语词典》《汉语新词词典》《汉语新词语词典》《现代汉语同义词词典》《简明同义词典》《同义词词林》《汉语反义词词典》《反义词词典》《同义反义成语词典》《汉语外来词词典》《现代汉语缩略语词典》《汉语动词—结果补语搭配词典》《甲骨文虚词词典》《语言文字学词典》《常用文言虚词词典》《唐诗鉴赏辞典》《诗歌辞典》《中国神话传说词典》《中国古代名句辞典》等，还有面向学生的《中学文言文词典》《中学生文言字典》《小学生常用字典》《少年儿童新字典》《幼儿图画字典》等。双语语文辞书则有《纳西象形文字简谱》《简明英汉汉英词典》《简明汉朝词典》《英华大词典》《新英汉词典》《俄汉详解大词典》和《大俄汉词典》等，尤其是《汉语大字典》和

① 张志毅《辞书强国》，载《辞书研究与辞书发展论集》，上海辞书出版社，2012年，2—3页。

《汉语大词典》也开始编纂并陆续出版,在1986年同时出版了第一卷。[①]

1988—2000年是快速发展的兴盛阶段。1988年新闻出版署在成都召开了第二次全国辞书编写出版规划座谈会,拟定了力求汉语语文辞书"品种齐全,填补缺门,成龙配套"的规划。这一阶段《辞海》作有两次修订,1989年出版了第4版,1999年出版了第5版;《现代汉语词典》也作有修订,1996年出版了第3版;《汉语大字典》于1990年全部出齐;《汉语大词典》于1993年全部出齐。这一阶段出版有各种语文辞书4 000多部,呈现出品种繁多和多层次系列化的特点,不但数量大幅增加,质量上也有较大完善,不仅适应大多数中等文化层次读者的需求,编纂了大量普及文化知识的语文辞书,而且注重填补缺门,为同一读者对象的不同需求编纂了各种成龙配套的语文辞书。如字典有冷玉龙等编《中华字海》,许威汉主编《汉字古今义合解字典》,姚孝遂主编《殷墟甲骨刻辞类纂》,张桁等《通假大字典》,汪仁寿《金石大字典》,张书岩《标准汉语字典》;词典有周行健等主编《现代汉语规范用法大词典》,李行健主编《现代汉语规范词典》,于根元主编《中国语文大辞典》,王德春《汉语修辞词典》和《汉语国俗词典》,苏渊雷主编《绝妙好联赏析辞典》,张玉金《古今汉语虚词大辞典》,中国社会科学院语言所编《汉语动词用法词典》,林杏光等编《现代汉语动词大词典》,王起澜等编《汉语关联词词典》,李连益《汉语比喻大辞典》,刘学敏等《现代汉语名词量词搭配词典》,张寿康等《现代汉语宾语搭配词典》,王海棻《古代疑问词语用法词典》,杨庆蕙《现代汉语离合词用法词典》和《现代汉语正误辞典》,张拱贵《汉语委婉语词典》,张家太等《现代汉语褒贬用法词典》,商务印书馆辞书研究中心编《古今汉语词典》,岑麒祥《汉语外来语词典》,黄丽丽等《港台语词词典》,朱广祈《当代港台用

---

① 据魏向清等《中国辞书发展状况报告(1978—2008)》,商务印书馆,2013年,37—51页。

语词典》，郑定欧《香港辞典》，邱质朴《大陆和台湾用语差别词典》，张涤华等《汉语语法修辞词典》，梅家驹《现代汉语搭配词典》，陈海洋《中国语言学词典》，宋永培等《中国文化语言学辞典》等。鉴于港澳和台湾海峡两岸的语文生活现状和社会发展的需要，邱质朴还编有《大陆和台湾用语差别词典》，魏励等编有《大陆及港澳台常用词对比词典》等。其中古代汉语语文辞书 58 部，现代汉语语文辞书 292 部。[①] 就古代汉语语文辞书而言，既有满足不同层次读者需要的不同规模的《古汉语小字典》《古汉语常用字字典》《王力古汉语字典》《古今汉语字典》《简明古汉语常用字字典》和《中华古汉语大词典》等，又有学习型的《学生古汉语词典》《学生辞海》《中学文言文词典》《中学生写作辞典》和《中学文言文实用词典》等。就现代汉语语文辞书而言，既有实用型的多功能词典，如《全功能汉语常用字字典》《常用字五用字典（注音·释义·辨析·组词·作文）》《现代汉语通用字字典》和《新编实用汉语词典》等，又有满足不同年龄段不同文化层次读者需求的词典，如《小儿童中文字典》《中学生实用学习辞典》《农民实用字典》《中学教师实用语文辞典》《实用解字组词词典》《形近字典》等，还有金海湾电子音像出版社和广西师范大学出版社 1998 年联合出版的《古今图书集成》电子版和网络版，上海数字世纪网络公司易文网的工具书在线频道开通的《汉语大词典》，北京大学计算语言学研究所开发的《现代汉语语法信息词典》等。

这一阶段语文辞书的编排方式多样，如吴西成、陈桂成主编的《三笔形快速查字法字典》、南人等编的《速查学生字典（“杞”码顺序排列）》和崔玉松主编的《简明逆序词词典》。又如体积小便于携带的《袖珍字海》《迷你字典》和图画本的《学龄前彩色图解字典》《少儿看图解

① 据魏向清等《中国辞书发展状况报告（1978—2008）》，商务印书馆，2013 年，52—54 页。

说字典》等。一些彩图系列和鉴赏系列的语文辞书图文并茂，增进了读者的阅读兴趣。双语语文辞书则有《英汉大词典》《汉英大辞典》《现代汉英词典》《新日汉词典》《新汉日词典》《新世纪法汉大词典》和《俄汉详解大词典》等。

据魏向清等《中国辞书发展状况报告（1978—2008）》的数据统计和分析，这一阶段专项语文类辞书出版了1 102部，其中现代汉语专项类辞书为690部，文学鉴赏类辞书192部，古代汉语专项类辞书为84部，方言类辞书77部，字体书法类辞书59部。古代汉语专项类辞书在种类和数量上都有较大幅度的增长，涉及20多种次类别，其中尤以专书类（31部）、典故类（11部）、古诗词类（10部）最多。[①] 如张永言《世说新语辞典》、龙潜庵《宋元语言词典》、卢润祥《唐宋诗词常用语词典》、蒋礼鸿等《敦煌文献语言词典》、江蓝生等《唐五代语言词典》、张季皋等《明清小说辞典》、高文达等《近代汉语词典》、许少峰等《近代汉语词典》、王利器《金瓶梅词典》、白维国《金瓶梅词典》、胡竹安《水浒词典》、李法白《水浒语词词典》、周汝昌主编《红楼梦辞典》、周定一主编《红楼梦语言词典》、冯亦鹤和汤克友主编《小学古诗文辞典》、霍松林主编《中国古典小说六大名著鉴赏辞典》、吴士勋和王东明主编《宋元明清百部小说语词大辞典》、王锳《诗词曲语辞例释》和《唐宋笔记语辞汇释》、顾学颉等《元曲释词》、江蓝生《魏晋南北朝小说词语汇释》、蔡镜浩《魏晋南北朝词语例释》、袁宾《禅宗著作词语汇释》和《禅宗词典》等。现代汉语专项类辞书除了数量大幅度增加外，次类别的品种有成语词典、写作词典、类义词典、格言词典、警句词典、名言词典、名句词典、新词词典、典故词典、谚语词典、词语辨析词典、歇后语词典、俗语词典、搭配词典、缩略语词典、难字字典等，完善了汉语辞书的类型布局。如成语词典有182部，既有罗竹风主编《汉大成语大词典》，又有王尚

① 魏向清等《中国辞书发展状况报告（1978—2008）》，商务印书馆，2013年，55—56页。

林、姜清沂编《小学生常用成语小辞典》，还有史有为、李云江编《分类双序成语词典》以及按“四角号码”或“速查”等新检索方式编排的成语词典。其中普通型有刘叶秋等主编《成语熟语词典》，专题型有倪宝元、姚鹏慈编《汉语成语辨析词典》，功能型有刘启瑛、王炳乾编《六用成语词典》，考释型有刘洁修编《汉语成语考释词典》，对象型有张景良、徐谦编《小学生插图成语词典》等。又如方言词典有 77 部，既有许宝华、宫田一郎主编《汉语方言大词典》和李荣主编《现代汉语方言大词典》，又有《北京方言词典》《简明东北方言词典》《哈尔滨方言词典》《普通话闽南方言词典》《普通话潮汕方言常用字典》和广州话、福州话等各地的方言词典。再如字体书法类辞书有篆书体、草书体、隶书体、行书体、楷书体、简帛字体、美术字字体词典和书法名作词典、硬笔书法词典等，鉴赏类辞书则涵盖了诗歌、小说、散文、词、赋、戏曲、寓言、小品文等多种多样的文学体裁形式。[①]

这一阶段汉语史专书词典编纂的系统性也开始受到编者的关注和重视，编纂有“十三经辞典”“二十五史辞典”及“先秦要籍词典”系列专书词典。如“十三经”量大，涉猎面广，体现了儒家的思想文化。诸如天人合一的思维模式，天下为公的大同理想，以民为本的治国原则，和谐人际的伦理主张，自强不息的奋斗精神，重视德操的修身境界等，涉及哲学、文学、政治、伦理、教育、天文、动物、植物、山川舆地以及古代社会的风土人情等诸多领域。“十三经辞典”按十三部经书分部编写，一部经书为一卷。各卷尽收各部经书的词、短语、固定格式以及含有经义及特殊意义的句子作为条目，所立单音词、复音词条目标注读音和词性，分列义项，释义阐明渊源演变，列出书证。每卷分为辞典正文及词语索引两大部分，所立条目及义项均有使用频数统计，反映其词义消长演变的信息。

这一阶段出版的外向型词典有李忆民主编《现代汉语常用词用法

① 魏向清等《中国辞书发展状况报告(1978—2008)》，商务印书馆，2013 年，57—61 页。

词典》、孙全洲主编《现代汉语学习词典》、杨庆蕙主编《现代汉语离合词用法词典》、李晓琪等编《汉语常用词用法词典》和邵敬敏主编《汉语水平考试词典》等。①

1979 年 4 月《辞书研究》的创刊标志着我国辞书理论研究新时期的开始,1982 年成立的上海辞书学会是全国最早的辞书学术团体,1992 年 10 月又成立了中国辞书学会,下设语文词典专业委员会、双语辞典专业委员会和辞典理论与辞书史专业委员会等,推动了语文辞书编纂的发展。

这一时期香港出版有张丹编《中文多用字典》、何容编《新雅中文字典》、李卓敏编《李氏中文字典》、杨子来编《标准中文输入码大字典》、周清海编《时代汉语词典》、金近编《汉文成语辞典》和林语堂编《实用成语辞典》等。其中《李氏中文字典》收字 12 800 多,以字的形声部分划分为 1 172 个部首。香港商务印书馆还制作了《汉语大词典》的电子版。

这一时期台湾五南图书出版公司 1987 年出版周何主编《国语活用辞典》,收字 13 961 个,每个字头标有小篆写法,说明所属六书种类,分析字形,阐述字义的衍变。2009 年又出版有修订三版。东方出版社 1961 年出版有《东方国语辞典》,1991 年又出版有增订本,收字 1.1 万多个,6 万多个词语,用注音符号标音,注明词性,用语体释义,按部首编排。三民书局 1985 年出版有《大辞典》,三和出版社 1987 年出版胡汝章主编《成语辞海》,远流出版社 1992 年出版陈修编《台湾话大词典》等。台湾中华书局继 1956 年发行《辞海》上下 2 册后续有修订,1996 年又出版了《辞海》最新增订本。台湾商务印书馆 1984 年出版有《(增修)辞源》,1981 年出版《重编国语辞典》。《重编国语辞典》由“国语推行委员会”以 1947 年的重版《国语辞典》为底本重编,删并原书条目 1 万余,新增 2 万多条专科词,共计收录条目约 12 万多,从 4 册扩编为 6 册。1987 年又成立专案小组进行修订工作,至 1994 年修订完成,收录

① 魏向清等《中国辞书发展状况报告(1978—2008)》,商务印书馆,2013 年,66 页。

词条16万多,出版了光碟版。除了沿用原"重编本"的专科词,大部分词语在体例、内容上都有所修订。另附十余种附录。1995年9月还正式发行了学术网络版《重编国语辞典》修订本初版,至2007年间又陆续进行过数次改版,并以修订本内容为基础,发行了《重编国语辞典简编本》《国语小字典》《成语典》《异体字字典》《台湾客家语常用词辞典》和《台湾闽南语常用词辞典》等线上语文辞书。此外,还出版了《远东英汉大辞典》《最新实用汉英辞典》。

《现代汉语词典》是继《国语辞典》后我国词典编纂史上的又一里程碑,标志着以语言学理论研究为基础的词典编纂水平,反映了大陆汉语词汇的基本面貌。《重编国语辞典》修订本则反映了台湾汉语词汇的基本面貌。这两部语文辞书都在《国语辞典》基础上编成,具有同源性,主要的不同体现在:第一,《现代汉语词典》是共时的,有明显的断代的、现当代的特点,而《重编国语辞典》修订本收词的范围延伸到了唐、宋、元、明、清,兼具历时词典的性质。第二,《现代汉语词典》具有强烈的规范意识,而《重编国语辞典》修订本更注重描写性。第三,《现代汉语词典》是一部中型词典,《重编国语辞典》修订本则是一部大中型的词典。第四,《现代汉语词典》采用简体字和新体字,而《重编国语辞典》修订本采用繁体字和旧体字。

第四节 开拓完善期

20世纪80年代以来,我国已基本形成完整的辞书体系,基础性、权威性的汉语语文辞书已大致形成系列,汉外对照的双语辞书基本覆盖了所有实用的语种,学科性辞书基本覆盖了所有主要学科,辞书的类型、品种多样化,辞书的功能、效用特定化,辞书的社会认知程度明显提高。新世纪伊始至今,辞书编纂继续保持多层次和系列化的特点,趋于平稳发展。大型辞书中《辞海》续有修订,2009年出版了第6版;《汉语大字典》也作有修订,2010 年出版了第 2 版;《中国大百科全书》的修订自 1996 年启动,2009 年出版了第二版,第三版的编纂出版也于 2011 年底经国务院批准正式立项,已在进行整体方案的设计;《汉语大词典》知网版通过验收上网发布;《中华大典》自 1990 年启动编纂,各分典已陆续出版;《大辞海》各分卷也陆续出版,已于 2015 年出齐;《辞源》百年修订的第三版和《近代汉语词典》于 2015 年相继问世;《现代汉语大词典》和《汉语大词典》(第二版)则正在编纂中;[①]《辞海》(第七版)的编纂也于 2015 年正式启动,定位于守正出新,目标是成为《辞海》百年历史上质量最高,使用最便捷的一版,将在 2019 年问世,并筹划进入互联网终端,在移动互联网时代发挥其应有的功用。

这一时期出版古代汉语语文辞书 75 部,现代汉语语文辞书 168 部。[②] 就古代汉语语文辞书而言,有面向不同层次读者对象的,如徐复编《古汉语大词典》,王剑引等编《古代汉语大词典》,许威汉主编《古汉语词诠》,严廷德、郑红编《古代汉语字典》,张振德主编《古汉语小字典》等,也有书名中冠以"学习""学生"以及"中学"字样的古代汉语学习型辞书,而且注重常用字,书名中冠以"常用字"字样的有 24 部。就近代汉语语文辞书而言,有许少峰编《近代汉语大词典》和雷文治主编《近代汉语虚词词典》。就现代汉语语文辞书而言,有李国炎等《当代汉语词典》,张斌《现代汉语虚词词典》,李宇明主编《全球华语词典》,单耀海等编《中华大辞林》,李行健《两岸常用词典》和《两岸差异词词典》,施光亨、李行健《两岸现代汉语常用词典》,还有《现代汉语词典》的三次修订,2002 年出版了第 4 版,2005 年出版了第 5 版,2012 年出版了第 6 版,反映了现代汉语词汇研究的新成果。2006 年台湾五南出版

---

① 《辞源》于 2007 年启动新版的修订,2015 年完成;《汉语大词典》第二版的编纂出版也于 2012 年启动,计划于 2020 年完成。

② 据魏向清等《中国辞书发展状况报告(1978—2008)》,商务印书馆,2013 年,72—74 页。

社出版了根据李行健主编的《现代汉语规范字典》和《学生规范词典》改编的《形音义规范字典》和《九年一贯审订音字典》，远流出版公司2008年出版了陈铁君主编的《远流活用中文大辞典》。上海辞书出版社出版了“汉语工具书大系”，其中有《中国成语大辞典》《中国俗语大辞典》《中国歇后语大辞典》《中国谚语大辞典》《中国惯用语大辞典》《中国典故大辞典》《中外名句大辞典》《中国格言大辞典》《新词语大词典》《同义词大词典》《反义词大词典》《古代汉语大词典》《现代汉语大词典》等。商务印书馆也出版了《新华字典》《新华词典》《新华语典》《新华写字字典》《新华拼写字典》《新华正音字典》《新华同义词词典》《新华反义词词典》《新华成语大词典》和《新华谚语词典》《新华歇后语词典》《新华惯用语辞典》《新华多功能字典》《新华新词语词典》等新华系列语文辞书。双语语文辞书则有《新时代英汉大词典》《新时代汉英大词典》《新世纪汉英大词典》《乌尔都语汉语词典》[①]《新汉日词典》和《中华汉英大词典》等。

据魏向清等《中国辞书发展状况报告(1978—2008)》的数据统计和分析，这一时期出版了专项语文类辞书787部，其中现代汉语专项类辞书491部，文学鉴赏类辞书107部，古代汉语专项类辞书56部，方言类辞书28部，字体书法类辞书105部。古代汉语专项类辞书中专书词典21部，名言名句词典13部，通假字字典5部。现代汉语专项类辞书中成语词典171部，类义词典38部，格言警句词典36部，歇后语词典35部，惯用语词典8部，谚语词典24部，典故词典17部，新词词典11部，写作词典20部，错别字字典8部。方言类辞书中有粤语、吴语和闽南话词典，还有《现代汉语方言大词典》综合本。鉴赏类辞书中诗歌鉴赏类33部，词鉴赏类17部，文学名篇鉴赏类12部，戏曲鉴赏类10部，

① 乌尔都语是巴基斯坦伊斯兰共和国的国语，也是印度和孟加拉国等南亚国家通行语言之一，属印欧语系的一支。

名句鉴赏类9部，散文鉴赏类5部，小说鉴赏类5部，又有序跋鉴赏辞书，如楼沪光、孙琇主编《中国序跋鉴赏辞典》等。字体书法类辞书几乎囊括了字体和书法的方方面面，涉及楷书、隶书、草书、行书、甲骨文和金文等各类字体和书法名家名作、广告书法等。[①] 此外，还有钱钟联等编《中国文学大辞典》，唐文编《郑玄辞典》，王彦坤编《历代避讳字汇典》，于根元主编《中国网络语言词典》，谭学纯等编《汉语修辞格大辞典》，吴月梅编《汉语图解词典》，曹先擢、苏培成编《新华多功能字典》，何光才编《现代汉语通用字数码字典》，施光亨、王绍新编《汉语教与学词典》，施光亨编《汉语口语词词典》，黄岳洲编《汉语词根辞典》，王海棻编《古汉语范畴词典》，杨继本编《汉字信息教学与输入字典》，刘涌泉编《字母词词典》和《汉语字母词词典》，沈孟璎主编《实用字母词词典》，王宁主编《通用规范汉字字典》等。

这阶段我国形成了较完备的辞书学理论，大至编纂指导原则、收词立目、词义训释、本义的归纳、引申义与假借义的探求、书证的引用、词性的确定与标注，小至词目的相互参见、字体的选用、附图附录的安排等，皆有探讨，在语文辞书编纂实践中有所运用。如全面标注词性的《现代汉语词典》第5版于2005年6月问世，《现代汉语规范字典》《现代汉语规范词典》和《应用汉语词典》等语文辞书也在词性标注方面作了有益的尝试。又如《现代汉语学习词典》《现代汉语常用词用法词典》《汉语常用词用法词典》和《当代汉语学习词典》等语文辞书尝试控制释义用词的范围和数量，保证释语的显明易懂，体现了以使用者为中心的编纂理念。

这一时期语文辞书的印刷方式和版式设计也有多样化的创新，如双色版的《古代汉语常用字字典》《新实用现代汉语词典》和彩色版的《古代汉语字典》《新华大字典》，又如郭良夫主编的纵横码版《应用汉语词典》

① 魏向清等《中国辞书发展状况报告(1978—2008)》，商务印书馆，2013年，75—79页。

等。一些大型辞书已逐渐趋于精装，配置插图，如《辞海》2009年版。

值得指出的是20世纪计算机的迅速发展已将人类引入了一个全新的信息化社会，近年来随着基因的破译，人类在新世纪伊始又拉开了克隆时代的序幕。现代高科技的发展带来的巨大变革正日益丰富着我们的物质文明和精神文明，人们在欢呼"生物学世纪"到来之时对自身也有了更多的了解，传统纸质辞书已难以满足人们的需求，计算机开始进入辞书编纂，用于语料收集、储存和分析，确定词目，限词释义，提供例证，说明语法信息，描述语体特征，增补修订等辞书编纂的各个环节，辞书编纂已从最初的手工书写阶段和印刷阶段进入到向数字化和网络化发展的新时代，面临着编纂方法上革命性的大变革，呈现出纸质、电子与网络等并存的多元载体格局。现代辞书编纂最主要的技术大致有语料库技术，基于知识本体、数据仓库与知识挖掘的语义网络技术，采用虚拟现实等多媒体信息的电子辞书技术，互动与共享的网络辞书技术。如北京大学计算语言学研究所和中国科学院计算技术研究所联合开发的《现代汉语语义词典》和《中文概念词典》，清华大学等开发的《信息处理用汉语语义词典》，清华大学计算机系和中国人民大学语文所联合开发的《现代汉语述语动词机器词典》《现代汉语述语形容词机器词典》和信息处理用《现代汉语语义分类词典》等，中国科学院计算机语言信息工程研究中心董振东开发的知网，中国科学院声学研究所黄曾阳创立的HNC语义知识库，台湾远东图书公司与"中华电信"2000年联合推出的"行动字典"，上海世纪出版集团2010年推出的以《辞海》为基础的"辞海悦读器"，商务印书馆2015年出版《辞源》第三版纸质版的同时推出其网络版和优盘版等。其中《现代汉语语义词典》(CSD)是一个面向汉英机器翻译的大规模汉语语义知识库，收录6.6万多个词，建立了汉语语义分类体系，不仅给出每个词语所属的词类、语义类，而且按类描述每个词的语义类、配价等丰富的语义组合信息，以义项为单位详述其各种语义搭配限制。《现代汉语述语动词机器词典》详尽描写

了每个动词的组合关系，包括有关动词的词法、句法、语义、语用等丰富的信息。《现代汉语述语形容词机器词典》从词法、句法、语义、语用多角度全面描述述语形容词的信息，包括词形、拼音、释义和语义分类属性等。《现代汉语语义分类词典》对 7 万多现代汉语常用动词、形容词、名词的 11 万多个义项进行了分类整理。董振东开发的知网则通过对概念与概念之间的关系以及属性与属性之间的关系的描写来构建一个词汇知识系统，认为世界上一切事物（物质的和精神的）都在特定的时间和空间内不停地运动和变化。每一个事物都可能是另外一个事物的部件，同时每一个事物也可能是另外一个事物的整体；而任何一个事物都一定包含着多种属性，事物之间的异或同是由属性决定的，没有了属性就没有了事物。知网用“义原”来描写概念。① 如对概念“男人”用“human | 人，family | 家，male | 男”三个义原加以描述。知网共采用了 1 500 多个义原，描写了 24 089 个概念。知网还描写了上下位关系、同义关系、反义关系、对义关系、部件—整体关系、属性—宿主关系、材料—成品关系、场所—事件关系、时间—事件关系等共 16 种关系。

又据 2015 年 4 月 25 日《辞海》第七版编纂启动大会报道，2019 年版《辞海》将利用互联网技术进行编纂，建立数字资源管理系统、辞书核心网络编纂系统、多元发布系统、在线知识服务系统和历版《辞海》数据库、《大辞海》数据库、标准数据库、图片数据库、语文词典数据库、百科辞典数据库、多媒体资源数据库，实现从内容的编纂、管理、发布和运行整个流程的网络化和数字化，形成权威的汉语基础知识服务引擎，以适应读者在互联网和移动互联网上方便、快捷、准确地获取相关信息。这些电子和网络辞书可以说在某种程度上代表着新世纪辞书编纂的新趋势。

---

① 义原是最基本的、不易于再分割的意义的最小单位。假定所有的概念都可以分解成各种各样的义原，所有义原构成一个有限的集合，义原通过组合构成一个无限的概念集合。知网就是通过这一有限的义原集合，来描写概念。

第二章 字 典

第一节 《中华大字典》

徐元诰、欧阳溥存、汪长禄、陆费逵主编的《中华大字典》可以说是我国第一部新型大字典,标志了旧字书的终结。[①] 始编于1909年,成书于1914年,1915年中华书局出版,1935年重印,1978年再次重印。这部字典以《康熙字典》为蓝本,纠谬补阙,改进体例,补正了《康熙字典》中2 000多处错误,收字4.8万多个,成为20世纪80年代以前收字最多的一部语文辞书。编纂体制上采用字头分列,首创数字标示义项,确立正俗兼收的原则,收释了不少方言俗字和化学元素名称的译字及借自日语的外来词。《中华大字典》与《康熙字典》相比虽只多收了1 000多个字,但这些字中有很大一部分是新词,代表了新的事物和新的思想观念,既涉及天文、地理、理化、生理、博物等学科,也涉及政治、经济、文化、名物制度等各个方面,反映了当时的社会发展和科学技术的新成就,以现代科技观念采纳新说,满足了读者获取新知的查检需要。

《中华大字典》分部承《康熙字典》仍为214部,唯笔画相同的部首在排列次序上小有移动。每字下的注音都采用《集韵》的反切,并加直音,以《佩文韵府》106韵的韵目为参照标明韵部。书前附《切韵指掌图》,以明反切声韵的类别。义项基本上按本义、引申义、假借义顺序排

① 参刘叶秋《第一部新型大字典——中华大字典》,《中国青年报》,1985年7月3日;李开《现代词典学教程》,南京大学出版社,1990年,80页。

列。释义注重揭示词义的演变,多有近代自然科学知识,每一义项后都引一条文献作为书证。同形同音的字,全部释义归于一字;同形不同音的字则另立条目,以求明晰。字下每一义只引证一条,而每一义又都分行排比。其中形体相同而音义并异的都另列为一字,义同音异的则只列一字。不常见又难以诠释的名物词则配以插图。书末附有笔画检字。

《中华大字典》是传统字书向现代语文字典过渡的产物。梁启超序称:"兹编匡俗正谬,远稽旧文名物训诂,时标新解,下至域内方言,海邦术语,兼收博采,致资研索。倘所谓凌越前贤,以述为作者耶,抑犹有进者。近代词典,月异日新,博赡精宏,词事并著。东西学生,循是形声文字之原,以渐通夫天地人物之故,而周知当世之务。岂止广知识备遗忘已哉?"指出了其与传统辞书的根本不同。《中华大字典》在编纂方法和内容上的革新促进了语文辞书编纂的发展。①

第二节 《新华字典》与《四角号码新词典》

《新华字典》是第一部按汉语拼音字母表音序排列的小型现代汉语规范字典,以推广汉语拼音和普通话为主旨,按普通话标准音注音,以简体字为正体,繁体字作异体字处理。凡例指出"编写的目的主要是想让读者利用这本字典,对祖国语文的词汇能得到正确的理解,并且知道词汇现代化和规范化的用法,在书面上和口头上都能正确地运用"。

《新华字典》是世界上发行量最大的辞书,也是我国辞书史上修订频率最高的辞书。初由魏建功约同周祖谟、金克木、吴晓玲和张建木合编,名为《伍记小字典》,但未能编完。后由新华辞书社重编,②主编为

---

① 杨誉龙等在《中华大字典》基础上增删补遗,纠正疏误,收字以普通实用为主,按部首编排成《实用大字典》,中华书局1918年初版。

② 新华辞书社为1950年国家出版总署筹建,1956年并入中国科学院语言研究所(现中国社会科学院语言研究所)词典编辑室。

魏建功,由叶圣陶按“以音排列”“以语分字”“广收活语言”“适合大众”等原则改定。收字 8 800 个左右,在单字训解之下连带加出的复音词和词组有 3 200 多条,兼有简明词典之用。1953 年由人民教育出版社印行第一版,按注音符号顺序排列,以白话释义,用白话举例;1954 年又改以部首排列出版。《汉语拼音方案》《汉字简化方案》和《简化字总表》公布实施后,1959 年的《新华字典》修订版改用汉语拼音字母顺序,附《部首检字表》,以简化字为正体,收字 1.1 万个,复词 3 500 条,转由商务印书馆重排出版。60 年来,这本字典伴随社会的进步和时代变化,经几代上百名专家学者 10 余次大规模的修订,重印 200 多次,册数超过 4 亿。每一次修订都体现了强烈的时代特征,不仅在字词上“咬文嚼字”,而且更在内容上“与时俱进”,在形式上“革故鼎新”。每一次修订版本不仅体现了语言文字的不同变化,也折射了不同历史时期的社会特征。第一版的装帧设计还是线装书的样式,采用繁体字编排,收录数量繁多的生僻字,检字手段还是民国时期创立的音标。几乎每一页都有图画,绘制动物、植物,建筑和各种当时的农业和工业机械,[①]可以说是当时的一本小百科全书。“文革”时的修订本留下了特殊环境中的特殊痕迹,如 1976 年版的“仁”字条中塞进了“儒法斗争”谬论的解说。后来的几个版本也都反映了各个时代的语言和社会互动发展的轨迹,比如印刷和包装逐渐精良,字体的样式逐渐丰富,而词义和解释的修改也日渐丰富。删除了“租借地”“愚民政策”“锻铁”等一些不太常用的词,增加了“互联网、黑客、克隆、期货交易、盗版、白领、社区”等上百个新词新义。环保意识也渗入了字典的修订中,对于已经被国家定为保护动物和保护植物的,一般都将释文中“……可食”等语句删除,增加了“属于国家保护动物”等语句。如“鲸”,修订时删去了原释文中有“肉可吃,脂肪可以做油”。大致而言,六七十年代的版本,各种“主义”和“思想”的词汇特别多,八九十年代则大量收录了经

① 后来重排删去。

济、法律、技术的词汇。

1998 年修订的第 9 版收单字 1 万多个,带注解的复音词 3 500 余条。

2004 年第 10 版进一步体现了规范性、科学性和时代性。增补了部分新词、新义和新例,涉及通讯、计算机、医药、食品、生物技术、法律、经济、管理等当代社会生活的诸多方面,如:光纤、光盘、互联网、黑客、软件、硬件、手机、艾滋病、木糖醇、克隆、基因、公诉、公证、听证、投诉、期货交易、盗版、审计、公示、互动、白领、蓝领、绿卡、社区、超市、理念等,在一定程度上反映出当代社会面貌和大众的语文生活。新版基本采用简体字,并注出相应的繁体字,新增了 1 500 多个繁体字,便于人们学习。同时,根据教育部、语言文字工作委员会《第一批异形词整理表》对字典所涉及的异形词作了相应处理;还增补了插图。

2011 年第 11 次修订版新增了 800 多个字头,还增加了 1 500 多个繁体字和 500 多个异体字。[①] 主要以姓氏、科技术语等为主,增补了一些人名、地名和姓氏用字,删除了一些字的异读音,对于一些已经使用稳定的新字设立字头,删改其中一些难懂或过时、过长的例子。在释义中分别标出引申义、比喻义和转义,使读者能进一步理解多义词不同语义转变之间的关系,对研究词义的发展颇为有用。具体的修订主要涉及增补字音,增补新义,增删词语,增补人名、地名和姓氏用字,更新附录及改动体例六个方面。字音的变动,如"的"字增加了"di"音,加入"的士"的释义;增补新义,如"晒"字增加了"展示"义,多指在网络上公开透露(自己的信息),如"晒工资""晒隐私";"奴"字新增了"为了支付贷款等而不得不拼命工作的人"义;"门"字新增了"事件,多指负面的事件"义。增加了部分与国计民生相关的词语,如在"民"字的解释中

① 中国社会科学院语言研究所词典编辑室编,《新华字典 · 第 11 版修订说明》,商务印书馆,2011 年。

添加“民生”,组词为“关注民生”;“愿”字中添加“愿景”;“和”字中新增“和谐”;“工”字的例证中新增“农民工”。删去部分使用频率较低的词语,如“煤油、马达、马力、合作社”等。

商务印书馆 1977 年出版的《四角号码新词典》是以语词为主、兼收百科的通俗性语文工具书。主要收现代词语,也收一些古词古义,释义力求简明,重在实用,供中等文化程度的读者使用。此书按照四角号码次序编排。第 10 次修订版共收单字 11 900 多个,复词 23 700 多条,增添了 80 年代以来的新词新义,同时根据新资料对原有的一些注释内容做了补充修改,并删减了少数过时、冷僻和与附录内容重复的复词条目;根据 1982 年以后国家有关语言文字规范文字,修订了字形、字音和字义,整理了部分异形词;新增“西文字母开头的词语”;附录也根据新资料进行了修订甚至改写,同时新添了《中国少数民族简表》《中国行政区划简表》。

第三节　《汉语大字典》

《汉语大字典》是解释汉字形、音、义的大型汉语辞书,徐中舒主编,由四川、湖北两省 300 多名专家、学者和教师经过 15 年努力编纂而成。从 1986 年 10 月起由四川辞书出版社和湖北辞书出版社联合出版,至 1990 年全部出齐,共 8 卷。正文 7 卷。约 2 000 万字,囊括历代文献和字书、雅书、韵书及甲、金文等新出土的古文字资料,依据“收词存字”“收词存音”“收词存源”原则,共收字 5.6 万多个,按部首编排,在传统的 214 个部首的基础上,酌情删并为 200 个部首。部首按笔画多少为序排列,每部之字亦按笔画多少为序排列。同笔画的部首和每部之内同笔画的字,均按横竖撇点折笔顺排列。每册前有“总部首目录”、“部首排检法说明”、“新旧字形对照举例”、各卷“部首目录”和“检字表”。第 8 卷是各种附录、分卷部首表、全书笔画检字表和补遗。排版上采用繁简体混排的方式,释文和现代例证用简化字,其余全部用繁体字。

《汉语大字典》是在现代辞书意识指导下编写出来的一部新型字典，充分体现“字典存字释字”的特点，注重形音义的密切配合，其编纂方针为源流并重，古今兼收，尽可能历史地、正确地反映汉字形音义的发展。在字形方面，在楷书的单字字头下，以实物或拓片为依据，收录了能够反映形体演变关系的、有代表性的甲骨文、金文、小篆和隶书形体，并简要说明其结构的演变。在字音方面，采取上古音、中古音、现代音三段注音法，对收录的楷书单字尽可能地注出现代读音，并收列中古反切，标注上古韵部，反映汉字字音的历史演变和发展。在字义方面，收释本义、派生义和通假义，不仅注意收列常用字的常用义，而且注意考释常用字的生僻义和生僻字的义项，还适当地收录了复音词中的词素义。释义准确，义项齐备，例证丰富典范，全面地历史地反映了字义的来源和流变。

1992 年，湖北辞书出版社和四川辞书出版社出版了《汉语大字典》缩印本 1 册，1995 年又出版了 3 卷本的《汉语大字典》缩印本。1996 年出版李格非主编的简编本，2003 年又出版普及本。

汉字在历代相承沿用中由于变易与讹误，一字往往变作数形。如《汉语大字典》释“蛞”云：“《改并四声篇海·虫部》引《搜真玉镜》：‘蛞，胡决切。’”考《玄应音义》卷七释《正法华经》第七卷嘲话之话：“下又作譮、舙，二形同。胡快反。《声类》：讹言也。”又卷十一释《正法念经》第三十二卷调话之话：“古文舙、譮、諣，三形同。胡快反。合会善言也。经文作哗，音花，諠哗也。哗非字义。”又卷二十二释《瑜伽师地论》第二十卷谈话之话：“古文舙、譮、諣三形同。胡快反。合会善言也。”考此例中“舙”，《慧琳音义》卷四十八转录作“蛞”，可知“舙”似即“蛞”字。又考《慧琳音义》卷十五释《大宝积经》第九十二卷世語之語：“胡快反。《说文》云：‘会善言也。从言，昏声。’《考声》：‘话，调也。’或作譮，古文作舙。《说文》音胡卦反，今取后音。经话俗字变体也。”又卷十六释《再译三十五佛名经》谈话之话：“下胡快反。《博雅》：话，嘲謔也。《说文》：善言也。字书作䛡，籀文作譮。”话，据玄应和慧琳所释，又写作舙、譮、䛡、誠、語、蛞，音胡快反。

快、决形近,《改并四声篇海·虫部》引《搜真玉镜》:“胡决切”应为“胡快切”之误。考《说文》:“䛡,合会善言也。从言,𠯑声。《传》曰:‘告之话言。’譮,籀文䛡,从言会。”段玉裁注:“䛡、会叠韵。《大雅》:‘慎尔出话。’毛曰:‘话,善言也。’”杨树达《积微居小学述林》:“䛡字义为会合善言,故籀文字从会作譮,字受义于会也。字又作䛡从𠯑者,𠯑、会音近,古音同在月部,借𠯑为会也。”“凡𠯑声字隶变皆为舌,如括、刮之类。”䛡亦隶变为话。又考《玉篇》云:“舙,古文话。”言与舌旁都可表说话义,义近而通,“舙”为“话”的换旁俗字,“䛡”为“话”的增旁俗字,“𧍯”又是“舙”的形近讹字。䛡,可能是“䛡”之省讹。《玉篇》:“䛡,谋也。”舙,又作“𧑕”。《龙龛手鉴》:“𧑕,同舙。”舙、䛡、䛡、𧍯、𧑕、话为同义异字,《汉语大字典》误以“𧍯”为不同的词而立目。

又如《汉语大字典》释“𣹻”云:“《龙龛手鉴·水部》:‘𣹻,音延。’《字汇补·水部》:‘𣹻,余贤切。出《篇韵》。’”《汉语大字典》据《龙龛手鉴》和《字汇补》收释了“𣹻”,但有音无义。考《玄应音义》卷十四释《四分律》第四十二卷涎沫之涎:“又作次、㳄、𣹻、唌,四形同。似延反。慕欲口液也。”又考《慧琳音义》卷一百释《止观》上卷唌流之唌:“祥延反。或作㳄,并俗字也。《说文》正作次,时人不审知,为与次字相滥,诸儒随意竞作不同。束皙作唌,贾谊作㳄,史籀大篆作㵪从二水,最太古,不入时用。《说文》本作次,从水从欠。《集训》云:唌者,口中涶液。今依《说文》,余皆不取。”据玄应和慧琳所释,“㳄”“𣹻”即“涎”,检《说文》:“次,慕欲口液也。从欠水。凡次之属皆从次。次或从侃。㵪,籀文次。”段玉裁注:“有所慕欲而口生液也,故其字从欠水,会意。叙连切。十四部。俗作涎。郭注《尔雅》作唌。”可知“次”为“㵪”的省体字,①

---

① 张政烺《殷墟甲骨文羡字说》一文指出“次本来是出口水,引申为水多出来,这在古书上专用羡字。”《甲骨探史录》,三联书店,1982年。“㳄”是“羡”的增旁字,故“次”又可写作“㳄”。

“涎”为“次”的换旁俗字，“況”亦为“次”的换旁俗字，況、㳫形近，“㳫”可能是“況”的形近讹变字。[①]《汉语大字典》误以“㳫”为不同的词而立目，造成不明其义的死字。[②]

因而大型字典编纂的质量高低不仅在于收字全，而且更在于讹字的辨析和解释的正确，大型字典应尽可能系联一字的变体，阐明每个字的形体演变，理清其所有异体，考溯各形体何时产生及产生原因，辨明其中一些异写字的错讹，从而寻求和把握汉字结构和构形的内部规律，揭示汉字演变的所以然。

2010 年四川出版集团四川辞书出版社和湖北长江出版集团崇文书局又共同出版了修订的第二版《汉语大字典》，采用新字形，收字总数为 60 370 个，共 9 卷。第二版既注重原有“古今兼收，源流并重”的特色，同时又充分吸收现代语言学和辞书学的研究成果，力求历史地、全面地、准确地反映汉字形音义的发展变化，不仅对首版中注音、释义、文例等方面存在的讹误进行更正，还对缺漏意义、例句等进行必要的增补，增加了《难检字表》和《音序检字表》，并重新编制了《笔画检字表》。

第四节　《中华字海》

《中华字海》是继《汉语大字典》后收录汉字最多的大型语文辞书，冷玉龙主编。中华书局 1994 年出版。收字 85 568 个，按部首分部排列，以《康熙字典》214 部为基础酌情删并为 210 部。同部首字按笔画多少排列，同笔画字按笔顺排列。字头采用新字形，在《印刷通用汉字字形表》以外的字头则依该表原则作了整理；繁体字字头后也附有相应的简化字，简化字范围限于《简化字总表》之内。注音用汉语拼音字母，

---

① 《古文字诂林》载马叙伦《说文解字六书疏证》又录作“泹”，《汉语大字典》收有“泹”。

② 参拙文《略论〈一切经音义〉与大型字典的编纂》，《中国文字研究》第七辑，2006 年。

并在其后以现代读音为据加注直音。多音字读音按常见音项在前,非常见音项在后的顺序排列,无法判断常见或非常见的字音则按引例时代先后排序。有异读的字按普通话审音委员会审定音标注。方言字依方言与普通话读音对应规律或实际读音注音。释义先本义,次引申义。异体字、简化字、二简字、错讹字不释义,也不注音,标明"同'某'""'某'的简化字""曾作'某'的简化字,后停用""'某'的讹字"等。

第五节　《古文字诂林》等

汉字的形体,在几千年的历史发展过程中,经历了甲骨文、金文、籀文、小篆、隶书、草书、楷书等几次变化,对于这些古代汉字形体的了解和认识,有助于我们阅读古籍、研究文字学和考古学。鉴于这种需要,因而产生了以著录汉字形体为内容的辞书。

清光绪年间,前所未见的甲骨文于河南安阳小屯村(殷王朝都城遗址)出土,1899 年为王懿荣所认识。1903 年,最早收藏甲骨的刘鹗从其所藏甲骨中选择字迹完整的 1 068 片编成第一部辑录甲骨文字的辞书《铁云藏龟》。

1965 年孙海波广搜甲骨文出土后已经著录的资料约 40 种,吸收了新的研究成果,编成《甲骨文编》,分"正编"和"附录"两部分。"正编"十四卷,收 1 723 字,依《说文》次序排列,每字的上方列有《说文》篆文。"附录"收列 2 949 字,大多是不能辨认或者考释尚无定论的字。1959 年金祥恒编有《续甲骨文编》,补《甲骨文编》未收。二书所收甲骨刻辞中所见和未能释定的单字大致齐备。2009 年刘钊、张新俊又编成《新甲骨文编》,以收商代甲骨文为主,兼及西周甲骨文,采用电脑处理字形。由正编、合文、附录三部分组成,正编按照《说文解字》的顺序排列。甲骨文字典主要有小林石寿编《拓影展大甲骨文字字典》,孟世凯编《甲骨学小词典》,赵诚编《甲骨文简明词典》,徐中舒主编《甲骨文字典》,

姚孝遂主编《殷墟甲骨刻辞类纂》，刘兴隆《新编甲骨文字典》，于省吾主编《甲骨文诂林》等。

金文的搜集辑录较甲骨为早，宋代已有赵明诚的《金石录》、薛尚功的《历代钟鼎彝器款识法帖》等。《历代钟鼎彝器款识法帖》著录历代彝器 510 件，不仅摹录其文字，而且作有考释。清代有汪立名的《钟鼎字源》和《西清古鉴》，阮元的《积古斋钟鼎彝器款识》，吴大澂的《愙斋集古录》和《说文古籀补》等。近代有罗振玉的《三代吉金文存》，郭沫若的《两周金文辞大系》，汪仁寿的《金石大字典》，容庚的《金文编》。《金文编》1925 年刊行初版，1938 年补定重版，收录金文 1 804 字，附录了尚未认识或有疑义的 1 165 个字。后又不断增订，由中华书局于 1985 年出版新版，收录金文 2 420 字，附录 1 352 字。全书依《说文》编次文字，且标顺序号。每字的上方列《说文》篆文，下注楷体。每一金文皆注明出处。1935 年又刊行有《金文续编》，收录 951 字。2011 年董莲池又广泛搜求近年来新发现的金文，集商、周两代铸刻在青铜器上的古汉字编成《新金文编》。

搜集汇编篆、隶、草、楷字形的语文辞书有宋代娄机的《汉隶字源》，清代佟世男的《篆字汇》和石梁的《草字汇》，近代潘存、杨守敬的《楷书溯源》和沈亚公的《正草隶篆四体字汇》等。《正草隶篆四体字汇》以正、草、隶、篆四类字体为经，以历代各家字体为纬汇为一编。收录各体文字 46 675 个，每字之下均注明出处。近三十年来有陆锡兴《汉代简牍草字编》，李正光等编《楚汉简帛书典》，陈松长《马王堆简牍帛书常用字汇》，李圭甲《高丽大藏经异体字典》，吴钢辑、吴大敏编《唐碑俗字录》，黄征《敦煌俗字典》，曹先擢、苏培成编《汉字形义分析字典》和《新华多功能字典》，费锦昌《汉字写法规范字典》，江蓝生《简化字繁体字对照字典》，谷衍奎《汉字源流字典》，毛远明《汉魏六朝碑刻异体字典》等。商务印书馆 2005 年出版的《新华多功能字典》收字 14 245 个。采用板块结构安排字典内容，列出篆、隶、草、楷等字体，还列出笔画数、部首、结构、字级、四角号码等汉字属性，并进行注音释义，从一般词语、百科词语、新词语三方面选收词汇，反映其构词能力。介绍有关语言文字的标准和规范，提示容易读错的字音、容易写错的字形。运用知识窗介绍有关汉字形、音、义及汉字文化方面的知识，辨析形近字、义近字的不同用法。语文出版社 2008 年出版的《汉字源流字典》兼具古今汉语字典的功能，每字下依次列举金籀古篆字形，根据字形用传统"六书"理论分析造字结构，归纳本义，探索钩稽词义演变线索，梳理古今义项演变的过程，还列出以其为偏旁构成的其他汉字，提示相关诸字之间的联系。中华书局 2014 年出版的《汉魏六朝碑刻异体字典》是我国第一部碑刻异体字典，搜集了 1 416 种汉魏六朝碑刻拓片中的全部异体字。

上海教育出版社 2004 年至 2012 年出版的李圃主编《古文字诂林》集已有古文字字形和古文字考释之大成，分十二册，①汇甲骨文、金文、古陶文、货币文、简牍文、帛书、玺印文和石刻文等古文字资料为一编，甄选集录自《说文》以来历代学者有关古文字形音义的考释成果，贯通古今，详列了 1 万多字的近 16 万个古文字字形，收录有关的考释资料约 1 400 多万字，大致反映了我国古文字研究领域的基本状况，尤其是近百年来取得的最新成果，可谓"检一书而诸说并陈，考一字而渊源悉备"，堪称我国迄今为止规模最为宏大、搜罗最为齐备的古文字纂集类工具书。下文以其为例略作论述。

一、厘清古文字形音义的脉络

汉字在由甲骨文到楷书的演化过程中，一字往往有多种写法。《古文字诂林》根据秦汉篆书厘定了所收录古文字的古隶定字样，以篆书古隶定字作为字头，勾勒出出土文字的形体、篆书到后代隶书、楷书的发

① 第一册至第十册汇集了与《说文》篆书字头有对应的所有古文字字形及考释资料，第十一册收集了未见于《说文》的古文字及考释资料，第十二册是全书索引。

展脉络,清晰地揭示了古文字发展为今天我们所用汉字的演变线索。

如“闻”字,《古文字诂林》收录了《甲骨文编》和《续甲骨文编》所载28个甲骨文字形,《金文编》所载5个金文字形,《包山楚简文字编》和《睡虎地秦简文字编》所载3个简文字形,《古玺文编》和《汉印文字徵》所载10个玺印文字形,《石刻篆文编》所载3个篆文字形,《汗简》和《古文四声韵》所载9个古文字形。(9/582)[①]除引许慎《说文》所释外,还备载了高田忠周、唐兰、马叙伦等11家的考释。由于《古文字诂林》把有关“闻”字的58个古文字形载录在一个平面上,因而我们不仅可以从横向观察到“闻”字的甲骨文、金文等字形的异同及其特点,而且还可以从纵向观察到“闻”字由甲骨文到楷书的字形演变过程。据郭沫若、于省吾等考证,金文“闻”又假借为“婚”。检“婚”字,《古文字诂林》收录了《金文编》所载8个金文字形,《侯马盟书字表》所载7个古文字形,《古玺文编》所载1个玺文字形,《石刻篆文编》所载1个篆文字形,《古文四声韵》所载3个古文字形。(9/756)载录了许慎、孙诒让、王国维等7家的考释。编纂大型字典时,可根据《古文字诂林》所载“闻”字的古文字形和诸家的考释,参照古代文献中“闻”字的具体用法,揭示出“闻”字形音义的发展演变轨迹,厘清“闻”和“婚”的音近假借关系和语源义上的相通之处。[②]

又如“鬲”字,《古文字诂林》收录了《甲骨文编》和《续甲骨文编》所载8个甲骨文字形,《金文编》所载67个金文字形,《古陶文字徵》中1个陶文字形,《先秦货币文编》和《古币文编》所载22个货币字形,《汉印文字徵》中1个印文字形,《石刻篆文编》所载4个篆文字形,《汗简》和《古文四声韵》所载15个古文字形。(3/289)载录了许慎、薛尚功、吴

---

① 有关字形详见《古文字诂林》,考虑到排版不便,此从略。括号内数字为《古文字诂林》的册和页数。下文同。

② 参拙文《“闻”的词义衍变递嬗考探》(《中国语文通讯》,1999年,第52期)和《“闻”的词义衍变递嬗考论》(《中国文字研究》第二辑,2001年)。

大澂等28家的考释。考《说文》:"鬲,鼎属也。"《尔雅》:"鼎,款足者谓之鬲。"检"鼎"字,《古文字诂林》收录了《甲骨文编》和《续甲骨文编》所载58个甲骨文字形,《金文编》所载144个金文字形,《古陶文字徵》中4个陶文字形,《先秦货币文编》所载1个货币字形,《古玺文编》所载1个玺文字形,《汗简》和《古文四声韵》所载5个古文字形。(6/577)又载录了许慎、薛尚功、孙诒让等10家的考释。据《古文字诂林》所载,甲骨文中"鼎"是象形字,字像三足两耳硕腹的釜形。"鬲"是"鼎"的一种,三足中空。于省吾《释鬲隶》一文指出:"古韵从鬲从支从规声之字在'支部',从'奇'声之字在'歌部',支、歌通谐。因此可知,鬲与融、鬶、锜等,不仅同为三足釜类之器,形制相同,而声音也相通转。由于鬲可用以炊爨,故古籍中每称鬲为釜。"马叙伦《说文解字六书疏证》卷六认为:"鬲实锅之本字,鬴之初文,声转为郎激切,入支类,对转耕,又转为鼎,其实鼎鬲仍一字也。"陈独秀《小学识字教本》说:"古初熟食之器,石器时代当为螺蚌,匋器兴初以土作鬲;迄乎殷周之际,农事渐盛,器亦用铜,烹与食不同器,乃仿鬲为鼎而实其足,烹牲于鬲,熟则盛于鼎中以食。""由秦之土釜相承为后世之锅。""锅"原指车釭,即车毂穿轴用的金属圈。大约在南北朝时,"锅"已可用来指炊器,至宋辽时取代了"鬴"。[①] 检"鬴"字,《古文字诂林》载录了许慎、刘心源、王国维、林义光、郭沫若、马叙伦、杨树达诸家的考释。(3/305)据《说文》所释,"秦名土鬴为鬴"。检"鬴"字,《古文字诂林》收录了《金文编》所载2个金文字形,《古陶文字徵》中13个陶文字形,《睡虎地秦简文字编》所载1个简文字形,《古玺文编》所载2个玺文字形,《汉印文字征》中1个印文字形,《古文四声韵》所载1个古文字形。(3/305)载录了许慎、吴大澂、高田忠周、马叙伦、胡吉宣诸家的考释。据许慎释云,"鬴,鍑属。从鬲,甫声。釜,鬴或从釜,金声。"马叙伦《说文解字六书疏证》卷六指出:

---

① 参拙文《鼎、鬲、釜、镬、锅的演变递嬗考探》,《湖州师范学院学报》,2002(2)。

“鬴、鍑一物。”“鍑为鬴之转注字,同唇齿摩擦音也。”检“鍑”字,《古文字诂林》载录了《汉印文字徵》中1个印文字形,《古文四声韵》中1个古文字形。(10/508)载录了许慎和马叙伦的考释。又检“镬”字,《古文字诂林》收录了《甲骨文编》和《续甲骨文编》所载12个甲骨文字形,《金文编》所载2个金文字形,《汗简》和《古文四声韵》所载2个古文字形。(10/506)载录了许慎、商承祚、罗振玉等10家的考释。据《古文字诂林》所载诸家的考释,我们可以观察到“鬲”和“鼎”等字的古文字形音义演变的过程。编纂大型字典时,可根据《古文字诂林》所载,揭示出鼎、鬲、镬和锅这些词的形音义关联脉络。

二、勾勒古文字学研究的学术史

《古文字诂林》依照研究成果发表的先后顺序载录诸家考释,其中既可以看到同时代研究者见仁见智的异同,又能看到不同时代研究的不断深化,可以说大致反映了学术界对某一古文字研究的进展过程,勾勒了古文字学研究的历史。根据《古文字诂林》所载,可了解到诸家对某一古文字考释的异同。如“华”字,《古文字诂林》收录了《古陶文字徵》所载4个古文字形,《睡虎地秦简文字编》所载1个简文字形,《古玺文编》所载6个玺文字形,《汉印文字徵》所载17个印文字形,《石刻篆文编》所载1个篆文字形,《汗简》和《古文四声韵》所载16个古文字形。(6/107)又载录了许慎、吴大澂、叶玉森等5家的考释。据《古文字诂林》所载,许慎释为“荣也”,吴大澂释为“古华字”,陈独秀指出“北魏以后始作花”。

又如“涎”字,《古文字诂林》收录了《汗简》和《古文四声韵》所载4个古文字形。(7/829)又载录了许慎、王国维、林义光等7家的考释。据《古文字诂林》所载,“涎”的小篆《说文》作“次”,许慎释为“慕欲口液”,从欠,从水,或从侃作“㳄”,籀文作“㵪”。马叙伦《说文解字六书疏证》卷十六指出“口液是次字本义,故从水也。慕欲义同,皆甚字义。

甚音禅纽，次音邪纽，同为次浊摩擦音，故得借次为甚。”于省吾《释次、盗》一文载录了“次”的9个甲骨文字形，2个金文字形，1个石鼓文字形，辨析了“次”“次”之别，指出“甲骨文次字，有的象以手拂液形，有的象口液外流形”，旧误释这些古文字形为“次”，“次”与“涎”乃古今字。张政烺《殷墟甲骨文羡字说》一文又载录了“次”的6个甲骨文字形，指出：“这就是古书上常见的‘垂涎’或‘流涎’的涎字的原始象形字，而涎字则是后起的形声字。心有所慕欲，口中生津液，我们现在叫作‘出口水’。甲骨文的次字正像口水涌出的样子，自然古代的造字者在这里是使用了夸张的手法。”张政烺认为：“羡和次古音完全相同，是一个后起的字。最早的次意为‘慕欲口液’，后世分成两个字：1. 羡是慕欲，2. 涎（或作唌）是口液。但在中古时期次、羡、涎、唌这几个字也还常混用无别，玄应《一切经音义》中关于这个问题曾作过一些解释，如卷十四，《四分律》第四十二卷‘涎沫’条下：涎，似延反。案：《江赋》‘溃浪飞羡’，时有本作涎。《说文》作次，或作羡（漾）、涃二形，慕欲口液也。贾谊《新书》：‘垂羡（漾）相告。’束皙《饼赋》曰：‘行人失唌于下风’，郭璞注《尔雅》云：‘唌，沫也’，并作唌。这类注释慧琳《一切经音义》中也有，所以把次读作羡是完全可能的。”①据《古文字诂林》所载诸家对“次”的考释，可考知《说文》所释“次”的“慕欲口液”为“慕欲”和“口液”二义，“慕欲”义后写作“羡”，“口液”义后又有写作“涎”“唌”“涃”“漾”。

三、提供探考汉字演变线索的依据

一般来说，后出字书大都在已有字书基础上增收当时新出现的字，此外还收录正字的各种变体和已淘汰或罕用的字，故字书收字量代有

① 张政烺所引玄应《一切经音义》为碛砂藏本，此条丽藏本为“又作次、漾、涃、唌，四形同。似延反。慕欲口液也。”羡，当为“漾”。

递增,收录了从古至今出现的各个正字及其变体,然由于疏于考证,往往也收录了不少书写传抄过程中字形讹变的讹误字,其中有一些讹误字甚至是根本未曾使用过,徒然占据篇幅,且令后人花大量精力考证。

《古文字诂林》载录的诸家考证成果是进一步考证这些字的资料和依据,编纂大型字典时可根据《古文字诂林》提供的线索,在已有研究成果的基础上再作深入的考证,辨明一些字形不同而实为同一词的字。如上文所说的"涎"字,慧琳《一切经音义》共载录了"次"的"涎、涎、唌、㳄、羡、㳄、㳄、㳄、㳄"九个异体字。考慧琳《一切经音义》卷十一释《大宝积经》第二卷涎唾之涎:"上因延反。通俗字也。《说文》正体作次,口液也。从水从欠。《考声》云:口津也。束皙作唌,史籀作㳄,贾逵作羡,或作㳄,古字也。其上异体字,并云口液也。"据慧琳所释,"涎"为通俗字,"唌、㳄、羡、㳄"为异体字。《汉语大字典》收录了涎、㳄、㳄、㳄、次、羡、㳄、唌、㳄、㳄,未收录㳄、㳄,且"㳄"仅释其"具㳄"山名义,未释其唾液口水义;虽据《龙龛手鉴》和《字汇补》收释了"㳄",但有音无义,似未明"㳄"也是"涎"的异体字。由《古文字诂林》所载诸家考释和慧琳所释可知,㳄、㳄形近,"㳄"可能是"㳄"的形近讹变字。《汉语大字典》修订时可改为:"㳄"同"涎"。

《古文字诂林》载录的诸家考证成果还为探讨一些字的僻义提供了依据。如"这(這)"字,《说文》未收,《玉篇·辵部》释为"宜箭切,迎也",现存文献中尚未发现表示"迎"义的"这"的用例,修订版《辞源》《辞海》未收录此义项,《汉语大字典》释为"迎接",引《玉篇》为例证,《汉语大词典》释为"迎接、迎迓",引清人秦笃辉《平书》为例证。秦氏按语称"《史记·孟尝君列传》'齐愍王不自得,以其这孟尝君,孟尝君至',正迎字之义。"考今传本《史记·孟尝君列传》为"齐愍王不自得,以其遣孟尝君。孟尝君至,则以为齐相,任政。"玩其文意,"遣"似较为妥切。检《古文字诂林》"这"字下收录了晚周陶文和古玺文中 4 个古文字形,载录有汤余惠和陈伟武的考释。(11/405)汤余惠《略论战国文字形体研究中的几个问题》一文指出晚周陶文中的古文字,"丁佛言《补补》,顾廷龙《舂录》,金祥恒《陶文编》均释为'造'。按此字右旁上半与'告'的写法迥异,释'造'可疑。"认为应即"这(這)"字,古玺文所载与陶文所载可以互证,并引齐侯镈铭文所载"这而(尔)倗(朋)剸(侪)"为证,指出齐侯镈铭文中"这"的字形与陶玺文字略同,"铭文'这'字正有'迎'义,可见《玉篇》训解有据"。《汉语大字典》修订时可据《古文字诂林》所载,补上齐侯镈铭文中表示"迎"义的"这"的用例。

第三章 词典

第一节 《中国大辞典》

《中国大辞典》以1928年出版的《牛津新英语词典》为标准，提出了“依史则”的编纂方式，即按照历史发展的原则来编纂，每一个词都要上溯到其出现的最原始时代，具体描写其从最原始时代一直到其发展至今的演变状况。在《中国大辞典》编纂处第六次总报告书中，黎锦熙批评“我们已成的字典倒把唐诗、宋词、元曲、明清白话小说以及现代的方言、俗词、各阶级人的用语一律拒收”，而《中国大辞典》的原则之一就是“每一个词(以单字说)，都须以它的时代(就可能的范围说，是从公元前16世纪的甲骨文到现在的国语和方言，绵亘约三千六百年)，叙明它的‘形’、‘音’、‘义’变迁的历史”。黎锦熙在辞书收词、释义及排列等辞书编纂主要内容方面都非常重视理论的建设和理论的指导，指出了语言有系统性，编纂辞书也要遵循语言的系统性原则，尤其是编纂像《中国大辞典》这样的历时性辞书，由于处于不同历史阶段的汉语词汇具有不同的特点，形成了一个个子系统，历时性辞书编纂要考虑到每个阶段汉语词汇的特点，选取有代表性的单位，从而可以全面地反映汉语发展的全貌。黎锦熙草拟的《中国大辞典》体例强调“单字全收前组《国音大字典》所有者，准《国音同音字典》排列为纲，备列此字变迁之历史”，并且从“字形”“字音”“字义”三方面详细论证了单音词的收录标准，且认识到复合词组合上的不同性质，认为“复合词或系双声叠韵之合体，或援引假借而比并，或因语言习惯而相属，或随外来语而连绵，皆就以搜集之材料加去取”。[①] 不仅考虑到单音词和复合词之间的联系，还注意到词语的发展变化以及词汇的系统性问题。

《中国大辞典》仿司马光编《资治通鉴》“长编”的编纂体例，先以本音为纲，随其义训声类所及，或重考音，或释形义，或析文法，或稽故实，依《尔雅》体综为一训；凡搜集所得材料，或旧诂，或新训，或校勘，或例证，或古语，或方言，悉为系联，尽行粘为“长编”。在《“巴”字十义及其复合词和成语》一文中，黎锦熙通过“上溯语源，旁征典籍，下稽方俗，逐词推证，以类相从”的方法，整理出注音字母音序首字中“巴”字的十个义项及其衍生出来的复合词词义系统，指出“这乃是《中国大辞典》第一个字的‘长编’的一部分”，作为“按照已发现的古今语音转变之规律，从同义词的联系上，推知语源，说明流变”所勾画出来的词义系统中典型个案。

据黎锦熙《中国大辞典概述》一文所述，1917 年始计划编纂《国语辞典》，1923 年促使国语统一筹备会设立国语辞典编纂处。1924 年起开始打算要对中国文字作一番根本的改革，希望编纂的辞典能担当这项重任，拟把计划中的《国语辞典》更名为《中国大辞典》。1928 年国语会改组，国语辞典编纂处正式更名为中国大辞典编纂处，黎锦熙和钱玄同任总编纂，钱玄同主管字的形体声韵，黎锦熙主管义训及复合词。1929 年开始做搜集整理资料的工作，计划分 30 卷，每卷编完随即付印，每三卷合订一册，共十册，1948 年完成全书。由于经费不足，战火连绵，1937 年日寇侵华，编纂工作被迫中断。1945 年抗日战争胜利，编纂处得以恢复办公，然而由于人力和财力的严重不足，工作进展非常缓慢。

1949 年中华人民共和国成立后，黎锦熙继续出任《中国大辞典》编纂处总主任，主持《中国大辞典》的编纂工作。1955 年 8 月起大辞典编纂处改属中央文字改革委员会，参加《现代汉语词典》的编纂工作，1956

---

① 黎锦熙《国语运动史纲》第四期之三(三)《中国大辞典编纂处计划书》，商务印书馆，1934 年。

年又将全部图书和资料卡片移交给语言研究所。令人扼腕的是,《中国大辞典》最终还是没有编成,这实是我国辞书编纂史上莫大的遗憾。令人慰藉的是,从 1928 年 9 月到 1932 年 8 月,编纂处共剪录书报约 380 种,制作资料卡片约 200 万张。1936 到 1937 年,又剪录书报 100 多种,增加卡片 60 多万张。1947 年以后,又继续做了一些搜集整理工作。黎锦熙和其他编纂人员根据所得资料加以研究、考订和统计,撰写了一批专著和论文,据 1934 年统计共 296 种,约 600 卷。黎锦熙撰写或督修的专著就有《说文三书及广韵注音索引》十二卷、《近思录释词》一卷、《宋元语词广证》十卷、《元杂剧总集曲目对照表》一卷等十余种,主编出版《国音字典》《国语辞典》《新部首索引国音字典》《学文化字典》《学习辞典》《增订注解国音常用字汇》等辞书十余部。黎锦熙当时制订的《中国大辞典》编纂处组织大纲、编纂处规程和按照历史的原则编纂《中国大辞典》方法和体例等则为大型语文辞书的编纂积累了宝贵经验。

第二节 《中山大辞典》

《中山大辞典》是语文兼百科辞书。1936 年春,商务印书馆总经理王云五与中山文化教育馆理事长孙科合作,由中山文化教育馆出资,王云五任总编纂,设立中山大辞典编纂处,聘请刘朗山、王君很、周元瑞、康煮源、胡寄尘、周建人、蒋维乔等为校阅者,管道中、吴同康等 20 余人为编稿者,在王云五已搜集资料卡片 600 余万张基础上编纂《中山大辞典》。王云五策划提出了编纂大辞典的原则与程序,体例与内容,以至条文排列等,要求编纂体例参仿英国《牛津英语大词典》,解释各字各词词义的历史,溯其源流,穷其演变。无论古典与通俗、词藻与故实、新知与旧学、固有与外来,罔不尽量收罗,计划收 6 万多个单字,60 多万条词语。全书 40 册,限 6 年内编成出版发行。然因日寇入侵,纸版铅字毁于战火。王云五"思际兹战时,原稿原片之保存,辄成问题;若不幸毁损,则笔者十年辛苦之工作,既无以就正于人,即于孙哲生先生提倡之美意,亦深孤负;于是力排万难,仍按战前计划,先以《大辞典》之《"一"字长编》问世"。1938 年商务印书馆在香港出版了《中山大辞典"一"字长编》,约 100 万字,收释"一"及其所组成的复词、成语、俗语等词语 5 474 条,按四角号码排列,可以说具体而微地体现了《中山大辞典》收词宏富、释义详备、书证丰富、详注出处的特点,为编纂大型汉语语文辞书提供了理论借鉴和实践经验。其中"一"的释文为 1.1 万多字,按"单字之编纂,分形、声、义三段"的原则,在"一"字下按先后分别列出甲骨、大篆、古文奇字、小篆、隶书、草书等六种形体,以便"使读者明瞭文字演变之历史";续引《玉篇》《唐韵》《韵会》《集韵》《正韵》《佩文韵府》《注音》等各书的反切,"明其声读之源流与演变";最后在引《说文・一部》:"惟初太始,道立于一,造分天地,化成万物"的解说后,依次胪列出"一"字的 58 个义项,每一义项皆出具书证。单字释义后再逐条解说以"一"组成的复词、成语、俗语等。①

第三节　《国语辞典》

《国语辞典》是我国第一部描写性规范性辞书,②也是第一部具有"词"的概念的语文辞书,黎锦熙、钱玄同主编,中国大辞典编纂处编。③

---

① 王云五《编纂中山大辞典之经过》,载《中山大辞典"一"字长编》卷首,商务印书馆,1938 年。

② 陈庆武、林玉山《20 世纪的中国辞书》(《辞书研究》2001 年第 1 期)一文认为:"《国语辞典》……注意注音和定词,重视现代口语,是我国第一部现代语言描写性规范性辞书。"王宁《论辞书的原创性及其认定原则》(《辞书研究》2008 年第 1 期)一文认为:"《国语辞典》…… 以现代汉语正在使用的动态词为主要描写对象,开启了现代汉语描写性语文辞书编纂的先河。""《国语辞典》以前的汉语辞书,大多以文言书面语为收词的基础,其实质只能算作历史汉语词典。《国语辞典》在白话文学书面语的基础上,广泛收集白话口语词,成为我国第一部以古今常用词为主,以现代汉语正在使用的动态词为主要对象的描写性辞典。"

③ 初名《国音普通辞典》,经赵元任提议,黎锦熙和汪怡协商,更名为《国语辞典》。

《国语辞典》以现代白话文为对象，收录古今汉语常用词语约10万多条。《国语辞典》不仅收单字，同时还收复音词和成语，从而改变了传统辞书字词不分的局面，建立了以字头为条目标志、以聚合在字头下的复词为解释单位的新体例。

《国语辞典》是“国语运动”的产物，也是文白转型语文生活大变革的产物，在正音、定词、释义等方面具有语言规范的作用，开创了现代语文辞书的新类型，代表了一个新的时代，在辞书史上具有划时代的地位。国语运动是清末和民国期间推行的把北京话作为汉民族共同语的运动，提出“言文一致”和“国语统一”两大口号。“言文一致”是书面语不用古代文言，改用现代白话。“国语统一”是现代白话要以北京话为全国通用的国语。[①] 黎锦熙在《国语运动史纲》一书中提出，国语运动是“比辛亥革命更为艰巨的一种革命”，不仅影响了中国的文学与文化的更新，而且“实实在在牵涉了几千年来的文化和社会生活”。早在1913年读音统一会用投票方式议定了“国音”标准，1917年，黎锦熙就在给北洋政府教育部的《国语研究调查之进行计划书》中提出了“国语辞典之编辑”的计划。1919年出版了《国音字典》初印本，[②]刘复又提出了“编辑国语辞典案”。1920—1922年间编纂国音字汇、字典和国语辞典成为国语运动的重点工作，专门成立了编纂机构中国大辞典编纂处。

1932年5月出版了钱玄同主编，黎锦熙、白涤洲、萧家霖合编，赵元任、汪怡参订的《国音常用字汇》。这部《国音常用字汇》是《国音字典》的第三版，也是最早正式以北京音定为标准国音的字典。出版后教育

---

① 1949年中华人民共和国建立以后，改为推广以北京语音为标准音、以北方话为基础方言、以现代典范的白话文著作为语法规范的普通话。普通话的标准与国语虽略有不同，但推广普通话实质上是国语运动的继续。

② 这种标准音习惯上称之为“老国音”。各界对此议论颇多，主张改为以北京语音为标准音。1923年国语统一筹备会成立“国音字典增修委员会”，决定采用北京语音标准，称之为“新国音”。

部规定为推行统一读音的字典，在1932年5月7日以部长朱家骅命令，用第3051号令布告："经部审查，认为适当，合亟公布，以资应用。"1934年主编钱玄同在"国语委员会"常委会上提出"增修《国音常用字汇》案"，认为还存在如下问题：(1) 口语中习用的字汇未收；(2) 多音字收音不全；(3) 儿化音应该增补；(4) 方言中已进入普通话者，收录不全；(5) 古书中较为习见者应增补；(6)《说文》部首及形声字之"声符"收得不多；(7) 语音上有些还要加些注。增修工作由汪怡负责，1949年8月由商务印书馆出版，书名为《增订注解国音常用字汇》，约收1.5万字，按注音符号音序排列。①

《国音普通辞典》原定是供中等文化水平的读者使用，重在正音。《中国大辞典》计划取消后，《国音普通辞典》改名为《国语辞典》，读者对象改为大学文化水平，规模稍微扩大。两者的区别在选词上。普通语词基本一样，科学词汇由原仅收初高中学各科课本为限改为以大学课本用词为收词标准。1937—1945年商务印书馆分8册出版，1947年重印合为4册。收单字1.5万个，复词9万条。其排序、注音、收词、释义四方面的创新性特点如下：

首先，既收单字，也收复音词和成语，以古今常用词为主，以现代汉语正在使用的动态词为主要对象。首建以字头为条目标志、以聚合在字头下的词为解释单位的新体例。

其次，采用以注音符号声母为纲、韵母为目的编排方式注明词头单字及其复词的音读，②形成了现代汉语辞书真正意义上的音序排列法。

再次，以现代汉语词语为主，也收了不少宋元白话作品中的口语

---

① 1930年4月29日国民政府训令行政院，注音字母改称注音符号。

② 我国古代语文辞书编排的系音法曾由韵部为纲发展出以声纽为纲，但均用汉字作音目，很难准确描写出实际的读音和根据实际读音准确排序。《国语辞典》编纂时，我国第一套描写国语读音的"注音符号"已经完备（这是后来拉丁化拼音方案产生的基础）。这套符号的声母、介音和单韵母完全音素化，还有了相应的声调符号，只有少数复韵母还没有音素化。

词。如“巴结、巴揽、巴掌、丘八、耳旁风、乱七八糟”等。释义用浅近文言,以简明扼要为原则,间注义项出处或援引例句。如释“把戏”:“(1)谓江湖卖技者所演;(2)喻手段或计策。”又如释“款式”:“式样,如‘近来南京打扮已渐渐的仿照苏州款式’。”

《国语辞典》据音立目而分别释义的作法不仅不同于传统辞书,也是当时已有新式辞书如《辞源》和《辞海》等所不具备的,体现了正音和定词的编纂宗旨和注重现代口语的特点,开现代汉语描写性规范性语文辞书编纂的先河。

1957年商务印书馆据1947年版《国语辞典》出版有删节本,更名为《汉语词典》。收单字9 000多个,收普通词语、专科词语、成语等约计10万条左右。用注音字母记音,以北京音为标准,轻声、儿化等都有标识。卷首《重要声明》说:“本书是《国语辞典》(1947年版)的删节本,只留作为原书特点的北京话词汇和有翻检必要的古汉语材料,专备语文研究、教学上参考之用,并非收罗全面词汇可供一般应用的词典。因原编人现有任务繁重,对本书注释,除个别词条外,未能从事修订;现在通用的新词,也未及增入。谨此声明,希使用者注意!”

中华人民共和国成立后,《国语辞典》在台湾省仍是最重要的汉语辞书和推广普通话的工具,并采用增加的方式,扩展、充实相关内容,出版有《国语辞典》的重编本及修订本,编纂思想则与《国语辞典》一脉相承。值得一提的是,《重编国语辞典》修订本还为读者提供了常见的大陆地区词语对照表,这为缩小两岸语言交流上的隔阂起到了一定的作用。

第四节 《现代汉语词典》

《现代汉语词典》是我国第一部现代汉语规范型词典,即普通话词典,由中国社会科学院语言研究所词典编辑室编写,吕叔湘和丁声树曾先后主持工作。1958年6月正式开编,收词5.6万多条,1960年印出

"试印本"征求意见，1965 年印出"试用本"送审稿，1973 年内部发行，1978 年商务印书馆出版第 1 版。

作为一本被称为"老师的老师，词典的词典"的权威工具书，《现代汉语词典》总结了 20 世纪以来国语运动和白话文运动的成果，第一次以词典的形式结束了汉语书面语和口语分离的局面，第一次对现代汉语进行了全面规范，注重普通话词汇系统收词的平衡性与全面性，在编纂宗旨、指导理论、编纂理念和收词、注音、释义、用例等方面都有所开创，成为中型规范兼具描写型词典的样板。从 1978 年正式问世以来，先后已推出 6 个版本。1980 年曾对一些条目稍作修订和删改，1983 年初出版第 2 版。1996 年依据国家发布的《普通话异读词审音表》、重新发表的《简化字总表》《现代汉语常用字表》《现代汉语通用字表》和国家制定的新的自然科学术语标准等，对部分字音、字形和术语进行了新的规范，经过全面修订后出版第 3 版。2002 年根据《第一批异形词整理表》对部分词形进行了调整，参考新公布的《夏商周年表》对我国历代纪年表作了调整，根据国家有关标准对计量单位表作了修订，出版第 4 版。2005 年 7 月第 5 版问世，新增词语 6 000 余条，删去旧词 2 000 余条，修改了一些释义和例句，基本反映了当前现代汉语词汇的最新面貌，还采用通行中学语文课本中的教学词类系统，将词分为名词、动词、形容词、数词、量词、代词、副词、介词、连词、助词、叹词、拟声词 12 个大类，全面地标注了词类。2012 年出版第 6 版，收释词语 6 万多条。其中增收了"八卦、搞掂（搞定）、狗仔队、无厘头、手信、饮茶"等粤港澳地区词，"软体、硬体、网路、数位、太空人、幽浮、捷运、呛声、力挺、糗、出糗、拜票、谢票、站台"等台湾地区词，"晒（share）、博客（blog）、微博（microblogging）、丁克（dink）、粉丝（fan）、嘉年华（carnival）、桑拿（sauna）、舍宾（shaping）、斯诺克（snooker）、脱口秀（talkshow）"等英语外来词，"刺身（さしみ）、定食（ていしょく）、寿司（すし）、天妇罗（日本汉字：天麸罗，てんぷら）、榻榻米（日语：畳，たたみ）、通勤（つうきん）、手帐（日本汉字：手帳，てちょう）、数独

(すうどく)、新人类(しんじんるい)、宅急送(たくきゅうそう)”等日语外来词,还收释了“CPI(居民消费价格指数)、PPI(工业品出厂价格指数)、PM2.5(在空中飘浮的直径小于2.5微米的可吸入颗粒物)、ETC(电子不停车收费系统)、ECFA(海峡两岸经济合作框架协议)、FTA(自由贸易协定)”等西文字母词。

《现代汉语词典》在现代词汇学理论的指导下,全面关注词汇的共时性和规范性,运用和体现了包括普通话语音标准在内的国家语言文字的有关标准。这部词典直接针对的是普通话词汇,对普通话词汇的构成进行了全面摸查,详细研究了方言词、书语词、口语词、科技名词、新词语等收词原则,力求收录的词在现代汉语中都有使用,从而保证了《现代汉语词典》比较纯正的共时性特点。如字头,标明汉字的简化字和繁体字、异体字的对应关系,采用字头分立的形式,如白^1、白^2、白^{3}等,正确处理了汉字和语素的关系。收词方面,既收词,也收较为固定而独立使用的词组;既收语文词也收常见百科词;既收普通话语词,也收某些有活力的方言词和文言词;且凡用以作为释文中的词语(人名除外)都建条立目,构筑了现代汉语较为完整的词汇系统。释义采用现代汉语规范语言,或用词语对译,或用定义说明,或释概念,或释事物,或介绍知识,或说明语法功能,百科词则突出语文性。从初版至第6版呈现出半个世纪词汇的动态演变,从各版词目的变化既反映了词典功能与收词原则的改变,也反映了词汇新旧兴替的历时变化;释义的变化既反映了义项宽窄的改变,也反映了词义的众寡、色彩的褒贬、常用罕用的改变;注音的变化既反映了标音原则和方法的改变,也反映了口音书音、雅音俗音、古音今音的历时变化。

《现代汉语词典》本着与时俱进的精神,不断地自我完善,一共有3次大的修订。如第4版:

平台 ① 晒台。② 平房。③ 生产和施工过程中,为操作方便而设置的工作台,有的能移动和升降。

第 5 版改为：

平台 ① 晒台。② 生产和施工过程中，为操作方便而设置的工作台，有的能移动和升降。③ 指计算机硬件或软件的操作环境。④ 泛指进行某项工作所需要的环境或条件：科技推广站为农民学习科学知识、获取市场信息提供了～。

第 5 版删去 1 个义项，增加了 2 个新义项。

又如第 3 版：

莫名其妙 没有人能说明它的奥妙（道理），表示事情很奇怪，使人不明白。“名”也作“明”。

第 5 版改为：

莫名其妙 没有人能说明它的奥妙（道理），表示事情很奇怪，使人不明白。也作莫明其妙。

莫明其妙 同“莫名其妙”。

第 6 版修订为：

莫名其妙 没有人能说明它的奥妙（道理），表示事情很奇怪，使人不明白。

莫明其妙 没有人明白它的奥妙（道理）。注意 “莫明其妙”由“莫名其妙”衍化而来，但二者含义略有不同：“名”义为说明，“明”义为理解。

第 3 版和第 5 版将“莫明其妙”看作是“莫名其妙”的异形词，第 6 版将二者修订为近义词。

再如第 5 版中，“红通通”跟“红彤彤”是一组异形词，推荐的词形是“红彤彤”。一般情况下二者可以互换，都用来形容“很红”，但由于有色彩上的细微差异，语用上说到晚霞，人们多说“红彤彤的晚霞”，而说到脸色则多说“脸涨得红通通的”。相较而言，“红通通”口语、书面语中都用，而“红彤彤”更多一些书面语色彩。第 6 版将“红通通”与“红彤彤”分立词条，释“红通通”增加了“红得通透”义。

第 6 版的修订还注重运用语义特征分析法来揭示词义。如第 5 版释指示代词“各”有“表示不止一个”义，第6版修订为“表示不止一个（指某一范围内的所有个体）”；第5版释“揉”有“团弄”义，第6版修订为“用手反复推压搓弄东西，使变软或成球形”。

《现代汉语词典》作为第一部纯粹的白话词语词典，旨在反映现代汉语词汇在共时平面上的语义、语用以及语法上的特点，在引导我国语言文字规范和促进语文教育及文化建设诸方面发挥着重要作用。

从历史渊源来看，《现代汉语词典》和台湾《重编国语辞典》都是承《国语辞典》的发展，反映了现代汉语词汇的真实面貌，因而在海峡两岸都具有各自的权威性和代表性。《现代汉语词典》吸收了《国语辞典》的合理部分，从词汇发展的事实出发，按照词汇发展的必然规律，突出现代汉语标准语（普通话），虽也收释了一些古语词，但标有“〈古〉”或“〈书〉”，规范意识较强，对现代汉语词汇系统的描写和现代汉语词典体例的创立上作有开拓；《重编国语辞典》则是在《国语辞典》基础上的增加、扩展和调整，收词上限推至唐宋，描写意识较强。其凡例称“语文中常用、间用及虽罕用而需供查考之辞，均行采收”，所以兼收文言，例如“暨暨，果毅貌。如‘戎容暨暨’，见《礼记》”，又收北京方言，例如“取灯，即火柴”，具有古今兼收并蓄的特点。《重编国语辞典》的有些释义会标有“大陆地区”，反映了海峡两岸间词义的差异。如“白班”，《现代汉语词典》释为“白天工作的班次；日班”，《重编国语辞典》释为“大陆地区指日班”。又如“吃大锅饭”，《现代汉语词典》释为“比喻不论工作好坏，贡献大小，待遇、报酬都一样”，《重编国语辞典》释为“多数人合伙吃的普通饭菜。大陆地区或用以比喻不计劳力付出的多寡，而酬劳均相同”。将《现代汉语词典》和台湾《重编国语辞典》与《国语辞典》作纵向的历时比较，可窥20世纪汉语词汇的发展演变过程；将《现代汉语词典》与台湾《重编国语辞典》作横向的共时比较，则可考察跨地区用词的空间差异和变化，反映了海峡两岸的实际语言状况。

第五节　修订本《辞源》

初版《辞源》是以语词为主兼收百科词汇的综合性辞书，在编纂过程中，虽然力求“纳新”，如《编印缘起》中说的“觉原稿中已死之旧辞太多，流行之新辞太少，乃变更方针，删旧增新”，“通读新书新报”，“搜集”“增益”，但在刊印行世几十年后，随着岁月的流逝，形势的变化，渐显得陈旧，不能很好地适应需要了。由于《辞源》在收词、释义、注音等方面存在一些问题，1958 年春，文化部曾组织专家对该书进行修订。根据与《辞海》《现代汉语词典》分工的原则，定位为阅读古籍用的工具书和古典文史研究工作者的参考书，要求将《辞源》修订为专收古代汉语词语，兼及古代文物、典章制度等方面词语的语文辞书，以解决阅读古籍的疑难问题。1964 年出版了修订的第一分册，惜随着“文革”的爆发，修订工作被迫停止。1976 年，由国家统一规划，决定由广东、广西、河南、湖南四省(区)协作承担《辞源》的修订工作。四省(区)分别成立了专门机构，以修订稿第一册和未出版的其他各分册初稿或资料为基础，和商务印书馆编辑部共同编辑、审定。1977 年，确定修订方案，提出“以语词为主，兼收百科；以常用为主，强调实用；结合书证，重在溯源”的编纂方针。1979 年至 1983 年由商务印书馆陆续出版。

修订本《辞源》是一部语文性辞典，从原来的兼收古今中外词语和知识性条目的综合性词典，修订成为阅读与研究一般古籍服务的大型古汉语辞书。收录内容大致上止于 1840 年以前的古代汉语、一般词语、常用词语、成语、典故，兼收各种术语、人名、地名、书名、文物、典章制度。单字 12 890 个，复词 84 134 条。全书共分四册，依 12 集(子、丑、寅、卯、辰、巳、午、未、申、酉、戌、亥)和 214 部首为次序排列，单字条由字头、汉语拼音、注音字母、《广韵》反切、声纽、释义、书证等组成。在字头下首先用汉语拼音和注音字母注音，为保留古音又标明《广韵》和《集韵》的反切，然后逐一列出各个义项及书证。一字多音的分别注音,用“1、2、3……”表示,多义的单字或复词则用“(一)、(二)、(三)……”分项。

溯源及流,以语源作为词语设立义项的基点,这是《辞源》的特色。溯源是为释义提供出处尽可能早的书证,及流是要列出若干后代不同时期的例证,在释义的基础上结合书证,以索其流。修订本《辞源》对原《辞源》既有继承又有发展,无论是结构、功能还是内容都有相当大的变更,主要不同如下:

1. 收词增删。修订本以鸦片战争为分界线,删去所有现代自然科学、社会科学和应用技术领域的新词语,保留原《辞源》中属于古汉语、古文献、古文化的条目,又广搜文献,增补了许多古籍中常见的古代语词和文化类的词目。

2. 释义寻源。修订本承原《辞源》编纂的传统,突出“沿流溯源”“由源竟委”的特点,释义不仅要求准确,而且追根溯源,致力于探寻词语最早见于书面文献的时代,按本义、引申、比喻、通假顺序排列,勾勒词语在使用过程中的发展演变。

3. 体例完善。修订本整体上保持了原《辞源》的编排模式,但在注释上又借鉴百科全书在一部分条目末尾注明参考文献的做法,较多地采用“参见”“参阅”的形式,加强了检索的功能。

4. 音形使用。字形上新旧字形结合,以新字形为主。原《辞源》以《音韵阐微》反切注音,贴近时音。修订本调整为以《广韵》《集韵》反切注音,同时加注注音字母和现代汉语拼音。

修订本的出版带动了古汉语文字、训诂、音韵研究的深入,也在传统文化和古代文献研究中发挥了很大作用。《辞源》本身也成为学术研究的重要内容,在各种学术刊物上出现了一大批对《辞源》内容进行考释的研究文章,田忠侠等还撰有《辞源考订》和《〈辞源〉通考》等研究《辞源》的系列专著,为《辞源》的再次修订提供了新的研究成果。2007 年,商务印书馆又启动了《辞源》第三版的修订,并于初版百年后的 2015 年问世。新版《辞源》以语词为主，兼顾百科，收单字 14 210 个，复音词 92 646 个，其中增补字头 1 302 个，复音词 8 512 个，百科词语 6 500 个，共 1 200 万字。新版内容以弘扬中华传统文化为宗旨，发皇故典，释疑解难，冀还原所释词语古代使用的原貌，尤其重在沿流溯源，由源竞委，维护了《辞源》百科性语文辞书的品牌地位。《辞源》第三版在出版纸质版的同时还推出了网络版和优盘版，实现了纸质版电子版同步，为中华传统文化与现代数字技术的有机结合提供了一个成功的范例。

第六节　《中文大辞典》

《中文大辞典》是继未能编成的《中国大辞典》和《中山大辞典》而终成其业的首部大型语文辞书，具有字典兼词典的功能，中文大辞典编纂委员会编纂，张其昀、林尹、高明主编，台北“中国文化研究所”1968 年出版。共四十册，其中正文三十八册，第三十九册是部首总索引，第四十册是笔画总索引。《凡例·编辑要旨》称“以整理民族遗产，发扬民族精神为旨归”，“不仅为考证文献之工具，亦为吾国数千年伟大著作精华之荟萃”。全书按《康熙字典》的部首分类法排列，略加改动。收字 49 905 个，词语 37 万多条。各单字下首列该字的甲骨文、金文、小篆、隶书、楷书、草书等形体，并注明出处。下引古韵书反切、罗马字注音。次释字义，依本义、引申义和假借义排列。每字后列复词，博采历代文献中的词语、典故、成语、诗词、人名、地名、官职名、年号、书名、动植物名等。释义注重考源溯流，广征博引古今文献，探究形音义三者之间的关系，例句均注明出处和引用书目。各部首内的字先分笔画多少，再按字形起笔为序（“永”字笔法）排列。各字下所列复词以第二字笔画由少到多排列，第二字笔画相同者，再按字形起笔为序。三个字以上的词，依次类推。每册册首有“部首检字法”“笔画检字表”。1976 年出版修订普及本，共十册。

第七节 《汉语大词典》

辞书中最常见的是语文辞书，而语文辞书，尤其是大型语文辞书，永远是一个国家或说一种语言的人们最高追求的充分体现，真正足以显示一国的学术成就。如对英国来说，这类辞书的代表是《牛津英语词典》；对美国来说是《韦氏国际英语词典》；对我们来说就是《汉语大词典》。《汉语大词典》是我国第一部大型的汉语词典，[①]罗竹风主编，共十二卷，附录和索引一卷。由山东、江苏、安徽、浙江、福建、上海五省一市的1 000多名专家学者参与编写，从1975年开始到1986年上海辞书出版社出版第一卷，历时11年；第二卷起由1986年成立的汉语大词典出版社出版，至1993年十二卷出齐，历时18年。汉语大词典出版社1999年出版了简编本，又与东华书局签约在台湾出版了繁体字本，并与商务印书馆(香港)有限公司合作出版了光盘版。上海辞书出版社后又出版有三卷本的缩印本。

早在1961年《现代汉语词典》试印本编写完成后，中国科学院语言所制订的十二年语言研究规划中已将编纂《汉语大词典》列为重点建设项目。吕叔湘在《关于汉语词典的编辑工作》一文中提出了编纂“详细记载汉语词汇历史发展的汉语大词典”的设想，指出《汉语大词典》的编纂有重要的学术意义和实用价值，可以总结前人音韵、训诂、文字研究的成果，推动汉语研究的进一步开展，也可以对汉族人民历史发展的研究提供语言方面的材料，还可以集中整理古籍训释、考释中古以后著作中出现的方言俗语、研究一般词语的源流演变等。[②]

---

① 《汉语大词典》荣获第一届国家图书奖，1989年联合国教科文组织定位为世界权威工具书。

② 吕叔湘《关于汉语词典的编辑工作》，《新建设》，1961(1)。

《汉语大词典》收字2.2万个，词目37万多条，包括2.2万多个单字，成语、典故等35万余条，插图2 500多幅，内容浩繁，包括社会生活、古今习俗、中外文化等，全书5 000余万字。从古今数千种汉语典籍著作中广泛收词，以“古今兼收，源流并重”为编纂原则，所收单字以带复词并有引文例证者为限。依200个部首编排，以繁体字立目，简化字括注于后。单字下用汉语拼音标注现代音，并征引古代字韵书中的反切古音。复词亦以繁体字立目，广泛收列古今汉语中的词语、熟语、成语、典故和较常见的百科词，集古今汉语词汇之大成。义项分析精当齐全，释义扼要准确。每个义项一般精选3～4条书证，全面反映语词的历史源流演变。书证涉及经部史部、诸子百家、古今文人别集、戏曲小说、笔记杂著、宗教经典、科技著作、学术专著、近现代报章杂志乃至方志、碑刻、出土资料等。吕叔湘论述《汉语大词典》的性质时称：“《汉语大词典》就是古往今来汉语词汇的档案库。比方说有那么五十万个词，每个词有个档案，它是什么时候产生的，原来什么意义，它后来意义有什么变化，不出现了，不用了，或者只用这个意思，不用那个意思了。每个词写个档案袋，放在这个库里头，放在《汉语大词典》里头。”①认为《汉语大词典》作为大型历时词典，要全面反映词义产生的时代，词义发展变化的历史脉络，包括词义的消亡或部分消亡等。

1998年出版的《汉语大词典》光盘版集现代电脑软件技术之大成，采用了先进的超文本数据库结构，标记出字和词的形、音、义复杂的逻辑关系，采用导航式查询方式、多方式查询入口，超文本自动跳转查询等手段，方便快捷。收入汉字20 902个，复词343 307条，成语23 649条，释义515 524项，新增例证877 130条。在印刷版本的基础上，扩充了大量电子信息，大大丰富了原书的信息量，在查阅手段上很好地解决了传统方式查找字或词时繁琐且效率低的弊病，集各种现代化的电子

① 吕叔湘《汉语大词典的性质和重要性》，《辞书研究》，1982(3)。

信息和查询方法于一体,有强大的多媒体功能,每个汉字均可发声,包括多音字。

《汉语大词典》的修订始于 2010 年,出版了《汉语大词典订补》,新收录和订正《汉语大词典》词条 3 万多条,新增 330 余万字。2012 年《汉语大词典》知网版由上海辞书出版社、《汉语大词典》编纂处和同方知网技术有限公司共同研制完成,以《汉语大词典》为核心内容,同时将《汉语大词典订补》和《康熙字典》(标点整理本)整合其中,采用数据库式的数据组织方式,编制了十大分类索引,包括书证分析、音韵集成、通假字库、说文解字、熟语大全、常用字表、规范字表等,形成一个集检索、考证、分析、统计和学习于一体的古今词语资源库。读者检索一个字,不仅可以获得这个字的详解,系统还会将与该字相关的字、词、语的信息整合到一个页面上,形成以该字为中心的词语类聚。如检索"和",除了"和"的形音义的相关信息外,可以在同一页面上浏览到"和"的顺序复音词"和一、和友、和玉、和平"等,逆序复音词"安和、百和、参和"等,熟语"和事佬、风和日美、内俊外和、此唱彼和、隋珠和玉、趁水和泥"等。

《汉语大词典》第二版的编纂工作已于 2012 年 12 月启动,分 25 册,字数 6 000 余万。第二版将增收单字、复音词、成语、结构紧凑的俗语条目,尤其注意增补近、现代汉语条目,删除过滥的百科词、非词的语句和意义浅显的自由词组及复词的否定形式,增补书证。

《汉语大词典》的编纂和修订是中华文化建设的一项基本工程,也是维系民族团结和国家统一的强大精神纽带。我国是世界上几千年来唯一的历史记载连续不断的国家,古人留给我们的文化遗产十分丰厚。据初步统计,现存古籍至少在 10 万种以上,可谓汗牛充栋。《汉语大词典》作为贯通古今之变的大型历时性语文辞书,今后还要不断完善,继续编第三版、第四版,直至将整个中华民族几千年的文明史以词语的形式浓缩其中。修订版力求运用飞速发展的计算机技术，建立适时更新的全语域、全时域、全地域平衡语料库，古今并重，全面覆盖与关照汉语所有词语的渊源、发展、现状和分布，依据文献记载给每一个词立传，标注始见年代或使用年代，读者可以查到某一个年代有多少新词语、新事物、新概念，字形上列出从甲骨文到楷书，以至草书、行书；读音上列出上古音、中古音、近古音、现代音，以至有代表性的方言音；词义上列出每个词义扩大、缩小、转移等演变线索的最早书证或始见书证到最晚书证，从而成为我国辞书编纂国家水准的标志性典范。

第八节　断代词典

断代语言词典的编纂是对语言某一历史时期的状态进行静态描写，也是对某一朝代或某一时段的语言进行归纳研究整理以供人们查检的词典。[①] 断代词典是语文词典的一种类型，即共时词典(synchronic dictionary)。断代词典旨在真实客观地描写出各段语言的实况，反映出各段之间的发展演变，从而凸现出语言的共时性轮廓，并在一定程度上起承上启下的作用，为进一步编纂全面描写词汇演变的历史大词典奠定了基础。

编纂断代词典有两种方法，一种为特色式，一种为总账式。特色式的编纂方法仅收录其他时代所无而为该时代独有的词语，而要确定哪些词是真正属于该时代所特有的词，就必须先了解该时代词汇的全貌，只有在对该时代主要的代表性文献进行总账式的词语分析和研究之后，才能将该时代独有的词语挑选出来。总账式的编纂方法则凡是该

---

① 语言是渐变的，不一定随着朝代的更替而发生明显的突变。因而，以朝代为依据而编纂的断代词典，还不是严格意义上按照语言分期而编纂的断代词典。其中有一些与语言演变的分期基本一致，有一些则尽管也或多或少反映了某些仅在该时代存在的语言现象，但往往体现不出语言演变的阶段性。目前已出版的断代词典多以朝代为分期依据。

时代使用的词语都一概收录,虽然没有漏收或误收的弊病,但往往篇幅太大,而且语言在历史的发展演变中有许多基本词语是历代传承而沿用的,这些词语并无断代的特色反而喧宾夺主。因而我们理想中的断代词典可以从实际功用和经济效益着眼,只收该时代始出现的词语和反映该时代特色的词语,但所收录的词语必须在对该时代使用的词语进行穷尽性分析的基础上来确定,即结合特色式和总账式的编纂方法,先对该时代的词语进行总账式的分析和研究,在了解和掌握该时代词汇的全貌后,确定需要诠释的词语来编纂特色式的断代词典。

"一部断代的语言词典不同于一般的语文词典、百科词典,在有限的篇幅里要尽量收录那个时代的新词新语和特有词语,同时又要能得其轮廓,反映该时代的词汇系统和整体面貌。"①每个时代都有其代表性的词汇,我们可以采用穷尽性与选择性相结合的原则来分析某个时代词语资料长编数据库中的词语。断代词典要在对数据库中所有词语进行穷尽性分析和研究的基础上从中筛选确定具有该时代特色的词语,包括某个断代的所有词汇和某一词语在该断代的不同义项。如"修理"在唐代有"处置、料理"义,敦煌变文《舜子变》:"缘人命字重,如何但修理他?"又有"整治饮食"义,《酉阳杂俎》卷七称,有一将军家,"善均五味,尝取败障泥胡禄修理食之,其味极佳"。

一般而言,断代词典的特点是按照共时性原则编纂,即对语言的某一历史时期进行静态描写,收释的词语,从立目、定形、注音到释义、引例,都只以某一历史时期为限而不去涉及在此时期以前或以后的情况。诠释对象只限于从古到今的某一阶段的词汇材料,不阐述词形、读音、词义、用法等的演变。然而由于词汇是一个开放性系统,词汇系统实际上是词汇要素及其相互关系的统一体。各断代的词在词汇系统中具有一定的传承关系,断代词典对此也应有所揭示。同时,辞书的编纂毕竟

① 江蓝生《近代汉语断代语言词典系列·序》,上海教育出版社,1997年。

还有其实用的价值,因而在辞书编纂实践中,纯粹的共时词典是不存在的。任何共时词典都不能不酌收一些前一时期的古旧词语,而且在许多场合还需要借助于词源的解释才能说明该历史时期词语的词义和用法。语言的静态描写是研究语言发展史的出发点,描写愈细,进行语言史研究的基础就愈扎实愈可靠。语言的静态描写和语言史的研究是相辅相成的。静态描写是汉语史研究的出发点和基础,语言史的研究又为细致而又全面的静态描写提供了可能。因而断代语言词典的编纂必须既注意细致的静态描写,又注意语言史的研究。断代词典对该时代使用的词语的来龙去脉需要作一些必要的说明,尽可能作出规律性描写,揭示出每一个词语的词义系统,尤其是一些常用词词义的演变更替。如现代汉语中"穿衣"的"穿"至迟在唐代已出现,可以用加按语的形式说明其本义是"通",六朝时则用"著"表示,"著"的本义则为"附着"。

就语言的分期而言,1903 年抱残守缺斋石印出版的刘鹗编《铁云藏龟》已略具断代字典的雏形,1978 年问世的《现代汉语词典》则可以说是我国第一部断代词典,而一些古代汉语词典则虽与《现代汉语词典》以古今为分期,然古代汉语中包括汉语从先秦发展至清末的数个阶段,因而实际上我国专为反映古代某一时期语言为对象而编纂的断代词典始于 1985 年出版的《宋元语言词典》。[①] 这部纵贯宋和元两个朝代的断代词典收录解释宋元时代戏曲、小说、诗词、笔记及杂著中的词语约 1.1 万条,大多为过去各辞书未收载的宋元时代产生的新词新义,如熟水、满散、相蓝、食次、当面、铺席等,又如"富贵"的财宝义、"弹压"的品评义等。引例注重从纵向反映所释词语在宋元各个时期的出现情况,从横向反映所释词语在戏曲、小说、诗词、笔记、语录等各方面的分布情况,征引书籍达千种,有时加按语说明旁证、语源或方言参考资料。

① 龙潜庵《宋元语言词典》,上海辞书出版社,1985 年。

断代语言词典与一般语文词典不同,编纂断代语言词典必须对收录的词语作一番鉴别,确定其确属某一时代所产生的新词和新义。《宋元语言词典》在这方面作了大量的考证,制订了一套相应的编写体例,为断代语言词典的编写提供了有益的经验和实践上的蓝本,具有筚路蓝缕的开创之功,填补了我国词典编纂和断代语言研究的空白。其所不足之处则在于收词的覆盖面不广,一些宋元时代产生的有特色的词语限于资料或不易诠释等原因而未被收入,如色目、莫须有、趁养、点检、吹毛求失、犯手等。义项也有漏收的,如"官人"的官员义、"干人"的管家义、"平章"的宰相的简称和商量义等。有些词语的释义和引证尚可进一步加以探讨,如"不唧溜底"有"不聪明"义,似不能释为"说话不停"义。又如"上手"一词除元曲例外,尚可溯及宋代的例证等。①

继龙潜庵《宋元语言词典》,钟旭元和许伟建编有《上古汉语词典》②。作者运用"双重证据"的科学方法,结合地下出土材料和文献记载,收释了甲骨文、金文和商周秦汉典籍文献中602个词语,大致反映了上古时期汉语词汇发展的轨迹和面貌。如"受"的"接受、得到"义和"授予"义,"我"的"自称之义"。此书注重诠释甲骨文和金文中的词汇,填补了上古词典编纂的空白。不足之处在于尚未充分利用出土的一些语料,如释"是"为"表示肯定判断,借以加强语气",引《申鼎》《论语》等为例证,似还可补上《云梦睡虎地秦简》中"是是饿鬼"和马王堆汉墓帛书《彗星图》中"是是竹

---

① 参朱瑞熙《评〈宋元语言词典〉宋代部分》,《辞书研究》,1987(3);赵宗乙《宋元语言词典释义管窥》,《中国语文》,1989(3);卢润祥《我国第一部断代语言词典——简评〈宋元语言词典〉》,《语文研究》,1989(4);张生汉《宋元语言词典误释举例》,《古汉语研究》,1989年增刊;李之亮《宋元语言词典释词商榷》,《古汉语研究》,1990(2);徐时仪《宋元语言词典释义补正》,《古籍整理出版情况简报》,第246期(1991年);卢甲文《宋元词语汇释》,《南都学刊》,1991(3);刘学智、罗骥《宋元语言词典释义商议》,《云南教育学院学报》,1993(5)。

② 钟旭元、许伟建《上古汉语词典》,海天出版社,1987年。此外,还有许伟建的《上古汉语词典》,吉林文史出版社,1998年。国外也出版有一些上古汉语词典,此不赘述。

彗”例,从而反映系词“是”在上古已出现的事实。[①]

相对于古代汉语词典和现代汉语词典而言,20 世纪 90 年代也出版了两部《近代汉语词典》,一部为高文达主编的《近代汉语词典》[②],一部为许少峰主编的《近代汉语词典》[③]。21 世纪初又出版了雷文治主编的《近代汉语虚词词典》、许少峰编的《近代汉语大词典》和白维国主编的《近代汉语词典》。[④] 高文达主编的《近代汉语词典》是我国第一部近代汉语词典,取材于禅宗语录、敦煌变文、小说戏曲、笔记杂著等,收近代汉语词语约 1.3 万条。其凡例称只收近代汉语独有的词语和义项,一般不收见于晚唐以前属于古代汉语的词语和见于清末以后属于现代汉语的词语。以普通词语为主,也酌收诸如名物制度、风俗习惯、方言俚语、社会称谓、讳言詈词等方面的一些专科词语。有些既见于古代又见于近代,或者既见于近代又见于现代的同形词语,由于它们在近代汉语中有特殊的义项,亦予以收录。如收录了“踌躇”的“思量、考虑”义,“喽罗”的“聪明能干、机灵狡猾”义。此书释义简明确切,引例丰富。每个词目的释义皆以用例为根据,比较准确地表现了词语在当时使用的实际情况。例证既注意到内容的典型性和完整性,又尽量做到形式简短和丰富多样。如释“惶恐”的“惭愧”义,引用《朱子语类辑略》和《荡寇志》为例证。

此书凡例虽称收词范围为晚唐五代至清末,但实际上晚唐五代和宋代的词语收得很少。如蒋礼鸿的《敦煌变文字义通释》共收释有 700 多条词语,此书仅采择了 20 多条。有些非常典型的近代汉语词语亦未予收释,如百戏、处分、浑家、受用、万福、做意等。所收词语中有一些早

① 汪维辉《系词“是”发展成熟的时代》,《中国语文》,1998(2)。

② 高文达主编《近代汉语词典》,知识出版社,1992 年。

③ 许少峰主编《近代汉语词典》,团结出版社,1997 年。

④ 雷文治主编《近代汉语虚词词典》,河北教育出版社,2002 年;许少峰编《近代汉语大词典》,中华书局,2008 年;白维国主编《近代汉语词典》,上海教育出版社,2015 年。

在晚唐五代或宋代已有用例,却未能引用。如释“作家”的“里手、行家”义外,引《禅真后史》和《封神演义》用例为证,而未引敦煌变文《韩擒虎话本》例。有些词语也有训释欠妥之处,如释“添力”为“送给劳苦者的慰问品”,例证为《琵琶记·五娘葬公婆》:“为五娘行孝,交与他添力。”据《琵琶记》剧情,这里写赵五娘独力为公婆筑坟,感动玉帝,特派猿虎二将前往相助。例中“添力”并不是慰问品,而是“相助”或“助力”义。又如释“早起”为“早先,先前”,例证为《救风尘》第三折:“哦,早起杭州散了,赶到陕西客火里吃酒,我不与了大姐一分饭来?”例中“早起”即“早晨”,元曲中还有其他用例,如《马陵道》第二折:“只待早起修了天书,我便早起杀了那厮;晚夕修了天书,我便晚夕杀了那厮。”有些条目义例不相合,如“骨朵子”条第二个义项释为“皇帝的禁卫人员”。引例为宋祁《宋景文公笔记》卷上:“国朝有骨朵子,直卫士之亲近者。”《宋史·仪卫志二》:“御龙骨朵子直二百二十人,并全班祗应。”考宋代御前亲近卫士手执骨朵子,因称“骨朵子直”。据《宋史·职官志六》载:“步军有御龙直、骨朵子直、弓箭直、弩直及天武以下诸军指挥。”因而,“骨朵子”应立目为“骨朵子直”,其所引《宋景文公笔记》例中的“直”亦应承上标点为“骨朵子直”。有些词语的义项收录不全,如“前程”,除“婚姻”义外,尚有:①“前途、功名”义,元戴善甫《风光好》第二折:“我今别处寻个前程,便来取你。”②“恩情”义,《张协状元》:“缘何一向便生嗔,你们直是没前程。”“好生”除“狠狠地、重重地”外,尚有“好好地”义。书中已收条目应有的附见条目也有漏阙,如“搬调”,元曲中又作“般调”“般挑”“搬挑”;“比拟”在诗词中又作“比如”“譬如”“匹如”“匹似”,书中皆只收录一种形式。①

许少峰主编的《近代汉语词典》是继高文达主编的《近代汉语词

① 骆伟里《近代汉语词汇研究的可喜收获——〈近代汉语词典〉简评》,《辞书研究》,1993(4);元白《评〈近代汉语词典〉》,《辞书研究》,1993(5)。

典》后的又一部近代汉语词典。此书原打算编成一部戏曲小说词语词典，后在此基础上增加条目，充实内容，扩充成一部收词约2.5万条的近代汉语词典。所收词目主要选自古代戏剧、小说和禅僧及宋儒语录等书中常用而一般辞书极少收录的词语和部分短语，还收录了一些反映当时民俗的词语，如"抬阁""看香头""仙人跳"等。所举例证着重在元杂剧和明代小说，一般举两例，戏曲和小说各一。释义详略视所释词语的难易程度而定，力求确切得当，得其理据。如释"水火棍"一词云："一种半截漆红色，半截漆黑色的木棍。红一头为圆形，黑的半截为扁形。为衙门役卒使用。五行中红属火，黑属水，故称。"既解释其义，又探讨了其命名的由来。此书收词在量上远远超过高文达主编的《近代汉语词典》，只是受其原来打算编一部戏曲小说词语词典的限制，故主要局限于元杂剧和明代小说，收词范围虽为晚唐五代至清末，实际上晚唐五代和宋代的词语亦收得较少，难以贯通整个近代汉语时期。有些近代汉语中常用的词语未予收录。如"发挥"（发落、处置、训斥义）、"吃茶"（指女子受聘）等。有些词语早在晚唐五代或宋代已有用例，亦未能上探其源。如"点茶"已见于《镇州临济慧照禅师语录》，而引《永乐大典》戏文《张协状元》和《警世通言》例，"薄落"见于《敦煌变文集·丑女缘起》，而引元剧《陈母教子》和《竹叶舟》例。有些词语则漏收较重要的义项。如"前程"除"前途""婚姻，姻缘""德行，品德"义外，尚有"盘缠，费用"和"家业，产业"义。有些词语的释义还可斟酌。如"切手"有"毒手，致命的招数"义，而非"弄手腕，做手脚"义。①

随着学术界对近代汉语词语研究的重视，刘坚和江蓝生主编了《近代汉语断代语言词典系列》，分《唐五代语言词典》《宋语言词典》和《元语言词典》三部先后问世，②从而开辟了成系列地编纂断代词典的蹊径。

---

① 田照军《评许少峰近代汉语词典》，《辞书研究》，2000(5)。

② 刘坚和江蓝生主编《近代汉语断代语言词典系列》，上海教育出版社，1997—1998年。

《唐五代语言词典》是我国第一部反映唐五代时期语言面貌的断代词典，既注重学术性，又兼顾实用性，共收词语4 500多条，以唐五代出现和使用的口语词、方言词为主，也酌收名物词和其他类别的词语，其中有相当多的条目是迄今已出版的大型辞书所未收的。此书例证以敦煌变文、禅宗语录、诗词为主，兼及笔记、传奇、史传、文书等，体例严谨，释义注重从史的角度阐明词义的来龙去脉，如生缘、日大、东西、泼撒、当、宁馨等。有的还结合现代方言加以考察，如打头风（顶头风）、喽（禁得起）等。其不足之处在于亦有一些唐五代的词语或词义未予收释。如分处，见于《吐鲁番出土文书》："不逐部伍，求分处。""事实如此，从官分处。"①"分处"义同"处分"。又如"生缘"除"籍贯，家乡"义外，还可指"父母"，见于王梵志诗"乞就生缘活，交即免饥寒"，"不睬生缘瘦，唯愿当身肥"。"方便"除"佛经指依据不同的根基而因人施教，使之通于佛道的方法""设法，设计""方法，计策""机会，便利条件""规矩，礼仪"等义外，尚有"随便"义，如王梵志诗："尊人与酒吃，即把莫推辞。性少由方便，圆融莫遣之。"有些释义还可进一步探讨，如"镇家"并非"小镇旅店"义，唐代"家"用在某些行政机构的名词之后，往往就指这些机构。②

《宋语言词典》收宋、辽、金时词语约4 100条，以收录宋代新词新义为主，比较重视禅宗语录和笔记杂著中的语言资料，但所收词语似还可作些增删。有些词宋以前已在使用，如"枨触"一词六朝已普遍使用，"初"用于否定词"无""不"等之前表示完全地否定的用法亦已见于后汉。有些宋代出现的词语则未予收释，如《朱子语类》中的"行唐""合杀""骨董""落草""退听""著便""没有"等。有些释义亦需进一步斟

---

① 《吐鲁番出土文书》第一册，文物出版社，1981年，136页、208页。

② 张永言、董志翘《近代汉语研究的可喜成果——〈唐五代语言词典〉读后》，《中国语文》，1999(3)。

酌,如“博卖”并非“赌博买卖”义,而是“博易买卖”之省称,乃“交换、买卖”义。①

《元语言词典》收录元代词语5 000多条,以口语词为主,注重所用语料的时代性,体例严谨,释义简明妥切,充分反映了已有的研究成果。其不足之处除偶有误收前代词语外,也漏收了一些具有元代特色的词语和词义。如上手、刷选、王条等词,以及“报复”的“通报”义、“该”的“应该”义和“欠”义等。②

此外,蔡镜浩《魏晋南北朝词语例释》③主要考释流行于魏晋南北朝的常见社会习语和通行的口头俗语词,取材遍及魏晋南北朝时期的史书、诗赋、总集、别集、字书、汉译佛经、笔记小说、法帖以及医学农耕等科技著作,从70多种文献资料中勾稽考释了600多个词语,实际上也相当于一部断代词典。此书考释了大量魏晋南北朝时期产生的新词新义,如办克、楚毒、佳快、和欺、注易、隐度等。考释绵密,立论精当。又如释“治”为“处置”,分别指对“一般物品的处置”“蔬菜、瓜果、食物的处置”和“各种家禽、牲畜的处置”,又指“宰治牲畜”和“处置鱼类”。不仅注意探求词汇的内部演变,而且注重在对魏晋南北朝词汇作客观的共时的静态描写基础上进行历时的研究,从整体上反映语言发展的根本规律。如指出“仅”在魏晋南北朝时已有“庶几”和“将近”义。此书的不足之处亦在漏收了“人间”“大都”等常用词语,以及“想”的“希望”义和“形势”的“景致”常见义等,对这一时期汉译佛经中从梵文借来的大量新词也收录较少。④王云路、方一新《中古汉语语词例释》从释藏、史乘、诗、文、笔记小说、诸子、医书、农书、注疏、碑帖等有关文献中考释了汉魏两晋南北朝隋代的古

① 董志翘《评〈宋语言词典〉——兼论断代语言词典编写的有关问题》,《辞书研究》,2000(1)。

② 汪维辉《〈元语言词典〉评介》,《辞书研究》,2000(1)。

③ 蔡镜浩《魏晋南北朝词语例释》,江苏古籍出版社,1990年。

④ 蒋宗许、刘云生《魏晋南北朝词语例释评说》,《辞书研究》,1993(5)。

白话词500余条，主要是佛教传入后由汉译佛经而产生的口语词；源于魏晋清谈之风而产生的新词；由于民族迁徙融合而产生的蛮夷之语以及方言；旧词产生的新义；新出现的方言俗语。①

许少峰编的《近代汉语大词典》是在其所编《近代汉语词典》基础上扩编而成的，收自唐代至清代古籍中出现的口语词5万余条，主要选自唐代至清代戏剧、小说、僧侣及宋儒语录等中常用而一般辞书极少收录的语词和部分短语。按汉语拼音音序编排。同音词依笔画多少排列，由本字派生的字与本字编在一起，如胡、湖、葫、猢、糊、蝴、衚等字排在一起；同笔画者则依起笔横、竖、点、撇、捺笔形为先后。词目下附两个书证，尽可能做到一为戏剧书证，一为小说书证或其他书证，以供比较，同时兼收部分诗词曲作品为佐证，而着重在元杂剧和明代小说。释义力求确切透辟，需要加以说明的尽可能详加解释。

白维国主编的《近代汉语词典》是国家"十一五"出版重点规划项目，也是一部具有汉语词汇史性质的汉语语文辞书。始编于1997年，历时18年，共收词5万多条，其中近万条为以往辞书所未收的新词。主要以口语词为重点，以作为汉语词汇主干的常用词为主体，纵贯唐初到清代中叶，着重体现词汇的历史系统性。义项排列和释义体现词义演进的历史轨迹和规律，引例兼顾时代、地域和语体诸方面因素。凡出一义尽可能征引首见例句及出现时代最晚的末例，以反映被释词语出现和使用的时代，力求反映从唐五代到清代中叶汉语词汇的发展脉络。

除《现代汉语词典》外，外语教学与研究出版社和语文出版社2004年联合出版有《现代汉语规范词典》，按照国家语言文字规范标准编写，注重辨析异读词、异形词等社会语用存在争议的词语，收单字约1.3万个，词目6.8万余条，其中当代新词语、新义项逾4 000条。2010年出版了第2版，2014年又出版了第3版。第3版收录单字1.2万余个，词

① 王云路、方一新《中古汉语语词例释》，吉林教育出版社，1992年。

目7.2万余条及8万余条例证,设立5 500多条提示,本着约定俗成和因势利导的原则,指出形音义及用法上的易混易错的分歧,辨析常见近义词和多音字的细微差别,大致反映了现代汉语词汇的基本面貌。第3版增补了《通用规范汉字表》有而前两版未收录的字近400个,根据历史沿革和规范要求,调整了相应的字际关系近300处,包括增减规范字对应的繁体字、异体字,变更异体字的字形、笔画序等;增补了"微信""失联""正能量""吐槽""拍砖""接地气"等上百条体现时代特色的新词语,增补了一些词语的新义项、新用法,如"土豪"今也指富有钱财而缺少文化和正确价值观的人,"理财"特指为实现财产的保值、增值,对财产进行经营等;还从实际的用法出发解读了一些热点新词。如释"网购"为"网上购物。即购物者通过互联网查看商品信息、提交订单,商家以邮寄、快递等方式送货上门,或由网购者到指定地点自行提货。有款到发货、货到付款等交易方式"。汉语大词典出版社2006年出版有《现代汉语大词典》,共6卷,收单字条目(含繁异体字)1.5万多条,多字条目10万多条,所收现代汉语词汇,包括20世纪以来白话文著作中的语汇和活的口语,其中以普通话词汇为主,也酌量包容了至今还在使用的文言词、流传较广的方言词以及外来词,同时广泛地采收新词语、新义项以及有丰富转义的熟语,还选收了日常生活中流传的专科词语,凡850万字。值得一提的是,中国社会科学院语言研究所编的《现代汉语大词典》已撰成初稿,江蓝生指出:"该词典收词量要大,释义要比中型语文词典详细,配例要恰到好处地反映词义和用法。要扩大信息量,加强实用性,为此要设立知识提示、同义词辨析、插图等项内容,还要对方言词标示通用地域。"①

相对于现代汉语而言,古代汉语虽包括从先秦发展至清末的数个

① 江蓝生《学术自传:追回流失的岁月》,《历史语言学研究集刊》第六辑,商务印书馆,2013年。

阶段,但从古代这个角度着眼古代汉语词典的编纂也具有一定的共时断代性。如《王力古汉语字典》按照王力 20 世纪 40 年代设计的理想字典的模式,1984 年着手编写,2002 年由中华书局出版。收一万多字,注重理清一词多义之间引申发展的轨迹和线索,释义反映词义的时代特点,纠正了前代字词典中的一些失误。又如上海交通大学出版社 2011 年出版的许威汉主编《古汉语词诠》收释单字和词语及固定结构近 6 万条,以常用词、次常用词为主。再如商务印书馆 1998 年版《古代汉语词典》从一般读者阅读古书的实际需要出发,选录古籍中常见的而又需要解释的词语,按音序排列。收单字约 1 万个,收复词约 2.4 万余条。复词以语词为主,同时兼收了少量的百科性词语。

第九节　新 词 词 典

新词语的产生是语言系统内部的推动,同时也受到来自社会、政治、经济、文化、思维、心理等因素的影响。每个时代都会有成批的新词语出现,形成一道新词语的风景线,传承着人类文化,反映了新的事物对象和社会现象。据教育部发布的《2014 年度中国语言生活状况报告》,近十年间我国语言生活里共出现 5 514 个新词,记录着时代和世道人心的变迁。其中以三音节居多,如“某某门”“微某某”“被某某”等。部分新词使用小众化,传播快,消亡也快,有三分之一的新词第二年就已经消失。如 2008 年产生的 444 条新词,在 2009 年出现千次以上的有“山寨”“上网本”“雷人”等 26 条,不再出现的有“心碎假”“叮客”“朝朝对决”等 134 条。十年间,也有部分新词展现了强劲的生命力,如依据使用率、使用周期、发展趋势等指标,生命活力指数最高的前十个词为“微博”“中国梦”“微信”“正能量”“电商”“80 后/90 后”“保障房”“大数据”“小长假”和“动车”。

自 1984 年吕叔湘在《辞书研究》发表《大家都来关心新词新义》一

文,近三十年来,编纂新词语词典一直是语言学界、辞书学界以及出版界的一大热点,已出版有闵家骥等《汉语新词词典》和《汉语新词新义词典》,诸丞亮《现代汉语新词新语新义词典》,李行健《新词新语词典》,韩明安《新语词大词典》,雷良启《新词新义词典》,张寿康《常用新词语词典》,李达仁《汉语新词语词典》,刘继超等《当代汉语新词词典》,文会等《当代新词语大辞典》,熊忠武主编《当代中国流行语辞典》,张品兴等《新时期新名词大辞典》,王均熙《汉语新词词典》和《新世纪汉语新词词典》,于根元《现代汉语新词词典》,周洪波《精选汉语新词语词典》和《新华新词语词典》,姚汉铭《新词新语词典》,林伦伦《现代汉语新词语词典》,亢世勇、刘海润《现代汉语新词语词典》,沈孟璎《新中国六十年新词新语词典》,林志伟《现代汉语新词语词典》等 60 多部新词语词典。这些新词语词典规模不一,内容也各具特色,一般包括词目、注音、词性、释义、例句、出处、关联语汇、知识窗、英文翻译、插图及按语。下略举数部以见一斑。

黄河清、徐文堪、姚德怀编《近现代汉语新词词源词典》是一部中型外来词词源词典,汉语大词典出版社 2001 年出版。收词对象主要为 19 世纪初至 20 世纪中期近现代汉语的新词,大部分是外来词,一个词往往有多种写法或说法,共 5 275 个条目,内容涉及哲学、政治、经济、数学、物理、化学、植物、动物、医学、工程等领域。参考了近现代 200 多种文献,其中包括政府文告、订货单等,对近现代汉语外来词词源作了详细的描述和说明,记录新词新义的产生时间,尽可能为每个词语举出早期例证。

周洪波编《新华新词语词典》是一部语词和百科词兼收的中小型语文辞书,商务印书馆 2003 年出版。主要收录 20 世纪 90 年代以来出现或进入社会生活的新词新义新用法,也酌收部分出现虽较早但目前仍高频使用的新词语,共收条目 2 200 条,连同相关词语约 4 000 条,分成信息、财经、环保、医药、体育、军事、科技等类别。其中日常生活惯用新词语不仅收录有“克隆”“双赢”等相对稳定的新词,也涵括了“包二奶”

“泡妞”等具有争议性的词语。一些词语的释文后设有知识窗和相关词语,并配插图。正文后还附常见字母词,附录列有港澳台流行词语、京沪穗流行词语、网络流行词语。

侯敏、周荐主编《2007汉语新词语》和《2008汉语新词语》是继于根元等编四本新词语编年本(1991—1994)之后的又一编年本新词语系列词典,商务印书馆出版。考察了这两年内出现的新词新语和旧有词的新义与新用法,分别给予注音,给出词类、释义和用例,还运用“知识窗”进一步补充解释,提供相关的背景知识。

亢世勇、刘海润主编《新词语大词典》,上海辞书出版社2003年出版,收录1978年至2002年出现的新词语近2万条,包括新造词,如“暗贴、扶贫、法盲、展销、空嫂”等;旧词新用,如“跳槽、起飞、红娘、窗口、下岗、亮相”等,外来词,如“克隆、基因、卡拉OK”等。亢世勇、刘海润的《现代汉语新词语词典》则在《学生新词语词典》的基础上作了大量修订后而成,上海辞书出版社2009年出版。

邹嘉彦和游汝杰编《全球华语新词语词典》,商务印书馆2010年出版,以香港城市大学语言资讯科学研究中心的“中文各地共时语料库”(LIVAC)中近2万条新词为基础,选录2000年以后产生或流行的华语各地新词1 600多条,阐明各地区使用情况的差异,例句取自语料库所见各地华语的当代报刊。其中“各地都使用”的最多,占42%,用于中国内地的次之,占23%,中国内地和香港合用的再次之,占12%。“各地都使用”的词语中有一批是始用于港台地区的,例如“肥女、割喉、个唱”。

风君编《网络新新词典》,新世界出版社2012年出版。归纳了互联网进入我国以来的网络新词,①收释“屌丝、打酱油、吐槽、拼爹、面霸、闪

① 网络词语是一种在互联网传播环境下兴起的新兴语言表达形式,往往具有谐音化、简写化、数字化、象形化等特点,通常是通过某些特定方式对现有词语加以借用和改造,使得其词义改变、感情色彩转移,赋予新义来满足网络上人际交流和思想传播的需求。如:杯具(悲剧)、斑竹(版主)、94(就是)、BS(鄙视)、灰常(非常)、筒子(同志)、稀饭(喜欢)、小三儿(第三者)等。

客、犀利哥、腐女、拼客、hold 住、高富帅”等 800 多个词语,按照特征和使用范围分为网络入门、流行文化、社会百态、群体族群、事件人物等五大类,内容涉及职场、婚恋、价值观念等方面,从“词义”“考源”“辨析”三个方面进行文化内涵和社会意义的分析和探讨,呈现了当下网络世界的现状和人们生活的方方面面。

宋子然、杨小平等编《100 年汉语新词新语大辞典》,上海辞书出版社 2014 年出版。从 1912 年到 2011 年的报刊、现代文学作品、个人文章和档案日记等语料中收录了新词新语约 1.1 万个,相当于为这些词语创建了一个档案库。依时间分为三卷,其中上卷的起止时间为 1912 年至 1949 年,收录民国时期的词语约 3 300 个;中卷起止时间为 1949 年至 1978 年,收录中华人民共和国成立初期、“大跃进”时期和“文革”时期的词语 2 900 多个;下卷为 1978 年至 2011 年,收录改革开放以来的词语 4 700 多个。这些新词新语构成了一个历史长廊,承载了近一百年各个历史时期我国社会、文化、思想等领域所发生的巨大变化的历史信息。如民国时期,“德先生”“赛先生”“爱人”“航空公司”“冰激凌”等西学东渐的新词风起云涌;中华人民共和国成立初期,“调干学生”“三反五反”“抗美援朝”等词语浓缩了那一时期的重大历史事件;改革开放之后涌现的“打工仔”“农民工”“小资”等词语则反映了新的事物对象。

第十节 其 他

一、《两岸现代汉语常用词典》和《两岸常用词典》等

海峡两岸同胞同文同种,操相同的语言,使用相同的文字,由于曾经几十年的隔绝对立并经历了不同的社会发展,海峡两岸在民族共同语的具体使用和外来词语的翻译使用上,出现了部分字词的形、音、义差异。目前,海峡两岸各有一套字形标准,其分歧主要体现在繁体字的

使用范围上。繁体字是台湾的通用字;大陆把简化字作为通用文字,繁体字使用范围缩小。同时,由于两岸各自在整理汉字时所用的标准不一,造成了正异体字的区别。大陆推广以北京语音为标准音的普通话与台湾推行的"国音""国语"客观上也造成了一些字词在读音上的分歧。由于词义演变轨迹的不同、新词新义产生的途径不同、对外来词语消化吸收的机制不同,两岸在语言上各自产生了一批独用词语,或者是形同义异或者是义同形殊的特殊词语。同样的一个词在大陆和台湾可能意思完全不同。如"爱人"在大陆指配偶,而在台湾却指"情人";大陆的"邮递员"在台湾叫"邮差";大陆说的"武术",在台湾叫作"国术";大陆公司的供销员或业务员,在台湾被称为"跑街";而大陆的"学生会",台湾叫"班联会";大陆的"电磁灶",台湾叫"电子锅";大陆的"立交桥",在台湾被称作"交流道";在大陆"火车头"被称为"机车",而在台湾"机车"指的却是"摩托车"。据统计,两岸有分歧的词在10%以内。大陆有而台湾无的词约1 300条;台湾有而大陆无的词,即台湾通行而大陆不用的词,约1 000条;台湾、大陆都通行而义项有差别的词500多条。鉴于两岸的语文生活现状"一语两话"和"一文两体"的差异,需要编纂旨在描写两岸基本词汇面貌和语言使用情况的语文辞书,求同存异,消除语言的隔阂,解决语言沟通的障碍,促进两岸文化更深入地交流合作,为共同弘扬中华文化和民族共同语的统一,提升中华民族凝聚力和整体竞争力作出贡献。

2010年3月30日,来自海峡两岸的专家学者在北京就合编中华语文工具书进行了工作会商,达成共识,启动了《两岸常用词典》《两岸现代汉语常用词典》《大陆及港澳台常用词对比词典》和《中华语文大词典》等语文辞书的合作编纂。现已编纂的这类辞书有邱质朴《大陆和台湾用语差别词典》、李行健《两岸常用词典》、李行健《两岸差异词词典》和施光亨、李行健《两岸现代汉语常用词典》等。

《大陆和台湾用语差别词典》是海峡两岸第一部探讨大陆和台湾词

语差异的语文辞书,南京大学出版社 1991 年出版。收词约 6 000 条,用繁简两种字体、两种注音方式对照排印,还附录有外国人名、地名翻译差别对照表和两岸常用同义与近义词的对应表,供两岸读者在阅读对方报刊图书、收看对方影视广播以及人员交往时查阅两岸的新词新义或旧词新义之用。

《两岸现代汉语常用词典》,2003 年分别由北京语言大学出版"规范字形版"(即简体字版)和台湾"中华语文研习所"出版"标准字体版"(即繁体字版)。收录两岸共同的和特有的字和词(包括词组、成语)4.5 万条,其中单字条目约 8 000 条,多字条目 3.7 万条。条目的字形繁简字合理共存,以汉语拼音字母和注音符号加以标注,以收释现代汉语(大陆称"普通话",台湾称"国语")中的常用词语为主,同时酌收两岸现行字形、音读和词义不同而常用的词语,包括同中有异的词语、同实异名的词语,同名异实的词语,属于一方特有的词语。两岸流行用语,如"夯""机车""彩信""秒杀"。两岸同实异名的词语,如台湾讲"速食面",大陆称"方便面";台湾讲"伏地挺身",大陆称"俯卧撑"。同名异实的词语,如"窝心",台湾意指温暖,大陆意指受冤枉委屈无法表白而内心郁闷。

《两岸常用词典》,高等教育出版社 2012 年出版。共收字 7 000 多个,收词近 3.5 万条,以描写性、通用性、实用性为编写原则,不评价两岸语言文字政策和具体的规范标准,不将各自的语言文字规范强加于对方,如实描写两岸汉语在字形、词义和用法上的差异,①进行大陆与台湾字形的繁简对比,求同存异,异中求通,揭示其中蕴含的共同文化内涵,方便两岸交流和一般民众使用。

《两岸差异词词典》,商务印书馆 2014 年出版。收词 5 000 多条,含

---

① 如两岸读音标注有差异的条目约 2 000 条,占所收条目总数 5% 左右,由此可见时隔 50 多年,两岸仍具有语言沟通的坚实基础。

独有词、同名异实词、同实异名词，两岸字形差异的词语。采用词目对照形式，旨在阐述词汇差异，反映两岸语文生活，加强沟通，尤其注意两岸词义的细微差别，设“信息提示”栏，提示词语背景知识、读音差异等信息。

两岸还将合编《中华大辞典》，拟推出简体字括注繁体字以及繁体字括注简体字两个版本。

二、学习型词典

学习型词典的编纂基于功能语言学和认知语言学理论，创造出如词汇控制、元语言、词类标注、用法说明、文化标注等以用法为中心的当代辞书编纂理论。学习型词典以语言生成与输出为基本出发点，用读者熟知的词来解释需查检的词语，具有严格控制收词数、语法信息丰富、例证丰富、限定释义用词等特点，[①]不仅从描写着手解释词义，而且还从规范和实用着眼，着重描述词语在社会文化语境中的实际使用情况，提示用词的对象和范围，词义的褒贬，词与词的搭配，词义所显示的特殊语感以及不应有的误解和错误的用法等。我国的汉语学习词典有两类：一类是内向型学习词典，旨在提高本语族学生母语编码能力的积极型词典；另一类是外向型学习词典，面向外语族的汉语学习者，旨在提高汉语作为外语的语言能力的积极型词典，习惯上称为对外汉语学习词典。

明清时期欧洲来华传教士编纂的华英词典已具有对外汉语学习词典的雏形。1976 年北京语言学院编有《汉英小词典》和《汉法小词典》。1982 年商务印书馆出版了《简明汉英词典》，另有汉日、汉法、汉阿(拉伯)、汉德、汉西、汉朝等词典，均为服务于对外汉语教学的辞书。吕叔

---

① 雍和明、罗振跃、张相明《中国辞典 3000 年》，上海外语教育出版社，2010 年，410—411 页。

湘主编的《现代汉语八百词》是我国第一部现代汉语用法词典，具有学习型词典功能，以收虚词为主，也酌情收录了一部分实词，每个条目都有详细的关于用法和意义的说明，且附有丰富的例证，便于读者对比和体会。吕叔湘还编有《文言虚字》，比较详细地介绍了20余个虚字的用法。

近年来随着中国综合国力的增强和国际地位的提高，汉语在世界范围内得到普遍推广，许多国家建立了“孔子学院”，使用汉语的人越来越多，据联合国《2005年世界主要语种、分布和应用力调查报告》显示，汉语已成为“应用力”排名世界第二的主要语种，仅次于英语。越来越多的外族人士学习汉语，汉语已不仅仅属于母语使用者，也属于所有的汉语使用者，伴随着“汉语热”的兴起，汉语语文辞书的编纂也体察适应使用者的需要，相继出版有孙全洲《现代汉语学习词典》，李忆民《现代汉语常用词用法词典》，李晓琪等《汉语常用词用法词典》，徐玉敏《当代汉语学习词典》，鲁健骥、吕文华《商务馆学汉语词典》，孟琮、郑怀德、孟庆海、蔡文兰编《汉语动词用法词典》，吴月梅主编《汉语图解词典》，鲁川《动词大词典》，王砚农等《汉语常用动词搭配词典》和《汉语动词—结果补语搭配词典》，杨天戈等《汉语常用词搭配词典》，张寿康、林杏光《简明汉语搭配词典》和《现代汉语实词搭配词典》，王勇《汉英常用动词搭配词典》，杨寄洲、贾永芬《1700对近义词语用法对比》，曹先擢、苏培成《新华多功能字典》等一系列汉语学习词典。

《现代汉语学习词典》(上海外语教育出版社，1995)针对外国用户学习汉语的特殊需要，重点处理现代汉语的特有词汇和语法，详细分析词性、搭配、句法功能、语义联系等。

《现代汉语常用词用法词典》(北京语言大学出版社，1995)选释外国学生容易用错的高频词，详尽揭示词语的动态用法和文化信息，提供反面例证，进行病句分析。

《汉语常用词用法词典》(北京大学出版社，1997)收释包括《汉语水平词汇与汉字等级大纲》所列甲级词 1 033 个,乙级词 2 018 个,2 202 个丙级词的大部分以及 3 568 个丁级词的一部分;依词义和用法辅以例句。

《当代汉语学习词典》(北京语言大学出版社,2005)收词主要为《汉语水平词汇与汉字等级大纲》中的甲、乙级词;词典用词限制在本词典所收词条范围之内。首次采用义项立目法,词目先出汉语拼音,后出汉语字词,词目排列以音序为主;首次采用整句释义的方法,即把被释词放在典型的引导句中,让读者在句子中理解被释词的词义,通过句意体现词义,然后以解说句解释引导句的整体意义,再辅以用法例证句。这种释义方法在很大程度上避免了出现释义用语比被释词难懂的现象,便于学习者从整体上把握被释词,在动态使用中掌握词义。如:“[否定]引导句: 大会经过讨论,否定了大卫的意见。解说句: 大会认为大卫的意见不对。”

《商务馆学汉语词典》(商务印书馆,2007)主要面向具有中级以上汉语水平的外国学生,收录了以 2 400 余个常用字为字头的 1 万多条字、词、短语词、词组、常用结构、成语等词条,还有显示搭配、用法的词组和例句近 6 万条。词条按词素义排列,增设短语词、正序逆序词、“注意”栏提示用法、插图释义、词语辨析等,所收字词以《汉语水平词汇与汉字等级大纲》中的甲、乙两级字词为基础;每个字头都区别是词还是词素;词条按词素的意义排列;设“注意”约 800 处,“近义词辨析”150 多组,插图约 700 幅。释义大致有四种情况: 一是显性释义,即对字、词的解释;二是隐性释义,由示例显示词义,或对显性释义作补充;三是提示性释义,用“注意”提示词的用法、语体、色彩、文化内涵等;四是图解释义,用插图加强直观性,以省去某些难以达意的描述性释义。

如“呕吐”,《现代汉语词典》(第 6 版)释为: 膈、腹部肌肉突然收缩,胃内食物被压迫经食管、口腔而排出体外。《商务馆学汉语词典》的解释是: 因为生病等原因,进到胃里的食物又从嘴里吐出来。

又如“撞”,《现代汉语词典》释为：碰见。《商务馆学汉语词典》释为：事先没有安排而遇见(多指不愿意看见的人或事,或者不愿意被人看见的人或事)。

再如“疲乏”“疲倦”“疲软”,《现代汉语词典》分别释为：疲劳;疲乏,困倦;疲乏无力。《商务馆学汉语词典》分别释为：累得没有力气;累得没有精神;因为疲劳或有病而没有力气。

《商务馆学汉语词典》对词的用法做了提示。如对“很”提示了用“很”比不用“很”程度高,比“非常”程度低。在形容词做谓语的句子中,“很”用在形容词前主要是使句子语气完整,表示程度的意思很弱。“很”的否定有“不很”和“很不”,“不很干净”比“不干净”程度低,“很不干净”比“不干净”程度高。

《商务馆学汉语词典》的示例承载着语法、语义、语用等多方面的信息,注重把词放在词以上的平面考察词与其他成分的组合关系、意义、用法以及出现的语义背景和语境等。以“老”为例,《商务馆学汉语词典》的例子是：老教师/老先生/老得走不动了/我已经七十多岁,很老了/人老了,走路不方便了。又如“跺脚”的释义是：由于生气、着急、悔恨、寒冷等,脚用力踩地。所举例子为：他气得直跺脚/他因为粗心没考好,后悔得直跺脚/她站在那里急得直跺脚,一句话也不说/她生气地跺了一下脚,走了/外面太冷了,我只好跺跺脚让自己暖和一点。再如动词“扛”,词典列有如下搭配：扛东西/扛起来/把包扛到楼上/扛的时间太长,肩膀扛肿了/箱子太沉了,我扛不动/他一个人就把这么重的石头扛走了。示例中展示了动词“扛”带宾语,带结果、趋向、介宾、可能等后补成分以及做谓语、定语的功能。

《汉语动词用法词典》(商务印书馆,1999)从《现代汉语词典》中选取了1 328个动词,逐一按义项进行考察,共计2 170条,动词的每项功能都提供一个或一个以上的例子。每个词条除注音、释义外,还包括如下四个方面的内容：1. 动词的一般功能。2. 名词宾语的分类。3. 动结式构成的情况。4. 动趋式构成的情况。

《汉语图解词典》(商务印书馆,2008)是一部以图景为纲编写的英汉双语学习型词典。它收录了 15 个主题下 142 个话题所关联的约 4 200 个常用词和短语。如"公司"场景下收录:上班、打卡、开电脑、同事、老板、写邮件、打电话、发传真、复印、工资条、见客户、加班等,几乎囊括了与公司上班族相关的常用词语。每个话题将一个场景下可能涉及的词语尽量罗列出来,不论是动词、名词,还是短语,也不论其所属的语义类别。还在同一个主题下通过不同风格的图片来展示与书面表达相对的口语表达。比如"人体"篇,左侧以一幅标准的人体图展示"手臂、胸部、腹部、臀部"等身体部位,右侧以一幅活泼的儿童照片展示"胳膊、胳肢窝、肚子、屁股"等口语表达。绝大部分的图景设置都是中国生活的实景,如"婚礼"篇展示了"婚纱照、红包、敬酒、闹洞房"等现代中国常见的婚礼习俗;"证件"篇展示了"户口簿、居民身份证、老年证、港澳通行证"等许多中国特有的重要证件;"简历"篇展示了一个中国人的求职简历。这本词典的另一大特色是强大的网络多媒体衍生服务,用户可以在网上浏览该书的 Flash 电子版。读者不用把书带在身边就可以随时随地查阅、学习。网络版提供的人机互动、朗读跟读、汉字书写、词语查询等衍生服务是其他纸质型词典所无法提供的。

《新华多功能字典》(商务印书馆,2005)是一部多功能的中型汉语字典,收字 14 245 个。采用板块结构安排如下内容。四种字体:列出篆、隶、草、楷等字体。汉字属性:列出笔画数、部首、结构、字级、四角号码。注音释义:注音规范、准确;释义标注词性,详略得当,注意增加新的义项。词语苑:从一般词语、百科词语、新词语三方面选收词汇,反映其构词能力。规范提示:介绍有关语言文字的标准和规范,对容易读错的字音、容易写错的字形予以提示。知识窗:介绍有关汉字形、音、义及汉字文化方面的知识,辨析形近字、义近字的不同用法。如"莲"下的"知识窗"内容是:

（一）莲是古代诗文中常见的描写对象。南朝民歌《西洲曲》："开门郎不至，出门采红莲。采莲南塘秋，莲花过人头。低头弄莲子，莲子清如水。置莲怀袖中，莲心彻底红。"最后一个"莲"字与怜爱的"怜"谐音双关。（二）佛经上说，释迦牟尼诞生后，连走七步，步步生莲花，因此莲花成了佛教中的圣物，很多神佛的法像都是脚踏莲花。"莲台、莲座、莲花座"指佛的座位，"莲境、莲宇、莲宫"指佛寺；"莲池"指佛地，极乐净土。

主要是拓展与"莲"相关的文史知识，其中有古典文学名篇中的描写，有对古代文化常识的介绍，在拓展人文知识的基础上进一步拓展词义的训释。又如"练"下的"知识窗"内容是：

练/炼。"练"的本义为加工生丝或丝织品，使变得柔软洁白，引申有简洁义。"简练、洗练、凝练"等词都指文辞简明扼要，故用"练"。"炼"的本义为用火加热，除去杂质，使变得纯净或坚韧。"锤炼、锻炼、磨炼、百炼成钢"等词语都指在艰苦的环境中经受考验，除去身上不好的东西，增加才干，故用"炼"。"精练"与"精炼"不同，指文章或讲话简明扼要，用"精练"，如：文字精练；指提取精华，除去杂质，用"精炼"，如：精炼花生油。

主要是辨词明义，指导应用。"练""炼"在使用中常会混淆，这里从字的本义说起，溯源及流，由本义阐明引申义。最后再辨析"精练"与"精炼"词义的区别。

汉语学习词典作为语文辞书家族的一员，注重对词性、搭配、句法功能、语义联系、高频词和易错易混词进行辨析和纠错，蕴含着丰富的文化信息，体现了易懂、易用、易查的学习性，正日益引起学界的重视和社会的关注，推动汉语辞书编纂由意义重心转向用法重心。

第四章 特种语文辞书

特种语文辞书具有专门专项专类性,品种繁多,且往往互有交叉。

第一节 语汇辞书

语汇辞书包括收释成语、典故、格言、谚语、俗语、歇后语、秘密语、名言、引用语等的辞书。

一、成语词典

成语词典是用于查找成语的语文辞书。成语是汉语中人们熟识且广泛使用的固定短语,大多由言简意赅的四个字组成。有些成语的形成也经历了由篇章或句到短语再由短语到词的词汇化过程。如“瓜田李下”源自“瓜田不纳履,李下不整冠”,“冷灰豆爆”源自“冷灰里豆爆”,“太山压卵”源自“太山之压鸡卵”,“依模画样”源自“依本画葫芦”“依样画葫芦”和“依样画猫儿”等。“瓜田李下”“冷灰豆爆”“太山压卵”和“依模画样”等的语义已抽象泛化,不是各个构成成分的意义之和,而是表达一个相对完整的意义或概念。从中既可见口语语词↔书面语文词的转化,又可见言语意义↔语言意义的转化。[①] 与一般的词组或短句不同,成语里的词一般不能随便抽换。以“成语词典”命名的辞书约出现于20世纪初期,如1916年上海中国图书公司出版的《国文成语辞典》,1924年上海大陆图书公司出版的《实用成语大辞典》、1936年

① 参拙著《〈朱子语类〉词汇研究》,上海古籍出版社,2013年,315页。

中华书局出版的《中华成语辞典》、1948 年潮锋出版社出版的《中国成语大辞典》等。这些辞典有的侧重于语源的说明，有的侧重于意义的解释。此后陆续出版的成语词典有数百种，如《简明成语词典》（上海文化出版社，1957）、《汉语成语小词典》（中华书局，1958）、《现代汉语成语词典》（商务印书馆，1959）、《常用成语》（上海教育出版社，1965）等。

成语词典自 21 世纪初问世以来，在释义、溯源、流变考证、同义定型、近义辨析等方面积累了丰富的经验。80 年代以来又出版有甘肃师范大学中文系编《汉语成语词典》，史式、赵培玉《汉语新成语词典》，原建平《中华成语大词典》，刘叶秋等主编《成语熟语词典》，梅萌《汉语成语大全》，韩省之《中国成语分类大词典》，朱祖延主编《汉语成语大词典》和《汉语成语辞海》，杨合鸣主编《中华成语辞海》，王涛等《中国成语大辞典》，王兴国《汉语成语大词典》，吴光奇、吴明《现代汉语成语词典》，倪宝元、姚鹏慈《汉语成语辨析词典》，刘启瑛、王炳乾《六用成语词典》，史有为、李云江《分类双序成语词典》，叶子雄《汉语成语分类词典》，向光忠等《建宏成语义类辞典》，张子臣等《写作成语词典》，周靖冬编《成语对仗词典》，冷玉龙等《成语辞海》，刘洁修《汉语成语考释词典》和《成语源流大词典》等，渐形成收词宏富、源流清晰、资料翔实、部次有序、释义详尽、功能完备、检索方便的编纂趋势。

如梅萌《汉语成语大全》（商务印书馆，2007）收词 4.3 万多条，提供了各成语在现代汉语中的使用范例。吴光奇、吴明《现代汉语成语词典》（上海辞书出版社，2009）选收了 3 000 多条日常交际中常见常用的成语，注重揭示词语之间各种各样的联系。王兴国《汉语成语大词典》（华语教学出版社，2010）收录 24 800 多条成语，同时又列举近义和反义成语 3 万多条。既重源流又重实用，抽丝剥茧，条分缕析，勘纠了报刊、书籍、网络中普遍存在的成语读音、释义、书证等方面的 2 000 多处谬误，并对 1 500 余条容易误读、误解、误用的成语予以提示说明。由商务印书馆汉语工具书编辑室、汉语大词典编纂处和上海辞书出版社语词编辑室的部分编辑人员编写的《中国成语大辞典》(上海辞书出版社,2007),从历代文献中选释1.8万多条成语,包括主条与附见条,以常见条立目,按音序编排,附笔画索引。注重探本求源,提供成语的结构形式、语义用例等信息,每条成语一般均引用三四条书证材料,反映该成语在不同时代或不同典籍中的使用情况。

又如蔡向阳《汉语成语分类大词典》(湖北辞书出版社,2008)收录1.3万多条成语,按词义或用途分类,每个词条先释本义,再释转义,有时也指出感情色彩、适用对象、范围和场合等。季君等《成语分类大词典》(人民日报出版社,1992)收录5 000多条成语,分为500多类。如释形容言语的成语近百条,根据语意和语气分为"议论、畅言、要言、善言、絮言、难言、胡言"等。史德良主编《成语连用词典》(四川辞书出版社,2007)将两个意义相关的成语搭配组合在一起编排,收录连用类成语3 400多条,按政治经济、军事战争等分成110大类,218小类。每条除解释词义或语素义外,还解释连用后的表达意义。陈璧耀《新形式新用法成语词典》(上海辞书出版社,2012)收录了改革开放30多年来在媒体和文人笔下新出现的成语296条,如"梦中情人、新鲜出炉、烫手山芋、大跌眼镜、一头雾水"等,反映了语言随社会发展而发展的趋势。

再如刘洁修《成语源流大词典》收成语4.8万多条,江苏教育出版社2003年版和开明出版社2009年版。该词典编撰前后历经数十年的磨砺,从数千种典籍中广泛搜罗例证,并吸取了汉语学界特别是近年的成语研究成果,季羡林序言称"探幽烛微,功在士林"。如"赴汤蹈火",《辞源》以《汉书·晁错传》"故能使其众蒙矢石,赴汤火,视死如生"为源。《汉语大词典》最早例句举《三国志·魏志·刘表传》注引《傅子》:"今策命委质,唯将军所命,虽赴汤蹈火,死无辞也。"《成语源流大词典》则以《墨子·兼爱下》"伏水火而死有不可胜数也"为本源,举《韩诗外传》"命入朝廷,如赴汤火"为最早用例。又如"平易近人",原作"平易近民”,例句取自《史记·鲁周公世家》和《朱子语类》。唐代避太宗李世民讳改为“平易近人”,明清又有“平易近物”“和易近人”“乐易近人”及“平易近情”等变式。再如释“空穴来风”本义为“事出有因”,认为语出《庄子》“空门来风,桐乳致巢”,引司马彪注“门户空,风喜投之,桐子似乳,着叶而生,鸟喜巢之”为依据。该词典不仅考察了成语在不同历史时期演变过程中的各种变式,还考察了成语的缩略形式及其引申形式。如“抛砖引玉”列出了缩略形式“抛砖”“砖引”“砖抛”“引玉”等,“旁敲侧击”列出了引申条目“旁敲正击”等。该词典以探源溯流为特色,引证注重首见例和初见例。如“竭泽而渔”举了《吕氏春秋·义赏》的用例后,又列出了《文子·上礼》和《上仁》、《淮南子·本经训》和《主术训》及《人间训》等出处。其副条“干泽而渔”举了《说苑·权谋》的用例后,又指出“语并见《琴操·盘操》、《孔子家语·困誓》等”。该词典在释义上也有诸多新见。如指出“恍若隔世”除一般词典所释“多表示由于人事、景物变化很大而生的感慨”义外,还有“形容优美的境界令人神往,好像换了人间”义,并举明代袁宏道等人的例句为证。有些解释似还可斟酌,如释“将心比心”称:“原或作‘将心觅心’,拿自己的思想去寻求别人的心意。”①据其所引宋释惟白《建中靖国续灯录》卷二十《潭州云盖山智本禅师》:(僧)问:“将心觅心,如何觅得?”师云:“波斯学汉语。”例中“将心觅心”意谓人人自有清净本心,自具佛性,迷者却向外寻求清净心。此是禅师说法常用语。如《续传灯录》卷二十八:“上曰:‘观者是观想,妄想颠倒相持何时得了。’师对:‘以贼捉贼,将心觅心。’”又如《普庵录》卷二:“若闻见性成佛,便兴妄心,别求知解,岂不是骑牛觅牛,将心觅心,使佛觅佛,无有是处。”禅录中又作“将心求心”。如《黄檗山断际禅师传心法要》:“沙门果者,息虑而成,不从学得。汝如今将心求心,傍他家舍,只拟学取,有甚么得时!”又如《普庵录》卷二:“众生诸佛,唯一法

① 刘洁修《汉语成语源流大辞典》,开明出版社,2009年,579页。

性,更无二体,所以未了人将心求心,使佛觅佛,无有了期。"

二、典故辞典

典故都有来历和出处,包括"事典"和"语典"两大类。"事典"指诗文等作品中引用的古代神话传说故事、历史故事、寓言故事和宗教故事等,所谓引用是使用一个能够体现故事内容或故事某一方面意义的词语或短句。"语典"指诗文中引用的有来历出处的词语。典故辞书有《常用典故辞典》《典故辞典》《古书典故词典》《中华典故词典》《中国典故大辞典》《古诗词典故辞典》《全唐诗典故辞典》《全宋词典故考释辞典》《全元散曲典故辞典》《历代典故辞典》《汉语典故辞典》《汉语典故大辞典》等。

《典故辞典》,孙立群、李爱珍编,上海大学出版社 2007 年出版。收录常用典故 8 120 条,其中主条 2 630 条,副条 5 490 条。条目按词目首字汉语拼音字母顺序编排,内容包括词目、注音、释义、出典、书证、副条等。每个条目皆有书证,标明出处。一般以近现代常用形式作主条,其他形式作副条列在主条的书证后。

《汉语典故大辞典》,赵应铎主编,上海辞书出版社 2007 年出版。收录 3.2 万多条典故,包括各种变式。主要以《汉语大词典》所收典故为基础进行增补,以常见常用名作为主条,追源溯流,以各种变式为副条,并逐条注音释义,列出书证。

《全唐诗典故辞典》《全宋词典故考释辞典》《全元散曲典故辞典》,范之麟等编。是专门的作品典故辞典,收录唐诗宋词元曲作品中引用或化用的史实、故事、神话、传说及诗文佳句等,举出典源,诠释用法,带有鉴赏性的评析。

三、俚俗谚语辞典

俚俗谚语是流行于民间经人们口头广泛使用而较为定型的词语,

通常表示一个哲理或反映某种社会现象,多为经验的结晶。主要有胡朴安《俗语典》,曲彦斌《中国隐语行话大辞典》,耿文辉编《中国谚语大辞典》,王陶宇编《歇后语大辞典》,欧阳若修主编《中国歇后语大辞典》等。

胡朴安《俗语典》,上海广益书局1922年出版。分十二集,以十二支标目每集,分部如《康熙字典》例。以部首排列,共有210个部首。每部以笔画多少相次。收古代常见成语、谚语、歇后语等俗语7 327条,按词目首字部首编排。内容包括天文、地理、时序、伦常、政治、文学、饮食等,记录和反映了许多民俗形态或民俗事象。其中有单音词的"扯、啐、吓、幺、嫖、爹"等,有复音词的"丈夫、乞丐、报应、三脚猫、不中用、五斗米"等,有成语"一毛不拔、寄人篱下、将信将疑、少见多怪、成人之美、说三道四"等,有谚语"养军千日用军一时、一言出口驷马难追、不到黄河心不死、不看僧面看佛面、宰相肚里好撑船、麦收三月雨"等,有歇后语"打破沙盆问到底、偷食猫儿改不得、鸳鸯逐野鸭,恐畏不成双"等,有惯用语"鬼门关、长舌妇、冷板凳、杀风景、眼中钉、耳边风"等,还有其他俗语"头痛救头脚痛救脚、张公吃酒李公醉、丑妇怕不得见舅姑"等,征引了经、史、子、集及地方志、碑文、民间的街谈巷议等近3 000种文献以探源溯流。

胡汉痴主编《切口大词典》,上海东陆图书公司1924年出版。收录全国各行各业的行话、术语,分商铺、行号、杂业、工匠等18类编排。

曲彦斌主编的《中国秘语行话词典》是第一部集大成的隐语行话词典,书目文献出版社1992年出版。收录从唐宋到近代的词语约1.2万多条。

曲彦斌主编《中国隐语行话大辞典》,辽宁教育出版社1995年出版。此书从古今约200种有关文献、调查资料和研究报告中,选释了唐宋以来至当代市井诸行、江湖秘密社会及各种犯罪团伙的隐语行话约2万余条,古今连贯,集学术性、知识性、资料性和工具性于一体,较为全面地综合展示了中国隐语行话的古今概貌。续编还附有《隐语行话研究事典》《中国隐语行话编年纪事简表》等，较为全面综合地展示了中国隐语行话的古今概貌。

曲彦斌《俚语隐语行话词典》，上海辞书出版社 1996 年出版。汇释汉语隐语行话及禁忌语、口彩语、粗俗语、民间流行习语等。词条释义内容为主要流行时间，地域，行业，语源以及特殊读音或生僻的读音。

温端政主编《中国俗语大辞典》，上海辞书出版社 1989 年出版。收 1.5 万多条俗语，所举例证注意了古今源流的演变和俗语在流传运用中多变的特点。

上海文艺出版社 2001 年出版的《语海》是我国第一部收录民间语汇的集大成的大型工具书。全书将民间语汇分为谚语、俗语、歇后语、惯用语、俗成语和暗语六大类，收谚语 2.4 万条，俗语 2 万条，歇后语3.2 万条，惯用语 1 万条，俗成语 1.4 万条，暗语 1 500 条，总计 10 万余条。《语海》首次界定了俗成语的定义，认为俗成语是通俗化的成语，为历代民间口头创作流传，浅显易懂，由固定的二二相承的四字格组合，如“难兄难弟”，出自《世说新语 · 德行》；“三心二意”，出自《论衡》。此书还将行话、黑话、市井隐语合称为暗语，在对民间语汇的分类界定上颇有创新之见。

陈崎主编《中国秘密语大辞典》，汉语大词典出版社 2002 年出版。收释书面文献记载以及大量口头流传的古今数百种行当及群体所用秘密语 3.1 万条。包括帮会、秘密社团和犯罪集团内部通行的黑话，诸工百业内部使用的带有隐秘性的行话，市井阶层中使用的特殊用语，释义兼具语言的溯源与民俗的文化意象。

温端政主编《新华语典》，商务印书馆 2014 年出版。共约 2.2 万条，其中成语约 8 000 条、谚语约 5 300 条、惯用语约 5 800 条、歇后语约 3 800 条、格言约 2 200 条、名言约 500 条。

张鲁原编《中华古谚语大辞典》，上海大学出版社 2011 年出版。辑录史书、散文、诗歌、杂记、农书、医书、游记、方志、话本、小说、戏曲中的谚语。

杨艳等主编《中华谚语大词典》，中国大百科全书出版社 2007 年出版。内容从国家时政到经济生产,从人际交往到生活情感,从文化教育到人生价值,从思想情绪到生活情感、生理健康、对立统一、自然气象等,涉及政治、经济、军事、文化教育、情感、家庭、个人修养、思想意志、世间百态、农业、自然、气象、风土人情等社会生活的方方面面。

四、类义表达辞典

随着人们对汉语词汇系统认识的不断深化和细化,针对不同词汇的类聚,从不同角度类聚不同表达功能的特色词,20 世纪迄今编写了众多不同类型的专门类义或准类义词典。如类聚双音词和联绵词的有朱起凤《辞通》和符定一《联绵字典》,类聚虚词的有杨树达《词诠》和裴学海《古书虚字集释》,类聚同义近义反义词的有林玉山编《同义词近义词反义词词典》和马燕华、庄莹编《汉语近义词词典》,类聚评价色彩词的有郭先珍等编《常用褒贬义词语详解词典》,类聚借代义词的有韩陈其主编《汉语借代义词典》,类聚形象色彩词的有王国璋等编《现代汉语重叠形容词用法例释》,类聚语体色彩词的有《尺牍辞典》《汉语谚语歇后语俗语分类大词典》和《谦词敬词婉词词典》等,为汉语的得体表达提供了丰富的用法信息和例证。

朱起凤《辞通》,二十四卷,始编于 1896 年,初名《蠡测编》,1918 年改名为《读书通》,因明代有同名的书,遂更名为《新读书通》,1930 年撰成,定名为《辞通》,1934 年开明书店出版。《辞通》主要是为解释古书中异文别体的同义词而编纂,如"缤纷",也有写作"缤翻""翩翻""翩幡""邠盼"。此书广收唐以前经史子集中的同词异形的双音词和词组约 4 万条,采用描写方法,根据音义关系,把同一词的多种书写形式汇为一组,选一个较为常见的词形置于前面,以其尾字按平水韵排列。在每一组词中,对每个词博引唐以前古书用例,以经史子集为序,详注书名、篇名、卷次;每一组词之后,有时附按语,说明形、音、义三者的流变,"分析比较,折衷一是"。

符定一《联绵字典》，三十六卷，依《康熙字典》例，分为子、丑、寅、卯以迄戌、亥等十二集，按部首排列。始编于1910年，1940年成书，京华印书局1943年出版，1954年中华书局再版。主要是集释联绵词，也收录了一些其他双音词和虚词，如“疲劳”“发见”“真伪”“神采”“秀才”“终始”“容貌”“云然”“焉哉”等，与《辞通》可谓“异曲同工”。全书根据词条首字按部首编排，每部中属列的字依笔画多少编次。每一词条先注音，后释义。注音以大徐本《说文》反切为主，间采隋唐其他韵书。释义分项注解。如“犹豫”条，先注明读音“犹，以周切。豫，羊茹切”，然后解释为“不决也”和“踌躇也”两个义项，每个义项下分别列出大量书证，上迄三代，下至六朝，博采经史子集及注疏经解。

杨树达《词诠》（商务印书馆，1928）在前人研究成果的基础上，试用现代语言学的一些方法，对周秦两汉古书中常用的534个介词、连词、助词、叹词及一部分代名词、内动词、副词依注音字母编次，标明词类，逐个分析解释，既讲特殊用法，也讲普通用法，且注意结合词类具体指出虚词的语法作用。

裴学海《古书虚字集释》（商务印书馆，1934）取周秦两汉之书，汇释虚字290个，仿《经传释词》依守温三十六字母编次，逐条解释。自叙说《助字辨略》《经传释词》等著作，“虽皆大醇而不无小疵”，其中“或误解对文”，“或误谓字衍”，“或误谓形讹”，“或误为有省文”，“或误以反语为正言”，“或误以实字为语词”，“或误以有意义之字为语声”，“或误据彼书以改此书”，“或误据以意改字，所引失真之类书，以订正不误之原书”，因此撰此书对“前修及时贤之未及者，补之；误解者，正之；是而未尽者，申证之”。

吕叔湘的《文言虚字》（开明书店，1944）和杨伯峻《文言虚词》（中华书局，1965）在内容编撰上突出一个“常”字，以古汉语中常用虚词和常见用法为主，释词注意说明虚词在语法上的作用，且尽可能和现代汉语比较。

吴东园编《尺牍辞典》,国华书局1921年出版。收释尺牍中应用的词语,序称"各种科学皆有专书,惟尺牍辞典则阙如,此为人生必要之需,故本局特纂此书,供社会之需求"。费有容编《尺牍成语辞典》,大东书局1925年出版。旨在提供尺牍文体表达所用词语,按岁时、舆地、学校、实业、交通、家庭、交谊、人品、情感、德性、言行、邀约、请求、馈赠、借索、交涉、客套等义类收释,序称分类集腋,"寻流溯源,造峰引脉,当有取此编以备一得者"。如"夫妇"类收"偕老、伉俪、糟糠、举案、分凉、中馈、画眉"等,下列书证,再举书信中常用的搭配词语。例如:"[合二姓]《礼》昏礼者将合二姓之好。(例)二姓联欢。"

郭先珍等编《常用褒贬义词语详解词典》,商务印书馆1996年出版。将褒义色彩分为赞扬(称赞、赞许、赞美、赞颂)、喜爱(喜悦)、敬重(尊敬、庄重)、谦逊等子类,将贬义色彩分为憎恶(憎恨、厌恶)、贬责、批评、鄙夷(鄙视、轻视、轻蔑)等子类,选收现代汉语中常用的褒义词语和贬义词语1 103条,主要为双音词、成语和惯用语以及少量敬辞(包括谦辞和客套话)。每条词条的内容包括:褒义或贬义色彩,词性,释义,适用范围,例语和例句;语用提示;近义词语和反义词语。训释注重提供用法信息,如近义词辨析或易混用词辨析,重叠形式,语体色彩,形象色彩,情态色彩,修辞用法等。

洪成玉编《谦词敬词婉词词典》,商务印书馆2010年出版。分谦词、敬词、婉词三部分,每部分再按词义和用法编排,以义为纲,以类相从。如谦词"拙"的用例把谦称自己作品的"拙著、拙作、拙笔"编排在一起,把谦称自己妻子的"拙荆、拙室、拙妻、拙妇"编排在一起。又如敬词"尊"的用例把敬称他人父亲的"尊公、尊甫、尊君、尊翁"编排在一起,把敬称他人母亲的"尊慈、尊堂、尊萱"编排在一起。

王国璋等编著《现代汉语重叠形容词用法例释》,商务印书馆1996年出版。收释现代汉语重叠形容词1 575个,分人、景、物三大类。

汪维懋《汉语重言词词典》荟萃古今汉语重言词,军事谊文出版社

2000 年出版。

王彦坤编《现代汉语三音词词典》,语文出版社 1999 年初版。2005 年增订版收录现代汉语书面语中三音节的普通词语及熟语约 5 000 条。这些词不但数量丰富,而且形象生动,大多还具备一定的比喻义,有很强的表现力。

王彦坤编著《历代避讳字汇典》,中华书局 2009 年出版。收释避讳字。避讳有广狭二义。广义的避讳实际包括敬讳、忌讳与憎讳三种情况。[①] 狭义的避讳专指敬讳一类情况。这是我国古代史上特有的现象,其俗起于周,成于秦汉,盛于唐宋,延及清末。敬讳之初,但避君主、上司、父祖、尊者、长者、敬重者之名及名之相同字而已,此所谓避正讳。三国以后,开始有连与名音同、甚至音近之字也回避的,即所谓避嫌名。如晋羊祜为荆州守,州人讳其名,皆称户为"门",又改"户曹"为"辞曹"。

韩陈其编著《汉语借代义词典》,广东教育出版社 1995 年出版。收释词的借代义。借代义指通过修辞学上的借代手法而使词产生的新义。

中国社会科学院语言研究所应用语言学研究室编《写作措辞参考词典》,中央编译出版社 2002 年出版。收词 1 万多条,按主题联想编排,涉及 1 700 多个常见主题或话题。

杨本祥编《汉语成语俗语对照词典》,南京大学出版社 2008 年出版。将同义的成语与俗语编排在一起,收成语 3 000 多条,俗语约 5 000 条,分成 2 300 多组。每个成语对应一条或多条俗语。如一曝十寒——三天打鱼,两天晒网。

---

① 由于封建礼制、礼俗的规定、约束,或出于敬重的原因,而不敢直称尊长名字,以至讳用与尊长名同或仅音同之字的,这是敬讳。如汉武帝名彻,汉人讳"彻"为"通"。出于迷信畏忌心理而讳用、讳言凶恶不吉利字眼或音节的,这是忌讳。如吴人讳言"离散",称"梨"为"圆果",称"伞"为"竖笠"等。出于厌恶憎恨心理而不愿名姓、物称与仇家或鄙夷之人名姓相同的,这是憎讳。如唐肃宗恶安禄山,郡县名带"安"字的多加更改等。

王陶宇编《歇后语大辞典》，四川辞书出版社 1988 年出版。采用以歇后语的解说语为条目和按义分类的编排方式，收释约 1.6 万条歇后语。凡一种意义而有多种形象表达方式的，在同一条目下加以分列；内容、意义大致相当的歇后语则合并于一类之中。

朱祖延于 1994 年编成我国第一部《引用语辞典》，由四川辞书出版社出版，按类编排。后又主编了《引用语大辞典》，武汉出版社 2000 年出版。收录标注“万绿丛中一点红”“踏破铁鞋无觅处”等广为人们引用的语句的出处。

刘兰英等编《中国古代名言隽语大辞典》，商务印书馆 1997 年出版。广采上起先秦下迄清末经史子集、诗文词曲、笔记杂著等数百种古籍中的名言隽语约 2 万条，或写景，或咏物，或状事，或抒情，或写人，或比喻，大多涵意深刻，富于哲理。每条详标出处，串讲疏通大意，提示要旨，陈述典实。

苏育生等编《中华妙语大辞典》，陕西人民出版社 1990 年出版。分诗、词、曲、赋、谣谚、文六大类编排，再按内容分为“报国爱国、为国爱民、述志抒怀、政令法制、举贤任能、家庭婚姻、博学精思、惜时自勉、辩证推理、世态人情”等 67 类，共收录 10 717 条词语，其中诗 2 511 条，词 986 条，曲 718 条，赋 267 条，谣谚 855 条，文 5 380 条。

第二节　方言辞书

方言是一种语言的地方变体，汉语方言一般分为官话（包括北方官话、北京官话、东北官话、胶辽官话、中原官话、兰银官话、江淮官话、西南官话）、晋语、吴语、徽语、湘语、赣语、客家话、闽语、粤语。方言词主要是指在某一个地区使用的词语，如吴方言里的“阿拉”（我，我们）、“白相”（游玩）、“拆烂污”（不负责任把事情搞坏）；粤方言里的“冇”（没有）、“靓”（漂亮，好看）；闽方言里的“拍电话”（打电话）、“赶墟”

(赶集)等。方言词典主要是记录方言词汇,以有助于保护方言和促进民族共同语的发展。

民国时章炳麟承扬雄《方言》编有《新方言》,搜集诠释方言俗语859条,分为释词、释言、释亲属、释形体、释宫、释器、释天、释地、释植物、释动物等十类,然后根据声韵转变规律,以古语证今语,以今语通古语,从时间和地域两方面结合音义,广引《说文》《尔雅》《方言》和《广雅》等文献和近百种方言为证来阐明某些方言词语的渊源演变。

1964年文字改革出版社出版有《汉语方言词汇》,选收905个词目,以名词、动词、形容词、代词、量词、副词、介词、连词为次,分类排列进行比较。同一类中,意义相近的词排在一起。词目以普通话为准,下列各个不同方言点的说法,如"浪费"一词,北京、西安、昆明、合肥、扬州、温州、长沙、南昌说"糟塌",济南、沈阳说"瞎了",成都说"抛撒",广州、阳江说"嘥",潮州说"达朗",福州则称"败"等。

闵家骥、晁继周、刘介明编有《汉语方言常用词词典》,浙江教育出版社1991年出版。收录地方志及明清白话小说等经常使用的方言词语,包括方言字、方言词、方言俗语等,共约11 700多条。

许宝华和宫田一郎主编《汉语方言大词典》是迄今第一部兼赅南北、通贯古今的大型综合性汉语方言词典,为研究古今方言词的演变提供了大量宝贵的资料。中华书局1999年出版,五卷,收录各类方言词语21万多条,涵盖先秦两汉至现代4 200多种书面文献中的方言词语和各地2 000多县市的方言词语,按笔画编排,用国际音标注音,分义项释义,逐条注明词性,指明方言系属。如"蔫"字下列有28种方言,8个义项,举了玄应《众经音义》、李恭《陇右方言发微》、李实《蜀语》等22种文献为证。"蔫"字下所录113个词语中又引了49种文献为证。又如释"先后"说:"古北方方言。《汉书·郊祀志》第五上:'见神于先后宛若。'颜师古注:'古谓之娣姒,今关中俗呼为先后。'"指出汉以前"妯娌"的通语是"娣姒",汉代关中方言称为"先后",今中原官话和晋语中也有称“先后”的。

李荣主编《现代汉语方言大词典》，江苏教育出版社 1993—1999 年出版。根据汉语方言的实际情况选择了 41 个方言点为汉语方言的代表，分 41 卷编辑，每卷收释约 8 000 个方言词语，客观地反映了 41 个汉语方言点的真实面貌。

石汝杰和宫田一郎主编《明清吴语词典》是第一部断代方言词典，也是一部颇有特色的近代汉语方言词典，上海辞书出版社 2005 年出版。以明清时代吴语地区作者的作品为主要研究对象，从吴语民歌民谣、明清传奇、弹词、吴语小说、地方志、字书韵书、笔记、方言圣经及外国人编写的词典和教科书上搜罗词语，共收词 16 843 条，不仅注重收列常用义，而且注意考释生僻义，义项齐全，较全面地反映了明代到清末的吴语词汇的面貌。

周长楫主编《闽南方言大词典》，福建人民出版社 2007 年出版。收录厦门、泉州、漳州三地闽南方言特有词 1.6 万多条，还收录与普通话相对应的闽南方言对音词 2 万条，共 4.3 万多条。

此外，还有《汉语方言常用词词典》《南通方言疏证》《北京方言词典》《北京土语辞典》《北京话儿化词典》《北京俏皮话词典》《简明东北方言词典》《哈尔滨方言词典》《山东方言词典》《济南方言词典》《洛阳方言词典》《太原方言词典》《忻州方言词典》《西宁方言词典》《成都话方言词典》《四川方言词典》《简明吴方言词典》《上海话大词典》《南京方言词典》《客家话词典》《广州方言词典》《香港话词典》《香港社区词词典》《澳门方言生僻词词典》《台湾闽南语辞典》《普通话闽南方言词典》《普通话潮汕方言常用字典》等。

第三节　鉴赏辞书

鉴赏辞典融工具书和文学赏析读物为一体，兼有知识性和查检性，开创了雅俗共赏的类似大全或汇编的语文辞书新品种。[①] 上海辞书出版社 1983 年针对当时的读者水平和社会需求，首次推出了《唐诗鉴赏辞典》。

《唐诗鉴赏辞典》选收唐诗名篇 1 105 篇，由古典文学专家撰写赏析文章。所收唐诗作品面广，各种艺术流派的诗篇兼收并蓄，较全面地展现了唐诗绚丽多彩的艺术风姿。

《唐诗鉴赏辞典》1983 年初版问世后立即成为书市中的抢手书，一时洛阳纸贵，40 万册很快售罄，凸显出“文革”浩劫后人们陶冶性情修养身心的精神渴求。此后数年中出版了百余部鉴赏辞典，如《中国历代诗歌鉴赏辞典》《山水诗歌鉴赏辞典》《古代小说鉴赏辞典》《中国古代短篇小说欣赏辞典》《国学名篇鉴赏辞典》《诸子百家名篇鉴赏辞典》《四书五经鉴赏辞典》《红楼梦鉴赏辞典》《中国古代名句辞典》《中国近现代人文名篇鉴赏辞典》等，形成鉴赏辞典系列。

鉴赏辞典的大量编纂，反映了典正高雅的辞书与凡俗时行的鉴赏读物的交融，迎合了普及文化的需要和人们趋雅求雅的心态。这些年来上海辞书出版社将《唐诗鉴赏辞典》作为首创的著名品牌，形成以其为典范的文学鉴赏辞典系列，陆续出版了 80 余种文学鉴赏辞典，包括古代经典鉴赏系列中的《论语》《庄子》《老子》《黄帝内经》《孟子》《荀子》《墨子》《淮南子》《吕氏春秋》《孙子兵法》《韩非子》《列子》《山海经》《史记》《贞观政要》《金刚经》《法华经》鉴赏辞典；中国文学鉴赏经典系列中的先秦诗、汉魏六朝诗、唐诗、宋诗、元明清诗、新诗、唐宋词、宋词、元明清词、元曲、明清传奇、古文、现代散文、古代小说、古代小品文、新诗鉴赏辞典；中国文学名家名作鉴赏系列中的韩愈诗文、白居易

---

① 1918 年，沈兼士《新文学与新字典》提出于“标准（规范）字典”外，应增添“文学字典”。20 世纪 80 年代以来，大量的冠以“辞典”名称的有关文学鉴赏的工具书风靡一时，有人承认这是辞典的一种，也有人认为这些工具书不能称为辞典，还有人认为他们是工具书的新类型，称之为鉴赏书。

诗文、柳宗元诗文、苏轼诗文、黄庭坚诗文、欧阳修诗文、陆游诗文、辛弃疾诗文、李白诗文、杜甫诗歌、三曹诗文、陶渊明诗文、关汉卿杂剧散曲、汤显祖作品鉴赏辞典;中国古代小说名著鉴赏系列中的《金瓶梅》《红楼梦》《儒林外史》《三国演义》《水浒传》《西游记》《聊斋志异》鉴赏辞典;外国文学鉴赏辞典大系中的外国小说、外国戏剧、外国诗歌、外国散文、外国神话史诗民间故事、外国传记鉴赏辞典;外国文学名家名作鉴赏系列中的泰戈尔作品、歌德作品、雨果作品、普希金作品、莎士比亚作品鉴赏辞典以及名家书信、人间词话、名联鉴赏辞典等。商务印书馆国际有限公司也推出中国古典诗词曲赋鉴赏系列工具书,出版了《诗经楚辞鉴赏辞典》《先秦两汉魏晋南北朝诗歌鉴赏辞典》《历代辞赋鉴赏辞典》《唐诗鉴赏辞典》《宋词鉴赏辞典》《元曲鉴赏辞典》《元明清诗歌鉴赏辞典》《明清散曲鉴赏辞典》等。这些鉴赏辞典选目精当,覆盖面广泛,以艺术赏析为主,由名家解析鉴赏,诠解深入细致,注释简明扼要,作家小传、参考书目、笔画索引等配套齐全,集选本和赏文于一体,融知识、趣味和心灵于一炉,既能帮助读者排疑解惑,又能以生动的笔触打动和吸引读者,充分发挥了辞书的阅读功能,让读者接受知识的同时又能得到美的享受和思考的乐趣,起到启发思维和在知识海洋中导航的作用,形成鉴赏辞典的大家族。

第四节　专书专人辞书

一、专书词典

专书词典是语文辞书中的一种,也是辞书大家庭中一个既富有传统特色又适应当代社会需要的辞书品种。专书词典既为全面深入地研究某部专书扫清了语言词汇的障碍,也为断代语言词汇研究提供了翔实有据的资料,而各部专书词典则形成一个互补的有机整体,有裨于断代词典和历史性大词典的编纂。

专书词典的编纂可上溯至南北朝时期。据《大唐内典录》和《开元释教录》著录，北齐沙门道慧撰有《一切经音》，诠释佛经。此书今已佚。南朝陈陆德明汇集汉魏六朝230多家注释《周易》《尚书》《庄子》等14种古籍的音切和义训，著成《经典释文》。此书形式上以每种古籍为一个单元，以其篇、章为子目排列注文，其义训近于通释词义，有时亦兼顾到不同语境，其体例介于专书注释与词典之间，可以说这部集释诸书的训诂著作在某种程度上已具有专书词典的雏形，也可以看作我国第一部为儒道典籍注音释义的专书词典。沿至唐朝，又有智骞的《众经音》、玄应和慧琳各自所编的《一切经音义》及史崇、崔湜、沈佺期等的《一切道经音义》。

现代意义上的专书词典滥觞于21世纪50年代杨伯峻附于《论语译注》《孟子译注》二书后的《论语词典》和《孟子词典》。80年代以来，适应时代和读者的需要，专书词典的编纂受到学术界的重视，一批专书词典相继问世，所涉专书覆盖上古时期、中古时期以及近代，类型涉及传统典籍、史书、小说以及佛经文献等。主要有杨伯峻、徐提《春秋左传词典》（中华书局，1985），陈克炯《左传详解词典》（中州古籍出版社，2004），向熹《诗经词典》修订本（四川人民出版社，1997），董治安主编《诗经词典》（“先秦要籍词典”丛书之一，山东教育出版社，1989），赵逵夫主编《楚辞语言词典》（上海辞书出版社，2013），萧元主编《周易大辞典》（中国工人出版社，1991），吕绍纲主编《周易辞典》（吉林大学出版社，1992），周民《尚书词典》（四川人民出版社，1993），钱玄等《三礼辞典》（江苏古籍出版社，1998），李运益主编《论语词典》（“先秦诸子专书词典”丛书之一，西南师大出版社，1993），安作璋编《论语辞典》（上海古籍出版社，2004），蒋希勤《四书五经解读辞典》（中华书局，2005），王裕安、孙卓彩、郭震旦编《墨子大词典》（山东大学出版社，2006），王延栋《战国策词典》（南开大学出版社，2001），张双棣等《吕氏春秋词典》（商务印书馆，2009），张登本等主编《内经辞典》（人民卫生出版社，

1990),周海平等主编《黄帝内经大辞典》(中医古籍出版社,2008),时永乐、王景明《论衡词典》(人民出版社,2005),张永言主编《世说新语辞典》(四川人民出版社,1992),张万起《世说新语词典》(商务印书馆,1993),周振甫主编《文心雕龙辞典》(中华书局,1996),曾上炎《西游记词典》(河南人民出版社,1994),胡竹安《水浒词典》(汉语大词典出版社,1989),李法白、刘镜芙《水浒语词词典》(上海辞书出版社,1989),沈伯俊、谭良啸编《三国演义辞典》(巴蜀书社,1989)和《三国演义大辞典》(中华书局,2007),杨为珍、郭荣光主编《〈红楼梦〉辞典》(山东文艺出版社,1987),周汝昌《红楼梦辞典》(广东人民出版社,1987),王利器主编《金瓶梅词典》(吉林文史出版社,1988),白维国《金瓶梅词典》(中华书局,1991),冯其庸、李希凡主编《红楼梦大辞典》(文化艺术出版社,1990),周定一、钟兆华、白维国编《红楼梦语言词典》(商务印书馆,1996),刘心贞《红楼梦方言及难解词词典》(东方出版社,2010),朱一玄、耿廉枫、盛伟编《聊斋志异辞典》(天津古籍出版社,1991),刘学林、迟铎、白玉林主编《十三经辞典》(陕西人民出版社,2002—2014),施丁等《资治通鉴大辞典》(吉林人民出版社,1994),"二十五史专书词典丛书"由山东教育出版社从20世纪90年代起陆续出版,其中有仓修良主编《史记辞典》和《汉书辞典》,张舜徽主编《三国志辞典》和《后汉书辞典》,刘乃和主编《晋书辞典》,袁英光主编《南朝五史辞典》,简修炜编《北朝五史辞典》,赵文润、赵吉惠主编《两唐书辞典》,宋衍申主编《两五代史辞典》,邱树森主编《辽金史辞典》和《元史辞典》,孙文良、董守义主编《清史稿辞典》,王世舜主编"先秦要籍词典丛书"中的《楚辞词典》《老庄词典》《论语孟子词典》(山东教育出版社,1995—2008),辛嶋静志编《正法华经词典》(1998)、《妙法莲华经词典》(2000)和《道行般若经词典》(2010)。

就上述专书词典而言,有从特定角度选收书中一部分词语,即此书特有或共同语不常用的词语以及疑难词语的,如胡竹安《水浒词典》、白维国《金瓶梅词典》等；有收录书中出现的全部词语的，如李运益主编《论语词典》、向熹《诗经词典》等；也有既收部分词语和专科词语，又收入有关此书的评论和研究资料的，如杨为珍、郭荣光主编《红楼梦辞典》、沈伯俊和谭良啸编《三国演义辞典》。就收录书中出现的全部词语的一些专书词典而言，又有两种类型。一种是穷尽性地收录排列书中所有的词和固定短语，注音释义，统计频率，然后按书中出现的先后顺序尽数罗列使用了该词该义的全部语句，如《尚书词典》、《老庄词典》、李运益主编《论语词典》等；一种亦收录所有的词在书中的所有义项，也举书中例句为证，但每词各义择举一、二用例为证，在各义项后注明其在书中出现的次数，如杨伯峻、徐提《春秋左传词典》、向熹《诗经词典》、张双棣等《吕氏春秋词典》等。

从收词对象看，大致可分为两大类，一类是语文性质的，一类是综合性质的。语文性质的又分为两种：一种是严格意义上为语言研究提供服务的收录解释有关专著的语词及其运用的兼有资料性质的语文词典，如李运益主编《论语词典》、张双棣《吕氏春秋词典》等不仅考察了词的意义、结合能力，还详尽地展现词的每种用法；一种是从特定角度选收书中一部分词语的语文词典，如胡竹安《水浒词典》、白维国《金瓶梅词典》等。综合性质的是不仅收有大量专科词语而且需要作百科性解释的综合性辞典，如杨为珍和郭荣光主编《〈红楼梦〉辞典》、沈伯俊和谭良啸编《三国演义辞典》等。无论是语文性质还是综合性质，这两种类型的专书词典具有一个共同的特征，即皆以某部专书或某一类书中的语词为收录和诠释对象，其编纂宗旨皆是满足读者阅读某部专书或某一类书的特殊需要。如向熹《诗经词典》凡例标明该词典“供读者阅读和研究《诗经》时参考使用”，沈伯俊和谭良啸编著《三国演义辞典》凡例称“为了适应海内外学者研究《三国演义》的需要，满足广大读者从多方面认识《三国演义》和了解有关知识的愿望，特编纂本辞典”。杨为珍和郭荣光主编《〈红楼梦〉辞典》“再版说明”亦说编纂宗旨是“为了帮助广大红学爱好者阅读原著,并为《红楼梦》研究工作者提供参考”。

（一）《世说新语辞典》和《世说新语词典》

《世说新语》主要记载从东汉至魏晋间一些重要人物特别是朝野名士的逸闻趣事。东汉到魏晋期间的政治、经济、军事、哲学、宗教、文学、美学、民俗、伦理,无不从此书中折射出各自的影像,在中国文化史上有着非常重要的地位。此书以当时生动传神的口语写成,时移语异,后世阅读已颇多困难。齐梁时刘孝标广征博引为之作注,加以匡补。嗣后历代学人又探幽发微,或注或补,续有发明。为了满足不同层次读者的需要,也为了相关学科的开拓利用更为便捷,四川人民出版社 1992 年出版了张永言编纂的《世说新语辞典》,1993 年商务印书馆又出版了张万起编纂的《世说新语词典》。两部词典展示了《世说新语》词汇研究的成果。

作为专书词典,二书不仅重视词语的概念解释,而且十分重视词语的语用义及其文化内涵的揭示,运用现代词汇学动态的、社会的词义分析方法来为词语作注。如在“主”“客”两词下分别说明“清谈时先发表意见的一方为主”“进行辩难的一方为客”等。张永言《世说新语辞典》收录复音词较多,释词注重征引学者专家的考证。张万起《世说新语词典》分为正编和副编两部分,正编收录《世说新语》中出现的全部字词,分为语词编和百科编。副编收录刘孝标注文中的部分词语及源于《世说新语》而在后代逐渐形成、定型的成语、典故、词语等。在有些字词后设有“附论”“备考”,探讨这些词的意义源流。如释《贤媛》“逵既叹其才辩,又深愧其厚意”中的“愧”有“感谢”义,在“附论”中说明:“蒋礼鸿《敦煌变文字义通释》指出,惭、愧二词都有‘感谢’义,举例多为唐宋人作品。实际上魏晋南北朝时代已有此义。”两部词典各有特色,互补互佐之处颇多。如《文学》:“殷中军虽思虑通常,然于才性偏精。”又《品藻》:“‘阮思旷何如?’曰:‘弘润通常’。”二例中“通常”一词,前者为“普通、一般”,后者为“淹通渊博”,构成两个义项。张永言《世说新语辞典》释为“淹通渊博”,张万起《世说新语词典》释为“普通、一般”,虽皆未能包括两义,然而恰可互补。

(二)《水浒词典》和《水浒语词词典》

胡竹安《水浒词典》以收录《水浒》中的白话词语为主,文言词语只收新义。依据1954年人民文学出版社的郑振铎序本,共立条目4 895条,其中一般词语4 673条,俗语222条。此书体例较严密,释义简明准确,举例内证与外证结合。“作者积几十年之功力,潜心于《水浒》语词的研究,从横的、纵的两方面对《水浒》语词进行考索,解决了不少前人没有解决的问题。取材广泛,经史子集,靡有不征,小说杂记,无所不用,加以现代方言词汇的大量征引,已远远超过了专书词典所能容纳的内容。说它纯是一部断代的专书词典,并不十分确切,在某种意义上说,它还具有词汇史的性质,尽管是举例性的。”①

李法白、刘镜芙的《水浒语词词典》依据人民文学出版社百回本《水浒》,其例证不足者参用百二十回本,收录解释《水浒传》中的古白话词语,共收词和熟语3 194条。词语立项以《水浒传》中出现的古白话意义为据,常用义不立项,每一义项一般举两例,《水浒传》中的例句称“本例”,其他近代文献的例句称“旁证”。有时加“参证”,说明所释词语的语源、典实。周祖谟为此书作序称其“钩玄致远,对研究语词意义的发展,与现代方言作比较,都有很大用处”。

两书注意到语言使用中时间和空间的因素,不仅收录了展布、娘舅、把细、忒杀等一些方言色彩较浓的词语,而且释义时还往往用现代方言作参证。如李书释“回”的“转买、转卖”义用今吴语作参证。胡书释“利子”,指出“利”是“驴”的方言音变字,老一辈嘉兴人有读“驴”为“利”的。据我们逐条统计,两书都收录的词语有1 947条,李书中有1 200多条为胡书未收,胡书中有2 300多条为李书未收。两部词典所收词条皆以语词为主,亦酌收一些百科语词。凡时俗、服饰、官廨、差

① 蒋冀骋《读〈水浒词典〉札记》,《语言研究》,1993(2)。

役、星相、占卜、宗教、刑法、食物、用具、礼仪、称谓、地名等宋元明时期常见或特有的词语均有所涉及。两书不仅收录了大量实词,而且收录训释了一些易被忽视的虚词及词缀,如“兀、也、不争、去、有、厮、吃、价、自、行、问”等。相较而言,胡书所收虚词较李书更多。如“打”可作动词的前缀,还可用在“一”和动词前边,表示动作短暂。李书未收。又如“不成”在《水浒传》中可用作表示反诘语气的副词,还可用作句末语气助词,胡书收录训释了这两义,李书只收释了其表示反诘语气的副词义。

两部词典中也有一些词条看似不同,实则是所据版本不一而造成的同一词语写法的不同。如李书收“经折”“附搭”“缠障、缠帐、缠仗”“亚肩叠背”,胡书收“经摺”“附答”“缠张、缠帐”“压肩叠背”等。在词语切分上,语素、词、词组、俗语之间界限虽明,具体区分却十分不易。由于切分上的不同,两书有些词条选取双字词或多字词有所不同。如李书收“额外之人、架隔遮拦、挫过、造、造物、黄白、探细人、委决不下、实落、信赏钱、远恶”等。胡书收“额外、架隔、挫、造饭、造物偃蹇、黄白之资、探细、委决、实落处、信赏、远恶军州”等。

作为一部专书词典,两书所收词条不同的部分中有些义项或词语似都可收录解释。如李书收录的“便宜、并是、活便、忍气、申解、情熟、干涉、巡检、伏路、讨头、膨脝”等词,胡书未收。胡书收录的“郎当、一色、弟子孩儿、动止、老诚、等闲、知识、胸次、没奈何、体面、若还、者”等,李书未收。两书所收互不相同的词语,大多可互作补充。

两部词典都收释的 1 947 条词条中,有些词条的义项互有增减,胡书所收的义项往往多于李书。如“泼”,李书释为“咒骂人的贬义词,含有鄙贱、恶劣、蛮横等意味”,胡书除释为“用来表示厌恶,鄙视”外,还释有此词的“破烂”义。又如“张”,李书释为“张望,瞧看”,胡书除释为“偷偷地看”外,还释有此词的“捕捉”义。李书收录义项也有多于胡书者,如“筛”,胡书收释有“敲,打(锣)”和“斟(酒)”两个义项,李书收释有“烫酒使热”“斟(酒),酌(酒)”和“敲(锣)”三个义项。

有的词语是多义词，两书分别解释了其中的一个词义，所作解释有互补之处。如“信”，李书释为“抵押品，作为信实不欺的凭证”，引例为第六十八回：“随即便差时迁、李逵、樊瑞、项充、李衮五人前去为信。”又第八十回：“既然义士相托，便留闻参谋在此为信。”胡书释为“懂，知道”，引例为第一百〇四回：“那王庆是东京积赌惯家，他信得盆口真，又会躲闪打浪，又狡猾奸诈，下掫主作弊。”又如“有”，李书释为“附在某些动词（请、劳、烦等）前，组成表示客气的套语”外，还释有“放在作主语名词前，用为句首助词”义；胡书释为“动词前缀。多含敬意”外，还释有“动词。在”的义项。

两书所收同一词语同一词义，其所作解释往往见仁见智，有互补之处。如“排担”，李书释为“挑物的担子。有时用作动词，义为装好担子”。胡书释为“安排，准备”。所引例句皆为第四回：“当时说定了，连夜收拾衣服盘缠，段匹礼物，排担了。”又如“花糕”，李书释为“重阳节所食的一种糕饼，糕上嵌以枣栗之类”。胡书释为“形容牛羊肉肥壮；指瘦肉中夹着脂肪”。所引例句皆为第十五回：“新宰得一头黄牛，花糕也似好肥肉。”例中“花糕”一词用的是重阳节所食糕饼的比喻义。

两书对所收同一词语的释义往往不同，据我们统计，两书对所收同一词语释义不同的有四百余条，往往有此长彼短或此误彼正之处。如“老郎”一词，李书释为“精明干练的老手”，胡书释为“老练”，引例为四十三回：“拣一只疾快小船，选了几个老郎作公的，各拿了器械。”例中“老郎”为形容词，修饰名词“作公的”。胡书释义为长。又如“退居”一词，李书释为“位于寺观后面闲静的居住之所”，胡书释为“舍弃不再住人”，引例为第六回：“却说鲁智深来到廨宇退居内房中，安顿了包裹，行李。”从例中可以看出退居仍在使用，并非“舍弃不再住人”。[①] 又第四

① 《汉语大词典》亦收录此词，释为“寺院中方丈的居所”。然上引例中鲁智深并非方丈，却居住于退居之中，似误。

十五回："本房原有个胡道，今在寺后退居里小庵中过活。"例中退居中住的胡道是一个地位低下的僧人。相较而言，李书释义为长。"排陷"一词，李书释为"排挤陷害，有时意义偏重在'陷'字"，胡书释为"安排计策，加以陷害"，引例为第二十四回："近来暴发迹，专在县里管些公事，与人放刁把滥，说事过钱，排陷官吏。""排"谓"排挤"，古白话中以"排"的这一义项为语素构成的词语很多，如"排讦、排害、排娼、排毁、排坠、排摈"等等，"排陷"为联合结构，谓"排挤陷害"。胡书增字为训，李书所释为长，但李书又举第八十六回为证："我那支军马，有十数个头领，三五千兵卒，正不知下落何处。我想也得好一片地来排陷他"，此例中"排陷"也用"排挤陷害"来解释，恐不确。由"排"构成的联合结构中的两个语素义多相近，故其中的一个语素义往往可以被忽略，如"排说、排数、排捏、排揎"等词中"排"渐虚化，已无多少实义，词义常常偏重在另一语素上。在"排陷"一词中，"排"的"排挤"义也渐渐虚化脱落，"排陷"也由原先并列的"排挤、陷害"义演变为主要是"陷"义。"陷"的本义为"陷阱，坑穴"，又用为动词"坠入、陷入"，引申为"陷入某一处境或地方无法脱身"，上例文意是说需要一大块地方才能围困那么多人，不知道人马被困到哪里了。"排陷"谓"围困"。

《水浒传》中有些需要诠释的词语虽已为两书收录，但释义似也有可进一步探讨之处。如"抱腰"一词，李书释为"指收生之事，就是抱产妇的腰部助其生产"。胡书释为"助产"，引例为第二十四回："老身为头是做媒，又会做牙婆，也会抱腰，也会收小的，也会说风情，也会做马泊六。"据龙潜庵《释"抱腰"》一文考证，"腰"通"幺"，"幺"指"小"，"抱幺"为"抱小孩"，即帮助照看小孩。如《金瓶梅》第八十六回载："莫不是你五娘养了儿子，请我去抱腰。"例中即指婴儿出世后，请人照看。

作为专书词典，也有一些词语似应收录而这两书都未收录解释。如第二十六回："何九叔渐渐地动转，有些苏醒。"例中"动转"谓"动弹、活动"。第二十二回："那张三也耐不过众人面皮。"例中"耐"同"奈"，谓“奈何”。第十二回:“没毛大虫牛二,专在街上撒泼、行凶、撞闹。”例中“撞”有“碰撞,冲闯”义,“闹”有“寻事发作”义,“撞闹”谓“有意触碰,借机寻事发作。”第三十二回:“后得陈府尹一力救济,断配孟州。”例中武松怒杀西门庆,得府县官吏帮助,将罪状改轻。此处“救济”不是通常的“用物质金钱帮助生活困难的人”,而是“帮助回护”义。有一些词语的义项似应收录而这两书都未收录解释,亦可补收。如第十三回:“上年费了十万贯收买金珠宝贝,送上东京去,只因用人不着,半路被贼人劫将去了。”例中“着”谓“合适、适当”,虽然两书都收了“着”,但未收此义项。又如第二十九回:“本待要起人去和他厮打,他却有张团练那一班儿正军,若自闹将起来,和营中先自折理。”例中后一个“和”是介词,犹“向”义,两书均未收此义项。

综观二书,胡书体例较严密,收词较全,但二书在收词和释义上毕竟各有千秋,对《水浒传》中一些历来不得其解的词语亦俱多所发明,互有补充。两书的同时出版对《水浒传》的研究,尤其是《水浒传》词语的研究,既有总结作用,又有推动作用。

（三）金瓶梅词典

《金瓶梅》在中国文学史上有着重要的地位,王利器《金瓶梅词典》序言中说:“《金瓶梅》者,有明之大百科全书也。惟时,花花世界,芸芸众生,无巨无细,莫不形诸笔端。故若缁流禅悦,道众科仪,魑魅魍魉,市语声嗽,言出乎口,惟妙惟肖,如铸鼎象物,物无遁情,洋洋乎大观也。”诠释《金瓶梅》的专书词典有王利器《金瓶梅词典》、白维国《金瓶梅词典》和梅节主编《金瓶梅词话辞典》等。

梅节主编《金瓶梅词话辞典》参考了大量小说词语、有关专著及方言志,收录解释了1.5万多条词语。此书的特点一为略典故而详词语,着重解释土语和方言词;一为钩稽粤语,以之印证和解释《金瓶梅词话》中的难词。王利器《金瓶梅词典》收录解释《金瓶梅词话》中不易懂的词语,如方言、市语、习语等,酌收有关风俗、宗教、职官、典章制度、器物、服饰、人名、地名等方面的词语，共收4 588条词条，以文学古籍刊行社影印《金瓶梅词话》为底本，参校日本慈眼堂藏本（影印本）、明末绣像本、张竹坡评点第一奇书本，并参考人民文学出版社出版的戴鸿森《金瓶梅词话》校点本、齐鲁书社出版的王汝梅等《九竹坡批评第一奇书金瓶梅》校点本。附有“《金瓶梅词话》难解词语待问篇”，列有词语约50条；“《金瓶梅词话》谚语歇后语汇编”约400条。白维国《金瓶梅词典》以收口语词汇为主，兼及于今不用或不常用的名物词，共收8 129条词条。每一词条有注音、释义、例证。释义只释该书出现的意义，所收词语及例句取自文学古籍刊行社1955年影印明刊本《金瓶梅词话》，酌引前人的诠释作为辅证。此书收词丰富，体例较完备；追本溯源，搜讨罗列，兼采了各家所长，时有发明创新。[①]

据我们统计，在王利器和白维国所编这两本词典中，词条相同的有2 544条，其中词义相同的解释有2 126条，不同的有418条。两书所收词语不同的部分中，王利器侧重收录《金瓶梅》中的俚语、俗语、地名、人名和历史典故等，这些方面收的词语较多，涉及的面较广。如俗语有：雌饭吃花子，脆帮根儿咬，大滑答子货，顶瞎缸，挨的好柴，扒灰，趁来的露水等。人名、官名有：大理寺寺正，邓通，典史，典守，都水司郎中，保甲，陈后主，玄坛四灵神君等。地名有：东华门，东西两广，严州府，襄王台，文德殿，茂陵，孟州等。其他方面的有：大海青，大红绒彩蟒，大花栏批文，百合香，赤铜牌，头脑汤，星宿海，香茶盒，湘妃竹扇，线边火漆，小脚子，新春符，瑞香花等。白维国侧重于收录语词性的词语，如：挨，爱好，安付，摆布，半晌，比对，灿灿烂烂，才方，抄寻，持，出手，次第，搭伏，打茶，大比，淡扯，到于，得地，地道，顶门，定夺，斗口，对头，发话，方寸，分别，风尘，扶持，干罢，根本，关格，管定，汗歪，浑白，加意，尖儿，交伏，精淡等。对于人名、地名、戏曲、典故等收的较少，但也涉及民情风俗、

① 蒋宗福《金瓶梅词典的成就与不足漫议》，《辞书研究》，1997(4)。

官场应酬、宗教信仰、鬼神迷信、声色犬马等社会生活的方方面面，如丁八、插花筵席、辟非黄符、步罡踏斗等。

有些词条的不同是两本词典选取双字词或多字词上的不同。如王利器收释"八极九霄、半肚孩子、保山媒人、顶门针、半侧银子、扁鹊卢医、侧净处、动影"；白维国收释"八极、半肚、保山、顶门上针、半侧、扁鹊、侧净、动影行藏"。有些词条的不同则是同一词语的不同写法而已，如"耽带"与"耽待"、"单板"与"单扳"、"付末"与"傅末"、"腊枪头"与"蜡枪头"、"墁地"与"漫地"、"声诺"与"声喏"等。

两本词典都收释的2 544条词语中，有2 126条解释大致相同。如阿鼻地狱，艾窝窝，庵院，八蛮，白金，白汤，保儿，鸨子，碧汉等。解释不同的418条词语中，有179条主要是义项互有增减，大多数是白维国所收的义项比王利器多，王利器所收的义项比白维国多的只有六条。如："打"条，王利器只收了"从，自"一个义项，白维国收了下列九个义项：① 捆在腰上，引申指随身携带。② 切；割。③ 购买。④ 举；提。⑤ 摘掉；除下。⑥ 断送；破坏。⑦ 触动（心事）。⑧ 交往。⑨ 从；自；由。"看"条，王利器只收了"物色"一个义项，白维国增收了"照顾；看承"，"指望；依靠"，"让坐；看坐"，"招待（茶饭）"四个义项。"影"条，王利器只收了"掩蔽、隐藏"一个义项，白维国增收了"亡者的画像"、"恶心；厌恶的感觉"两个义项。"理会"条，王利器只收了"考虑；处理"一个义项，白维国增收了"计议；商量"，"理睬；注意"，"明白；知道"，"办法"四个义项。

王利器所收的义项比白维国多的六条中有的立了义项，但没有《金瓶梅》中的用例。如："兜揽"条，立有"收罗，包揽"的义项，举了《朱子语类辑略》中的用例。作为解释《金瓶梅》的专书词典，《金瓶梅》中没有的词语似可不予收释。有的则是应予收录而白维国未收的，如"索"的"败坏尽，毁坏完"义；"躧"的"脚滑擦在稀湿物上"义。

有的词语是多义词，两部词典分别解释了其中的一个词义，所作解释互有取长补短之处。如:“回”条,王利器列了如下两个解释:(1)回买,此处指把别人买到手的东西再买下来。(2)回礼。把送来的礼物收下一部分,其余的让来人再带回去,称回礼,也简称回。白维国列了三个解释:(1)从买主手里回买货物。(2)回绝;取消。(3)指很短的一段时间;一会儿。两部词典的第一个解释相同,其余的义项可互补。又如“煞”,王利器释为“曲牌名,‘煞’是‘煞止’之意”。白维国释为“死人的恶气,也叫‘殃’。”“汤”,王利器释为“擦,微触”。白维国释为“开水,热水”。“家下”,王利器释为“妻子”,白维国释为“家中,家里”。

两书对同一词语同一词义所作解释也有互相取长补短之处。如:“拙智”条,王利器释为“短见,谓自杀”,列出的例句是“西门庆怕他思想孩儿,寻了拙智,白日里分付奶子、丫鬟和吴银儿相伴他,不离左右”(第五十九回)。而白维国释为“糊涂”,例句为“好孩子,冷地下冰着你,你有话对我说,如何这等拙智”(第二十六回)。据两部词典所引例句分析,“拙智”皆指“短见”。“撅臭”条,王利器释为“破口大骂,把人骂臭”。白维国释为“即‘缺臭’,缺得发臭,反话,意谓不缺少(你这样的人)”。考其所引例句皆为:“愁本司三院寻不出王八来,撅臭了你这王八了。”(第二十二回)根据例句分析,白维国的解释为妥。“雕佛眼儿”条,王利器释为“挑剔”,白维国释为“比喻繁难重要的工作”。例句皆为:“什么打紧,教你雕佛眼儿?便当你不扫,丢着,另教个小厮扫。”(第二十六回)这句话是宋惠莲教训画童儿的话,意为扫地还像雕佛眼儿那样难吗?佛眼是最传神的,雕制也难。根据例句分析,白维国的解释为妥。“光睁睁儿”条,王利器释为“犹光净净,意谓干干净净”。白维国释为“形容目光发直的样子”。例句为:“韩二捣鬼要钱输了,吃的光睁睁的走来哥家。”(第三十八回)例中“睁”有“将眼睛瞪得很大很亮”义,明代白话小说中常见。如《醒世恒言》第三十六卷:“只是仇人相见,分外眼睁,这几日何如好过!”根据例句分析,白维国的解释为长。“哈账”条,王利器释为“慌里慌张”。白维国释为“糊涂,马大哈”。例句皆为："刚才若不是我在旁边说着，李大姐恁哈账行货，就要把银子交姑子拿了印经去。"（第五十八回）根据例句分析，李瓶儿拿起一对银狮子，也不上天平，就要让薛姑子拿去印经，孟玉楼见状，忙止住了。当时，李瓶儿并没有慌张的情况，所以这里应该解释为糊涂，马大哈，对银钱来往不经意比较好。

毋庸讳言，作为专书词典，有一些词语似应收录而这两本《金瓶梅词典》都未收录解释。如第三十七回："原来妇人有一件毛病，但凡交姤，只要教汉子干他后庭花，在下边揉着心子才过，不然随问怎的不得丢身子。"又第五十一回："妇人一连丢了两遭身子，亦觉稍倦。"第七十九回："妇人一连丢了两次。"例中的"丢"指使达到性高潮和性高潮时的一种生理现象。又如第七十八回："西门庆袖内，还有烧林氏剩下的三个香码儿，撇去他抹胸儿，一个坐在他心口内，一个坐在他小肚儿底下……"又第九十回："这雪娥一声儿不言语，忍气吞声，从新坐锅，又做了一碗。"两例中的"坐"有"放置、安放"义。"坐"为人止息的方式之一，引申为物止于某处。有一些词语的释义尚可作进一步的推敲。如第二回："三年前十月初三日下大雪那一日，卖了一个泡茶，直到如今不发市。"例中的"发市"，王利器释为"即开市"，白维国释为"买卖第一次成交"，据文义似可释为"买卖顺利"。

根据以上的分析比较，我们认为这两本《金瓶梅词典》各有特点，互有补充。相较而言，白维国的词典后出转精，比王利器的词典略胜一筹，不仅所收词条多了近一倍，义项数量有较大的增加，而且释义也有所改进和补充。尤为可贵的是对有些历来不得其解的词语也作有训解，多所发明。如《金瓶梅》第三十二回："因把猫儿的虎口内火烧了两醮，和他丁八着好一向了，这日只散走哩。"又第六十八回："可不砢碜杀我罢了，只好樊家百家奴儿接他，一向董金儿也与他丁八了。"例中"丁八"一词，王利器列在"待问篇"，姚灵犀《金瓶小札》说："八应作巴，丁巴着，如钉相附着，勾结甚紧。此市井语，谓两相要好也。"然而，上举两例中“丁八”并无“两相要好”义，而是说妓女与嫖客彼此不和，故白维国释为“意见不合，关系破裂”。

（四）《红楼梦辞典》和《红楼梦语言词典》

《红楼梦》的语言代表着汉语从古白话向现代汉语书面语发展的一个阶段，其中许多普通词语同今天的意义不一样，很大一部分词语是当时特有的，具有时代的特点，也有一部分是方言。杨为珍和郭荣光主编有《〈红楼梦〉辞典》，其中词语部分收录《红楼梦》中的僻字、生词、难句、成语、对句等 2 682 条。原书中的注释，大部予以录用。周汝昌主编《红楼梦辞典》收录《红楼梦》中的词语共 9 000 多条。所收词语取自人民文学出版社 1982 年 3 月版（前八十回底本为庚辰本，后四十回底本为程甲本，简称新校本）和人民文学出版社 1959 年 11 月版（底本为程乙本，简称旧行本）。所收词目包括人物、俗谚、诗词、典故、酒令、灯谜、对联、匾额、官制、礼仪、地理、宗教、哲学、戏曲、书画、风俗、服饰、饮食、器物及医药等各方面。特别应指出的是，该辞典对以下三类词语的注释尤其值得关注。

第一类为口语。在该辞典的《序》中作者称曹雪芹选取了野史小说作为表现形式，而当时小说的主要读者对象是“市井之人”，雪芹在书的开头就明白无误地点出了这番意思。这就决定了《红楼梦》一书的通俗性质。该书中大量口语的运用，超越了以往的同类作品。这一类词语构成了《红楼梦》语言的主要“成分”，成为该辞典选词立目的重点。

另一类词语，作者在序中指出虽属日常习用惯闻之语，然因时代、地区、场合等条件的变化而需要注释。如“理论”一语，是“理会”“留意（筹思、处置）”的意思，“不理论”就是“无心、无暇去管顾（人或事）”。又如“白”这个副词，除了一般常见的“白说”“白费”，即徒然枉作之义外，该辞典还对“白”的“只是”“无端的”等义做了详尽全面的解释。

第三类为北京地方土语，如“歪剌”乃“歪剌骨”之省略语。贾府中人问智能儿说“你师父那秃歪剌”如何如何，这是嘲骂坏女人的方言土语。又如“忽喇巴儿”是表示忽然、蓦然的意思。这些词语来源甚早,很可能与金元等时代的少数民族语言有关,该辞典也有所涉及。

此书根据《红楼梦》语言实际,以普通词语条目为主,坚持概括性原则,全面、系统地收集词目,从语词角度概括了原著;抓住《红楼梦》创作特色,坚持辞书条目写作的典范性,准确解释小说词语的内涵和外延,从本质上反映原著,使辞典成为红学津梁。

周定一、钟兆华、白维国编《红楼梦语言词典》分为正编和副编。“正编”以影印抄本《脂砚斋重评石头记》(即“庚辰本”、人民文学出版社1975年影印)八十回为底本,“副编”以人民文学出版社1973年8月重印的一百二十回本(四卷竖排本)中的后四十回为底本。“正编”收词2万多条,“副编”收词4 500多条,共收词24 500多条。“正编”是该词典的主要部分,较完备地反映前八十回的词汇面貌。所收词语也包括了人物、俗谚、诗词、戏曲、器物、风俗、地理、医药等方面。

据我们粗略统计,周汝昌主编《红楼梦辞典》与周定一等编《红楼梦语言词典》所收相同词条共8 000多条。《红楼梦辞典》中有1 145条词语未收于《红楼梦语言词典》中。这1 145条中有相当一部分为四字词组和俗语、谚语和歇后语。如“打亮梆子”:天将亮时打末次巡夜报时的梆子。“长安涎口”:代指京都那些好吃馋嘴的人。“大火烧了毛毛虫”:给骨牌“三四”起的诨名。“大火”代指“三四”下边红色的四点,“毛毛虫”代指“三四”上边绿色斜排的三点。“骨朵儿”:北京一带方言。花蕾,没有开放的花朵。“谄断了肠子”:形容胡谄。“谁蒸下馒头等着你,怕冷了不成”:歇后语。用来询问别人为什么做事匆匆忙忙。作为一部专书词典,这些词语还是有必要加以解释的。

《红楼梦语言词典》所收24 500多条中,有1.2万多条《红楼梦辞典》未收。其中有相当一部分是专书词典需作解释的。如:“娇音”形容说话天真,例句为“王熙凤正言弹妒意,林黛玉俏语谑娇音”。此句是指林黛玉嘲笑史湘云说话有点“咬舌子”。又如“解事”有三个词义:(1)解除职事;(2) 理解对方心事;(3) 发觉;了解。《红楼梦语言词典》将"解事"在《红楼梦》中不同意义皆加以例举解释,释义全面周到。

《红楼梦》前八十回和后四十回不是同出一手,在语言风格以及遣词用字方面难免有一些差异,如后四十回的儿化词显然比前八十回密度大。同一个词前八十回没有儿尾,后四十回有,如"靴掖""眼镜",这样的例子数以百计。这并不是曹雪芹与高鹗说的是儿化少和儿化多的两种语言,只是他们各自对某些词语的用法习惯略有不同。这些现象在这两部辞典中都得到了对比显示。有些条目在注文和例句后附有说明,内容包括该词语同现代语的区别、在前八十回和后四十回中使用上的区别等。

两本辞典共同收录的词目有 8 000 多条,其中有 123 条释义上互有出入。有些是细微的差别,有一些则区别较大。如"白话"《红楼梦辞典》释为"点破真相的大实话",《红楼梦语言词典》释为"多余的,无关紧要的话"。例句为"偏这个颦儿惯说这些白话,把你就伶俐的"(第五十二回)。两本辞典对"白话"解释不尽一致,相较而言,《红楼梦辞典》的解释较合适。例句的意思是宝钗让颦儿别说"这些白话",因这些话点破了真相,让别人难堪。又如"茶面子",《红楼梦辞典》释为"冲茶汤用的面,多为黍面",《红楼梦语言词典》释为"经过炒制加工的面粉,可以加糖或盐用开水调吃"。例句为"昨日他姨娘家送来的好茶面子,倒是对碗来你喝罢"(第七十五回)。"茶面子"是北方一种家常饮食品,即面茶。考清袁枚《随园食单》"面茶"条载:"熬粗茶汁,炒面兑入,加芝麻酱亦可,加牛乳亦可;微加一撮盐。无乳则加奶酥、奶皮亦可。"两本词典的解释都有失偏颇。又如《红楼梦辞典》收有"唱动戏",释为唱一次戏。"动"在这里读 tòng,作量词用,是次,回的意思,指不轻易有的行为。"唱动戏"可以理解为"好不容易唱一回戏"。《红楼梦语言词典》则收有"唱戏",释为"演唱戏曲"。例句为"这些日子也闷的很了。家里唱动戏,我又不得舒舒服服的看"(第二十九回)和"过一日,至初三日,乃是薛蟠生日,家里摆酒唱戏,来请贾府诸人”(第二十九回)。“唱动戏”中的“动”,《红楼梦语言词典》“动”词条下释为“表示趋向”,“充当代词后补语”,似较《红楼梦辞典》解释为量词为长。又如“孺人”,《红楼梦辞典》释为:“明清七品官的母亲或妻子的封号。也常用于尊称妇人。”《红楼梦语言词典》释为:“对年老妇人的尊称。”例句为“当时封氏孺人也因思女构疾,日日请医疗治”(第二回)。《礼记·曲礼下》:“天子之妃曰后,诸侯曰夫人,大夫曰孺人,士曰妇人,庶人曰妻。”明代以七品官之妻封为“孺人”(见《明史·职官志一》),清代则以正、从七品至正、从九品官妻封“孺人”(见《清史稿·选举志五》)。古代也常用为对妇人的尊称。甄士隐只是一名“乡宦”,并未做官,此处称其妻封氏为“孺人”,即属此例。《红楼梦辞典》的解释详尽准确。

大略而言,两本辞典所选词条虽各有侧重,对一些词条的解释也有差别,但各有千秋。《红楼梦辞典》注重训释《红楼梦》中特有的不同于现代的具有时代特点的词语和具有地方特点的方言词语,如边派、嗔着、待见、寻趁、尺寸、地方等北京方言词语和促狭、人客等吴方言词语,《红楼梦辞典》都作有解释。同时又着重于注解一些已经消亡和正趋消亡的以及实存而形异或名存而实亡的历史事物,兼及典故、辞章知识、戏曲情节、名人轶事、艺术美谈等等方面的注释。相对于收词 2 万多条的《红楼梦语言词典》,《红楼梦辞典》显得精干而独具特色,而《红楼梦语言词典》作为要求收录书中全部语汇的专书词典,与《红楼梦辞典》相比而言,无疑更全面、更细致。因而这两本辞典可以说各有自己的特色,互为补足。

(五)《正法华经词典》

辛嶋静志《正法华经词典》是在分析了《法华经》的各种译本和考察了竺法护所译《正法华经》的原文基础上编纂而成的一部佛经专书词典,收录了佛教词语、音译词和古白话口语词共 4 000 多条。这些词往往未被已往的汉语词典收录,或者即使收了,也多以西晋以后的文献作为依据。作者认为在考察与佛教有关的汉文典籍中意义不明的词语时,利用梵汉对勘对判明词的确切词义有不可忽视的作用。因而每词附有梵本、异译经典中相对应的词汇。梵本方面,遇有各种中亚出土写本读法不同之处皆有标明;汉译本方面,不仅将《大藏经》的读法与其底本《高丽藏》进行了对照,而且与《中华大藏经》第十五卷所收赵城金藏以及碛砂藏等读法作了对照,从而判定其正误。作者还以同样方法编纂有《妙法莲华经词典》和《道行般若经词典》。

二、专人词典

专人词典是汇释作家用语的辞书,如郁贤皓编《李白大辞典》(广西教育出版社 1995),张忠纲编《杜甫大辞典》(山东教育出版社 2009),蓝立蓂编《关汉卿戏曲词典》(四川人民出版社 1993),林立编《巴金语言词典》(四川辞书出版社 1990),潘晓东编《茅盾语言词典》(四川辞书出版社 1992),李标晶、王嘉良编《简明茅盾词典》(甘肃教育出版社 1993),舒济主编《老舍文学词典》(北京十月文艺出版社 2000),《鲁迅大辞典》编委会《鲁迅大辞典》(人民文学出版社 2009)等。

蓝立蓂编《关汉卿戏曲词典》是一部收释元代戏曲家关汉卿存世戏曲作品中相关词语的语言词典。收释 6 130 条词语,其中主条 5 290,副条 840。凡与现代汉语有差别的词语全都收入,包括元代社会有关风俗习惯、典章制度的名词和公牍文用语、方言词语、蒙古语借词、俗语、俚语、成语(以四字格的居多)、戏曲专有名词术语等。

《鲁迅大辞典》收入鲁迅著作述及的中外古今人物、书籍、作品、报刊、社团、流派、机构、历史事件、人文掌故、国家、民族、名物、古迹、特用词语及鲁迅笔名等各类词项 9 800 多条,涵盖社会科学和自然科学各个领域,具有百科全书性质。

第五节　汇 释 辞 书

汇释辞书主要指汇释专门体裁的文献用语辞典，如张相的《诗词曲语辞汇释》（中华书局 1953），王锳《诗词曲语辞例释》（中华书局 1980），蒋礼鸿《敦煌变文字义通释》（上海古籍出版社 1959），朱居易《元剧俗语方言例释》（商务印书馆 1956），陆澹安《小说词语汇释》（中华书局 1964）和《戏曲词语汇释》（上海古籍出版社 1981），江蓝生《魏晋南北朝小说词语汇释》（语文出版社 1988），段观宋《文言小说词语通释》（广西人民出版社 1993），王贵元、叶桂刚主编《诗词曲小说语辞大典》（群言出版社 1993），白维国《白话小说语言词典》（商务印书馆 2010）等。既有断代或几个时代专门体裁的汇释辞书，如张涤华主编《全唐诗大词典》（山西人民出版社 1992），廖珣英《全宋词语言词典》（中华书局 2007），卢润祥《唐宋诗词常用语词典》（湖南出版社 1991），温广义《唐宋词常用词辞典》（内蒙古人民出版社 1988），王锳《唐宋笔记语辞汇释》（中华书局 1990），王学奇、王静竹《宋金元明清曲辞通释》（语文出版社 2002），方龄贵《古典戏曲外来语考释词典》（汉语大词典出版社、云南大学出版社 2001），张季皋等《明清小说辞典》（花山出版社 1992），吴士勋、王东明主编《宋元明清百部小说语词大辞典》（陕西人民教育出版社 1992）；也有某个地域文献词语的汇释或历代文献注释的汇编，如蒋礼鸿等编《敦煌文献语言词典》（杭州大学出版社 1994）、王启涛编《吐鲁番出土文献词典》（巴蜀书社 2012）、宗福邦等编《故训汇纂》（商务印书馆 2003）等。

一、《敦煌变文字义通释》

蒋礼鸿《敦煌变文字义通释》1959 年由中华书局初版以来，续有增订，1997 上海古籍出版社据蒋礼鸿生前在第四次增订本的自存本上所作的笺补出版了增补定本。此书专门解释敦煌石室所出唐五代变文中的口语词语,依所释词目的义类分为六篇:一,释称谓;二,释容体;三,释名物;四,释事为;五,释情貌;六,释虚字。共释 840 个字词,大体以“解疑”“通文”“探源”“证俗”“博引”五大要旨贯通全书。即以翔实可靠的材料为基础,从解疑入手,以点及面旁通其他文献,然后上溯词义之语源,下及方言俗语以证古语,运用本证、旁证、参互校核、因声求义等方法体会声韵、辨认通假及字形,审视文例、玩绎章法和文意,在纵横系联中归纳比勘,勾勒出俗语词之产生、发展的演变脉络和词形变化及用字异同,揭示了词义演变的一些规律。

“解疑”即蒋先生所说“所释的词语的解说绝大部分是因为不懂想弄懂而作的”,也就是解释那些字面普通而义别,或字词生僻费解的俗语词,这是点的研究。如释称谓“男女”条,《维摩诘经讲经文》:“父母系心最切,是腹生之子。……回干就湿,恐男女之片时不安。”“处处垂慈不偶然,还如男女一般看。”“男女”的常义或是对地位低下的人的称呼,或是地位低下人物的自称,或是对别人的一种蔑称。作者排比变文和其他文献中用例,释为“儿女”,以示与常义的区别。

“通文”是让变文字义的解释施及其他文献或文学作品,这是将点的突破引向面的研究。即在考释变文词义的同时,联系其他古代典籍,从而互证互补,相得益彰。如释事为“咬啮”条,《燕子赋》:“他家头尖,凭伊觅曲;咬啮势要,教向凤凰边遮嘱。”杜甫《彭衙行》诗:“痴女饥咬我,啼畏虎狼闻。”作者释“咬”字为“叮住,求恳”,文意顿畅。

“探源”一为指出这个词最早出于什么时代什么书,二为交代出这个词的来龙去脉,即从语言角度探索词义语源,并勾勒出词的产生、发展、词义消长、用字异同、词形讹变的轨迹,进而把词语的断代研究纳入词汇史和语言学史的范畴。如释事为“和”条,解释《降魔变文》“美语甜舌和断人”中“和”义为哄骗,引《南史 · 梁武帝本纪上》:“青州刺史桓和给东昏出战,因降。先是,俗语谓密相欺变者为‘和欺’,于是虫儿、法珍等曰：‘今日败于桓和，可谓和欺矣。’”指出“和”当欺骗讲，六朝时已经这样了。“和”不论是词素或词，都有诱骗的意思。这个意义应该是从应和的意义引申而来的，因为骗人必须迎合所骗者的意旨。

“证俗”是用变文及其有关资料来与存在于现今方言俗语中的词语相印证。如“下脱”条，《降魔变文》：“卿是忠臣行妄语，方便下脱寡人园。”“下脱”是骗取的意思，作者引《酉阳杂俎》《唐会要》《乐府诗集》《癸辛杂识》《四朝闻见录》等来说明“脱”有骗义，又引《拍案惊奇》《聊斋志异》证其还存于明清方言中，并进一步指出现在湖南方言中仍有此义，揭示了“脱”的欺骗义从唐宋到现代的传承脉络。又如“奴”，即“我”，男女尊卑都可用。《王昭君变文》：“男女歌乐，不解奴愁。”韩擒虎话本里记陈后主的话说：“阿奴今拟兴兵，收伏狂秦。”这是男子又是帝王自称“阿奴”。作者认为“奴”即六朝自称“侬”的声转。“奴”本可作任何人的自称，后来不再用于男人。今浙江武义自称也为“阿奴”或“阿侬”。

“博引”是专就材料而言。如《燕子赋》“亦不加诸”句中“加诸”一词，变文中只有一例，而据《游仙窟》中下官所说：“向来承颜色，神气顿尽，又见清谈，心胆俱碎。岂敢在外谈说，妄事加诸！”可见“加诸”是唐人口语，有“乱说，妄言诬人”义。这个词是截取《论语》子贡“我不欲人之加诸我也，吾亦欲无加诸人”一语而成，盖为当时的一种市语。除《游仙窟》外，作者还引了《酉阳杂俎》《唐摭言》和《旧唐书》等典籍为证。作者阅读了数百种资料，其中包括九百卷《全唐诗》、二百卷《旧唐书》、一百卷《法苑珠林》、五百卷《太平广记》、二百九十四卷《资治通鉴》等大部头文献。就时间断限而言，上自先秦，下迄当代；就材料地域而言，近自乡土文献，远至日本《诸录俗语解》；就材料种类言，举凡诗、词、曲、赋、笔记、小说、语录、民谣、佛经、道书、诏令、奏状、碑文、字书、韵书、音义、史书、文集等无不在采摭之列，皆能旁搜远绍，爬罗剔抉，按时代顺序一一排列征考引用，从而使本书具有断代词汇研究的性质，反映了唐五代俗语词的概貌。

此书归纳说明词义有自己的特点,立义项注重根据。解释词义,一般将其和现代词语的意义对比,有同义的用一词释一词,没有同义的则具体说明描写词义内容。如释“崖柴”云:“张开嘴巴,贪馋凶狠的样子。”对于在现代找不到同义的虚词,则注意说明其意义用法的特点。如释“事须”云:“应须的意义,表示祈使或事势应该如此。”

二、《诗词曲语辞汇释》

张相的《诗词曲语辞汇释》成书于1945年,1953年由中华书局出版。初版以来,屡次再版。共六卷,汇集解释唐宋金元明人诗词曲中的特殊词语600多条,如“须”“则”“却”“且”“镇”“厮”“解道”“怎生”“端的”“兀自”等,详引例证,诠释其意义,剖析其用法,材料丰富,考释精当。这些词语大都是历史上当时通俗的口语,或见于诗词,或见于戏曲,向来没有专书作过解释。作者在《叙言》里说:“诗词曲语辞者,即约当唐宋金元明间,流行于诗词曲之特殊语辞,自单字以至短语,其性质泰半通俗,非雅诂旧义所能赅,亦非八家派古文所习见也。”“其字型生涩而义晦,及字型普通而义别者,则皆在探讨之列。”又说:“李、杜、韩、苏、黄、陈等诗集虽有旧注,多重典实,间涉语辞,究亦寥寥。词集则《片玉》《无住》及《草堂诗余》外,旧注本殊不概见。傅注东坡词及魏注《明秀集》已为残帙,然亦注重典实。《西厢》各注本,始重方言,以方诸生本为大成,罗列比较,求其确解,方法最为缜密。《助字辨略》,范围较《经传释词》为广,古书而外,旁及诗、词,惜元曲部分,自序云别编续出,迄未见有传本出。”作者作此书的意图是循《助字辨略》和《经传释词》的途径,综合研究诗、词、曲中的特殊词语,补诗、词、曲方面注释本子不多而又不大注重语辞的缺憾。其考释词语从唐诗、宋词到元曲,罗列比较,求其确解,“其所依据的仍是一般辞书的通则——简明扼要的提示结论”①。

---

① 入矢义高《评张相诗词曲语辞汇释》,京都大学《中国文学报》第一号,1954年;《俗语言研究》第四期,1997年。

其推求词义采用如下几项方法：

（1）体会声韵。即主要根据诗词曲的声韵要求去揣摩词义，“声韵所限，下字易窘”，“多设方便，以谋适应”，并注意到声近义通。

（2）辨认字形。即辨明通假变易，避免望文生义。

（3）玩绎章法。即注意句子倒装、意义呼应等情况，联系整段整篇来考释词语意义，引文力求完整。

（4）揣摩情节。即根据题序、关目、语气等来确定词义。

（5）比照意义。即：① 有异义相对者，取相对之字以定其义。② 有同义互文者，以互文之字以定其义。③ 有前后相应者，就相应之字以定其义。④ 有文从省略者，玩全段之文以定其义。⑤ 有以异文印证者，即同是一书，版本不同，某字一作某，往往可得佳证。⑥ 有以同义异文印证者，即类似之文句，甲文某字作某，乙文作某，比照之其意可见。

作者虽自说这些方法是上承刘淇《助字辨略》、王引之《经传释词》及清代诸训诂大师所启示，然“在研究方面比清代刘淇的《助字辨略》、王引之的《经传释词》用心更加细密”①。

三、小说语言词典

陆澹安《小说词语汇释》收录解释古代 64 种语体小说中的词语约 8 000 条，每条各举一二例。书后附小说成语汇纂 2 000 余条。

白维国《白话小说语言词典》从 40 余种白话小说中勾乙资料，收释 5.6 万多条词语，引书达 240 余种，其中有些条目对此前学界的误释作了订正。

张季皋等《明清小说辞典》是一部关于明清小说的综合性辞典，分词语汇释和书目简介两大部分，选释了 40 多部明清通俗小说中 16 900

① 《中国大百科全书·语言文字卷》“诗词曲语辞汇释”条，中国大百科全书出版社，1988 年。

多条词语。

王贵元、叶桂刚主编《诗词曲小说语辞大典》释唐、五代、宋、元、明、清时期特殊词语近2万条。

四、《故训汇纂》《续经籍籑诂》

《故训汇纂》是商务印书馆继《辞源》之后的又一部大型汉语工具书，主编宗福邦、陈世铙、萧海波。共收字头近2万个，依《康熙字典》214部排列，引据的训诂资料50万条，篇幅达1 300万字，汇辑了从先秦至晚清文献中的注释材料，编排体例则体现了现代语言文字学的观念。如收录了大量的复音词，严格把握异体字，关注了简繁字对应中的诸多复杂问题，辨析了形训、音训、义训，分清了假借与同源，理清了本义、引申义和假借义，重视《广韵》反切与现代音的配合标注，处理又音问题注意了以音别义的语言事实。黄侃曾说："清世阮元有《经籍籑诂》，为小学家常用之书。惜其以《佩文》韵分编，又载字先后毫无意义，至其搜辑亦有不备者。今若能通校一过，暂用字典编制法编之，次为补其遗阙，此业若成，则材料几于全备矣。"①《故训汇纂》可说是《经籍籑诂》的继承和发展，在资料上和体例上取代《经籍籑诂》而成为这种类型辞书的代表。

《续经籍籑诂》，吴孟复、白北麟编纂，安徽教育出版社2012年出版。此书为续阮元《经籍籑诂》而作，阮元所收故诂自先秦迄于唐代，此书收自宋代至于清代，二书前后相贯。

第六节　其　　他

《汉字字音演变大字典》，林连通、郑张尚芳任总编，江蓝生任名义

---

① 黄焯编《文字声韵训诂笔记》，上海古籍出版社，1983年，14页。

总编，江西教育出版社 2012 年出版。全书收汉字 9 400 多个，450 多万字，分上古、中古、近代、现代四个历史时期，对汉字的音史进行描写、追踪，展现汉字字音发展演变的历程。每个时期的字音，字典不仅标注了本身的拟音，还标注了王力、高本汉、李方桂、李荣、邵荣芬、杨耐思、宁继福等音韵学家的拟音。

于根元主编《中国网络语言词典》，中国经济出版社 2001 年出版，收录词语 1 300 多条，用汉语拼音排序，既收入了一般性的网络术语，如"第四媒体""手机上网""电子商务"等，也收入了聊天室常用的较特别的一些词语，如"斑竹(版主)""大虾(网络高手)""猫(调制解调器)"等，还收入了常用的外语词以及缩写，如"E-mail(电子邮件)""JJ(姐姐)""MM(美眉—妹妹)"等。有的词语有常用的不同说法，则分别列条，相互参见，多数有例句，且注意比较中国大陆同台湾等地不同的说法和用法。

第五章 综合性辞书

第一节　初版《辞源》

《辞源》是我国第一部以语词为主兼收百科词汇的综合性辞书，从内容到形式都有创新，由陆尔奎主编，始编于1908年（清光绪三十四年），1915年由商务印书馆出版，1931年又出版续编，适应了当时社会“博采新知”和“贯通典故”的需要。1939年出版正续编合订本，1949年出版简编本。

《辞源》收单字1万多个，复词10万多条，收词以语词为主，兼顾百科；以常用为主，强调实用；结合书证，重在溯源。“内则搜罗诸子百家，外则采集各种科学”，不仅包括一般词语、成语、典故，还包括历史文物、典章制度、古今地名、人名、书名等，首次较为系统地收录了反映科学文化知识的百科词。如“海”下收释有“海人、海口、海内、海市、海防、海味、海青、海军、海峡、海流、海货、海参”等255个词语。

《辞源》承传统字书、雅书、韵书和类书的特点，融古今中外、旧知新学于一体，采用分214部首和子丑寅卯等12集的编纂方式，又吸收外国辞书编纂方法和体例的特点，以“中学为体，西学为用”作为编纂原则，奠定了我国现代语文辞书编纂体例的基本模式和格局，在我国语文辞书的内容和体例上具有划时代的意义，开现代辞书编纂风气之先。

《辞源》领头字按部首法排列，同部首的按笔画多少为序，首字相同的复词则按第二、第三字的笔画多少为序。首字下先注音，采用《音韵阐微》的反切，或注直音，并附诗韵韵目。释义用浅近文言，且引证最早的用例，所释不只转引、摘抄，而是在分析、综合的基础上加以分类归项，尽量用编者自己的话，使读者易于明了义项的分合和材料的安排。书中附有插图六百余幅。其创新在于：

1. 编纂理念创新。《辞源》与古代传统语文辞书皆以字为收录对象不同，编纂定位于“贯通典故，博采新知”，汲纳西学“词汇”的概念，既注意“字”“词”的区别，又注重实用。

2. 内容创新。《辞源》既汇集了古代汉语字词，也收录新名词新术语，注重收释近代社会科学和自然科学名词。在单字字头下大量收列成语、掌故、典章制度、天文、地理、人名、物名、书名、地名、事件名、音乐、技艺、医卜星相、花草树木、鸟兽虫鱼等各种名词和近代社会科学、自然科学的术语概念，内容广及政治、经济、法律、哲学、艺术、心理学、化学、医学、物理学等各个领域。旧学新知，无所不包，创立了以语词为主兼收百科的综合性辞书体例。

3. 编纂体例创新。《辞源》比传统语文辞书增设了多字条目，在单字字头下大量罗列以这个单字为字头的古今复词，以形为纲，以笔画为序，检索方便。复词的排序原则大体依据字数多少，两个字构成的复词排列在前，三四个或更多的字组成的复词按字数由少及多依次排列。字数相同的复词则按第二字的笔画排列。不仅扩大了词汇量，而且完善了以单字带复词的体例结构。

4. 释义和注音贴近实用。《辞源》按照“词典的释义宜合乎语言学”，对“语言里最小的、可以自由运用的单位”进行解释的原则，对字、词、语都进行释义。释义求其实用，不仅采纳典籍中的训释，还注意解释一般通行的意义。如释“俗”：一风俗也；二不雅曰俗。同时也兼顾一部分词性的改变与词义引申发展的关系。如释“俘虏”为“获也，谓为敌军所得也。今亦作名词用，所获之敌人皆谓之俘虏”。注音采用接近时音的清代李光地《音韵阐微》的反切注音，“其音读则悉从《音韵阐微》，改用今声，以其取音较易，而又为最近之韵书，不至如天读为汀，明读为茫，古音今音之相枘凿也"。

5．探源溯流，源流并重。《辞源》释义强调列举语源和书证，注重理清每个词最早使用的时代并考察最早出现的文献记录，尽量做到每一词条都列出尽可能早的书证，既注意了词语音义间的关联，也注意了词义的孳乳与源义的探求。如水部释"消息"云：（一）消谓灭，息谓增。时运循环，增减不息，谓之消息。《易》："日中则反，月盈则食，天地盈虚，与时消息。"（二）谓音信也。《三国志》："昔诸葛恪围合肥新城，城中遣士刘整出围传消息，为贼所得。"《晋书》："陆机语犬曰：'我家绝无书信，汝能赍书取消息否'。"按人事惟有吉凶善恶，故称音信为消息。

《辞源》以"中学为体，西学为用"作为编纂的指导原则，适应了开启民智和提升中华民族文化素质的社会需求，"对中国传统文化知识的现代阐释及条理化，乃至整个现代文化教育的发展，都有不可磨灭的功绩"，"为现代辞书的编纂提供了科学范式"。继《辞源》之后出版的各类汉语辞书，几乎都参考了《辞源》，可以说"《辞源》是我国现代辞书之母"①。

第二节　《辞海》

一、初版《辞海》

《辞海》是继《辞源》后又一部兼收语文和百科词语的大型综合性辞书，以百科为主，1915 年由中华书局总经理陆费逵开始策划，1928 年专聘舒新城担任辞海主编，1936 年出版，分上下两册，收单字 13 955 个，语词 21 724 条，百科词语 50 124 条，共计 85 803 条。辞海在《辞源》

① 乔永《〈辞源〉编修一百年》，载史建桥、乔永、徐从权《〈辞源〉编订参考资料》，商务印书馆，2011 年，401 页。

的基础上取长补短，采用以字带词的体例，增加释义，增收新义项，除收录常见词语外，还注重知识性，收录了丰富的专业词汇，涉及哲学、历史、宗教、医学、法学、化学、数学等众多学科和领域，并采用新式标点，引证注明书名和篇名的出处，吸收了 20 世纪 30 年代自然科学和社会科学的新成果，因而又兼具字典、词典功能，成为百科全书式的综合性辞书。

二、修订版《辞海》

《辞海》的修订始于 1958 年，先后由舒新城和陈望道任主编，1965 年出版了内部发行的《辞海》（未定稿）。“文革”期间《辞海》的修订陷于瘫痪，至 1978 年 12 月，辞海编辑委员会才正式恢复，由夏征农继任主编，先后出版了《辞海》（修订稿）的 20 多个分册。1979 年完成了第一次重大修订，由上海辞书出版社出版了《辞海》三卷本，并以 26 个分册覆盖各专门学科。1980 年出版缩印本。1983 年出版增补本收录新增词语和百科内容。

1979 年版《辞海》收录单字 14 872 个，词目 91 706 条，插图 3 000 余幅。所收单字按部首笔画排序。根据与《辞源》《现代汉语词典》分工的原则，以百科为主，把某些不常见的古汉语词语和内容较浅显的现代汉语词语转给《辞源》和《现代汉语词典》，大量增收现代自然科学和社会科学的词语。如“侯”字下，修订版《辞源》收的 22 条词语中有 9 条为语文性词语，《辞海》收词 23 条中仅 1 条为语文性词语，其余为百科性词语。

1989 年版《辞海》收录单字 16 534 个，普通词语和百科词语 10. 3 万多条，更加侧重收释百科词语。全书 1 600 万多字。增加了《中华人民共和国行政区划简表》及四角号码索引、词目外文索引。

1999 年版《辞海》收录单字 19 485 个（含繁体字和异体字），其中 17 674 个列为字头。字头及独立词目 122 835 条。全书篇幅为 1 983 万字。新增彩图本和音序本，并于2003年推出了珍藏本系列。音序本在《辞海》历史上首次按照拼音音序来编排词条正文。这一版的修订主要是反映国内外形势变化和文化科学技术的发展，弥补阙漏，纠正差错，精简了少量词目和释文。

2009年版《辞海》由夏征农、陈至立担任主编。约2 200万字，按拼音编排而成。总条目近12.7万条，比1999年版增加8%；其中新增1万多条，突破只收古代汉语的惯例，增收5 000条常用的现代汉语，按义项计则增收了2万个义项；词条改动幅度超过全书的三分之一，删去条目约7 000条。除了新增条目，在原有条目中，也大量援引新的提法，做出新的解释，反映新的情况，执行新的规范，运用新的数据。增补以前遗漏的词目、音项、义项和释文内容，改正解释、资料、文字、符号等差错，精简不必要的词目和不合适的释文等方面亦着力甚多。

2009年版《辞海》是对时代发展的定格，充分反映了改革开放以来的新事物和新成果。彩图本为国际标准大16开五卷本（正文四卷、附录索引一卷）。书中有彩图近1.8万余幅（比1999年版调整图片量近2 000幅，实际新增500多幅），其中绝大多数是彩色图照，图文并茂。

《辞海》自问世迄今，历经修订，已经出了六版。为进一步提高《辞海》质量，《辞海》编委会在2012年组织力量从各学科的框架、收词、释文、技术规格等方面对《辞海》（第六版）进行了全面解剖分析，并提出改进建议，为第七版编纂工作打下了坚实的基础。《辞海》（第七版）定位于"守正出新"，力求在移动互联网时代发挥其应有的功用。"守正"即严格遵循辞书编纂规律；"出新"即紧跟时代步伐，吸收最新知识成果和最新发现，增强收词的科学性，实行传统编纂方式和数字化平台相结合的方式，改单一的纸质版为纸质版、电子版和网络版并行。《辞海》（第七版）将顺应时代潮流，在选收词目和更新条目内容、编纂方式和组织方式、采编技术和出版形式方面都实现与时俱进，拟于2019年出版，总体篇幅与第六版大体相当，计划收单字约1.8万个，条目约12.7万条，彩图1.8万幅，总字数约2 000万字。

《辞海》作为我国唯一一部集字典、语文词典和百科辞典主要功能于一体的权威的大型综合性辞书，集众多学科精粹之大成，融中华传统文化和现代科学文化于一体，凝为推进社会精神文明和物质文明建设的经典，已形成每十年修订一次的惯例，而《辞海》意识也已升华为融入字里行间的一种精神，一种良知，一种责任，一种治学态度。

三、《大辞海》

《大辞海》是在《辞海》基础上扩展成的特大型综合性辞书，收录了普通词语和各类专科词语，兼具语文辞典和专科辞典的功能。《大辞海》以《辞海》为基础，继承《辞海》的优点并加以拓展，以增收《辞海》尚未涉及的新领域和各学科的新词新义为重点，适当弥补缺漏。

《大辞海》之"大"体现在充分反映科学文化的最新成就，全书收词约25万条，共约5 000万字，按学科分类编纂，分语词卷、天文学·地球科学卷、哲学卷、中国古代史卷、中国文学卷、数理化力学卷、机械电气卷、环境科学卷、医药科学卷、体育卷、外国文学卷等出版，共38卷。

第三节　《中国大百科全书》《中华百科全书》

《中国大百科全书》，姜椿芳、梅益先后任总编辑，中国大百科全书出版社1980—1993年分卷出版，收条目近8万。全书按学科或领域分成74卷，以条目的形式全面、系统、概括地叙述各学科的基本内容，构成完整的知识体系。各学科分卷的条目按汉语拼音顺序排列。2009年出版的第二版是第一版的修订重编版，全书的条目标题按汉语拼音顺序统编排列，内容包括哲学、社会科学、文学艺术、文化教育、自然科学、工程技术以及军事科学等各个学科和领域古往今来的基本知识。在全面介绍人类一切知识时，侧重突出中国特色。编排按照国际上的通行做法,设条和行文更注重综合性和检索性。

《中国大百科全书》第三版的编纂出版已于 2011 年经国务院批准正式立项。"三版"将继承"一版""二版"的权威性,保证知识的准确性与稳定性,力求全面总结国内外最新研究成果,全面更新各类数据和资料,反映世界科学文化的新成就、新发展,展现重要的不同学说和观点。"三版"将进行全面创新,采用先进的信息技术和网络技术,把专家编纂的权威性和大众参与的开放性紧密结合起来,构建云计算和大规模跨平台编纂方式以及云知识服务模式。"三版"将极大地扩展知识容量和规模,搭建完整的知识服务体系,实现知识内容多样化,实现文字、图片、音频、视频等内容形式的有机结合,还拟实现产品形态和出版形式的多样化和网络化。网络版的中国大百科全书检索便捷,将给读者提供更多的方便。

《中华百科全书》由台湾"中国文化大学"与"中华学术院"1979 年联合编纂,"中国文化大学"出版部 1980—1983 年出版,共十卷,分哲学、宗教、文学、史学等四十个门类,收词条 1.5 万多,按首字笔画排序。

第四节　《中华大典》

《中华大典》是继唐代《艺文类聚》、宋代《太平御览》、明代《永乐大典》和清代《古今图书集成》之后编纂的综合性大型类书,1990 年由国务院正式批准启动,并列为国家级重点古籍整理项目。分类整理了上自先秦下迄清末两万多种古籍,共分哲学、宗教、政治、军事、经济、法律、教育体育、语言文字、文学、艺术、历史、历史地理、民俗、数学、物理化学、天文地学、医药卫生、农业、水利、林业、生物学、工业、交通运输、文献目录二十四典,包含一百多个分典。如《哲学典》包括《儒家分典》《诸子百家分典》《佛道诸教分典》,《宗教典》包括《佛教分典》《道教分典》《其他宗教分典》,《文学典》包括《文学理论分典》《先秦两汉文学分典》《魏晋南北朝文学分典》《隋唐五代文学分典》《宋辽金元文学分典》《明清文学分典》,《语言文字典》包括《甲骨文金文分典》《文字学分典》《音韵分典》《训诂分典》《语言文字综合分典》。各分典再分部。如《音韵分典》全面系统汇聚了先秦至清末的汉语音韵学及相关文献,由武汉大学文学院古籍研究所编纂,800 多万字,分为先秦两汉音、魏晋南北朝音、隋唐两宋音、元明清音、等韵、音论六个总部。以翔实的第一手资料,类列传统音韵学文献,以现代学科分类与理念进行类聚与整理,具学术承传与创新的鲜明特色,客观地展示了古代音韵事实和音韵学研究成果,引用文献一千多种,涉及经史解说、哲学、音乐、文学、教育、宗教等。

第五节 其　　他

一、《王云五大辞典》

王云五编有《王云五小字汇》《王云五大辞典》和《王云五小词典》等,①发明了四角号码检字法②。《王云五大辞典》是一部大型综合性辞书,商务印书馆 1930 年出版。收字 1 万左右,词语 5 万多条,按四角号

---

① 王云五为我国近代著名出版家,开办并复兴东方图书馆,编写出版了大量的古典著述、中外名著和教科书及辞典等,出版了 50 多种大型丛书,包括百科小丛书、农业小丛书、商业小丛书、师范小丛书、算学小丛书、新时代史地丛书、国学小丛书等,为我国近代文化教育事业作出了巨大贡献。1928 年起他策划主编的《万有文库》,统一版式排印出版古今中外名著,旨在通过这套丛书,包罗万象,"使得任何一个个人或家庭乃至新建的图书馆,都可以通过最经济、最系统的方式,方便地建立其基本收藏"。1963 年就任台湾商务印书馆董事长直至 92 岁去世,15 年间主持出版有《云五社会科学大辞典》《中山自然科学大辞典》《中正科技大辞典》。

② 即"一横二垂三点捺,点下带横变零头,叉四插五方块六,七角八八小是九"。"四角号码检字法"在工具书编排、索引编制、档案管理、图书馆卡片排列等领域得到广泛应用。

码检字法排列，内容包括社会科学、文艺、史地、哲学、宗教等，收释了当时科学所用的新词。释义多用白话，并举例说明词的用法。“编辑凡例”之四说明：“本书单字均分别词性，加以解释。”在语文辞书词性标注方面做了有益的尝试，开我国语文辞书标注词性之先声。

二、《新华词典》

《新华词典》是一部以语文为主兼收百科的中型词典，主要供中等文化程度的读者使用，体现系统性和时代性。1980 年 8 月初版，1989 年、2001 年出版了修订版。修订版共收词目 47 231 条，其中单字条目(包括繁体字、异体字)约 1.52 万条，多字条目约 3.2 万条。在内容篇幅上，语文条目约占 40%，百科条目约占 60%，涉及信息、环保、法律、财经、军事、医学、计算机、建筑、生命科学等领域的新词语。

三、专科类词典

有些专科词典中也包含语文性质的内容，如《禅宗大词典》《宗教词典》《佛光大辞典》《道教大辞典》《中华道教大辞典》《基督教词典》《敦煌学大辞典》和《宋代文化史大辞典》等。

《禅宗大词典》收词 8 000 余条，主要收录中国禅宗文献里的重要或常见词语，包括术语、行业语、公案语、典故语、成语、俗谚语及口语词等；兼收重要的中国禅宗人物、寺、塔、山与典籍等名物词。

《佛光大辞典》由佛光山星云大师监修、慈怡法师主编，以简明实用与完整为原则，收录 22 608 条独立条目，10 余万附见词目，包括佛教术语、人名、地名、书名、寺院、宗派、器物、仪轨、古则公案、文学、艺术、历史变革乃至其他各大宗教发展、社会现象等，地域上涉及印度、中国、韩国、日本以及缅甸等东南亚各国、欧美等地。

闵智亭、李养正编《道教大辞典》，华夏出版社 1994 年出版。编纂原则是词目务必出自经书，释文亦必尊重道经原旨；既遵依国家宗教信仰自由政策，又着眼于辞书的社会使用价值；既考虑到各类词目的系统性，也考虑各类词目中的交叉性；既力求释意准确，又力求文字简明。

《中华道教大辞典》是我国第一部系统全面介绍道教文化诸多门类的大型辞书，由胡孚琛主编，中国社会科学出版社 1995 年出版。计有 16 大门类、收词 1.5 万余条，涵盖了道教文化的各个层次各个侧面的知识，具有大而全的特点，按门类分科编排，囊括道家，道教门派、人物，道教典籍，教理、教义及基础知识；斋醮、科仪及戒律；符箓、法术与占验术数；道教医药学；道教养生功法及武术；内丹学；房中养生；外丹黄白术；道教神仙和民俗信仰；道教文学艺术；洞天福地与宫观等门类。有些门类内又含有小分科，辞义相近的条目尽量排在一起。各门类中同名而实异的辞目则分别作出解释，不列参见条。

《基督教词典》（修订版），北京语言大学出版社 1994 年版。收词目 3 000 余条，包括教会（教派、组织、机构、概况）、教义、经籍、历史、人物、礼仪、教制、节日、教堂、教职等十类内容，介绍了有关基督教方面的知识。正文按词目汉语拼音字母顺序编排。正文前有词目表、词目音序检字表，正文后有词目分类索引、外文译名对照表、历任罗马教皇名号表、基督教历史主要大事记及主要参考资料。

《宗教词典》（修订本）收词约 7 000 条。包括宗教一般、史前和原始宗教、古代宗教、佛教（包括藏传佛教）、基督教（包括天主教、东正教、新教）、伊斯兰教、道教、中国部分少数民族宗教、中国民间宗教、其他宗教（包括犹太教、琐罗亚斯德教、摩尼教、印度教、耆那教、锡克教、神道教等）十类。

结　语

汉语语文辞书源远流长，由汇集常用字的《史籀篇》，渐发展有"主义""主形""主音"的《尔雅》《说文》和韵书，再由传统辞书发展成新式辞书，既有以收录单字为对象的说明形、音、义及其用法的字典，也有以词语为对象加以汇集解释的词典；既有共时性断代词典，也有贯通古今演变的历时性词典。从词语选择和释义性质来看，其中有以收录普通词语为对象的语文词典；也有既收普通词语，也收专科词语的综合性词典。概括地说，发展趋势是品种渐趋多样，类型也越来越丰富多彩。如有详解词典、虚词词典、成语词典、方言词典、俗语词典、音韵词典等，又有双语词典和汉外词典等。大体上已有辞书往往是后出辞书的基础，后出辞书又往往承已有辞书继续发展而"百尺竿头更进一步"。如明代梅膺祚《字汇》总结吸收了自东汉许慎《说文》以来的《玉篇》《类篇》等字书成果，革新部首，调整排检，收字和释文也作了一些相应改进，行诸社会，风靡一时。清初编撰的《康熙字典》以《字汇》为基础，扩大增订，广征博引，充实了内容，脱胎于《字汇》又超越了《字汇》，在相当长的时期内为时人所习用。民国初年问世的《中华大字典》，又纠正了《康熙字典》的疏漏，改进了注音和释义。近年所编《汉语大字典》又在借鉴已有经验的基础上，着力于诠释汉字形、音、义各方面的现状和发展变化。又如我国第一部辞书《尔雅》当时颇有"解惑释疑"的功用，素有"津涉""钤键"之称誉，历代仿编增益者很多，民国时演进形成的《辞源》和《辞海》则综合了古代字书、韵书、类书而兼具字典、词典之所长。《辞海》的各修订版又增多和更新了条目，涉及哲学、政治、法律、军事、国际、民族、宗教、历史、地理、文学、艺术、语言、文字、文化、体育、教育和心理学等100多个学科，整个内容更为充实。

大致而言，我国语文辞书的编纂适应社会的需要自先秦至今经历了从无到有、从小到大的发展过程和从古代到现代、从传统到新式的转型，体例由疏而密，字形由篆而楷，部首由繁而简，释义由略而详，书证由少而多。先秦时尚处于萌芽状态，秦汉至魏晋南北朝各种各类辞书相继问世，隋唐五代至宋辽金元渐趋成熟而兴盛，明清时集传统语文辞书大成渐向现代新式语文辞书转型，清末民初至今各种各类现代新式语文辞书相继问世，经不断探索而趋于完善，尤其是《汉语大字典》和《汉语大词典》等一批大型辞书和数字化电子辞书陆续出版，形成了品种齐、规模大、数量多、门类广等系列化特点，反映了我国文化和经济的发展。传统语文辞书作为经学的附庸从属于小学，新式语文辞书脱离经学而“由文字转向语言”①，注重实用和切时所需，辞书学已成为一门独立的综合性学科。

综观古往今来语文辞书皆体察使用者的需求而编纂，而使用者的需求又随社会的发展和语言文字的变化而变动，这就形成了语文辞书编纂理念的不断更新和各类语文辞书编纂的与时共进，即既传承已有辞书传统而又有自身特色，适应了社会的需要，又给后续辞书的编纂以启示。

今天人类已经步入信息化数字化网络化和经济全球化的时代，新技术革命的列车正带着新的前景隆隆驶来，我国的各项文明建设也突飞猛进，人民生活水平不断提高，已开始进入小康盛世。人们生活在同一个地球村里，世界上许多国家、地区、民族的诸色人等与我国进行的各类交往、交流、交涉、交际、交易急剧增多，日益频繁，国际上掀起了学

---

① 吕叔湘《语言和语言研究》，载《中国大百科全书·语言文字卷》，中国大百科全书出版社，1988年。

习汉语的热潮,汉语正在成为世界强势语言之一,汉语语文辞书编纂也亟需在传承基础上有所开拓和创新。根据相关研究的统计分析,就目前各类辞书编纂出版的数量和种类而言,我国确实已经达到了出版大国的水平。[①] 然而,就综合实力而言,要进入世界辞书出版强国的行列,我们仍需付出更多不懈的努力。[②]

辞书是一个国家文明程度的反映,"国无辞书,无文化之可言也"[③]。一部辞书史,映射出一个国家的文明程度。在世界文明史上,各民族的盛衰,社会的变革,国力的竞争,最终都是以文化的发达程度为必要前提。文化兴盛则民族兴盛,文化落后则国家落后。落后就要挨打,落后就难免仰人鼻息而没有话语权。反思历史,尤其是中国的近代史和现代史,在21世纪的信息时代,在世界知识经济浪潮中,我们的国民素质将提高到什么样的水平?我们的综合国力和国际地位又将如何?我们怎样才能在实现自我价值的同时去推动中华民族的复兴而自立于世界民族之林?所有这些都是每个有良知的中国人需要思考且必须面对的问题,而最根本的还是一个文化发展水平的问题,即当务之急就是要努力提高全民族的科学文化素质。落后的文化不可能造就一个强大的民族,国家的全面强盛有赖于文化的高度发达,而"一国之文化常与其辞书相比例"[④]。辞书作为文化教育事业中的基础工程有其不可或缺且无以替代的地位和作用,学术文化的发达促进了辞书编纂,辞书编纂的发展又反过来促进学术文化的发达,盛世修典是我国辞书文化发展的一个显著特点。2013年国家新闻出版广电总局颁布的《2013—2025年国家辞书编纂出版规划》已展示出我国辞书编纂未来十年的发展趋势。规划的内容凸显了国家文化发展的战略意识,既有代表国家

---

① 魏向清等《中国辞书发展状况报告(1978—2008)》,商务印书馆,2014年。

② 魏向清《国家辞书编纂出版规划的战略定位》,《辞书研究》,2015(1)。

③ 陆尔奎《辞源说略》,商务印书馆,1915年。

④ 同上。

语言文字研究水平的《现代汉语大词典》、《辞源》(第三版)、《辞海》(第七版)、《大辞海》、《字海》、《近现代汉语大辞源》、《全球华语大词典》、《古代汉语大词典》和《中华语文大词典》等大型辞书,又有适应汉语国际化的《国际汉语学习词典》《国际汉语多功能学习词典》和汉英、汉日、汉德、汉法、汉荷、汉印地等汉外类辞书,还有体现科学文化发展新需求的《全媒体现代汉语大词典》等电子类辞书。根据这一规划,我国语文辞书的编纂将在传承已有辞书编纂经验的基础上,推进辞书编纂与高新科技相融合的数字化,面向现代化,面向世界,面向未来,不断编纂出无愧于时代而充分反映我国文化软实力和学术水准的优质精品力作,从而满足21世纪社会发展的需要,极大地提高我国全民族的科学文化水平,由辞书大国成为辞书强国,实现和见证中华民族的伟大复兴。

参考文献

曹聪孙. 词典释义的规范化进程. 上海：上海辞书出版社,2001.

曹先擢. 古代词书讲话. 上海：上海教育出版社,1990.

曹先擢,陈秉才. 八千种中文辞书类编提要. 北京：北京大学出版社,1992.

晁继周. 语文词典论集. 北京：商务印书馆,2005.

陈炳迢. 辞书概要. 福州：福建人民出版社,1985.

陈庆武,林玉山. 20 世纪的中国辞书. 辞书研究,2001(1).

窦秀艳. 中国雅学史. 济南：齐鲁书社,2004.

方厚枢. 中国辞书史话. 辞书研究,1979(1).

丰逢奉.《康熙字典》编纂理论初探. 辞书研究,1992(3).

何华连. 我国中文工具书编纂出版述略. 辞书研究,1994(5).

胡道静. 中国古代的类书. 北京：中华书局,1982.

胡明扬等. 词典学概论. 北京：中国人民大学出版社,1982.

胡奇光. 中国小学史. 上海：上海人民出版社,2005.

黄建华. 词典论. 上海：上海辞书出版社,1987.

黄建华. 英俄德法西日语文词典研究. 北京：商务印书馆,1992.

黄卓明. 朝鲜时代汉字学文献研究. 上海：上海古籍出版社,2013.

金常政. 词典、百科词典和百科全书. 上海：上海辞书出版社,1984.

黎锦熙. 国语运动史纲. 上海：商务印书馆,1934.

黎锦熙. 中国大辞典概述. //杨庆蕙. 黎锦熙语言文字学论著选集. 北京：北京师范大学出版社,2002.

李开. 现代词典学教程. 南京：南京大学出版社,1991.

李尔钢. 现代辞典学导论. 上海：汉语大词典出版社,2002.

李学勤. 中华汉语工具书书库. 合肥：安徽教育出版社,2002.

林玉山. 中国辞书编纂史略. 郑州：中州古籍出版社,1992.

林玉山. 辞书学概论. 福州：海峡文艺出版社,1995.

刘叶秋. 中国古代的字典. 北京：中华书局,1963.

刘叶秋. 中国字典史略. 北京：中华书局,2004.

宁忌浮. 汉语韵书史. 上海：上海人民出版社,2009.

潘小松. 晚清民国双语词典文献录. 济南：山东书画社,2012.

钱剑夫. 中国古代字典辞典概论. 北京：商务印书馆,1986.

石肆壬. 词典学论文选译. 北京：商务印书馆,1981.

苏宝荣. 词义研究与辞书释义. 北京：商务印书馆,2008.

苏宝荣. 词汇学与辞书学研究. 北京：商务印书馆,2008.

汪耀楠. 词典学研究. 成都：四川辞书出版社,1990.

王东海,王丽英. 汉语辞书理论史热点研究. 北京：商务印书馆,2013.

王东海. 汉语辞书理论史的分期研究. 辞书研究,2013(3).

王力. 理想的字典. 国文月刊,第33期,1945.

王力. 中国语言学史. 太原：山西人民出版社,1981.

王力. 汉语史稿. 北京：中华书局,2004.

王锳. 汉语大词典商补. 合肥：黄山书社,2006.

王宁. 论辞书的原创性及其认定原则. 辞书研究,2008(1).

魏向清等. 中国辞书发展状况报告(1978—2008). 北京：商务印书馆,2014.

徐成志. 中国辞书百年回顾. 辞书研究,2001(3).

徐金法. 中国辞书发展史引论. 北京：中国文联出版社,2002.

徐时仪. 我国最早以“字典”命名的辞书考辨. 上海师范大学学报,

1988(3).

徐时仪.汉语古今辞书的类型.淮阴师专学报,1989(3).

徐时仪.辞书学学科地位考探.辞书研究,1990(5).

徐时仪.儒家经学与中国古代辞书编纂.辞书研究,1991(2).

徐时仪.王安石字说考论(上、下).辞书研究,1992(4—5).

徐时仪.社会需求与辞书编纂.辞书研究,1995(4).

徐时仪.古代语文辞书释义特征探微.上海师范大学学报,1997(1).

徐时仪.汉语两个书面系统与汉语词典的编纂.辞书研究,1997(5).

徐时仪.古代白话词汇研究与汉语词典的编纂.喀什师院学报,1997(3).

徐时仪.语言文化的比较和双语词典的编纂.//中外语言文化比较学会编.中外语言文化比较研究.延边:延边大学出版社,1997.

徐时仪.声音相训与辞书训释.学术集林,卷十二,1997.

徐时仪.《慧琳音义》研究.上海:上海社会科学院出版社,1997.

徐时仪.双语词典编纂的灵魂.外语和外语教学,1998(8).

徐时仪.两部《金瓶梅词典》的比较.书品,1999(3).

徐时仪.语源义研究与词典释义溯源.//中国辞书学会学术委员会编.中国辞书论集(1997).北京:商务印书馆,1999.

徐时仪.古白话词汇研究论稿.上海:上海教育出版社,2000.

徐时仪.两部《水浒词典》的比较.辞书研究,2000(3).

徐时仪.两部《红楼梦词典》的比较.辞书研究,2000(6).

徐时仪.略论双语词典释义的理据.外语与外语教学,2000(10).

徐时仪.专书词典编纂蠡论.//中国辞书学会学术委员会编.中国辞书论集(1999).上海:上海辞书出版社,2000.

徐时仪.数据库建设与断代词典编纂.//中国辞书学会学术委员会编.中国辞书论集(2000).北京:中国大百科全书出版社,2001.

徐时仪.信息化与古文字工具书编纂.中国文字研究,2002(3).

徐时仪.阳承庆《字统》考探.长江学术,2002(3).

徐时仪.汉语断代语言词典编纂蠡论.宁夏大学学报,2002(5).

徐时仪.面向新世纪的网络词典编纂刍探.//中国辞书学会学术委员会.中国辞书论集(2001).西安:陕西人民出版社,2002.

徐时仪.略论辞书评论与辞书史研究.辞书研究,2003(3).

徐时仪.网络词典编纂蠡探.中国语文研究,2003(2).

徐时仪.词组词汇化和词典释义考探.湖州师院学报,2004(3).

徐时仪.王应电《同文备考》述略.辞书研究,2004(3).

徐时仪.玄应《众经音义》研究.北京:中华书局,2005.

徐时仪.词组义与词典释义考探.辞书研究,2006(1).

徐时仪.略论《一切经音义》与大型字典的编纂.中国文字研究,2006(7).

徐时仪.两部《近代汉语词典》的比较.中国书评,2006(5).

徐时仪.汉语白话发展史.北京:北京大学出版社,2007.

徐时仪.唐代新兴韵书《韵诠》考探.辞书研究,2007(3).

徐时仪.略论《古文字诂林》在语言文字研究与字典编纂上的学术价值.辞书研究,2007(6).

徐时仪.略论《一切经音义》字典的编纂.中国文字研究,2008(1).

徐时仪.语言文字.南京:南京大学出版社,2009.

徐时仪.玄应和慧琳《一切经音义》研究.上海:上海人民出版社,2009.

徐时仪.略论《康熙字典》的文化传承和创新.//上海市语文学会编.语文论丛(第九辑).上海:上海教育出版社,2009.

徐时仪.西学东渐与中国近代辞书编纂.辞书研究,2010(3).

徐时仪.略论对外汉语学习词典的编纂.//中国辞书学会学术委员会.中国辞书论集.武汉:崇文书局,2010.

徐时仪.《辞海》编纂和中国社会的发展.//上海市社会科学界联合

会编. 上海市社会科学界第九届学术年会文集. 上海：上海人民出版社，2011.

徐时仪. 略论汉语语文辞书的修订. //上海市辞书学会秘书处编. 辞书论集(二). 上海：上海辞书出版社,2012.

徐时仪. 北朝字书《字统》佚文钩沉. 中国文字研究,2013(17).

徐时仪.《朱子语类》词汇研究. 上海：上海古籍出版社,2013.

徐时仪. 汉语文白演变与语文辞书编纂. 江西科技师范大学学报，2014(2).

徐时仪. 汉语白话史. 北京：北京大学出版社,2015.

徐时仪. 汉字文化圈与辞书编纂. 江西科技师范大学学报,2015(3).

徐时仪. 语文辞书词义系统探略. 辞书研究,2015(4).

徐时仪. 科举干禄与语文辞书编纂. 阅江学刊,2015(5).

徐时仪. 佛经音义引《桂苑珠丛》考. //徐时仪，梁晓虹，松江崇编. 佛经音义研究——第三届佛经音义研究国际学术研讨会论文集(北海道 2015 年 8 月 25—27 日). 上海：上海辞书出版社,2015.

徐时仪. 明清传教士与辞书编纂. 辞书研究,2016(1).

徐祖友. 中国工具书大辞典. 福州：福建人民出版社,1990.

杨金华. 语文词典比较研究初探. 上海：上海外语教育出版社,2012.

杨文全. 近百年的中国汉语语文辞书. 成都：巴蜀书社,2000.

杨正业. 语文词典编纂史. 北京：中国文联出版社,2006.

雍和明. 关于中国辞典史研究的思考. 辞书研究,2004(2).

雍和明,罗振跃,张相明. 中国辞典史论. 北京：中华书局,2006.

雍和明,罗振跃,张相明. 中国辞典 3000 年. 上海：上海外语教育出版社,2010.

赵诚. 中国古代韵书. 北京：中华书局,1979.

赵彦春. 认知词典学探索. 上海：上海外语教育出版社,2003.

赵振铎. 古代辞书史话. 成都：四川人民出版社,1986.

赵振铎. 辞书学纲要. 成都：四川辞书出版社,1998.

赵振铎. 中国语言学史. 石家庄：河北教育出版社,2000.

赵振铎. 字典论. 上海：上海辞书出版社,2001.

赵振铎. 辞书学论文集. 北京：商务印书馆,2006.

郑奠. 中型现代汉语词典编纂法. 中国语文,1956(7—9).

张涤华. 黎锦熙先生与词典编纂工作. 辞书研究,1980(1).

张明华. 中国字典词典史话. 北京：商务印书馆,1998.

张志毅,张庆云. 词汇语义学与词典编纂. 北京：外语教学与研究出版社,2007.

章宜华. 计算词典学与新型词典. 上海：上海辞书出版社,2004.

章宜华,雍和明. 当代词典学. 北京：商务印书馆,2007.

周荐. 词汇学词典学研究. 北京：商务印书馆,2004.

周志锋. 大字典论稿. 杭州：浙江教育出版社,1998.

邹酆. 辞书学探索. 武汉：湖北人民出版社,2001.

邹酆. 辞书学丛稿. 武汉：崇文书局,2004.

邹酆. 中国辞书学史概略. 武汉：湖北人民出版社,2006.

后　记

辞书是人类文明演进和人类社会发展的产物,也是民族文化的重要组成部分,社会需求是辞书产生与发展的催化剂,也是辞书产生和发展的直接动力。科学史常有一种看似令人费解实则又蕴含必然的情况,即每当人们向未来寻求科学发展之路时却总要追溯传统的发展历程。这反映了科学发展的辩证法:传统与未来之间存在着时间上和逻辑上的联系。昨天的东西延续到今天,并影响制约着明天,这就是传统。科学的过去常常孕育了科学的未来。表面上看,传统的继承是一种对昨天的回顾,而实质上传统的继承就是对未来的一种把握,未来的发展在很大程度上取决于对传统的发掘、阐释和光大。正如鲁迅先生曾指出:"时时上征,时时反顾,时时进光明之长途,时时念辉煌之旧有,故其新者日新,而其古亦不死。"①辞书史的研究也同样如此,无论是研究古代辞书还是现代辞书,都离不开对辞书编纂传统的研究,否则就必然会虽知其然而不知其所以然。本书尝试在中国社会文化发展的大背景中梳理汉语语文辞书的发展史,将汉语语文辞书置于社会文明演进的历史中进行考察,冀从社会文化学角度探讨汉语语文辞书适应社会需要的发展脉络,揭示汉语语文辞书中蕴含的中华民族传统文化内核。

本书分上中下三编,纵横相贯,交叉互补。如以各代不同时期为历时纵向层面,以各类语文辞书的代表作为共时横向层面,贯通古今。又如上编导论所论与中编传统辞书、下编新式辞书所述交叉互补,上编论

① 鲁迅《坟·摩罗诗力说》,人民文学出版社,1980年,58页。

述西学东渐欧洲来华传教士所编辞书与宗教交叉互补，又与域外汉字文化圈交叉互补。具体论述大致以人略我详、人详我略为原则，如已有成果论述《说文》颇多则略，论述《字说》较少则详。又如杨文全《近百年的中国汉语语文辞书》和曹先擢、陈秉才《八千种中文辞书类编提要》等列举已有辞书较详，本书就略举而不一一赘述。

拙著《慧琳音义研究》后记中有当时因版面篇幅不够而删略的一段话：

世上真是知子莫如父，在当"老"大学生的第二个学生时代里，舐犊情深的老父亲一次次排着长长的队从新华书店里为我捧回了一本本散发着油墨清香的重印书，又一本本地用包书纸包好，写好书名。他那端正劲秀的字迹凝聚着他爱子的一片深情，激励着我在知识的宝库里尽情遨游驰骋。当我第一篇论文发表时，他比我还高兴地笑了，笑得那么欣慰。

父亲排着长长的队为我捧回的书中就有《辞海》，尤其是他寄给我的《辞海》语词分册上下两册令我的七七级同窗们羡慕不已。还记得当年教室里同学们传看时如获至宝的神情，深深体会到"文革"文化沙漠后久旱逢甘霖的喜悦。三十多年来，父亲题写的《辞海》语词分册包书

纸虽因无数次的查阅而磨损，但他那端正劲秀的字迹凝聚着的爱子深情早已深深印在我的心上。在此谨录上父亲当年排长队为我所买一些中外名著题写书名的手泽，深切缅怀我亲爱的父亲。

人生说来真是颇多感慨，八年插队没能压垮我，恢复高考后我又有了学习的机会，更可喜的是1980年回到上海正适逢《汉语大词典》编纂处向社会招聘编纂人员，报考应聘录用后，我与《汉语大词典》结下了深厚的缘分，又经常去上海辞书出版社查阅书证，还加入了辞书学会，与《辞海》《辞源》等辞书也结下了深厚的缘分。我在古典文献学方面的研究主要建立在两个基点上，一是辞书文献的考证研究，一是白话文献中俗语词的考释。辞书文献记载反映了古人对汉语词义考释研究的成果，白话文献则是当时口语俗语的实录，这些文献在研究我国辞书编纂发展史和汉语词汇发展史方面具有重要的学术价值。古代辞书不仅记载了汉语词义的发展演变，而且在解释汉语词语形音义的系统联系中蕴含着形成并持久地影响着我们中华民族的传统文化之根。自参加《汉语大词典》编纂后，我对辞书可谓情有独钟，不仅买了《说文解字》《辞海》《辞源》《现代汉语词典》和《唐诗鉴赏辞典》等，而且投入了辞书的研究，在《辞书研究》发表了相关论文，还珍藏有《辞书研究》创刊至今的每一期。三十五年来，尤其令我欣喜的是我指导的数位研究生也相继投入了辞书的编纂和研究，渐在学界崭露头角，成为辞书编纂和研究的生力军。辞书有百科全书、语文辞书和专科辞书之分，古往今来各种辞书汇成知识的海洋，取之不尽，用之不竭，引人入胜。多年来我搜集了大量资料，心中一直想写本语文辞书发展史，虽陆续写了部分章节，但总觉得力难胜任。2011年承祖友兄约稿后，写写停停，每至岁末总深感愧疚，好在祖友兄和慧敏女史容忍我一拖再拖，一再宽限。2014年底拙稿撰成后，祖友兄又悉心审改，提出修改建议，从而使拙稿更为完善，值本书完稿之际，谨在此深致谢忱。

研究学问好比接力赛跑，人人都得把前人的终点作为自己的起点，继续前进，尤其是本书作为一本论述汉语语文辞书发展史的书稿，理应站在巨人的肩膀上，综合反映当前研究的最高水平，在前贤时修已有研究成果上有所开拓。因而书中虽不乏笔者数年来研究汉语语文辞书所得之陋见，但所论不可能都是笔者的独创，引用的材料也不可能都是笔者自己所发掘，诚如何九盈先生《中国古代语言学史》前言所引，“天下无粹白之狐，而有粹白之裘，取之众白也”。笔者仅是以一得之见来融会贯通当前已有研究成果，至于管窥蠡测而有疏失不当之处，则由笔者负责。

本书是国家社会科学基金项目“古白话词汇研究”（13BYY107）和上海高校高峰学科建设计划的部分成果，承蒙赵振铎先生与巢峰先生厚爱，鼎力推荐列入上海文化艺术资助项目，得到上海文化发展基金会图书出版专项基金资助，尤其是赵先生抱病还倾力审阅全书，褒扬指教，刚一出院即奋笔赐序，奖掖勉励，情意深切。又蒙祖友兄、慧敏女史、晶晶女史、王国勇先生等倾力精心审稿，是正良多，因而可以说是在学界同仁们多年来关心下的研究结晶。书中引用前贤时修有关论著，除已随文注明外，或有融入论述之中而漏加注明之处，但主要参考文献已在书末逐一列出，特说明非敢掠美之意。书中引用前贤时修的论点时为节省篇幅，省去了先生之称，在此谨向所引论著的作者表示衷心的谢意。研究生罗婳和陆杰等协助核校初稿，亦以为谢。限于水平，书中论述或有挂一漏万及论述不当之处，谨不揣谫陋而抛砖引玉，在此祈请方家同仁指教赐正，冀后出转精而有所补正。

徐时仪

2015 年元月初稿、九月修订于上海师范大学

图书在版编目(CIP)数据

汉语语文辞书发展史 / 徐时仪著. —上海：上海辞书出版社，2016.3(2024.5 重印)
(辞书研究文库)
ISBN 978-7-5326-4508-4

Ⅰ.①汉… Ⅱ.①徐… Ⅲ.①汉语-辞书-汉语史-研究 Ⅳ.①H16-09

中国版本图书馆 CIP 数据核字(2015)第 249982 号

辞书研究文库

汉语语文辞书发展史

徐时仪 著

责任编辑 郎晶晶
装帧设计 姜 明
责任印制 曹洪玲

出版发行 上海世纪出版集团
上海辞书出版社®(www.cishu.com.cn)
地 址 上海市闵行区号景路 159 弄 B 座(邮政编码：201101)
印 刷 三河市腾飞印务有限公司
开 本 890 毫米×1240 毫米 1/32
印 张 15.625
插 页 1
字 数 399 000
版 次 2016 年 3 月第 1 版 2024 年 5 月第 3 次印刷
书 号 ISBN 978-7-5326-4508-4/H.624
定 价 98.00 元